中国人民大学劳动人事学院组编

教育部经济管理类主干课程教材

Recruitment and Employment

招聘与录用

（第2版）

主　编　王丽娟
副主编　惠　艳

中国人民大学出版社
· 北京 ·

教育部经济管理类主干课程教材·人力资源管理系列

前　言

招聘与录用是人力资源管理的重要组成部分，是企业人力资源管理工作中其他工作（员工培训与开发、绩效管理、薪酬管理、员工关系管理等）的前置性工作，招聘效果的好坏直接影响到其他工作的开展及其成效。与此同时，应聘者也在不断地选择适合自己并能实现自我价值的职业。如何才能产生企业和员工双赢的结果？只有通过科学的招聘理论和技术，才能正确识别应聘者，实现人岗匹配。这样，企业能招到需要的人才，把合适、优秀的人才放到适合的岗位上，让员工发挥才能，为组织创造价值；员工也能得到相应的物质回报，成就个人理想，实现自我价值。

本次修订后本书仍然分为8章，分别是概述、招聘前的理论准备工作、制定招聘计划、人力资源获取方式及选择、人员测评与选拔的主要方法、面试、背景调查与体检、录用与招聘的评估。第2版的基本内容体系沿用了第1版，本书仍然是为普通高等院校经济管理类专业教学编写的、适合人力资源管理相关专业学生使用的本科教材。本书保留了如下特点：第一，内容全面，体系完整。包括常用的人力资源甄选理论、技术和方法，清晰地介绍了整个招聘与录用的流程和实务。第二，招聘理论和操作实践相结合。理论部分简明扼要，操作实践部分详细实用。第三，每个章节都配以最新案例、学习目标、图表和"看一看""读一读"等专栏，以增加阅读的趣味性和易读性，也帮助读者更好地理解和掌握相关理论与方法。

在上一版的编写过程中，惠艳和郭改华参与了编写，他们的部分劳动成果在这一版中继续存在。在本次修订中，余乐乐、马晨昊、孙波参与了编写，并提出了修改意见。本次修订较多的是案例部分，增加了新的案例，以增进学生的阅读兴趣。在写作过程中，我们参考和借鉴了许多学者的著作及相关文献资料，并得到中国人民大学出版社的大力支持，在此一并表示衷心的感谢。书中尚有许多不足和疏漏之处，都由我负责，真诚地希望广大读者批评指正。

王丽娟

于中国人民大学求是楼

目　录

第1章 概　述

学习目标

- 掌握招聘与录用的含义和原则
- 掌握招聘与录用的工作程序
- 掌握招聘的影响因素
- 熟悉招聘与录用的现状和未来发展趋势

百度：有甄别地引进人才

百度也如同其他高速发展的知识型公司一样，正在经历爆发式增长期都要经历的人才问题。

百度将自己的“选人”经验总结为：那些通用类的技能职位可以大胆挖人，例如市场、公关、会计等岗位，每个公司都相通，但是那些技术人员就需要靠内生，从内部培养、提拔，就像从自家后院拔萝卜一样，熟悉可靠。

对于如何发现这些顶尖人才，百度的董事长兼首席执行官（CEO）李彦宏有自己的秘密武器，即百度发现人才的五大法则。

第一，多角度面试。百度引进任何人才，都会安排多位员工对候选人进行多次面试，然后根据汇总结果进行最终决策。一般情况下，对于中层以上的岗位，百度会安排8人左右进行面试；对于高管岗位，则至少安排4人进行面试。

第二，背景调查。这是管理规范的企业普遍使用的——通过候选人的直接上级或同事，多方面了解其德与才是否符合百度的要求。

第三，降级录用。这是百度与很多企业不同的地方，一般情况下，其他企业的副总到百度只能担任总监的职位；其他企业的总监到百度只能担任高级经理的职位。

第四，证明自己。任何人来到百度，只有在用实践结果证明能力以后才能获得晋升。很多公司为了让员工出去谈业务的时候有个好的身份，随便给员工一个很好听的职务名称。而百度对于给予某人什么样的职务头衔十分苛刻和慎重。

第五，循序渐进。职位不但代表着权力，更代表着责任。百度在实践中锻炼和培养人才，不断赋予其新的职责，根据其履行的情况检验其能力，职位由低到高，职责由小到大，循序渐进地培养人才。

李彦宏说："百度能够发展到今天，找对了人是一大重要保证。"

资料来源：百度：有甄别地引进人才．[2011－07－01]．http：//www.0912job.com/news/1916.html.

1.1 人力资源管理与招聘

1.1.1 招聘与录用的含义与意义

一、招聘与录用的含义

招聘，即人员招聘的简称，也称招募、招收、招雇。人力资源管理中"招聘"一词包括两层意思：招聘是企业获取人力资源的过程；招聘即选择最合适的员工。招聘是指组织为了生存和发展的需要，根据组织人力资源规划和职位分析的数量和质量要求，通过信息发布和科学甄选，获得所需合格人才，并安排他们到所需岗位上工作的过程。招聘过程实质上就是从应聘者中选择最适合特定工作岗位要求的人员的过程，选择的目的是挑选出最合格的员工。

广义的员工招聘包括招募、选拔、录用、评估等一系列活动，也称招聘与录用。招募是组织为了吸引更多更好的候选人来应聘而进行的若干活动，主要包括招聘计划的制定与审批、招聘信息的发布、应聘者申请等。选拔也称为选择、挑选、筛选、遴选，是组织从"人-事"两个方面出发，挑选出最合适的人来担当某一职位，包括资格审查、初选、面试、体检、人员甄选等环节。录用主要涉及员工的初始安置、试用、正式录用。评估则是对招聘活动的效益与录用人员的质量进行评估。

狭义的员工招聘主要是指人才吸引与选拔，它是人才聘用或聘任的前提性工作环节。关于什么是招聘及其具体内容包括什么，不同的人有不同的观点。

二、招聘与录用的意义

从国家或地区的角度来看，企业招聘与录用有利于人员的合理流动，有利于就业，有利于人员潜能的进一步发挥。从企业自身的角度来看，招聘与录用工作主要具有以下四个方面的意义。

1. 是企业生存和发展的重要基础

IBM前总裁托马斯·沃森和微软公司董事长比尔·盖茨都曾强调，只要员工在，企业就可以生存或再生。无论是新成立的企业，还是已发展壮大到处于运营阶段的企业，招聘到合适的人才都是关键。

对于新成立的企业，即使物质资源、经济资源、信息资源都不缺，如果不能招聘到合适的员工去经营与管理这些资源，这些资源也不会产生任何价值，企业也就无法开展正常的运营。

对于业已存在的企业，无论是为了维持现状还是为了开拓美好的未来，都需要与不断变化的外部环境和内部条件做斗争，都需要与强劲的竞争对手做斗争。这种斗争靠谁去做？当然是合适的员工。所以，处于动态发展中的企业需要不断从外部引进人才或从内部调配人才，这就是招聘工作。

人才是企业生存和发展的基础，招聘是企业获取人才的关键，因而，招聘工作对于企业的生存和发展具有决定性影响。

2. 是企业人力资源管理工作中其他工作的基础

生产经营实践告诉我们，招聘是企业人力资源管理工作中其他工作（员工培训与开发、绩效管理、薪酬管理、员工关系管理等）的前置性工作，是其他几项工作得以开展的基础，招聘效果的好坏直接影响到其他工作的开展和成效。如果招聘到的是“愿干、能干、进取、有潜力、品德好”的员工，则后续的培训与开发工作就会少花精力、少费成本，后续的绩效管理工作就会进行得比较顺利，较少出现绩效考评方面的矛盾。如果招聘工作做到位，应聘者在招聘阶段就已经比较深入地了解企业、部门和岗位的情况，部门、主管和主要共事者在招聘阶段就已经比较全面地了解应聘者的情况，那么双方的“结合”就可避免“闪电式结婚、闪电式离婚”，员工对企业包括薪酬在内的各方面的满意度就会较高，企业对员工各方面的满意度也会较高，从而降低离职率，保持较好的员工关系。所以，招聘工作的质量直接影响后续的人力资源管理工作。

3. 为企业注入新的活力，增强企业创新能力

企业根据人力资源规划和职位分析的要求，通过招聘，给岗位配置新的人员。新员工在工作中会带来新的行动理念、新的管理思想和新的工作模式，有利于促进企业的制度创新、管理创新和技术创新。尤其是从外部招聘人才，能够为企业输入新生力量，弥补企业内部人力资源的不足，带来更多新思想、新观念和新技术，从而增强企业的创新能力。

4. 能够调动企业员工的工作积极性

当企业从外部招聘优秀人才时，由于存在“鲶鱼效应”，企业内部的员工会打破原来固有的“稳定”工作状态，更加积极主动地开展工作。

当企业采用内部招聘方式，尤其是竞争上岗方式时，由于员工都有机会去竞争某个岗位，因此在平时的工作中，在岗位上工作的人会积极主动地工作、创造良好的业绩，以保其位或为谋求其他岗位奠定基础。另外，当企业为了消除员工

读一读

鲶鱼效应

挪威人爱吃沙丁鱼，尤其是活鱼，所以在海上捕得沙丁鱼后，如果能让它活着抵港，卖价就会比死鱼高好几倍。但是，由于沙丁鱼生性懒惰，不爱运动，返航的路途又很长，因此捕捞到的沙丁鱼往往一回到码头就死了，即使有些是活的，也都奄奄一息。只有一位渔民的沙丁鱼总是活的，而且很生猛，所以他赚的钱也比别人多。该渔民严守秘密，直到他死后，人们打开他的鱼槽，才发现只不过是多了一条鲶鱼。原来鲶鱼到了一个陌生的环境后，就会“性情急躁”，四处乱游，这对于好静的沙丁鱼来说，无疑起到了搅拌作用；而沙丁鱼发现多了这样一个“异己分子”，自然也很紧张，加速游动。这样沙丁鱼缺氧的问题就迎刃而解，沙丁鱼也就不会死了。

资料来源：什么是鲶鱼效应．[2011-11-16]．http://wenku.baidu.com/view/25e663ee551810a6f52486e9.html.

长时间在某一岗位上工作的疲劳、乏味感而采用定期的岗位调整策略时，这种内部招聘也能极大地调动员工的积极性。

1.1.2 招聘与录用的工作程序

招聘与录用的工作程序如图1-1所示。

一、招聘准备阶段

事前的充分准备为招聘工作的顺利进行提供了保证，在招聘准备阶段主要完成以下任务：确定招聘需求；明确拟招聘岗位的特点和要求；制定招聘计划；选择招聘策略。

1. 确定招聘需求

确定招聘需求就是要准确地把握有关组织对各类人员的需求信息，确定人员招聘的种类和数量。首先，由企业统一进行人力资源规划或由各业务部门根据实际工作需要提出人员需求。然后，由人力资源管理部门填写人员需求表。人员需求必须依据职位分析和胜任素质要求确定，相关资料一般包括以下内容：

（1）所需人员的部门、职位；

（2）工作内容、职责、权限；

（3）所需人数及录用方式；

（4）人员基本情况（年龄、性别等）；

（5）要求的学历、经验；

（6）希望的技能、专长；

（7）其他需要说明的内容。

最后，由人力资源管理部门进行审核，对人员需求及资料进行审定和综合平衡，对有关费用进行评估，提出是否受理的具体建议，报送主管部门审批。

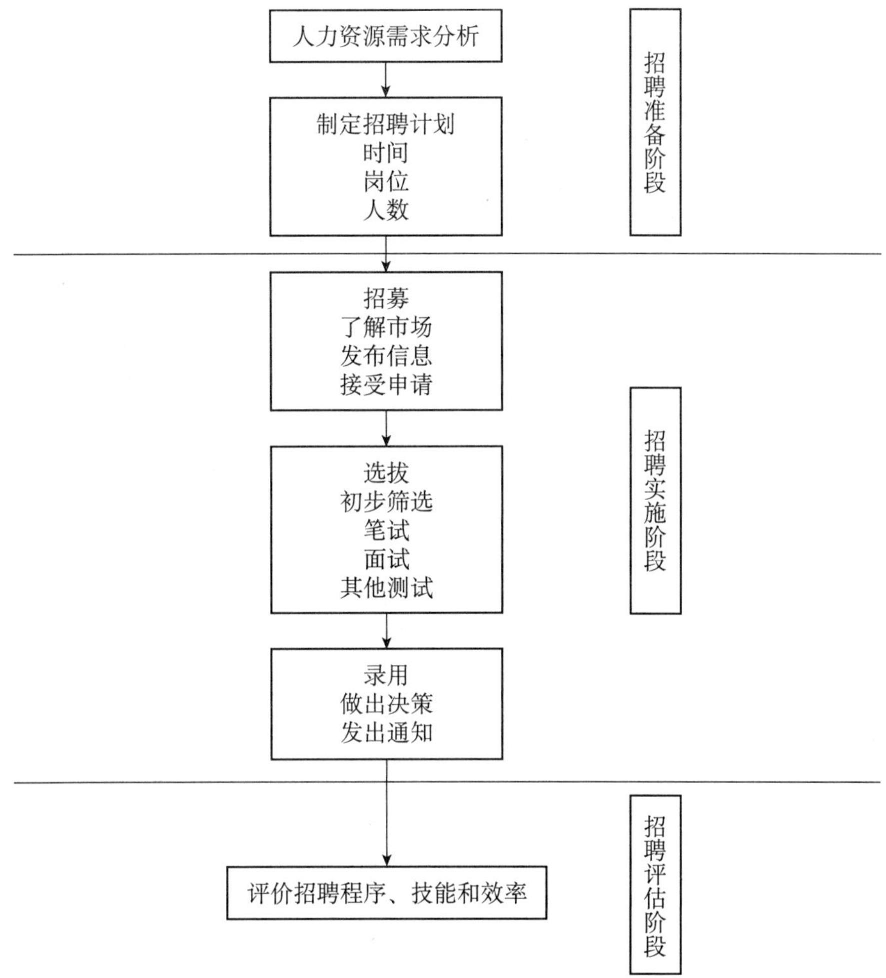

图1-1　人员招聘与录用流程图

资料来源：徐世勇，陈伟娜．人力资源的招聘与甄选．北京：清华大学出版社，北京交通大学出版社，2008.

2. 明确拟招聘岗位的特点和要求

在招聘准备阶段，需要明确拟招聘岗位的工作特点及其需要任职者满足何种条件。只有明确了拟招聘岗位的特点和要求，才能制定有针对性的招聘计划，采取有效的招聘策略。拟招聘岗位的工作特点和招聘标准可以通过职位说明书及其用人部门主管的报告等途径获得。

明确了拟招聘岗位的特点和要求就决定了需要什么样的人，包括对应聘者的年龄、学历、工作经验、工作能力、个性品质等方面的要求。

3. 制定招聘计划

招聘计划是企业根据已经确定的人力资源规划，在职位分析的基础上，通过分析与预测组织岗位空缺及合格员工获得的可能性，所制定的关于实现员工补充的一系列工作安排。一个企业所做的是否需要招聘新员工的决定，是一项十分谨慎且重要的决策。必须由人力资源管理人员及有关专家依照企业现状、需求信息等，制定人力资源招聘计划并指导招聘活动。

（1）企业现有职位和员工的情况分析。

1）现有工作职位的数量与分布。包括完成组织目标应有哪些工作、工作流程以及各项工作之间的关系如何，每项工作由哪些职位构成，每一职位各有哪些工作任务等，这些都需要通过职位分析获得。

2）工作和职位的任职要求。根据工作性质和要求，对任职者提出有关工作能力、知识水平、素质、个性、适应性等方面的标准。这些标准是在职位分析的基础上产生的，一般体现在职位说明书中。

3）员工在各个岗位的分布情况。若有关岗位存在冗员，则应先考虑能否取消招聘工作或减少招聘人数。此外，还要了解重要部门和管理职位的现有任职者若离职，是否有合适的候选人，并对重要部门和管理职位的继任情况进行摸底，制定或修正继任计划。

（2）组织目标和组织计划的分析。组织目标是人员招聘计划、录用计划的指导和依据。组织计划是组织目标的具体化和实施策略，组织中各部门的计划将决定人力资源的配置情况，所以应根据各种计划及时调整或者重新制定人员招聘与录用计划，以适应组织内外部环境变化的要求。

招聘计划的制定以及实施，都必须以国家现有的人员录用法律、法规、政策为依据，充分考虑国家政策的影响，以保证招聘工作在正常、合理、合法的框架下进行。

（3）编写人员招聘计划。在了解组织现有人力资源的使用和需求以及有关政策、法规之后，就可以制定出人员招聘计划。人员招聘计划的主要内容有：

1）招聘人数。需要招聘的数量往往多于实际录用的数量。这是由于一些应聘者可能对于该工作没有兴趣，也可能资格不够，或者两个原因兼而有之。

2）招聘基准。招聘基准就是确定录用什么样的人才，其内容包括年龄、性别、学历、工作经验、工作能力、个性品质等。设置招聘基准最合理的方法是将资格要求分为两大类：必备条件和择优条件。必备条件是对候选人最低限度的资格要求，它不依靠其他力量、学习新的技艺或从其他途径获得帮助加以弥补。择优条件是指带有倾向性的资格要求，在候选人其他方面都相当的情况下，择优条件可以帮助企业比较候选人特征的相对优劣势。

3）招聘经费预算。除了参与招聘工作的有关人员的工资，还有广告费、考核费、差旅费、电话费等。

4. 选择招聘策略

招聘策略是招聘计划的具体体现，是为实现招聘计划而采取的具体策略。

（1）地点策略。选择在哪个地方进行招聘，一般要考虑潜在应聘者寻找工作的行为、企业的位置、人力资源市场状况等因素。客观上为了节省开支，企业通常在既有条件又有招聘经历的地方招聘，在企业所在地的市场上招聘办事员和工人，在跨地区的市场上招聘专业技术人员，而在全国甚至世界范围内招聘高级管理人才。

（2）时间策略。有效的招聘策略不仅要明确招聘地点，还要确定恰当的招聘时间，招聘时间一般应比有关职位空缺可能出现的时间早一些。我们可以运用以下公式进行计算：

招聘日期＝用人日期－准备周期＝用人日期－培训周期－招聘周期

（3）渠道策略。应聘者来源渠道主要有组织内部来源和组织外部来源两种。前者又有内部提升和职业转换两个渠道；后者则有员工介绍、广告招聘、就业机构招聘、专职猎头公司招聘、大学校园招聘等。如果企业进行大规模的招聘，只使用一种招聘渠道往往是不够的，需要采用不同招聘渠道的组合形式，才能保证在限定的时间内招到足够的合适员工。

看一看

一张白纸好画画，宝洁青睐毕业生

在美国《财富》（中文版）杂志评出的中国最受人力资源经理青睐的、排名前20位的企业中，广州宝洁榜上有名。广州宝洁有限公司公共事务部的许燕辉告诉记者，宝洁公司180多年来成功的关键在于，企业文化的核心是对人才的重视和承诺。许燕辉简要地介绍了宝洁人力资源管理体系的内容。

（1）完善的招聘系统。确保招聘到最合适和最优秀的员工。

（2）系统的培训体系。在员工的培训和发展方面投入了大量的人力、物力。尤其值得一提的是上级经理对下属在工作过程中进行的指导，在其内部称为“在职培训”，这是人才培训中非常重要的一部分。

（3）“内部提升”的用人哲学。从基层岗位招聘人才，尽量在内部员工中提拔高级管理人员，使员工和公司一起成长，对公司充满主人翁责任感和自豪感。

（4）“早期责任”。对新员工委以重任，为他们设计充满挑战的工作项目，这点被称为早期责任。早期责任会让新人获得宝贵的实践经验，更快地成长。

（5）“尊重每一位员工”，营造一种互相尊重的工作环境。

（6）海外学习和工作机会。作为一个跨国公司，宝洁为员工提供海外学习和工作机会，使员工能够更快地成长。

宝洁招聘员工时重视的是员工本身的素质。他们所需要具备的素质包括诚实正直、领导能力、勇于承担风险、积极创新、发现问题和解决问题的能力、团结合作、不断进取等。有些部门，如产品供应部、研究开发部、信息技术部和财务部，也会要求有一些基本的专业背景。

在用人方面，宝洁在权衡学历、工作经验方面可谓经验独到。宝洁大部分岗位都招聘应届毕业生。宝洁从1989年起，就开始在大学里招聘优秀的应届毕业生。多年来，它绝大多数的岗位都是由大学应届毕业生来补充的。这是基于公司“内部提升”的理念。在广州宝洁和全球其他地方的宝洁公司，几乎所有的高层、中层管理人员都是在毕业后就直接进入公司的。他们和公司一起成长，对公司有家一般的亲切感和自豪感。当然另一方面，宝洁也有少部分职位面向社会招聘有经验的人才。

资料来源：一张白纸好画画 “宝洁”青睐毕业生．[2002－12－17]．http：//www.southcn.com/job/features/2003graduates/news/200212170203.htm.

（4）聘用策略。聘用策略主要分为传统的甄选模式、人力资源管理模式和“非我族类”模式。传统的甄选模式，即“以人就事”，以工作为主、组织的需要优先；人力资源管理模式，即“以事就人”，“以人为主”，旨在人尽其才；“非我族类”模式，即筛选与我们的理想、经验、教育、背景不同的人。

二、招聘实施阶段

招聘实施阶段是整个招聘活动的核心阶段，也是最为关键的一个环节，其中包括招募、测试与筛选、人员录用三个步骤。

1. 招募

招募是指根据招聘计划所确定的招聘策略和用人标准，采用适合的招聘渠道和相应的招聘方法，吸引符合条件的应聘者，为下一步人才选拔做好准备工作。

（1）人力资源市场分析。在招聘活动实施前，必须考虑现有人力资源的数量和整体素质。如果人力资源市场正处于供不应求的状况，则企业的选择余地就会比较小。制定录用计划时就必须降低标准，以求得足够的人员；或者减少录用量，以保证人员资格达到原定标准。反之，如果人力资源市场供过于求，则可以制定较为严格的录用标准，确保被录用人员的质与量。

（2）发布招聘信息。制定较为详细的招聘计划，选择合适的招聘策略后，招聘人员需要准备包括招聘信息在内的所有关联材料。设计的招聘信息应鼓励那些具有所要求的能力、技巧和兴趣的应聘人员愉快、主动地申请到企业来完成特定的工作。

在设计时，发布的信息一般应符合 AIDA 原则，即 attention（引起注意）、interest（产生兴趣）、desire（激发欲望）、action（促成行动）四个英文单词的首字母缩写。首先，发布的信息能吸引应聘者的注意；其次，应聘者能对企业发布的信息产生兴趣，如薪酬具有竞争力、有职位提升的空间或者有完善的培训体系等；再次，企业提供的薪酬或其他条件能激发应聘者的应聘欲望；最后，应聘者采取实际行动参与招聘活动。

招聘信息的设计和实施过程中，普遍遵循的一般原则有：

1）面广原则。发布招聘信息的覆盖面越广，接收该信息的人越多，应聘者中有合适人选的概率就越大。当然，招聘费用也会相应增加。

2）及时原则。在条件许可的情况下，招聘信息应尽早发布。这样有利于缩短招聘进程，而且有利于使更多的人获取信息，使应聘人数增加。

3）层次原则。招聘的人员都是处在社会的某一层次的。要根据招聘岗位的特点，向特定层次的人员发布招聘信息。招聘信息的发布渠道有报纸、杂志、网站、电视、电台、布告、新闻发布会，还有随意传播等形式。

招聘信息应包括的内容如下：

- 工作岗位的名称；

- 有关工作职责简单而明确的阐述；
- 完成工作所需的技巧、能力、知识和经验说明；
- 工作条件，如地理位置、工作时间、周工作天数、下属管理人员的水平、报酬和福利；
- 申请时间和地点；
- 如何申请，是否要寄送简历、填写申请表以及面试等。

在准备招聘信息时，注意不要过分夸大工作岗位或企业的优势。如果现实中工作岗位难以满足受聘人员的初始期望，只能导致受聘人员的不满和跳槽。

2. 测试与筛选

招聘测试是指在招聘过程中，对应聘者加以客观鉴定所运用的各种科学和经验方法的总称。人员招聘的测试的种类有很多，目前比较适用于我国企业的有以下几种。

（1）笔试。通过笔试主要了解应聘者是否掌握应聘岗位所必须具备的基础知识和专业知识。一般在招聘初期进行，成绩合格者才能进入下一轮的测试。

（2）面试。面试是一种经过组织者精心设计，在特定场景下，以面试官与应聘者的面对面交谈与观察为主要手段，由表及里测评应聘者的知识、能力和经验等有关素质的考试活动。面试是招聘者通过与应聘者正式交谈，了解其业务知识水平、仪表风度、工作经验、求职动机、表达能力、反应能力、个人修养、逻辑性思维、人际交往倾向等情况的方法，一般在资格审查、笔试、心理测试之后进行。

看一看

戴尔的37道价值观面试试题

戴尔公司有一条招聘经验：在新招来的员工中，5年后大约只有30%的人能留下；10年以后，大约只有10%的人能坚持到底，作为核心员工留下。比如，公司10年前招聘了100个人，5年以后就只剩下了30个人，10年以后能坚持下来的也就只剩10个人了。这些坚持下来的人虽然不是最优秀的，但却一定是最能适应戴尔价值观的。而且，他们能为戴尔创造出最大的经济效益，节省更多的成本；他们不但对戴尔的文化坚信不疑，也是竞争对手无法用高薪挖走的。因此，“人才不是越优秀越好，而是合适的才是最好的”。戴尔招聘的“尺度”是：能用最低成本赚得最高利润的人。

现列出戴尔37道测试应聘者价值观的面试试题：

问题1：请告诉我你最大的优点是什么？你将给我们公司带来的最大财富是什么？

问题2：你最大的缺点是什么？

问题3：你有什么出众之处？

问题4：你曾经做过什么来降低部门的经营成本或节省时间？

问题5：你最富有创造性的工作成果是什么？

问题6：你现在的上级认为你对他而言，最大的利用价值是什么？
问题7：高级客户经理职位的一般职责是什么？
问题8：你认为你工作中的哪些方面是至关重要的？
问题9：你的职位同你的部门或公司的整体目标有什么关系？
问题10：明年你需要提高哪些方面的技能？
问题11：你为什么找工作？
问题12：发展对你意味着什么？
问题13：如果得不到这个工作，你打算怎么办？
问题14：请描述一下你的职位晋升情况以及你是如何得到目前公司的职位的。
问题15：你是如何不断使自己的工作更有价值的？
问题16：请区别一下你在目前供职的公司中所经历的纵向职位晋升和横向职责范围扩展。
问题17：你接受过何种指导风格的培训？你是理所当然地将职责授予他人，还是期望你的直接下属主动要求更多的职责？
问题18：在管理员工方面，你是“期望”多于“检查”，还是相反？
问题19：通常你是如何保持消息灵通、如何监控员工表现的？
问题20：当工作结果令你无法接受时，你通常会如何对待下属？
问题21：你如何评价自己与上级管理层、客户和同事进行交流的能力？
问题22：你通常以怎样的节奏从事工作？
问题23：如果你愿意的话，请和我进行角色扮演。
问题24：如果你愿意的话，请为我主持的这次面试打分，不要有过分的恭维。根据我向你提出的问题，你对我的推销和管理风格有何评价？
问题25：底薪对你来说有多重要？
问题26：你为什么想要来我们公司工作？
问题27：你如何定义你的成交方式？
问题28：请谈谈你的推销质量比率。你在达成一笔交易之前，通常要与多少预期的客户见面？
问题29：就业绩竞争力而言，你在所有业务员中名列第几？
问题30：如果我们录用你，你可以为我们做些什么？我们应该期望在什么时候看到具体的结果？
问题31：你在哪些方面是不能和老板达成一致的？上次当他错了而你正确的时候，你是如何处理这一状况的？
问题32：如果我们聘用你，请描绘一下你将营造的企业文化。你会采取一种将权力集中在少数几个人手里、更为集权、家长式的管理方法，还是会经常将职权下放？
问题33：你需要一个怎样的环境来发挥个人的最大潜能？
问题34：你除了致力于本职工作，还会承担一些超出本职工作范围的责任吗？

问题35：你是如何处理违反日常惯例的突发性事件和瞬息万变的局势的？

问题36：你是如何看待事先没有获得首肯就采取行动这一情况的？

问题37：你在决策之前是广泛地听取各方面的意见，还是会亲自卷入不同意见的冲突之中？

以上37道管理者价值观面试试题，其核心内容只有6个字——“以成果为中心”，设计的目的是确保招聘到“以成果为中心的人”。

资料来源：戴尔37道价值观面试题．[2012-11-16]．https：//wenku. baidu. com/view/4c3eb632eefdc8d376ee3226. html.

(3) 劳动技能测试。如果某些岗位有劳动技能方面的要求，就必须进行这种测试。如招聘生产工人，可设计一些测试道具进行测试；餐饮业招聘服务员，可让应聘者实习几天。

(4) 心理测验。心理测验是指在控制的情境下，向应试者提供一组标准化的刺激，以所引起的反应作为代表行为的样本，从而对其个人的行为做出定量的评价。心理测验的目的是判断应试者的心理素质和能力，从而考查应试者对招聘职位的适应程度。目前，这种方法在西方国家的招聘与录用中使用非常广泛。

(5) 情境模拟。这是指根据应试者应聘的职务，编制一套与该职务实际情况相似的测试项目，将应试者安排在模拟的工作情境中处理各种问题，进而对其进行评价的一系列方法。

3. 人员录用

人员录用是依据选拔的结果做出录用决策并进行安置的活动，主要包括录用决策、通知录用者、办理录用手续、签订劳动合同、新员工培训、正式录用等活动。

(1) 录用决策。录用决策是依照客观事实，避免主观武断和不正之风的干扰，把选择阶段多种考核和测试的结果结合起来，进行综合评价，从中择优确定录用名单。录用决策是人员录用中最关键的环节。

(2) 通知录用者。录用名单确定后，要张榜公布，公开录用，以提高透明度。这样做的好处是：一方面接受社会监督，切实落实招聘政策；另一方面可防止招聘中的不正之风。

(3) 办理录用手续。招聘单位聘用员工，应向当地劳动行政主管部门办理录用手续，证明聘用员工具有合法性，得到国家有关部门的认可，并且使招聘工作接受劳动行政主管部门的业务监督。招聘单位办理录用手续应向劳动行政主管部门报送员工登记表，填写内容包括职工姓名、年龄、性别、民族、籍贯、文化程度、政治面貌、个人简历、考核结果、单位同意录用的意见等。经劳动行政主管部门审查同意，在登记表上加盖同意录用的印章，录用手续即办理完毕。

看一看

录用通知书

______先生/女士：

您应聘本公司______职位，经考试及面试合格，恭喜您成为本公司的一员，请您于____年____月____日____时携带以下证件及物品准时到本公司报到。

1. 身份证 □
2. 毕业证书 □
3. 学位证书 □
4. 职称资格证书 □
5. 居住证 □
6. 审验证 □
7. 务工证 □
8. 体检表 □
9. 两寸半身照片______张 □

依据国家及本公司相关规定，新进员工试用期为____个月，试用合格后转为正式员工。祝您在本公司工作愉快！

××公司人力资源部

资料来源：杨杰．有效的招聘．北京：中国纺织出版社，2003.

（4）签订劳动合同。劳动合同是员工与企业之间的契约，也是确定劳动关系的依据，并成为当事人的行为准则。

（5）新员工培训。新员工培训是对新员工的工作和企业环境进行介绍，让新员工了解单位的历史、现状、未来发展计划，他们所在部门的情况，工作的岗位职责、流程，企业文化、绩效评估制度和奖惩制度，以及熟悉他们的同事，关键是要让新员工明确企业对他们的期望。此外，还应让新员工了解到在遇到困难和问题时应该通过什么渠道来解决。新员工培训分为上岗前的集中训练和上岗后的分散训练两部分。

（6）正式录用。员工的正式录用即通常所称的“转正”，是指试用期满，试用合格的员工正式成为该单位成员的过程。员工能否被正式录用，关键在于试用部门对其考核的结果如何。单位对试用员工应坚持公平、择优的原则进行录用。

正式录用过程中，用人部门与人力资源管理部门应完成以下主要工作：员工试用期的考核鉴定，根据考核情况进行正式录用决策，给员工提供相应的待遇，制定员工发展计划，为员工提供必要的帮助与咨询服务等。

三、招聘评估阶段

招聘工作结束后，工作人员往往会忽视对招聘工作及时进行总结，甚至认为找到合适的员工并将其安置在合适的岗位上，招聘工作就结束了。一个完整的招聘过程应该包括招聘的评估与反馈阶段。现在许多企业的招聘经验不够丰富，招聘又是企业的一项经常性工作，所以应该及时总结招聘的经验和教训，为以后的招聘工作积累经验，通过不断改进招聘的方法，提高招聘工作的质量，降低招聘工作的成本。另外，对招聘工作的评估有助于从战略角度分析企业内部的深层次问题，如企业薪酬、企业人力资源战略、企业激励机制、企业竞争能力、企业文化与企业形象等方面存在的不足。企业应通过招聘工作的评估，深究其原因并适时地调整人力资源战略和其他有关的管理政策。但是目前，招聘评估并未得到足够重视，企业很少进行招聘评估。

招聘工作能否达到预期的目标，受到企业内部诸多因素及企业外部环境的影响，因此对招聘工作的评估应该从内外两方面进行总结分析。内部因素主要包括企业招聘策略是否得当，招聘流程是否合适，选拔方法是否有效，招聘效果如何，招聘计划完成与否及其原因分析，以及相关管理环节对招聘的影响等；外部因素主要包括劳动力市场目前的基本状况及其发展趋势、竞争对手的相关政策与策略等。

1.1.3 招聘与人力资源管理

招聘作为人力资源管理的基本职能，与其他人力资源管理活动有着密切的关系，招聘的地位与作用也就体现在这种相互的关系中。

第一，人力资源计划规定了招聘的数量和类型，而职位分析又决定了对应聘人员的具体要求，同时向招聘人员提供了在招聘中要用到的职位描述和工作说明的信息。而招聘则是实施招聘计划、执行应聘要求、聘用合适人员的基本形式和途径。

第二，报酬与福利管理以及工作条件等内容在一定程度上决定了招聘工作的难易程度。拟招聘岗位的工作性质、岗位规范、职责要求、技术水平等，必须与相应的报酬与福利待遇基本相符，否则难以招聘到合适的人员。

第三，一方面，人力资源的培训与开发要求招聘到的人员具有相应的基本素质；另一方面，对招聘到的人员进行分析也可以确定他们需要什么样的培训。

第四，对员工表现的评价可以决定晋升、降职、解雇等问题，因而可以部分地决定是否需要招聘新成员。

从以上几点可以看出，人力资源管理活动的各主要方面——计划与控制、职位分析与设计、培训与开发、评价与激励、报酬与福利等，都与人力资源的招聘或多或少地存在联系。

1.1.4 招聘与录用的原则

一、公开原则

公开即根据组织需要，把招聘部门，招聘种类和数量，招聘资格条件，招聘测试方法、测试科目和时间，招聘程序等有关事项，面向一定范围公开告知，以使招聘与录用工作置于有关人员的公开监督之下，防止不正之风，同时有助于达到广招人才的目的。

二、平等原则

平等即对待所有应聘者应当一视同仁，不应人为地制造一些不平等的限制（如性别歧视等），努力为有才能的人提供平等竞争的机会，不拘一格地选拔、录用各方面的优秀人才。

三、竞争原则

竞争即通过考试竞争和考核鉴别，确定成绩的优劣。只有经过严格统一的考核、甄选，才能比较科学地决定录用的人选。竞争原则还有另一层含义，即动员和吸引的应聘者越多、竞争越激烈，就越容易选择优秀人才。所以，招聘范围应尽可能广，以吸引更多的应聘者前来竞争。

四、能力重于学历原则

现在许多企业在招聘时大多要求本科毕业、硕士研究生毕业，应该说这本身是一个巨大的社会进步。但是，看重学历，并不是看重一纸文凭，而是看重学历背后的学识和涵养。有学历不等于有能力，学历既不是能力的充分条件，也不是能力的必要条件，而只是一个相关条件，相关度如何对于每一个人来说又是不一样的。所以，招聘者必须综合运用背景分析、经验判断、面试考核等多种手段，对应聘者的能力、品质、性情、学识等多方面做出全面、深刻的评价。如果应聘者既有学历又有能力，对组织来说无疑是两全其美，但在学历和能力不能兼顾时，则应坚持能力重于学历的原则。

五、能岗匹配原则

能岗匹配原则有两个方面的含义：一是某个人的能力完全胜任该岗位的要求；二是岗位所要求的能力这个人完全具备。能岗匹配原则就是要尽可能使人的能力与岗位要求的能力相匹配。招聘与录用时固然要本着择优录用的原则，但在实践中，这绝不意味着能力超出岗位要求越多越好。员工能力低于岗位要求，无法很好地完成岗位职责，企业的凝聚力和竞争力均会受到影响；而员工的能力如果远远高于岗位要求，则“英雄无用武之地”，个人才华无法施展，工作积极性将受到严重打击，企业的人员流动率就大，反而不利于企业的长期稳定发展。因此，遵循能岗最佳匹配的原则才能使组织整体效益达到最优。

六、员工与组织匹配原则

员工首先是为组织工作，而不是仅仅为岗位工作。文化与价值标准的认同是人才与组织合作的基础。员工与组织的匹配就是指要在坚持能岗匹配原则的基础上，着重强调员工与组织的匹配，关注员工个人的价值观、目标、态度等内在特质与组织文化的吻合度。杰克·韦尔奇在通用电气公司2000年度报告中曾把通用电气的员工分为三类：第一类是既能为公司创造价值又符合公司的文化精神、价值标准的人。对于这样的员工，要提拔重用。第二类是目前不能为公司创造价值，但其思维方式、价值观符合公司的文化精神、价值标准的人。对于这样的员工，要对其进行培训，为其创造发展机会。第三类是能够为公司创造价值，但其思维方式、价值观却不符合公司的文化精神、价值标准的人。对于他们，要坚决予以清除。这位前"全球第一CEO"的话正说明了员工与组织匹配的重要性。只有坚持员工与组织匹配原则，组织人才的多样化才能为其带来新动力和高绩效，否则员工在进入组织后，要么因无法与组织相融合而离开，要么可能破坏组织的稳定，阻碍组织文化朝着健康的方向发展。更有甚者，组织中那些"恃才傲物"的人才会破坏组织原有的和谐，削弱组织的凝聚力。

七、同等条件下求职动机优先原则

在合格人选的工作能力基本相同的情况下，候选人希望获得这一职位的动机强度是制定录用决策时所要考虑的又一基本点。研究表明，个体的工作绩效一般取决于个体的能力和积极性两个因素。如果两个人的能力基本相同，而工作积极性却大不相同，他们所产生的工作绩效就会有很大的差异。求职动机是影响新进员工积极性的一个很重要的因素。一般而言，已经辞职的应聘者的求职动机要强于目前在职的求职者。再者，如果被录用，已经辞职的应聘者会更加珍惜这个工作机会。

1.2 招聘的影响因素分析

篇中案例

小王的困惑

小王大学毕业后来到一家软件公司担任招聘专员。不用说，工商管理专业出身的小王很喜欢这份工作。像这样品牌响当当的公司，薪酬高，待遇好，何愁吸引不到优秀人才？招聘工作中可以接触到各方面的人，肯定能增长很多见识。小王想，凭自己的实力和热情，一定能做出成绩来！

可没到一个月，小王就懵了，招聘工作并不像他想象的那样简单。一方面，尽管公司开出的薪酬不低，但对人才的要求也很高，真正适任的人几乎"绝迹"；另一方面，公司软件工程师缺口很大，但在人才市场上很难找得到，即便是标出高价也无人问津。小王陷入了困境。

分析：招聘是一项复杂、艰巨的工作，招聘的有效性受到多种因素的影响。作为一名招聘专员，除了需要具有工作热情和敬业精神，还需要具备多种知识和技能，善于分析企业自身的需要和外部市场状况，采取不同的方法和策略进行招聘。本案例中，小王作为一个大学刚毕业的新手，想成为一名合格的招聘专员，要学习的东西还有很多。

影响招聘的因素虽然有很多，但从来源看不外乎企业外部、企业内部和求职者个人三个方面，这些因素制约和影响着企业招聘人员的招聘方法、招聘标准、招聘效率等。

1.2.1 企业外部因素

一、外部人力资源市场

企业外部人力资源市场影响企业招聘的具体因素主要表现在以下四个方面。

1. 人力资源供给状况

外部人力资源市场的人力资源供给状况对企业招聘的影响表现在人力资源的数量和质量两个方面。一方面，如果某地区或行业某种具有一定质量的人力资源数量丰富，企业该种人力资源的供给一般就会相对充足；如果该地区或行业某种具有一定质量的人力资源数量有限，则可能导致企业该种人力资源供给不足。当人力资源供给充足时，企业的空缺岗位就可能有相当数量的求职者应聘，企业不但有充分的挑选余地，质量也能得到保证，招聘任务比较容易完成；相反，当人力资源供给相对短缺时，求职者的数量较少，企业不但会陷入与同行企业的激烈竞争，而且招聘成本上升，录用标准降低。另一方面，如果某地区或行业的某种人力资源数量一定，则其整体素质越高，企业越容易挑选到合适的人选；素质越低，则合适的人选就越少，甚至导致企业招聘标准的降低，出现“矮子里面拔将军”的现象。

2. 人力资源价格

在人力资源市场上，某种人力资源的价格固然与这种人力资源形成过程中的累计投资成本以及后天的维护成本有关，但最终还是取决于该种人力资源供给与需求的关系。供大于求时，该种人力资源的价格就会下降；供小于求时，该种人力资源的价格就会上升。在企业技术构成基本不变的情况下，当某种人力资源的价格上扬时，企业对该种人力资源的需求就会受到抑制，招聘活动就会减少，招聘数量也会减少，甚至会暂时不招聘。

3. 人力资源市场的成熟程度

成熟、完善的人力资源市场可以为企业和求职者提供完全的信息，中介机构所提供的职业指导、就业咨询、人事代理以及各种测评等服务，为供求双方提供了充分交流和了解的机会，也降低了企业在招聘中的成本和风险。人力资源市场越成熟，企业就越倾向于从外部进行招聘。反之，人力资源市场的发育越不成熟，中介服务越不到位，企业就越倾向于从内部进行选拔。

4. 人力资源市场的地理区位

由于地理区位不同，人力资源市场上人力资源的供给状况和类型也不同。不同的地理区域受区域经济社会发展状况、文化教育状况、人口密集程度等因素影响，人力资源的供给状况不同。依据地理区域的范围大小，人力资源市场可以分为局部性的、区域性的、全国性的和国际性的，招聘不同素质要求的人力资源应该选择合适的人力资源市场。通常，一般性的人力资源，如普通的生产工人、文职人员可以在本地的人力资源市场招聘，高技能的人员可以到区域性的人力资源市场招聘，而专业管理人员则应该在全国性的人力资源市场招聘，对一些特殊人才，如科学技术人才、跨国公司中的高层管理人员，除了在国内招聘，还可以到国际市场上招聘。

二、宏观经济状况和行业特性

宏观经济状况和行业特性对企业招聘的影响主要表现在以下五个方面。

1. 宏观经济状况

宏观经济状况良好，意味着社会失业率较低，企业的劳动力需求旺盛，人力资源市场上的人力资源供给相对较少，市场竞争加剧，企业招聘的难度加大。而宏观经济状况出现危机，则意味着社会失业率较高，人力资源供给相对过剩，虽然企业招聘相对比较容易，但由于企业普遍不景气，招聘的次数、规模以及人数都会受到影响。同样，一旦出现通货膨胀，有可能导致企业的招聘费用和用人成本大幅上升，也会影响到招聘。宏观经济状况对招聘的影响尤其明显地表现在对企业高级管理层和技术人员的招聘上。

2. 行业的性质

通常情况下，传统行业里的企业多属于劳动密集型，对人力资源质量的要求不高，由于市场上人力资源供给相对比较充足，企业招聘到合格员工也较为容易。而一些新兴行业里的企业多属于技术密集型或知识密集型，对人力资源的质量要求较高，由于市场上人力资源供给相对匮乏，企业在招聘过程中将面临较大的竞争压力，招聘费用也会更高。

3. 行业技术发展状况

行业技术水平的提高一方面会使企业对人员的素质和能力的要求提高，另一方面也会因为劳动生产率的提高而使企业对人员数量的需求减少。比如，印刷业长期以来依靠人工拣字排版，而计算机排版系统的出现使得这种局面发生了根本的改变。印刷厂从劳动密集型企业摇身一变，成为技术密集型企业，极大地降低了对排版人员的数量要求，同时对排版人员的素质要求大大提高。

4. 行业生产资料的价格

企业所需购置的设备、能源和原材料价格也对招聘有影响。当生产资料价格下降时，产品的成本降低，企业生产的产品价格下降，市场需求增加，企业为满足市场需求而扩大生产规模，增加对人力资源的需求。为满足对人力资源的需求，企业就会到人力资源市场上招聘新员工。反之，生产资料价格上涨，企业生产的产品价格随之上涨，市场需求减少，企业就会减少供给，缩减生产规模，减少人力资源需求，从而就不会招聘新员工，甚至会裁减现有员工。

5. 行业的竞争状况

行业的竞争状况与行业的属性有关。新兴行业发展快、前景好，有意进入该行业的企业可能在短时间内增加很多，这就使行业人力资源竞争相对激烈。

而成熟行业的情况恰恰相反。另外，企业所在行业的竞争情况，尤其是竞争态势的变化，企业在该行业中的地位等，对企业开展招聘工作的影响也非常大。如果企业在行业中竞争优势明显，领先地位牢固，那么该企业就相对容易吸引应聘者，招聘工作任务也就相对容易完成。相反，处于劣势地位的企业在与有优势的企业同时进行招聘时，要取得较好的招聘效果，就要采取一些非常规的方法和手段。

三、国家的政策法规

企业的招聘工作看起来似乎是一种纯企业行为，其实不然，它既与劳动者有关，又与社会有关，因而是一项政策性很强的工作。因此，企业的招聘必须在国家相关的政策法规规范下进行。我国的《劳动法》《劳动合同法》以及其他许多与企业用人有关的法律法规、条例、政策（如《人才市场管理规定》《女职工禁忌劳动范围的规定》《招用技术工种从业人员规定》《未成年工特殊保护规定》《反不正当竞争法》《企业劳动争议处理条例》《未成年人保护法》等），不但保护了企业和劳动者双方的利益，维护了社会的和谐稳定，而且对企业合法招聘人员和求职人员合法流动起到了很好的规范作用。例如，为保护企业的技术秘密，规定掌握企业绝密技术的科研技术人员或开发人员在一定期限内不允许在同行业同类竞争企业中就职，从某种意义上说，也就是规定企业不得随意雇用竞争对手的核心技术人员。因此，企业在进行招聘面试时，就应认真依法办事，防止招聘的对象和招聘的方法涉嫌触犯法律，以免因违反法律法规而受到惩罚。

国家对招聘活动的影响还表现在对劳动就业保障的宏观管理上。比如，国家对各地区最低工资的规定、对工资支付方式的规定、对为职工缴纳各项保险费用的规定等，这些规定在保障劳动者合法权益的同时，对企业的招聘成本和用人成本都有直接影响。

除了明确的法律法规，对一些行业的内部规定和国家机关的规定也要事先了解。如为了国防安全的需要，有关部门就规定在保密期内禁止普通企业招聘与录用国防和军工单位的技术人员。

此外，国家对产业、行业的扶持、限制或政策调整也无疑会对招聘产生巨大影响。比如，我国曾经实行的纺织行业压锭、钢铁行业限产等政策，都曾导致这些行业人员需求锐减。

四、社会的科技发展水平

科学技术的发展对企业招聘的影响主要表现在三个方面。

1. 岗位结构的变化

随着科学技术的发展和社会的进步，低科技含量的传统职业或岗位相应减少甚至消失，比如打字员、电话接线员、纺织工等。而一些高科技含量、高技术含量的新兴职业或岗位则如雨后春笋般涌现，如电脑工程师、程序员等。

2. 技术进步带来流程的再造或自动化，进而引起人员需求数量的减少

比如，奶业企业奶制品包装实现了自动化之后，车间里生产工人的数量锐减。

3. 求职者素质要求和岗位技能要求的变化

例如，大学教师除了要具有板书教学的传统技能，还必须掌握现代教育技术，如能使用多媒体技术进行教学等。目前，多学科交叉融合、综合化的趋势对高校毕业生也提出了新的要求，即要从知识单一型人才向知识复合型人才转变。从各类人才招聘会上反馈的信息可以看到，很多用人单位往往更看重毕业生的综合能力。

1.2.2 企业内部因素

一、企业的经营状况与发展前景

从企业规模来看，良好的经营状况和发展前景意味着市场对企业产品的需求增加，企业便会扩大生产规模，从而增加对劳动力的需求。如果企业现有人力资源存量不能满足企业扩大生产规模的需要，则形成扩张型人力资源短缺，从而产生招聘需求。扩张型人力资源短缺越大，企业招聘需求就越大。

企业的经营状况决定了其在同行业中的竞争地位，也是吸引求职者的关键因素。良好的经营业绩不仅意味着企业有着良好的管理和发展前景，还意味着更高的薪酬和福利待遇；而良好的发展前景则意味着更多的发展机会和提升空间。因此，经营状况和发展前景良好的企业一般被认为是理想的雇主，能够吸引更多的求职者来应聘。

企业的经营状况也决定了企业对招聘可投入的资金数额的大小，因而对招聘有着重要影响。充足的招聘资金可使企业在招聘方法上有更多的选择。反之，经营状况不佳的企业只能选择较为廉价的招聘方法，从而使得招聘的活动范围较小，选择余地也较小，这对招聘的整个活动以及招聘的效果都会产生不利影响。

二、企业的技术装备水平

企业所具有的技术装备水平决定着企业资本与劳动力的比例，从而决定了企业对劳动力数量和质量的需求。在一定条件下，随着技术装备水平的提高，企业对人力资源的需求与现实中人力资源数量和质量的差距会越来越大。由于劳动力的数量与质量不能相互替代，因此，如果企业的技术装备水平提高，企业对劳动力数量的需求就会相应减少，同时对劳动力的质量（知识和技能）需求会相应提高。因此，企业技术装备水平的变化毫无疑问会影响到招聘工作。

三、企业文化和企业声望

企业文化是企业全体成员所认可和接受的共同价值观和行为准则的聚合，一旦形成就对成员既能起到激励作用又能起到约束作用。不同的企业文化会导致不同的招聘行为。比如，有的企业进行招聘只是单纯的招聘，有些企业则更多的是一种营销行为，以便通过招聘提高本企业的知名度；有的企业倾向于从外部获取

人才，另一些企业则侧重于内部晋升。

企业文化是吸引求职者的重要因素，也是招聘双方在进行双向选择时必须重点衡量的内容。一方面，如果求职者认为企业文化非常适合自己的发展，就会主动报名并在整个招聘过程中积极配合；另一方面，招聘单位也会根据求职者的个人特质，选择与本企业文化相融合的人。此外，招聘人员的态度、行为方式和招聘方式的选择也都受企业文化的影响。

国外人力资源管理咨询公司做过一项调查，发现人们在选择进入哪一家企业就业时，主要考虑的因素是企业的声望。企业的声望由许多因素构成，如员工待遇、产品服务质量、企业参与社会事务的态度等。求职者在进入一家企业前，一般对企业的内部信息知道的很少，只能通过企业的外部名声来做决策。一个不知名的企业可能管理水平很高，很有前景，薪酬也不低，但求职者由于不了解，一般还是不太愿意进入这样的企业。而名气大、形象好的企业一般较容易招到高素质人才。企业的形象越好，越容易吸引人才加盟。其实这些因素都是企业文化不同层次的组成部分。

四、企业战略

企业战略是指决定企业发展方向、用以整合企业主要目标与政策的总体计划，可分为增长战略、稳定战略、收缩战略和组合战略四种类型。一般情况下，企业有什么样的总体战略，就会要求有什么样的人力资源战略与之相对应。因此，企业战略对招聘无疑会产生重大影响。比如，实施增长战略的企业通常采取发展式人力资源战略，注重个人发展与团队建设，注重绩效管理制度建设与实施，管理人员尽量从内部提升，初级人员则从外部大量引进；而实施收缩战略的企业通常采取转向式人力资源战略，在进行企业组织结构调整的同时，裁减冗余人员，尽量减少人员招聘。此外，企业战略实施过程的不同阶段对人员素质的要求也会有很大变化。

五、企业管理队伍的素质

企业管理队伍的素质及管理水平的高低对招聘具有重大的影响：一方面，企业管理人员的素质和水平越高，企业的管理水平就会相应越高，从而对招聘工作的重视程度以及招聘工作的规范程度就越高，招聘的效果也就会越好。比如，公平的招聘程序对应聘者有积极的影响，不公平的招聘程序对应聘者的影响则是消极的。另一方面，企业高层领导者的水平和能力也是求职者尤其是高素质人才选择是否加盟的重要因素。如果感到企业领导者有强烈的事业心，有魄力，有远见，有能力，那么，即使目前企业规模并不大，实力并不强，待遇并不高，求职者也可能愿意加盟，甚至愿意放弃部分物质利益。

六、招聘者的水平

招聘者作为企业发现、招募并甄选人才的执行者，无疑是影响企业招聘的一个重要因素。招聘者的水平也决定了企业能否招到合适的人才。招聘者的水平主要从三个方面来衡量：首先是人品。企业的招聘者应该具备良好的个人品质和修养，为人要正直、客观、公正。尤其是在面试过程中，作为主考官的招聘者代表着企业的形象，是连接企业和应聘者的桥梁。招聘者应使每位应聘者在与他们的接触中感受到企业的文化及价值观。其次是招聘所需的专业知识和经验。招聘是一项专业性很强的工作，要做好这项工作就必须具备相应的专业知识和经验，否则很难做好招聘的组织工作，也很难有效地识别人才，即使识别了人才也很难将人才招揽到自己的企业里。最后是对所招聘岗位的理解。招聘者只有熟谙组织状况及岗位要求，才能帮助企业选出真正需要的人才。在招聘前，招聘者应仔细阅读所招聘岗位的职位分析文件，了解岗位的工作性质、内容、职责、工作条件和环境等，并且准确把握岗位的任职资格和潜在要求。

七、企业的薪酬水平

薪酬问题是招聘企业和应聘人员最为敏感和关心的问题之一，也是招聘工作者在招聘过程中普遍感到头疼的问题。对于应聘者来说，如果对企业给出的薪酬不满意，则一般不会接受企业的邀约。但对企业来说，过高的薪酬意味着企业运营成本的增加，而较低的薪酬又很难招聘到满意的人员。所以，了解同行和竞争对手的薪酬政策，从而建立有竞争力的薪酬体系，无疑是企业在招聘工作开始前的必要准备工作之一。薪酬调查可以请专业咨询公司或猎头公司进行，也可以自己进行，通过收集竞争对手招聘信息、从来自竞争对手的应聘人员处了解等方法，去伪存真，逐步了解竞争对手的薪酬结构和水平，并建立自己有竞争力的薪酬体系。有了这样的薪酬体系，在招聘时就有了依据，就可以给不同层次的人员确定合适的薪酬，拒绝那些不切实际的对薪酬要求偏高的应聘者。

八、企业提供的发展机会

企业是否能吸引到优秀的人才，与企业能否给人才提供发展机会有关。发展机会可以使员工在人格和专业技术等方面得到迅速的发展和提高。一个企业若能为员工提供发展机会，往往会被认为是一个关心员工、以人为本的企业，员工会乐于在这样的企业中工作。一个企业如果能为员工制定明确的职业生涯规划，提供清晰的发展和提升通道，则更能吸引和招聘到优秀人才，并使其在企业中长久地工作下去。

1.2.3 求职者个人因素

一、求职者的教育背景和家庭背景

毋庸置疑，求职者的教育背景和家庭背景对求职者的择业有着重要的影响，进而影响企业的招聘。

求职者的教育背景对求职者择业的影响表现在：一是求职者所学的专业是其选择职业的主要影响因素。二是受教育程度的高低是其择业期望值的重要影响因素。受教育程度越高，应聘者越趋向于选择较高的职位，很难低就；反之，求职者对职位的期望值就较低。

求职者的家庭背景对求职者择业的影响表现在家庭成员的职业、家庭的经济状况、家庭教育等对求职者的影响上。比如，我们经常可以见到的教师世家、艺术世家等，都证明了家庭背景对求职者择业的影响。

二、求职者的经济压力

求职者的求职动机与经济压力成正比，在职人员的求职动机远比没有工作的人小，因此，这类求职者在单位时间内寻找工作的次数明显少于无业者，寻找工作的过程中表现也较为被动，面对工作机会更为挑剔，这主要与他们有收入、经济压力较小有关。除了求职者是否有工作，求职者的个人经历、家庭条件等也决定经济压力的大小，进而影响企业的招聘。

三、求职者的工作经验

从企业方面来看，招聘有经验的人员可以在短时间内给企业带来效益，用人单位也不必花费高成本从技能方面重新培养人才，节约了企业经营成本。因此，有工作经验目前已经成为很多单位招聘的一项重要标准。从求职者方面来看，工作技能和工作经验也是影响求职者择业期望值的重要因素之一。一般来讲，接受过多种专业训练或具有多年相关工作经验的求职者，对职位的要求会高于没有相关经历和技能的求职者。

四、求职者的职业期望

每一个求职者都有自己的职业期望，有的人期望高一些，有的人期望低一些；有的人胸怀大志，有的人不求上进；有的人好高骛远、不切实际，有的人脚踏实地。这些期望都会影响到求职者的择业，进而影响到企业的招聘。每个人的天资、能力、动机、需要、态度和价值观等与职业的关系的形成是一个渐进的过程，只有这个人正确地认识自己，形成了较为明晰的与职业有关的自我概念时，才能形成一个明显占主要地位的职业锚。所以企业的招聘必须了解求职者的职业期望，看他是否有明显的职业锚，与企业的发展需求是否一致。

1.3 招聘与录用的现状与未来

1.3.1 当前招聘面临的问题与挑战

一、招聘工作缺乏计划性，临时性安排使招聘工作被动与忙乱

企业的用人需求分计划性需求与临时性需求两种，企业招聘工作的有序性受到企业管理规范性的影响，而企业管理的规范性又与企业的发展阶段、发展速

度，企业管理者群体的素质，企业所处的经济环境有很大关系。一方面，当前我国处在经济高速发展与社会快速转型时期，民营企业国有化、国有企业民营化趋势明显，全国劳动力统一大市场正在形成，户籍制度改革、社会保障的进一步规范管理都使人员流动变得更加方便。另一方面，动荡的国际、国内金融及经济环境削弱了企业的计划性安排，使得企业在人力资源管理特别是人员的管理上临时性更强。人力资源的低水平管理、对企业文化作用力的忽视、企业的激励机制不能适应员工的要求、企业的人才理念不能做到人性关怀、企业的信用与领导者的决策行为等多种因素，导致员工离职率不断上升。企业因此产生的人员招聘需求不断增大，临时性工作、突发性人员招聘需求不断增多，这些都成为众多企业不得不面对的现实。经济发达区域如北京、上海的企业，特别是管理不太规范的民营企业，经常是人员成群结队地流失，有时甚至是整个部门的员工集体辞职，这给招聘工作带来了很大的压力。这样的企业要么是没有良好的企业文化，要么是没有建立起激励与约束机制。高离职率一方面使招聘工作陷入被动，另一方面使人员的管理成本进一步上升，各项工作很难做到计划性管理，表现出人员管理的无序状态，使整个企业的管理都变成了临时性任务管理，工作计划性不强，很难形成系统合力，很多工作效率低下或根本无效率。这在中小企业中比较多见。经济欠发达地区的企业又受到来自发达地区优势企业的人才吸引的压力，人才流失严重，导致招聘计划性被打破，也或多或少地产生了人招了走、走了再招的局面。

招聘工作的无序性与临时性是目前我国企业面临的较普遍的人力资源管理现实问题，招聘工作的无计划性又会像多米诺骨牌一样影响到后续的生产计划安排、产品销售、产品质量等一系列企业运营与管理工作。

二、面试技术手段初级，筛选的效率与效果不尽如人意

目前我国大多数企业也同我国社会转型一样，处在一个不断发展与变化的时期。大多数企业的面试工作还远没有西方企业那么细致，现代化的心理测评手段或面试技术在企业中应用较少。人员的面试还停留在简单地询问一些基本情况、填写一些基本的信息资料上，人员背景调查往往很难在实际工作中开展。人员的笔试与能力测试已经在部分企业中使用，但也仅限于管理较规范的大企业或外资企业，很多中小企业基本上没有这方面的测试。其他的面试手段如小组面试、压力面试、公文筐测验等也很少在企业面试中使用。计算机或信息化技术在面试中的应用更是少之又少。虽然粗放的面试手段提高了面试的经济性，降低了面试的成本，但是人员招聘工作的有效性大打折扣。于是，人岗匹配成为企业人力资源管理面临的较难问题。由于前期人员选择的简单草率使后期人员的管理工作量加大，增加了人员管理的难度。

三、招聘或面试工作缺乏基础性支持

不管是企业的招聘还是面试工作，要达到科学管理与精益化要求，就需要大

量的基础性工作来支持。不管是哪个岗位的招聘，职位说明书都是最基本的支持性文本。职位说明书规范了本岗位的工作职责、任职的基本条件及对知识、工作经验、工作技能的基本要求，它是招聘工作的重要参考文件。但很多企业往往忽视这方面的基础性工作，认为职位说明书对企业的管理作用与意义不大。持这种观点的企业领导者往往是不太注重管理的企业领导者，由于经营压力比较大，他们往往把管理的重心放在对业务的经营上，而企业内部的运营管理与人员管理工作则容易被忽视，但由于内部管理与人员管理的基础薄弱，又致使业务发展不能适应企业发展的需要。说到底，与企业管理者短视、不能用战略的眼光来看待管理中的问题有很大关系。但产生这些问题的根源又是很复杂的，受到企业的体制、决策层的管理水平的约束。

胜任素质模型是招聘与面试工作的又一基础性工具。众多的企业由于缺乏对胜任素质模型作用的足够认识，往往不愿意投入足够的人力与物力进行关键岗位胜任素质模型的开发与研究工作，甚至有的企业还没有听说过胜任素质模型这种工具。胜任素质模型从价值取向、态度理念、知识技能标准、性格特质等多方面对岗位从业人员进行了梳理，可以说是人员招聘和面试以及绩效沟通与辅导、绩效反馈等工作开展的一个很好的基础性管理工具。如果没有胜任素质模型的建立，招聘与面试工作就会粗糙，人员的筛选工作就会没有依据。

其他的基础性工作如面试官的培训、面试的流程设计、面试试题库的建立、人员测评与性格测试工具的开发与准备工作等，都是做好招聘与面试工作的基础性工作。完善的招聘体系、高效的面试工作都需要这些基础性工作的支持。

四、招聘制度不完备，流程不规范

规范的人力资源管理应该有规范的人员招聘制度来规范企业的招聘行为，如果缺乏明确的招聘制度，企业的招聘行为就会显得忙乱且无据可依，企业也很难达到预定的招聘效果，企业的招聘制度又需要企业的薪酬制度、员工评级制度、员工绩效考核制度相配合。如果仅有招聘制度，其他的制度不能做到有机结合，招聘工作也很难发挥其应有的效用。从这个角度来看，招聘工作应该是整个人力资源管理的有机组成部分。招聘工作应该不仅仅是招聘人员的工作。只有整体人力资源管理体系发挥整体性作用，才能有效规范企业的招聘行为。企业的招聘管理混乱通常表现为：（1）无招聘制度。企业知道要招用什么样的人员，但标准经常在实际执行中走样，企业招到的人员往往以关系型人员为主，并不一定符合企业的实际需求。（2）招聘无严格的程序。对谁能初步面试、谁能复试、依据什么样的结果来录用，往往没有明确的规定。有时，老板或总经理的一句话就打破了一切规定与标准。（3）人员的招聘无分层分类管理。招用普通的员工往往要总经理亲自来面试，特殊人才往往又是某个领导者拍一下脑袋就决定的事情，完全没有程序来进行检测与考查。这样就使人员的招聘变得随意与不科学，给日后的管理增加了很多难度。

五、招聘工作缺乏事后的评估与成本分析

一般招聘工作的评估与分析工作是企业很少认真做的一项工作，这说明了很多企业的招聘工作有头无尾。招聘工作做了，但往往没有检查，不知道做得怎么样，更谈不上改进与如何改进。也就是说，把招聘工作当成一项任务对待，而不是一项事业来做。这二者的区别就是做过与做好的区别，就是表现普通与绩效卓越的区别。只有做了评估，只有对招聘进来的人员进行持续的观测或做好持续的绩效表现记录，才能对前期招聘工作开展情况的结果有一个客观的衡量，才能找到不足并提出改进的措施，使未来的招聘工作得到改善与提高。

六、忽视应聘者与组织的适应性

在选拔面试中，招聘人员往往只注重应聘者与空缺职位任职资格的符合程度，而很少考虑应聘人员与组织文化、部门现有员工的适应性，从而导致在录用后发现新员工并不符合该职位的要求，或者与企业的文化很难融合。职位的要求主要规定了从事某一个职位工作的任职者应该具备的知识、技能和能力，但是仅仅具备这些素质还远远不够。因为工作的完成离不开与他人的合作，因此合格的员工还应该具备所在团队所要求的人格特点、企业文化所要求的价值观念以及对企业使命的认同。这就要求招聘人员以特定组织、特定岗位对人员的要求为依据，来选择合适的员工。

1.3.2 招聘的未来发展趋势

随着我国市场经济改革的深入发展，我国社会经济生活的各个方面也发生了深刻的变化。新技术的进步、新市场的出现大大影响了人力资源管理的各项实践。人力资源管理人员在面对未来招聘工作的发展趋势时，必须面对以下主要挑战。

一、招聘媒介进一步多元化、网络化和智能化

随着经济的发展和社会的进步，招聘媒介也经历了较大的发展和飞跃。20世纪90年代中期以前，企业招聘的主要手段是内部推荐、当街张贴海报。90年代中期以后，逐渐发展到在报纸、杂志上刊登招聘广告，在广播、电视上做招聘宣传，举办大型的人才招聘会。进入21世纪以后，企业开始在互联网上进行网络招聘，使用猎头服务、人事代理、招聘外包等。

随着互联网技术的发展和普及，网络招聘已成为一种越来越普遍的招聘模式。网络招聘的全天候、即时性大大提高了招聘工作的速度和效率，使招聘企业可以在短时间内找到所需的人才。视频正在成为一种新兴的工具，它可以帮助求职者获得更具吸引力的求职体验。例如，思爱普（SAP）使用卡通和视频游戏这种引人入胜的方式来展现公司的日常生活。还有些组织正在以视频形式重塑陈旧的岗位说明书。发布在脸书（Facebook）上附带视频内容的招聘广告收到的求职

申请要高出36%。视频也在改变面试。相对于传统面试，视频面试可能会更好地识别潜在求职者，节省资金并缩短招聘时间。例如，希尔顿酒店集团（Hilton）使用视频面试平台将其招聘周期从6周缩短至5天。视频面试可将雇用前的评估问题从200个缩减至5个，并提高一次性面试的成功率。

随着人工智能（artificial intelligence，AI）、虚拟现实（virtual reality，VR）等新兴技术的发展，越来越多的企业将其运用到招聘过程中。例如，通用汽车公司有一个虚拟办公室可供“参观”。通用电气公司则把VR技术用在校园招聘会上，让学生戴上VR头盔，参观公司石油和天然气回收设备。IBM的AI技术先锋正在建立三大平台：对空缺职位进行优先排序的机器学习平台；在雇主点评网站Glassdoor、社交网站推特（Twitter）和新闻网站上监听组织以及竞争对手公开评论的社交平台；通过一个基于职业体验和技能的匹配度评分系统为求职者进行工作匹配的工具平台。这些技术利用已存在的社交数据和信息，然后应用高级认知能力进行可行性分析。随着招聘渠道的多元化、网络化和智能化，人力资源管理人员要对当地的劳务市场有更加深入和透彻的认识与了解，熟悉各种招聘渠道的特性，从而制定更有效的招聘策略，招聘资源投放更加准确和有效。

看一看

联合利华的游戏化视频面试

全球消费品巨头联合利华正在结合游戏化和视频面试，以创造一个全数字化的应届生招聘流程，并简化为4个简单的步骤。

第1步，求职者完成一份简短的在线表格（无须简历）。第2步，求职者花20分钟时间在电脑、平板电脑或手机上完成游戏。在与游戏化解决方案提供商Pymetrics的合作下，联合利华的人才获取团队开发了13款游戏，提供对求职者问题解决、个性、沟通风格等各方面的评价。完成游戏后，所有求职者均可获得个人反馈报告。只有Pymetrics挑选的求职者才有资格进入第3步：进行视频面试录制。联合利华利用可以对视频面试进行数字化评估和排名的HireVue视频面试平台确定适合的求职者。表现最优秀的求职者接着进入第4步：被邀请进入探索中心亲身体验“联合利华一日行”的模拟生活。联合利华自豪地在其官网上宣布了其应届生招聘流程的转型：“对新应届生来说这是好消息——您花费在《我的世界》和《魔兽世界》中的时间实际上是非常值得的。联合利华已将招聘流程数字化，而且20分钟的游戏目前是招聘组合的一部分。”

虽然该流程还处于初始阶段，但联合利华招聘人员表示，这对于他们的招聘流程来说是重大改进。在原有实施规则下，招聘人员需要从每6位求职者中筛选出1位进入招聘流程；如今，招聘人员只需要从每2位求职者中筛选出1位进入以上4个步骤即可。

资料来源：2017德勤全球人力资本趋势报告：改写数字时代的规则．[2017-03-01]．https：//www2.deloitte.com/cn/zh/pages/human-capital/articles/global-human-capital-trends-2017.html.

二、中小城市对中高端人才吸引力的进一步弱化

曾几何时，“孔雀东南飞”成为一种时尚，大多数中高端人才更愿意到北京、上海、广州、深圳等中心城市发展，因为那里机会比一般中西部城市更多。相比之下，属于二三线的中小城市对中高端人才的吸引力进一步下降。有一些企业因远离中心城市，很多应聘者甚至连企业发出的面试邀请都不会接受。所以，对于远离中心城市的企业，人力资源管理人员在招聘工作中如何吸引中高端人才及做好本地化工作，是一个必须面对的挑战。

对于位于中小城市的企业，人力资源管理人员必须从求职者的角度出发，在吸引人才、留住人才的各个环节真正为求职者着想。人力资源管理人员应在制度设计上，考虑如何方便求职者到企业面试，降低其面试的时间成本和经济成本。例如，人力资源管理人员可考虑为求职者报销面试来回车船费用、住宿费用，或安排专车接送求职者等手段来吸引求职者到本企业面试。

三、异地招聘

随着企业业务的不断发展，越来越多的企业走出原来的创始地，到其他城市拓展业务。如何在一个陌生的城市中迅速招聘到恰当的人才以配合企业业务发展的需要，是人力资源管理人员要面对的问题。

四、全球化招聘

同样，随着企业的业务发展走出国门，企业也会对跨国人才产生相应的需求。企业要在全球化竞争中取得优势，就必须拥有具有全球化视野和经验的人才。这要求人力资源管理人员必须具有放眼全球的视野，掌握全球化的招聘手段和方式，如此方能进行全球化人才的招聘。

五、新的职位不断涌现

随着市场的进一步发展，新经济的繁荣也带来了新的职位。据统计，当前劳动力市场每年涌现的新职位有 40～50 个。对于新职位的涌现，也要求人力资源管理人员关注新经济的发展动态，了解和熟知新职位的个性特点，明晰其职责和要求，如此才能进行有效的招聘。

六、人员流动进一步加剧

随着信息时代的到来，人们获取信息的成本越来越低，更加容易了解劳动力市场的情况；另一方面，随着交通条件的改善，人们的出行成本越来越低，迁移到其他地方或城市去工作和生活的成本大大降低，这些都大大降低了人们转换工作的成本，也促成了劳动力市场中的高流动率。同时，影响到企业，使企业的人员流失率也随之增高。人力资源管理人员在制定相应的招聘计划时，必须充分考虑到未来人员的高流失率。

七、校园招聘成为招聘工作的重点

随着我国经济转型的完成、原来大量国有企业人员分流的结束，我国的劳动力市场进一步规范和成熟，在劳动力市场中寻找熟练劳动力的难度进一步加大。这就要求人力资源管理人员更加注重企业内部的人才培养，将招聘工作的注意力更多倾注于校园招聘，通过有效的校园招聘和完善的培训计划，来确保有足够的人才支撑企业未来的业务发展。

拓展阅读

100年的招聘和甄选研究回顾

——基于《应用心理学》(*Journal of Applied Psychology*) 文献

一、招聘研究

1. 早期招聘研究

《应用心理学》中最早提到招聘的文献出现在第一年期刊的第四期和最后一期。这篇文献更多的是关于德国军人的甄选和招聘培训。在之后的50年时间里，《应用心理学》很少有关于招聘的文献。这很可能是因为第一次世界大战和第二次世界大战创造了一大批技术工人，社会鼓励员工对雇主保持忠诚，因此甄选成为最基础的问题。

20世纪70年代，商业和社会变化推动了专业化技能的产生，提高了员工流动率，业内主要关注招聘面试（如设计面试试题、吸引申请者）、影响申请者或者面试官的因素，以及评价不同招聘方法和策略的有效性。

20世纪80年代的招聘研究很大程度上延续了20世纪70年代的研究：招聘面试、招聘策略、现实工作预览，但是开始以新的方式探索招聘策略。例如，研究者开始研究招聘评价中的歧视问题和不同的招聘手段，如大学生实习。

20世纪90年代，信息技术的迅速发展以及日益强大的经济导致高素质人才的激烈竞争。这期间发表的招聘方面的研究反映了这些趋势，并且越来越专业化和精细化。例如，招聘效用分析包括更详细的招聘成本缩减结果，采用不同面试形式（如招聘、甄选）并且在很长一段时间内跟踪申请者信息获得的结果。

2. 当前招聘研究

关于招聘的研究还在继续探索不同的招聘策略对其员工受雇前后行为的影响，剧烈的商业和社会变化正在推动招聘研究采取新的方法，包括多样性的招聘目标、招聘技术的变革、雇主品牌的建立和招聘理论的发展。

第一，招聘和多样性。许多公司将多样性作为使命的一部分，所以其研究重点集中在如何招聘才能提高劳动力多样性。这项工作试图找出能增加吸引不同候选人的招聘策略和影响因素，其他研究与招聘的多样性和选择有关。例如，Newman and Lyon (2009)发现，多样性和合格的劳动力将减少后续招聘决策中的不利影响。这些研究共同表明，招聘信息多元化的影响是中等到小或有条件的中等，但即使是小影响也可能有助于增加申请人的多样性和减少不利影响。

第二，招聘实践和技术。随着科学技术的进步，传统的招聘方式不断升级，技术从根本上改变了传统的招聘。最明显的是互联网，如今社交媒体和“大数据”的其他来源，已经彻底改变了招聘的本质。几乎所有公司都使用互联网（例如，招聘网页）进行招聘，许多人使用某种形式的社交媒体，尽管社交媒体是否能增强招聘有效性仍有待研究。

第三，招聘和组织形象。一个比较新的招聘研究领域是申请人如何看待组织的就业品牌、声誉或形象。组织形象很重要，不仅因为它影响对申请人的吸引力和工作选择，而且因为可能被用来从战略上区分本组织和竞争对手。例如，研究表明，招聘方法（特别是口碑）影响申请人的品牌资产认知，同时组织的品牌意识可以影响招聘过程和招聘实践结果。其他研究侧重于不同渠道的角色，即其用于沟通关于工作或公众对组织形象的认知以及申请结果的信息。申请人的组织形象认知似乎高度稳定，因此可能会在招聘中产生重要的后果。需要更多的研究来了解营销、招聘和组织形象之间的关系。

第四，招聘理论。早期关于招聘的研究更多聚焦于“实践驱动”，后续的研究重点则转向“理论驱动”。尽管目前没有一个被广泛接受的招聘理论，但这一领域的研究受益于相关文献或理论的融合。一种理论方法是借助认知理论、心理学和社会认知，解释信息处理、态度形成和说服。例如，社会心理学理论已经被用来了解实习、招聘参观和招聘来源。

3. 招聘中的研究与实践的鸿沟

现代商业中经济和社会力量与以往几十年完全不同。全球化、互联网和移动技术，人口变化，经济不确定性以及变化发生的速度对招聘提出了挑战。组织现在必须找到有效的招聘策略，以满足世界各地的不同群体。他们有不同的职业期望，并有不同层次和种类的电子访问技术。以这些挑战作为背景，我们确定了招聘中一些主要做法的问题。

第一，在许多情况下，我们需要识别候选人的来源。显而易见的是，企业必须越来越关注识别、创造、形成必要的人才池。比如全球招聘正在变得越来越重要，因为应聘者必要的资格并不是均匀分布的。与发展中国家相比，发达国家倾向于在劳动力中拥有较高比例的老员工，因为在发展中国家很少人拥有先进的技能。在招聘过程中，企业也可能需要强调自己的竞争优势来吸引合适的人选。总之，未来的合作研究不仅要关注有效的招聘策略，还要努力关注确定哪些战略对何种类型的人选将是最有效的。

第二，组织往往很难保留那些评估招聘人选来源和方式有效性的数据。技术的发展、工作信息来源的多样性使得企业必须整体了解影响招聘人选的因素。因此，未来的研究将需要基于完整和准确的招聘数据活动，更广泛地考虑信息来源，将这些信息提供给候选人并确定哪些对于他们是有意义的。

第三，大部分招聘研究的重点在于一个特定的平台或网站的成效，而不是对促使其成为申请人的有用性或减损特征的考查。将来，研究人员将需要从研究具体的技术平台（如脸书）转向捕捉关键功能的框架平台。

第四，对于许多企业来说，技术和组织对速度和灵活性的需求营造了活跃的招聘过程，但这并未反映在现有的招聘研究中。未来的研究需要一个更实际的模型，为未来的实践提供更多的指导。

第五，随着学术领域的日益专业化，学者对实践问题达成了共识。例如，在实践中招聘和企业经营效益是密不可分的，由何人负责招聘以及何时进行招聘很大程度上受企业经营效益的影响。招聘研究需要同时考虑招聘效果和企业经营效益，它们是同一个人才方程的不同侧面。

二、甄选研究

1. 早期甄选研究

1917—1940年，大部分《应用心理学》文章研究的是能力测试在不同情境和不同职业下的使用。基于今天的标准，无论从样本量还是分析方法等来看，这些都是非常简化的研究。但是，这些研究试图解决的都是重要的实际问题。后来的研究开始在这些简化研究的基础上增加预测指标的复杂性，并发展效标的测量方法以及拓展关于甄选和效度研究的主题。例如，Remmers（1934）发现学生评估老师时会出现晕轮效应，Brandenburg（1925）关注人格测试在甄选中的应用，哈特曼（1933）则讨论了面谈作为教学和研究工具的价值。此外，数据分析方面的进步在这几十年发表的文献中也有所体现。

20世纪40—60年代，其他形式的甄选测验相继出现，包括生物数据、情境测试、小组练习、领导力测试、评价中心等。关于效标领域的研究也在这20年中有所发展，包括营业额、工作场所中的事件和团队绩效等的测量以及新测量工具比如行为锚定等级评价法的开发。在这一时期的尾端（20世纪60年代末），《应用心理学》中出现了使用多特质多方法的手段来研究建构效度的文章。Wernimont and Campbell（1968）的研究则对构建和选择预测指标的效标给予了很大关注。

2. 当前甄选研究

首先，当前效标的概念和测量的发展。近30年来，《应用心理学》越来越关注工作绩效的结构以及除任务绩效之外的绩效的测量方法的使用和发展。Rosenbaum（1976）在预测员工偷窃方面做出了一些努力。将员工离职的性质分解为积极的和消极的以及自愿的和非自愿的，使我们对早期员工离职问题的理解有了进步。在工作行为的积极方面，Smith，Organ and Near（1983）引入了组织公民行为这一概念。Pulakos，Arad，Donovan and Plamondon（2000）提出，员工适应不断变化的工作需求的能力是员工绩效的一个重要方面。Sackett，Zedeck and Fogli（1988）提出了典型绩效和最佳绩效之间的重要区别。

其次，当前预测指标的性质和测量的发展。预测指标结构的拓展以及用来衡量它们的方法的发展，仍然是《应用心理学》中许多关于甄选的文章的主题。在所有甄选工具中，人格测验可能是在过去25年中最受欢迎的。Oh，Wang and Mount（2011）没有检验自评式大五人格测验的效度，而是用元分析的方法研究了旁观者评分的效度。结果发现，旁观者评分比起自我评分（范围从0.05到0.22）具有更高的有效性（范围从0.18到0.32）。Lievens and DeSoete（2011）描述了许多创新的甄选方法，包括通过各种各样的游戏来测量人格，这种甄选方式可以帮助组织改善形象，增加吸引力，并在某些情况下提升甄选效度。

最后，收集适当的效度证据。人员甄选方面的研究者普遍较为关心效度——用来支持根据测试成绩对员工绩效进行归因的证据。早期甄选方面的研究几乎完全依赖于效标关联效度，即测试分数与所关注绩效结果之间的相关性。Sussman and Robertson

(1986) 描述和评估了效标关联效度研究的各种方式。Binning and Barrett (1989) 提供了一个整合各种效度证据观点的模型，这个模型经常被改编和讨论。当甄选方面的研究人员开始考虑多层次和跨层次关系时，这个模型将需要扩展和修改。在《应用心理学》中已经有文章提出了关于什么构成了内容效度的问题。

3. 甄选中的研究与实践的鸿沟

目前，商业（例如，全球化）、社会（例如，人口变迁、移民、价值观和工作期望）和技术（例如，移动设备）发生了巨大变化。然而，甄选方面的研究却落后于这些重大转变。

首先，我们需要继续寻找能够最小化子组差异同时保持较高效度和成本效益的测验或项目类型。其次，减少被测者的作弊和伪装，提高各项测验尤其是人格测验和其他自评式测验的信度，仍然是从业者关注的重中之重。再次，提供与目标工作相关的测验工具，并在测验中强调雇主品牌，让求职者参与测试过程可能比以往任何时候都更重要。最后，许多公司现在都在全球范围内进行招聘，但对全球性和国际性的人员甄选问题的研究仍然是大片空白。

在这一领域，大数据可能会产生与其他科学领域一样的机会和挑战。人们可以预见到，大型跨组织和跨国数据库可以用来评估甄选测验在各种情况下的效度和效用。人们还可以设想，大数据使得我们能够使用非传统预测指标（例如，来自社交媒体的信息、信用评分），随之而来会出现预测指标与工作的相关性及个人隐私等问题。许多组织将寻求使用大数据做出甄选决定，而不管这样的过程是否符合应用心理学家期望的严格要求和美国法律制度的要求。因此，人员甄选方面的研究人员在研究中考虑这些方法的潜在利益和风险是至关重要的。

未经监督的互联网测验（unproctored internet testing）指的是在没有监督的情况下，考生在一些方便的位置进行测验。这种测验模式对于雇主和求职者都很方便，但是，它对作弊、测验安全以及测验环境的标准化产生了很大的隐患。也许缓解这些问题的最常用方法是使用未经处理的测验成绩作为一个过滤器，并通过一个有监考人员的考试来验证这些成绩，后面这些考试针对一些在未经处理的测验中满足一定标准的考生。更复杂的方法是使用计算机自适应测验作为初始过滤器，接着进行在监控环境下进行的计算机自适应验证性测验。

人员甄选方面的研究产生于对个体差异的兴趣，所以我们主要关注个体层面所测量的变量之间关系的本质。但是企业的成败基于它们相对于竞争对手而言能够创造业绩优势的能力。Klein and Kozlowski (2000) 将多层次研究引入了人员甄选领域，这对该领域有重要的意义：在个人层面观察到的效度可能不会推广到公司层面。事实上，对小组和团队的研究发现，个人知识、技能、本领和其他特征（KSAO）与个人绩效之间的关系经常不同于一个小组的 KSAO 组成和团队绩效的关系。

三、总结

招聘和甄选领域进行的 100 多年的研究回答了一些问题，也留下了一些没有回答的问题，并提出了很多新的问题。要列出 100 多年的研究结论，是不可能的，然而，有几个重要见解可以从文献中总结出来。

第一，招聘和甄选的研究都倾向于解决现实世界的问题。从业人员的关注点与研究人员的兴趣之间的差距，在招聘和甄选方面比起其他工业和组织心理学领域更小。然而，仍然存在一个缺口，特别是在招聘领域，在这个领域中研究人员努力创造和证实有意义的理论，而这些理论对实践的作用常常是存疑的。另外，研究人员会深入研究招聘实践的效果，但等到这些研究发表时，所研究的实践可能已经过时了。关于甄选方面的研究，从业人员与研究者的兴趣之间的差距可能更小。

第二，招聘和甄选文献中的两个主题似乎是最重要的问题：个体能力和多样性。《应用心理学》中大多数关于招聘与甄选的研究回答了以下三个问题之一：如何准确确认谁拥有执行特定工作的KSAO？在哪里能找到他们？如何识别不同背景的人？然而，近年来，全球化商业环境突出强调，无论种族、信仰、肤色、性别等因素如何不同，都要以KSAO为先决条件来确定一支有能力的劳动力队伍，从而保持竞争优势。

第三，招聘和甄选都可以从两个角度来看：个体候选人的角度和组织的角度。《应用心理学》的早期研究集中在公司如何找到拥有合适技能的人，后来以求职者为角度的研究探索了候选人对不同招聘和选择策略的反应。任何一种角度的研究都能解决问题，但是大多数研究人员特别是当今的从业者都认识到了两者的重要性。

第四，技术在招聘和甄选以及其他业务流程中扮演着越来越重要的角色。过去二三十年的大量研究关注了如何利用技术的力量来提高招聘和甄选过程的速度和灵活性，并解决它所带来的问题（例如，未被监督的互联网测验和作弊的问题）。

资料来源：Robert E P，Neal S，Nancy T T. Solving the supreme problem：100 years of selection and recruitment at the Journal of Applied Psychology. Journal of Applied Psychology，2017，102（3）：291 - 304.

▶ 小　结

现代企业招聘工作是企业引进人才的主要方法和手段，是企业生存与发展的重要基础，是企业人力资源管理工作中其他工作的基础，能增强企业的创新能力，而且这项工作已越来越受到广大企业的重视。

招聘工作是一个复杂、完整、连续的程序化过程，这个过程的每一部分都是为了保证组织人员录用的质量，为组织选拔出合格、优秀的人才。它由三个阶段组成。第一阶段是招聘准备阶段。充分的准备为招聘工作的顺利进行提供保证，在招聘准备阶段主要完成四项任务：确定招聘需求；明确拟招聘岗位的特点和要求；制定招聘计划；选择招聘策略。第二阶段是招聘实施阶段。首先，对人才市场的状况要有清晰的认识，选择合适的招聘渠道发布招聘信息。其次，使用恰当的甄选方法挑选出最适合企业的人员。常用的人员选拔方法有初步筛选、笔试、面试、劳动技能测试、心理测验、情境模拟等。最后，企业的招聘小组做出录用决策，及时通知录用者，办理录用手续，签订劳动合同等。第三阶段是招聘评估阶段。招聘工作结束后，人力资源管理部门要及时总结招聘工作的经验和教训，为以后的招聘工作积累经验。

招聘工作要坚持公开、平等的原则，因为坚持公开、平等的原则是招聘到合适优秀人才的前提，也是树立良好企业形象的关键。招聘工作也要遵循竞争、能力重于学历、能岗匹配、员工与组织匹配、同等条件下求职动机优先等原则。

企业的招聘工作除受外部人力资源市场、宏观经济状况和行业特性、国家的政策法规、社会的科技发展水平等外部环境因素的影响，还受企业的经营状况与发展前景、技术装备水平、企业文化和企业声望、企业战略、企业管理队伍的素质、招聘者的水平、企业的薪酬水平、企业提供的发展机会等内部因素的影响，受求职者的教育背景和家庭背景、经济压力、工作经验、职业期望等个人因素的影响。因此，在招聘活动之初，必须深入分析这些环境因素及其影响。

本章最后一节根据当前招聘工作现状和面临的问题与挑战，预测了未来招聘工作的发展趋势。

▶ 思考题

1. 描述招聘与录用的工作程序。
2. 简述招聘应该遵循的几项原则。
3. 简述影响招聘工作的企业内部因素有哪些。
4. 简述招聘评估的必要性。

▶ 参考文献

1. 廖泉文．招聘与录用．北京：中国人民大学出版社，2004.

2. 赵永乐，沈宗军，刘宇瑛，周希舫．招聘与面试．上海：上海交通大学出版社，2006.

3. 吴志明．招聘与选拔实务手册．2 版．北京：机械工业出版社，2006.

4. 董福荣，赵云昌．招聘与录用．大连：东北财经大学出版社，2006.

5. 彭剑锋．人力资源管理概论．上海：复旦大学出版社，2005.

6. 王丽静．人力资源管理实务．北京：中国轻工业出版社，2009.

7. 王克勤，姚月娟．人力资源管理．大连：东北财经大学出版社，2006.

8. 廖泉文．人力资源管理经典案例：《人力资源管理》配套案例集．北京：高等教育出版社，2005.

9. 雷蒙德·A. 诺伊，等．人力资源管理：赢得竞争优势：第 3 版．北京：中国人民大学出版社，2001.

10. 郝伯特·G. 郝尼曼，等．组织人员配置：第 4 版．北京：机械工业出版社，2005.

11. 劳伦斯·S. 克雷曼．人力资源管理：获取竞争优势的工具．北京：机械工业出版社，1999.

12. R. 韦恩·蒙迪，罗伯特·M. 诺埃．人力资源管理：第 6 版．北京：经济科学出版社，1998.

13. 杨倩．员工招聘．西安：西安交通大学出版社，2006.

14. 王贵军，丁雯，李明昱．招聘与录用．大连：东北财经大学出版社，2007.

15. 徐世勇，陈伟娜．人力资源的招聘与甄选．北京：清华大学出版社，北京交通大学出版社，2008.

16. Robert E P，Neal S，Nancy T T. Solving the supreme problem：100 years of selection and recruitment at the Journal of Applied Psychology. Journal of Applied Psychology，2017，102（3）：291－304.

附　录

H公司20×8年会计人员招聘方案

一、H公司简介

H公司隶属于中国航天科技集团运载火箭技术研究院，是我国规模最大的运载火箭生产总装集成企业和航天高科技产业制造基地，中国机械500强。公司通过了GJB/Z 9002和GB/T 19001国家质量体系认证。

公司自1958年承担航天产品研制任务以来，始终是推动我国航天事业发展的核心力量，生产总装了名扬世界的长征系列运载火箭，为中国航天实现从发射人造地球卫星、载人航天到探月工程三座里程碑的跨越和国防现代化建设做出了卓越贡献。从1970年4月公司生产、总装的“长征1号”运载火箭成功地发射了我国第一颗人造地球卫星“东方红1号”开始，截至目前，H公司生产、总装的运载火箭已成功地将100余颗中外卫星和中国5艘试验飞船、3艘载人飞船（神舟五号至七号）、2颗探月卫星（嫦娥一号、二号）、1颗载人航天器（天宫一号）成功送入太空预定轨道，实现了中华民族千年的飞天梦想。

公司以引领中国航天制造业为己任，大力提升核心制造能力，强化综合制造、系统集成和工程转化优势，开拓以军为本、军民结合、产业化发展的道路，坚持加强企业基础管理，建设企业文化，培育高素质的管理、技术、技能人才队伍，实现企业、员工与社会的和谐发展。

公司先后获得“全国五一劳动奖状”“首次月球探测工程突出贡献单位”“首都文明单位”“中央国家机关文明单位”“高技能人才培育突出贡献奖”“中国载人航天突出贡献集体奖”“国家科学技术进步奖特等奖”等荣誉。

- 公司使命

引领中国航天制造业

- 目标

建设具有国际竞争力的航天产业化制造基地

- 工作作风

快速反应、快捷应对、快乐工作

- 质量方针

我们永远坚持质量第一

我们持续进行质量改进

我们不断满足顾客需求

● 制造能力

公司是国防科学技术工业委员会第一批授予的“国防科技工业焊接自动化技术研究应用中心”的应用依托单位，焊接技术综合实力在全国处于领先地位。公司具有以运载火箭贮箱、液氢液氧发动机推力室、喷管、高压容器、特种车、精密泵阀结构件、特种输送系统管道为代表的大、中、小型结构件氦弧焊、电弧焊、点焊、真空钎焊、电子束焊、激光焊接、搅拌摩擦焊、微束等离子焊、变极性等离子焊、变极性 TIG 焊等先进技术手段，涉及铝合金、钛合金、不锈钢、高温合金、高强钢等材料以及异种材料的焊接。其中低温贮箱焊接技术、直径 3.35 米贮箱底自动化焊接技术、空间复杂曲线机器人自动焊接技术以及导管全位置自动焊技术在国内具有领先优势。

二、招聘岗位介绍

因为业务迅速发展，H 公司现需要招聘会计人员 1 名，招聘方式为社会招聘。公司拟在智联招聘网站上发布招聘广告，吸引求职者前来应聘。以下是 H 公司针对该岗位的招聘广告。

1. 基本信息

职位名称：会计。

职业性质：全职。

工作经验：3 年以上。

学历要求：大学本科及以上。

需求专业：会计、财务审计或相关专业。

福利待遇：员工工资实行岗位系数工资，享受国家规定的社会保险及住房公积金待遇，以及企业为职工建立的补充养老和补充医疗保险。为外地生源提供住宿，房间配有空调、电视等。

薪酬待遇：9 万～11 万元/年。

工作地点：北京。

联系人：李老师。

联系方式：010-68750000/hr2012@sohu.com。

单位地址：北京市丰台区××东路（100076）。

2. 职位描述

（1）负责组织公司财务管理制度、会计成本核算规程、成本管理会计监督及其有关的财务专项管理制度的拟定、修改、补充和实施。

（2）核签、编制会计凭证，整理保管财务会计档案。

（3）登记保管各种明细账、总分类账。

（4）定期对账，如发现差异，查明原因，处理结账时的账务调整事宜。

（5）设计、修订会计制度、会计表单，分析财务结构，编制会计报告、报表。

（6）组织公司的成本管理工作，进行成本预测、控制、核算、分析和考核，降低消耗、节约费用，提高利润监管水平，确保公司利润指标的完成。

（7）具体执行资金预算及控制预算内的经费支出，管理往来账、应收款、应付款、固定资产、无形资产，每月计提核算税金、费用、折旧等费用项目。

（8）完成上级交办的其他相关任务。

3. 任职资格要求

（1）工作经验：具备3年以上企业财务工作经验，有财务处理工作经验，拥有会计专业技术中级资格证书。

（2）专业背景要求：会计、财务、审计或相关专业。

（3）学历要求：大学本科及以上。

（4）年龄要求：26岁以上。

（5）能力要求：精通国家财税法律规范、财务核算、财务管理、财务分析、财务预测等财务制度和业务；熟悉国家会计法规，了解税务法规和相关税收政策；熟悉银行业务和报税流程；具有良好的口头及书面表达能力；熟练应用财务软件和办公软件。

（6）个人素质：正直、敬业、责任心强、严谨踏实、工作仔细认真；有良好的纪律性，具备团队合作以及开拓创新精神。

三、岗位胜任素质分析

1. 素质与素质测评

素质是驱动一个人产生优秀工作绩效的各种个体特征的集合，它反映的是可以通过不同方式表现出来的个人知识、技能、个性与内驱力等。素质是判断一个人是否胜任某项工作的起点，是决定并区别绩效差异的个人特征。①

国外学者研究认为，素质是可以通过行为表现的各种特征的集合，包括表象的和潜在的，它由七个核心要素构成，即动机、个性、自我形象与价值观、社会角色、态度、知识、技能。它们由内至外说明了素质的各个构成要素能逐渐被观察和衡量的特点。素质对于决定绩效的好坏起着不可或缺的作用，因此，如果企业能够通过科学手段比较准确地测评员工素质，特别是潜在素质，并以此进行人员配置，那么对于员工个人和企业自身都会起到事半功倍的效果。

对于企业中层管理者而言，他们是企业人才的中坚力量，其素质高低、能力大小直接影响到下属、团队、部门绩效目标乃至企业战略的实现。因此基于中层管理人员的素质与企业发展的关系，一方面要求企业选择具备相应素质的管理人员实现并完成岗位目标承诺；另一方面要求员工在正确识别自身素质的基础上，选择并从事适合其素质发挥作用的工作岗位，从而获得个人在企业中的职业发展与价值实现。

素质测评是指测评主体从特定的人力资源管理目的出发，运用各种测量方法，收集被测评者在主要活动领域中的表征信息，对人的素质进行全面系统的评价，以便对人有客观、全面、深入的了解，从而为人力资源开发和管理提供科学的决策依

① 彭剑锋．人力资源管理概论．上海：复旦大学出版社，2005.

据。素质测评由两部分组成：一是测评主体采用科学的方法，收集被测评者在主要活动领域中的表征信息；二是采用科学的方法，针对人力资源管理的某一目标做出量值与价值判断，或者直接从表征信息中引发与推断出某些素质特征。①

2. 胜任素质和胜任素质模型

麦克利兰（David McClelland）认为，胜任素质就是用行为方式描述出来的员工需要具备的知识、技能、能力和特质，是个体能够达到某个职位的绩效要求的一种状态或综合品质，具有可指导、可观察和可衡量三个特征。根据该定义，H公司会计岗位任职人员的胜任素质就是指该工作岗位、组织环境和文化氛围中有优异成绩者所具备的任何可以客观衡量的个人特质。

针对H公司会计人员的胜任素质模型是指为了完成会计工作、达成绩优目标所需具备的一些不同胜任素质的组合，描述的是在H公司中有效担当会计人员这个角色所需的知识、技能和性格特点等的特殊组合。

3. 胜任素质模型的构建

（1）胜任素质模型的构建流程。为确保H公司招聘录用到合适的会计人员，本招聘方案拟采取基于胜任素质的招聘方式。在实施招聘工作之前，需要针对会计岗位设计出一个具有针对性的会计人员胜任素质模型。该模型的构建按照以下六个步骤来进行，主要是通过行为事件访谈法、问卷调查法等来确定会计人员的胜任素质要素。

第一步：确定绩效有效标准：

- 硬指标——账务处理准确率，单据结算的效率；
- 软指标——团队合作能力，问题处理能力。

第二步：选择效标样本：

优秀业绩组和普通业绩组。

第三步：收集资料：

直接观察法，行为事件访谈法，问卷调查法，专家小组讨论法，360°测定。

第四步：建立胜任素质模型：

假设产出，分析主题，形成概念。

第五步：验证胜任素质模型：

行为事件访谈，问卷调查，评价中心。

第六步：应用胜任素质模型：

招聘与甄选，绩效评估，培训开发，职业发展。

（2）会计人员胜任素质模型。结合企业文化和价值观要求、会计岗位工作职责以及会计人员胜任素质分析，本方案进行了H公司会计人员胜任素质分析，在胜任素质分析中还加入了一些任职资格分析。该岗位的胜任素质模型如表A1－1所示。

① 王垒，等．实用人事测量．北京：经济科学出版社，1999.

表 A1－1　　H 公司会计人员胜任素质分析

岗位名称：会计　　　　岗位代号：

<table>
<tr><th>类别</th><th colspan="2">素质与能力要素</th><th>要求等级（1～4）</th><th>行为描述</th></tr>
<tr><td rowspan="4">个人特质和动机</td><td colspan="2">稳定性</td><td>3</td><td>工作踏实、稳定，能够为未来的利益或回报付出时间和精力</td></tr>
<tr><td colspan="2">责任心</td><td>4</td><td>工作认真负责、执行力度</td></tr>
<tr><td colspan="2">细心程度</td><td>4</td><td>对工作的耐心和细致程度</td></tr>
<tr><td colspan="2">求职动机</td><td>3</td><td>对本公司、本岗位的求职欲望</td></tr>
<tr><td rowspan="5">价值观</td><td colspan="2">诚信</td><td>4</td><td>恪守诚信原则、重视个人操守和职业道德的程度</td></tr>
<tr><td colspan="2">务实态度</td><td>3</td><td>讲求实际，实事求是，工作严谨</td></tr>
<tr><td colspan="2">业绩导向</td><td>4</td><td>以结果作为衡量工作成效的主要依据；重点关注提高绩效、实现目标和产出结果</td></tr>
<tr><td colspan="2">团队合作</td><td>2</td><td>努力工作，确保团队实现其主要里程碑和目标；有效激励团队成员，帮助团队更有效地完成工作</td></tr>
<tr><td colspan="2">学习和创新</td><td>2</td><td>系统学习专业领域知识、工具或方法，总结规律并体现到工作中，能对现有工作进行系统改进</td></tr>
<tr><td rowspan="11">必备知识</td><td rowspan="4">专业知识</td><td>财务知识</td><td>4</td><td>对财务会计知识的掌握程度</td></tr>
<tr><td>税法知识</td><td>3</td><td>对相关税法知识的掌握程度</td></tr>
<tr><td>计算机知识</td><td>3</td><td>在会计领域内应用计算机的基本技能，包括 Office、财务软件的使用</td></tr>
<tr><td>产品知识</td><td>2</td><td>精通本公司产品和服务的相关知识以及其他关键业务知识</td></tr>
<tr><td rowspan="3">环境知识</td><td>国家法规与法律</td><td>4</td><td>对有关的环境方面国家法律和法规的了解程度</td></tr>
<tr><td>国家有关政策</td><td>3</td><td>对企业有关的国家相关环境政策的了解程度</td></tr>
<tr><td>行业有关政策</td><td>2</td><td>对企业所在行业的各项环境政策的了解程度</td></tr>
<tr><td rowspan="4">企业知识</td><td>制度与政策</td><td>3</td><td>对企业工作制度、薪酬制度、福利政策的了解程度</td></tr>
<tr><td>主要工作流程</td><td>3</td><td>对与自己从事的工作相关的工作流程的认知度</td></tr>
<tr><td>机构设置与部门职责</td><td>3</td><td>对组织结构及各部门职能的了解程度</td></tr>
<tr><td>组织文化</td><td>3</td><td>对组织共有的价值和信念的认同感</td></tr>
<tr><td rowspan="5">工作技能与综合能力</td><td colspan="2">问题解决能力</td><td>3</td><td>能够预测到可能出现的问题，鼓励新想法；区分现象和本质，能制定出解决问题的可操作性方案</td></tr>
<tr><td colspan="2">数理能力</td><td>3</td><td>能从数字中推理、分析得出结论；习惯与定量数据打交道</td></tr>
<tr><td colspan="2">逻辑思维能力</td><td>4</td><td>具有归纳、演绎思维的能力，能从有限或者相关的信息中得出结论</td></tr>
<tr><td colspan="2">沟通能力</td><td>2</td><td>工作需要的倾听和表达技能</td></tr>
<tr><td colspan="2">计划能力</td><td>3</td><td>明确工作任务目标和要求，合理安排工作流程，调配人财物资源</td></tr>
</table>

续前表

类别	素质与能力要素	要求等级（1～4）	行为描述
任职资格	教育经历	专业	财务相关专业
		学历	大学本科及以上
		学校	同等条件下名校优先
	工作经历	从事一般工作经历	从事一般财务相关工作的经历
		从事管理工作经历	从事管理工作的经历、承担管理职能

四、招聘流程设计与实施

在确定了H公司会计人员胜任素质模型以后，公司马上开展招聘工作。为了确保招聘甄选的客观性和可靠性，公司采用主客观测评相结合的方法，共进行五轮筛选。具体的流程如表A1－2所示。

表A1－2　H公司招聘流程

招聘流程	比例
1. 简历筛选	10∶1
2. 笔试	3∶2
3. 第一轮面试	4∶3
4. 第二轮面试	5∶1
5. 终级面试	3∶1

1. 简历筛选

简历筛选是人员甄选的第一关。第一轮简历筛选的主要目的是找出初步符合公司要求的潜在求职者，重点查看求职者是否满足公司会计职位的任职资格要求等硬性条件。比如根据公司对该岗位的任职资格（性别、年龄、学历、业绩、相关工作经历等方面）要求，筛选简历前应明确哪些条件是必需的，在10秒钟之内即可做出判断，对不符合硬性条件的迅速淘汰。此外，对其他一些条件也必须予以关注。比如待遇要求公司很难达到，这样的简历可以直接舍弃；再如简历上应聘者的居住地址离公司较远，极不方便，即公司在北郊，尽量不要通知住在南郊或者其他更远地方的人来面试，除非公司提供住宿，或者对方愿意搬到公司附近住。表A1－3是会计人员简历的筛选标准和考查重点。

表A1－3　简历筛选标准

职位要求	候选人情况	简历筛选重点
最低学历： 大学本科 若有丰富的相关职业经验，可适当放宽学历要求	学历： 无须特定教育背景□ 高中□ 中专□ 大专□ 本科□ 硕士及以上□	1. 学习时间是否中断？ 是□　　否□ 2. 是否为正式学历教育？ 是□　　否□ 3. 是否低于职位的要求？ 是□　　否□

续前表

职位要求	候选人情况	简历筛选重点
专业： 首选专业： 可考虑专业：	专业：	1. 是否满足专业要求？ 是□　　否□ 2. 若不满足是否可以考虑？ 是□　　否□
经验要求： 1. 1年相关工作经验□ 2. 1～3年相关工作经验□ 3. 丰富的相关工作经验□	工作经历整体评估： 优□　　良□ 一般□　　较差□	1. 所在的公司是： 大型国企□　知名外企□ 民企□　其他□ 2. 是否从事过重要工作或担任过团队领导者： 是□　　否□
职业培训：	是否参加过职业培训： 是□　否□ 如果参加过职业培训，列举： 1. 2. 3.	1. 职业培训时间长短。 2. 具体教学内容。 3. 技能的训练与培养。
特定资格要求： 1. 外语： 无要求□　四级□　六级□ 2. 资格证书： 资格证书名称： 初级□　中级□　高级□	特定资格要求： 1. 外语： 无要求□　四级□　六级□ 2. 资格证书： 资格证书名称： 初级□　中级□　高级□	1. 外语考试通过的分数是多少？ 2. 听说读写的程度如何？ 3. 证书是否真实并在有效期内？
荣誉和奖励：	荣誉和奖励： 1. 2. 3.	1. 与职业能力是否相关？ 2. 与工作行为和态度是否相关？ 3. 什么机构颁发的？ 4. 是否有价值？
业余爱好：	业余爱好： 1. 2. 3.	1. 业余爱好是否与职业相关？ 2. 公司是否需要该才能？ 3. 这种才能是否可以作为优先选用的条件？
简历书写情况： 是否附加求职信： 简历是手写、打印还是复印的： 文字水平： 错别字： 表述方式：	简历书写情况： 有求职信□　无求职信□ 手写□　打印□　复印□ 语言流畅□　语句不通□ 错别字少□　错别字多□ 冗长□　简练□	1. 有求职信表示比较关注和迫切想得到这份工作，且训练有素。 2. 复印表示大量或多次求职。 3. 语句不通顺、错别字多与本身素质和认真程度相关。 4. 冗长可能是为掩盖无经验或与办事拖拉的风格有关。

此次筛选的比例是10∶1，即预期查看300份简历，从中挑选出有效简历30份，通知这30人进入第二个环节。

2. 笔试

笔试是用人单位对求职者的专业知识、文字表达能力和书写态度等综合能力的一次有据可查的测试，测验的题型可以分为选择题、填空题、论述题等，对求职者的写作功底、逻辑分析能力以及专业技能的考查尤为重视。本次测试套题共为100分，拟挑选出测试成绩前20名的候选人进入第一轮面试。

以下是H公司对会计求职人员设计的纸笔测验套题（样题）。

（1）专业知识：包括财务知识、税务知识、业务计划知识、计算机知识等。例如：

1）内部回报率法需要投资项目的净现值（ ）。

A. 小于零 B. 等于零 C. 大于零 D. 非常大

2）现金合并和换股合并的主要区别为（ ）。

A. 合并后利益分享 B. 税

C. 净利润 D. 控制权

3）请为本公司提出几条避税建议。

（2）宏观环境知识：国家法律法规、国家有关政策、行业有关政策。例如：

1）你如何看待国家对房地产行业的“限购令”。

2）为了应对通货膨胀问题，国家今年几次调整存款准备金率，你认为这对本公司会产生什么影响？

（3）应聘企业的知识：包括制度与政策、主要工作流程、机构设置与部门职责、组织文化。例如：

1）本公司成立于（ ）年，目前总资产达到（ ）元，主要业务包括（ ）、（ ）、（ ）和（ ）。

2）以下不属于本公司的核心价值观的是（ ）。

A. 诚信 B. 务实 C. 以人为本 D. 创新

3. 第一轮面试

第一轮面试由人力资源部人员担任面试官，形式为半结构化的单独面试，面试时间为20分钟/人，主要考查求职者的个人资历、个人特质、个人价值观和综合能力。此次面试最终筛选出15人进入第二轮面试。

第一轮面试的流程和考查内容如表A1－4所示，评估表如表A1－5所示。

表A1－4 第一轮面试流程和考查内容

一、面试人数：1人 二、面试官：人力资源部人员 三、面试过程 1. 自我介绍 每人两分钟介绍时间，请控制时间；面试官可以根据介绍内容提问。 自我介绍须包括的内容：姓名、籍贯、学习经历、工作经历、个性、爱好。 **考查要点：** 个人资历（工作经验、教育背景） 2. 个人价值观 问题1：你在工作中最喜欢/最讨厌的同事是什么类型的人？你认为自己最适合什么样的企业文化？ 问题2：你辛辛苦苦加班一整晚赶出一份财务报表，但是第二天交给上级时他认为这份报表一文不值，对于上级只看结果不看过程的做法你怎么看？你如何看待结果与过程的关系？

考查要点：
个人价值观（团队合作性、结果导向）

3. 个人性格及素质考查
问题：你性格上有什么弱点？在事业上它给你带来的劣势是什么？
考查要点：
个人特质
10——性格弱点与会计人员性格要求不相悖，能正视自身弱点，并强调个人如何克服自身劣势。
8——性格弱点与会计人员性格要求不相悖，能正视自身弱点，但是没有对自身弱点做出改进。
5——性格弱点与会计人员性格要求相悖，能正视自身弱点，并强调个人如何克服自身劣势。
3——性格弱点与会计人员性格要求相悖，能正视自身弱点，但是没有对自身弱点做出改进。
0——不能正视自身弱点，认为自己完美无缺。
备注：
会计人员的性格要求：细心、踏实、稳重、责任心强，忌马虎、毛躁、性子急。

4. 职业道德：
问题1：你认为一个合格的会计人员所需具备的职业操守或者职业道德是什么？
问题2：我们知道实际工作中很多企业的会计人员都在做假账，能谈谈你们公司是如何做假账的吗？（举例说明）
考查要点：
职业道德素养、诚信务实
问题1的优秀回答是：遵守会计职业道德，不泄露公司机密，遵纪守法。
问题2是给面试者设置的陷阱，优秀回答是：对不起，这是公司机密，请原谅我不能告诉您。若面试者大谈如何做假账，则表明此人职业道德感不强。

5. 工作态度和工作配合度
情境问题：假如你上岗后，领导者交代你和一位同事共同完成本单位的财务迎检工作，你会怎么做？
考查要点：
（1）团队合作与协调能力
10——能与同事积极有效地进行沟通和展开合作，对任务进行分析。能够尊重别人，善于发掘他人的优势和潜力，善于倾听他人的意见，善于把众人的意见引向一致。
8——能与同事沟通和展开合作，考虑问题比较细致周到。较能够尊重别人，倾听他人的意见，并且有一定引导形成一致意见的能力。
5——能与同事展开合作，考虑问题片面不周到，基本能够尊重别人，基本能够让他人表达意见，有做出协助他人形成一致意见的努力。
3——没有体现出与同事的有效合作，不够尊重别人，对别人的意见有一定的排斥，较为固执，自己的看法难以融入众人的意见。
0——个人独断专行，不尊重别人，有很强的攻击性。
（2）计划能力
10——有良好的计划习惯，有很强的时间管理能力，有协调资源运用的技巧，计划安排周全。
8——有较为周全的计划，有较为细致的时间安排，能够考虑多方面的资源，有较强的协调意识。
5——有基本简单的计划安排，有基本的协调意识。
3——计划安排有漏洞，协调资源与能力不足。
0——没有成型的计划安排，或者夸夸其谈不切要害。

6. 职业稳定性和忠诚度
问题1：你为什么要离职？

问题 2：你选择本公司的原因是什么？
问题 3：你未来的职业生涯规划是怎样的？
考查要点：
（1）职业稳定性，详细询问离职原因
可能的回答：A. 别的同事认为我是老板面前的红人，所以处处排挤我。
B. 调薪的结果令我十分失望，完全与我的付出不成正比。
C. 老板不愿授权，工作处处受限，束手束脚，很难做事。
D. 公司营运状况不佳，大家人心惶惶。
比较得体的回答是 C 或者 D。选择 C，表明应聘者有进取心、能力强，且希望被赋予更多的职责。选择 D，表明离职原因为个人无法改变的客观外在因素，因此，面谈者也就不会谈及个人的能力或工作表现，可存疑。
（2）求职动机
（3）职业忠诚度

表 A1－5　　第一轮面试评估表

候选人		应聘职位		应聘部门			权重	面试官打分
任职资格评估（最高分合计 30 分）							20%	
形象气质	标准及分值	佳	较好	一般	较差	糟糕		
		10 分	8 分	5 分	3 分	0 分		
教育背景	标准及分值	硕士及以上	全日制本科	专升本	大专	中专及以下		
		10 分	8 分	5 分	3 分	0 分		
工作经验	标准及分值	8 年以上	5 年以上	3 年以上	1 年左右	没有经验		
		10 分	8 分	5 分	3 分	0 分		
价值观评估（最高分合计 30 分）							20%	
求实态度	标准及分值	十分求实	比较求实	一般	不够求实	不求实		
		10 分	8 分	5 分	3 分	0 分		
业绩导向	标准及分值	强	较强	一般	较弱	忽视结果		
		10 分	8 分	5 分	3 分	0 分		
学习创新	标准及分值	好学上进	较主动学习	不够主动	被动学习	较排斥学习		
		10 分	8 分	5 分	3 分	0 分		
个人特质和动机评估（最高分合计 40 分）							30%	
稳定性	标准及分值	强	较强	一般	较弱	弱		
		10 分	8 分	5 分	3 分	0 分		
细心程度	标准及分值	强	较强	一般	较弱	弱		
		10 分	8 分	5 分	3 分	0 分		
责任心	标准及分值	强	较强	一般	较弱	弱		
		10 分	8 分	5 分	3 分	0 分		
求职动机	标准及分值	强	较强	一般	较弱	弱		
		10 分	8 分	5 分	3 分	0 分		
工作技能和综合能力（最高分合计 30 分）							30%	
逻辑思维能力	标准及分值	强	较强	一般	较弱	弱		
		10 分	8 分	5 分	3 分	0 分		
计划能力	标准及分值	善于计划	较能计划	一般	较不善于计划	不做计划		
		10 分	8 分	5 分	3 分	0 分		
沟通能力	标准及分值	演讲口才极佳	表达清晰	表达一般	偶尔表达混乱	词不达意		
		10 分	8 分	5 分	3 分	0 分		
面试官综合评语	综合表现以及是否推荐进入第二轮面试							

说明：成绩为前 15 名者进入第二轮面试。

4. 第二轮面试

第二轮面试的主考官是财务部负责人，由人力资源部人员协同，面试时间为15～20分钟/人，考查重点是求职者的专业知识和技能。面试结束后，筛选出3人进入终极面试。

第二轮面试流程和考查内容如表A1－6所示，评估表如表A1－7所示。

表A1－6　　第二轮面试流程和考查内容

第二轮面试流程

一、参与人：第一轮面试合格者

二、面试官：人力资源部人员和财务部负责人

三、面试过程

1. 专业知识和技能

问题：这次我公司招聘会计，在这方面你有什么专业知识和技能？

考查要点：

专业知识（求职者所具备的专业知识、专业技术等）

2. 工作相关性考查

（1）就简历中工作经历进行提问。

（2）你如何看待以前的工作？以前的工作经历对于你这次求职有何作用？

考查要点：

工作相关性、测谎（诚信）

3. 计划能力考查问题

请描述一下你的××工作的一天是如何安排的/请说说你的工作时间的具体分布。

考查要点：

计划能力

10——有良好的计划习惯，有很强的时间管理能力，有协调资源运用的技巧，计划安排周全。

8——有较为周全的计划，有较为细致的时间安排，能够考虑多方面的资源，有较强的协调意识。

5——有基本简单的计划安排，有基本的协调意识。

3——计划安排有漏洞，协调资源能力不足。

0——没有成型的计划安排，或者夸夸其谈不切要害。

4. 上机测试

财务部负责人安排面试人员进行上机操作。

考查要点：

（1）面试人员的动手能力

（2）面试人员的专业技能

5. 其他提问

财务部负责人就专业素养进行其他提问。

表A1－7　　第二轮面试评估表

候选人		应聘职位		应聘部门		权重	面试官打分
必备知识（最高分合计30分）						20%	
专业知识	标准及分值	佳	较好	一般	较差	糟糕		
		10分	8分	5分	3分	0分		
企业知识	标准及分值	硕士及以上	全日制本科	专升本	大专	中专及以下		
		10分	8分	5分	3分	0分		
工作经验	标准及分值	8年以上	5年以上	3年以上	1年左右	没有经验		
		10分	8分	5分	3分	0分		

续前表

候选人		应聘职位		应聘部门			权重	面试官打分
工作技能（最高分合计 30 分）							20%	
求实态度	标准及分值	十分求实	比较求实	一般	不够求实	不求实		
		10 分	8 分	5 分	3 分	0 分		
业绩导向	标准及分值	强	较强	一般	较弱	忽视结果		
		10 分	8 分	5 分	3 分	0 分		
学习创新	标准及分值	好学上进	较主动学习	不够主动	被动学习	较排斥学习		
		10 分	8 分	5 分	3 分	0 分		
个人特质和动机评估（最高分合计 40 分）							30%	
稳定性	标准及分值	强	较强	一般	较弱	弱		
		10 分	8 分	5 分	3 分	0 分		
细心程度	标准及分值	强	较强	一般	较弱	弱		
		10 分	8 分	5 分	3 分	0 分		
责任心	标准及分值	强	较强	一般	较弱	弱		
		10 分	8 分	5 分	3 分	0 分		
求职动机	标准及分值	强	较强	一般	较弱	弱		
		10 分	8 分	5 分	3 分	0 分		
工作技能和综合能力（最高分合计 40 分）							30%	
问题解决能力	标准及分值	强	较强	一般	较弱	弱		
		10 分	8 分	5 分	3 分	0 分		
计算机技能	标准及分值	强	较强	一般	较弱	弱		
		10 分	8 分	5 分	3 分	0 分		
软件运用技能	标准及分值	强	较强	一般	较弱	弱		
		10 分	8 分	5 分	3 分	0 分		
计划能力	标准及分值	强	较强	一般	较弱	弱		
		10 分	8 分	5 分	3 分	0 分		
面试官综合评语	综合表现以及是否推荐进入终极面试							

说明：面试成绩前 3 名者进入终极面试。

5. 终级面试

终面人员为 H 公司董事长和财务部负责人，陪同人员为人力资源部经理。其方式是非结构化面试，面试官可以自由提问并且增加追问。由于在单独面试环节，所有胜任素质模型要求的素质均已经评价完成，终极面试的人员均是满足模型要求的人员。终极面试官灵活性、主观性较强，但仍要满足一定的要求，通过共同讨论完成面试。重点考查员工的个人特质和价值观是否和企业匹配，此外还可以考查求职者的求职动机以及职业稳定性。向面试人员推荐的题目如下，仅供参考。

1. 简单寒暄类

- 您过来时交通还方便吧？
- 您老家是哪里？

测试目的及考查要点：

测试被试者的谈吐、语言表达和思维能力；最主要的目的是缓和气氛。

评分参考：

优：口齿伶俐，语言流畅，条理清晰，言简意赅，切中要害。

中：谈吐比较自然，条理比较清晰，但语言表达不够简练，基本能表达出自己的观点。

差：谈吐不自然，条理不清晰，语言啰唆，不能表达自己的观点。

2. 企业文化和价值观类

- 请描述一下以往所就职公司中您认为最适合自己的企业文化的特点？
- 您最喜欢和什么样的人共事？

测试目的及考查要点：

测试被试者与本公司企业文化和价值观的匹配度。

评分参考：

没有最佳答案，匹配程度高的优先。

3. 求职动机和职业稳定性

- 您第一次离职是基于什么考虑？离职时您有没有失落感？
- 本公司吸引您的地方主要是什么？
- 谈谈您未来的职业生涯规划。

面试评估表和前两轮面试类似，在此不再赘述。最后通过综合考查，从三位求职者中挑选出H公司的最佳匹配者。

五、测评实施过程中的注意事项

1. 采用并遵守标准化的指示语

指示语是在测评过程中说明测评进行方式以及如何回答问题的指导性语言。此次素质测评中，指导语有两种：一种是对受测者的，主要是对测评过程的细节做进一步解释，包括场地设置、材料准备、计时计分原则以及如何应对意外情况等，目的是保证测评情境的一致性。一种是给测评主试人的，包括选择反应方式（画圈、打钩、填数字、口答、书写等）、如何记录这些反应（答卷纸、录音、录像等）、时间限制、计分方法等，目的是减少测评的误差。测评双方都要严格遵照执行，才能保证测评效果。

2. 确定恰当的测评时限

此次素质测评既要考查受测者反应的速度，也要考查解决有较大难度题目的能力，涉及的测评工具和方法比较多。不同类别的测评方法所花费的测评时间不同。具体的测评时段应该挑选能够完全发挥受测人员智慧和能力的时间段。例如，中午人容易犯困，身心比较疲劳，不适宜安排测试。此外，在测评实施前，要合理安排测评的先后顺序以及时间间隔，确定合适的测评时间。

3. 创造适宜的测评环境

测评环境的选择对测评效果有重要影响。对环境的选择主要考虑测评现场是否适合受测者完成所测任务事项。如果测试环境通风设备不好、空间狭小、嘈杂、光线不好，容易使人心情烦躁、反应迟钝、疲劳，影响思考。所以要在比较宽阔、光线充足、安静的环境下开展测评，才能使受测者注意力集中、思维敏捷，提高测评的准确性。此外，测试的人文环境也很重要。主试人的态度要保持温和，以让受测者舒展心情，轻松应对。

4. 测评双方心理的调控

素质测评过程是测评者依据一定标准对被测评者有关方面情况进行评判的过程，所以测评者的心理状态必然会影响测评结果，而被测评者由于受到心理因素的影响作用，也常常会出现“失真”情况，导致测评结果不准确。因此，对测评主试人，要选用思想品德好、实践经验丰富、心理素质高的人员，并进行测评技能培训，开展思想政治和纪律教育，使其端正思想，客观公正进行评判；对受测者，要事前做好宣传动员，提高其对测评的认识，使其以积极、自信的心态面对。同时在测评过程中，注意保持主试人与受测者的良好心理交往状态，以免引起心理冲突。

第2章

招聘前的理论准备工作

学习目标

- 掌握职位分析的概念和作用
- 掌握职位分析的方法
- 掌握人力资源供给与需求预测的步骤和方法
- 熟悉员工胜任素质模型的概念、构建流程及其在人力资源管理中的应用

引例

如何确定应聘岗位的资格要求

甲公司为一家传统产业上市公司，隶属于乙集团，由乙集团控股。2011年伊始，丙投资公司通过控股并托管乙集团从而间接控制甲上市公司。丙投资公司资产逾30亿元，目前控股多家海内外上市公司，近年来在国内主要以证券市场运作为主，较少涉足产业经营。在托管乙集团后，丙投资公司公开高薪招聘派驻乙集团的人力资源总监，并且委托多家知名猎头公司代为寻找。其中一家著名的猎头公司开列的条件如下：

(1) 年龄在32～40岁之间，硕士研究生及以上学历。

(2) 5年以上大型企业人力资源管理经验，至少担任过3年人力资源总监。

(3) 熟悉中国劳动人事政策及相关法律、法规。

(4) 熟悉中西方文化及人力资源管理理论。

(5) 富有团队精神和战略眼光，具有出色的组织能力、判断能力和沟通能力。

（6）年薪20万元以上。

表面看来，这家猎头公司给出的资质要求较为明确，按图索骥即可。然而在应聘者看来，仍然是一头雾水，不明所以。这里有许多标准难以进行有效量化，其关键原因还在于招聘方并没有给出详尽的岗位工作内容、流程描述与工作目标要求，而这对于一个真正懂行的人力资源总监来说是至关重要的，因为他要借此判断自己的工作经验与能力特点能不能胜任工作。这涉及聘任的一个基本原则，即判断自己是不是最为合适，而不一定是最好的人选。丙投资公司虽然在道理上明白人力资源总监这一职位的重要性，但是不能明确人力资源总监及其所属部门在公司经营战略及组织中的地位与作用，不能明确其真正的工作内容与流程及工作目标要求，因而就难以对这一职位提出客观的评价与要求，从而导致整个招聘过程充满不确定性，招聘周期过长，招聘费用加大，在社会上带来一定负面影响，并且难以设计、实施与此高管职位相对应的岗前定向培训和工作铺垫，不能理性规避其工作过程中由于能力原因及工作失误造成的失败风险，增加了聘任失败的可能性。我们最不愿意看到这样的情况，而这种情况在聘任过程中却最容易发生，即聘任失败不是由于应聘者工作能力与人品的原因，而是由于应聘者的个人专长与岗位工作要求不相匹配，从而导致工作不能有效开展。这无论对于用人单位还是应聘者，都意味着利益与机会的丧失。

资料来源：赵波．从专家到杂家——探究人力资源部门的角色转换．企业研究，2002（12）：46－49.

从上面的例子中我们看到，职位分析在招聘中扮演着重要角色，职位分析最重要的结果——职位说明书，是招聘工作开展的依据。职位说明书明确了工作的职责权限、任职资格、工作特点、工作目标等重要因素，能够进行岗位工作的客观数据和主观数据分析，有助于整个人力资源管理逐步走向标准化、科学化。本章接下来的内容将使你更好地明确招聘前应该做哪些准备工作。职位分析与招聘的关系如图2－1所示。

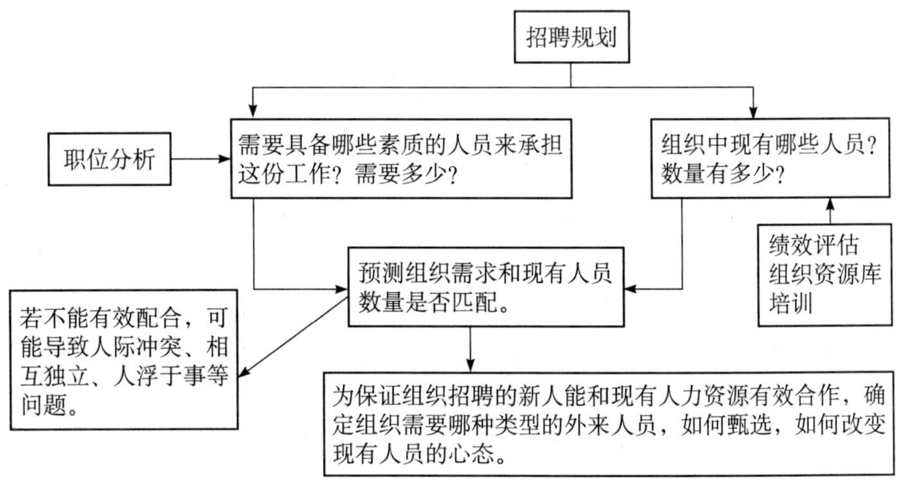

图2－1　职位分析与招聘的关系

资料来源：朱兴佳，白京红．职位分析与评估．北京：电子工业出版社，2008.

2.1 职位分析

在当今经济发展与企业竞争中，人力资源已成为直接构成企业核心竞争力的关键战略资源，人力资源管理的地位也越来越重要。职位分析作为人力资源管理的基础性工作，为企业从战略到组织和人力资源管理变革的系统推进提供了重要的桥梁和纽带，并为企业人力资源管理系统的构建和整合提供了基础性的平台，同时它还能够对员工职业意识和职业规范的建立进行有效的引导，提高企业的职业化管理水平。

职位是组织的基本单元，组织的战略、目标与计划最终都要通过职位的功能发挥得到落实，并以职位目标与任务的达成为实现手段。职位分析是人力资源管理的一项核心基础职能，作为一个系统地收集工作相关信息的过程，在人力资源管理中起着基础的、不可替代的作用，是企业招聘、选拔、培训、薪酬管理及裁员等各种管理活动的决策基础。它们的关系如图2-2所示。

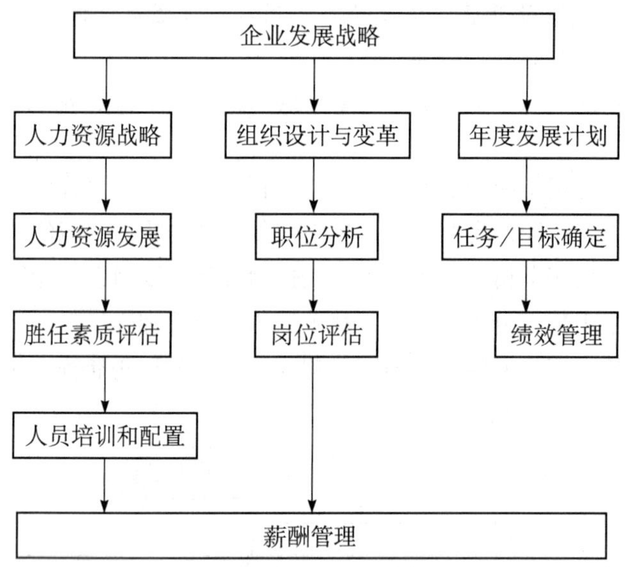

图2-2 职位分析是人力资源管理活动的基础

通过职位分析，能够明确地规定工作岗位的近期和长期目标，掌握工作任务的静态和动态特点，提出有关人员的生理、心理、技能、文化和思想等方面的要求，选择工作的具体程序和方法，并在此基础上确定选人的标准。有了明确、有效的标准，就可以通过心理测评和工作考核，选拔和任用符合工作需要和职务要求的合格人员，将适当的人员安排在适当的职位上。

由于职位说明书对某类工作的性质、特征以及担任此类工作应具备的资格、条件，都做了详尽的说明和规定，这就使人力资源管理人员明确了选聘对象和标准，从而在组织人员甄选时能正确地选择测量手段，避免了盲目性，保证了“为事择人、任人唯贤、专业对口、事择其人”。

2.1.1 职位分析的概念和作用

一、职位分析的概念

我国系统地引入“职位分析”这一基础管理工具只有十几年的时间，对职位分析的使用所积累的经验有限。职位分析的定义有很多，加里·德斯勒将职位分析定义为：“与此相关的一道程序，通过这一程序，我们可以确定某一工作的任务和性质是什么，以及哪些类型的人（从技能和经验的角度）适合被雇用来从事这一工作。”国内学者孙健敏、付亚和认为，职位分析“实质上是全面了解工作并提取有关工作全面信息的基础性管理活动”。朱智贤在《心理学大辞典》一书中对职位分析的诠释包括两部分：一是正确描述工作的内容和实质，如工作性质、范围、难易程度、工作程序、所包含的动作、所使用的工具材料和所承担的责任；二是确定执行此项工作的人所应具备的能力、知识、技能、经验等资格条件。萧鸣政在《工作分析的方法与技术》一书中认为，职位分析是分析者采用科学的手段与技术，直接收集、比较、综合有关工作的信息，就岗位的状况、基本职责、资格要求等做出规范性的描述与说明，为组织特定的发展战略、组织规划，为人力资源管理以及其他管理行为提供基本依据的一种管理活动。

总的来说，职位分析是指全面了解、获取与工作有关的详细信息的过程，是对组织中某个特定职位的定位、目标、工作内容、职责权限、工作关系、业绩标准、人员要求和职务规范的描述和研究过程，即制定职位说明书和任职者说明的系统过程。

职位分析要回答或者解决以下两个主要问题：

第一，“某职位是做什么事情的?”这一问题与职位上的工作活动有关，包括职位名称、职责、工作要求、工作场所、工作时间、工作条件等一系列内容。

第二，“什么样的人来做这些事情最适合?”这一问题则与承担职位的人的资格有关，包括专业、年龄、必要的知识和能力、必备的证书、工作经历、心理要求等内容。

二、职位分析的作用

1. 为招聘、甄选和考核工作提供客观尺度

在人员招聘中，以什么为依据来判断求职者是否合格？主管人员怎样才能将“恰当的人”安排到“恰当的岗位”上？在员工甄选工作中，如何才能减少主观随意性，做到相对公正？这些都需要职位分析来提供客观尺度。职位分析是对组织中某个特定职务的设置目的、任务或职责、权力和隶属关系、工作条件和环境以及任职资格等相关信息进行收集与分析，并对该职务的工作做出明确的规定，确定完成该工作所需的行为、条件和人员的过程。职位分析有助于员工甄选工作，根据职位分析获得的资料，可以详细了解为顺利履行岗位职责工作人员应具备的条件，从而成为甄选的标准。同时，使员工的绩效评估有据可依。

2. 为人力资源规划提供前提和保证

组织内每项工作的责任大小、任务轻重、时间的约束以及工作条件的限制等因素决定了所需的人员数量。通过对部门内各项工作的分析，可以确定各部门的人员编制，制定人力资源需求计划，并将接近的职务归类，为人力资源规划的科学化提供前提和保证。

3. 为工作评价、人员考核、晋升与调动管理奠定基础

基于合理的职位分析，才有可能判断各种工作的相对价值，制定相应的薪资标准。职位分析提出的要求也为公正客观地考评员工、调配人员提供了依据。

4. 为工作设计提供基础信息

组织内的任何工作职务都是根据组织的需要设置的。职位分析要根据组织的需要，逐一列举、分析影响工作的因素，决定组织中原有工作哪些需要保留，哪些需要消除，还需要新设置哪些工作等。为了达到工作设计和再设计的目的，职位分析要进行工作目标、活动内容、工作责任、工作复杂性、工作时间、劳动强度以及工作危险性等项目的调查，提供关于工作设计的最基础信息。

5. 为制定培训计划提供方法和内容上的依据

企业在促进员工职业素质提高方面所进行的各种培训工作，其效果在一定程度上也取决于职位说明书和工作要求细则的完善程度。组织可以根据工作内容与任职条件设计培训方案，确定适当的指导与培训内容，这样培训所涉及的工作内容和责任才能准确地反映实际工作的要求，使员工在培训中学到的知识技能与未来工作中的实际应用相一致，提高员工参与培训的主动性，在支付合理的培训费用的同时还可以获得较好的培训效果。

6. 为绩效考核提供评价标准

绩效考核，顾名思义，就是要考核绩和效，也就是考核员工的职责履行情况。具体来讲就是考核工作业绩和工作表现，所以绩效指标要根据不同的职位来合理设置，也就是说要把员工的职责履行情况当作绩效考核的主要依据。通过职位分析，每种职位的工作内容都进行了明确界定，员工应该做什么，不应该做什么，应该达到何种工作标准，都很清晰。这样以职位分析为根据对员工绩效及工作表现进行评价，就能做到合理、公平和准确。

7. 为岗位评估及确定薪酬等级提供依据

岗位评估是以职位分析所获得的工作信息资料为依据进行的，这些信息包括任职者应具备的学历、工作经验和工作技能，工作强度，工作职责等。通过对各职位的重要性进行分析、排列，可以评价各项工作的相对价值，而职位价值是确定该职位薪酬等级的主要依据，员工所从事的工作难度越大，薪酬就应越高。职位分析提供的信息可用来确定任务、职责和责任的权重，对难度较大的工作赋予较大的权重，从而支付给任职者更高的薪酬。职位价值是组织导入职务工资和职能工资等工资制度的基本依据。

8. 为员工职业发展规划的制定提供依据

现代企业员工越来越注重自我工作能力的培养与发展，企业管理者应该从企

业发展和员工个人的角度来为员工设计职业发展规划。从员工个人角度看，职位分析明确界定了每个职位具体的任职资格以及为达到此任职资格所需要的相关职业培训。这些信息有助于员工制定自己的职业发展计划，通过与工作要求细则相对照，员工可以发现自己在哪些方面存在不足，从而有针对性地提高自己，为促进职业生涯的发展创造条件。

看一看

职位分析案例

案例一：某公司销售部客户经理（销售代表）将相当一部分时间花在处理文字事务上，未能及时主动地与客户进行沟通。经过职位分析后，该部门可通过设立专门的文员岗位来解决这一问题。这样，销售代表就能够有更多的时间从事实际的销售工作，为企业创造高价值。

案例二：某机械车间工人的正常工作时间为每天8小时。实际调查发现，该车间一个工人平均一天的工作量为车100个零件，而车1个零件大致需要14分钟时间，每个人喝水、上厕所的时间以半小时计。从数量的分析计算可以看出这个车间的工人工作负荷不足，大约1小时的时间为无价值消耗。因此，该车间应该对工人每天的工作量进行调整。

2.1.2 职位分析的方法

一、观察法

观察法是指职位分析人员通过对员工正常工作的状态进行观察，获取工作信息，并通过对信息进行比较、分析、汇总等，得出职位分析成果的方法。观察法适用于体力工作者和事务性工作者，如搬运员、操作员、文秘等。

由于不同观察对象的工作周期和工作突发性有所不同，因此观察法具体可分为直接观察法、阶段观察法和工作表演法。

1. 直接观察法

直接观察是指职位分析人员直接对员工工作的全过程进行观察。直接观察法适用于工作周期很短的职位，例如保洁员，其工作基本上是以一天为一个周期，职位分析人员可以一整天跟随保洁员进行直接工作观察。

2. 阶段观察法

有些员工的工作具有较长的周期性，为了能完整地观察到员工的所有工作，必须分阶段进行观察。例如行政文员，他需要在每年年终时筹备企业总结表彰大会。职位分析人员就必须在年终时再对该职位进行观察。有时由于时间跨度太长，职位分析工作无法拖延很长时间，采用工作表演法更为合适。

3. 工作表演法

工作表演法适用于工作周期很长和突发性事件较多的工作。例如安保工作，除了有正常的工作程序，还有很多突发事件需要处理，如盘问可疑人员等，职位分析人员可以让安保人员表演盘问的过程，进行该项工作的观察。

在使用观察法时，职位分析人员应事先准备好观察表格，以便随时记录。条件好的企业可以使用摄像机等设备，将员工的工作内容记录下来，以便进行分析。另外需要注意的是，观察的工作行为要有代表性，并且尽量不引起被观察者的注意，更不能干扰被观察者的工作。

二、问卷调查法

使用问卷调查法时，职位分析人员首先要拟定一套切实可行、内容丰富的问卷，然后由员工进行填写。问卷调查法适用于脑力工作者、管理工作者或工作不确定性很大的员工，例如软件设计人员、行政经理等。问卷调查法比观察法更便于统计和分析。需要注意的是，调查问卷的设计好坏直接关系着问卷调查的成败，所以问卷必须设计得完整、科学、合理。

国外的组织行为学专家和人力资源管理专家研究出了多种科学的问卷调查方法。例如，职位分析调查问卷（position analysis questionnaire，PQA）是美国普渡大学（Purdue University）麦考密克等人研究出的一套量化的工作说明法。虽然格式固定，但仍可用它分析许多不同类型的职位。它共有194个问题，分为6个部分：资料投入、用脑过程、工作产出、人际关系、工作范围、其他工作特征。职位分析调查问卷的评分标准有6项：信息使用度、耗费时间、适应性、对工作的重要程度、发生的可能性及其特殊计分。

三、面谈法

面谈法也称采访法，是通过职位分析人员与员工面对面的谈话来收集职位信息资料的方法。在面谈之前，职位分析人员应该准备好面谈问题提纲，方便在面谈时按照预定的计划进行。面谈法对职位分析人员的语言表达能力和逻辑思维能力有较高的要求。职位分析人员应该能控制住谈话的局面，既要防止谈话跑题，又要使谈话对象无所顾忌地侃侃而谈。职位分析人员要及时、准确地做好谈话记录，并且避免使谈话对象对记录产生顾忌。面谈法适用于脑力劳动者，如开发人员、设计人员、高层管理人员等。

麦考密克于1979年提出了面谈法的一些标准，包括：

（1）所提问题要和职位分析的目的有关；

（2）职位分析人员语言表达要清楚，含义要准确；

（3）所提问题必须清晰、明确，不能太模糊；

（4）所提问题和谈话内容不能超出谈话对象的知识和信息范围；

（5）所提问题和谈话内容不能引起谈话对象的不满，或涉及谈话对象的隐私。

读一读

职位分析访谈提纲示例

(1) 请用一句话概括您的职位在本公司中存在的价值是什么，它要完成的主要工作内容和要达成的目标是什么?

(2) 与您进行工作联系的主要人员有哪些? 联系的主要方式是什么?

(3) 您认为自己的主要工作职责是什么? 请至少列出8项。

(4) 对于这些职责您是怎样完成的，在执行过程中遇到的主要困难和问题是什么?

(5) 请您指出以上各项职责在工作总时间中所占的百分比，并指出其中耗费时间最多的3项工作。

(6) 请您指出以上工作职责中最重要、对公司最有价值的是什么?

(7) 组织所赋予您的最主要的权限有哪些? 您认为这些权限有哪些是合适的，哪些需要重新界定?

(8) 请就以上工作职责，谈谈评价这些职责是否出色地完成的标准是什么。

(9) 您认为在工作中需要其他部门、其他职位为您提供哪些方面的配合、支持与服务? 在这些方面，目前做得好的是什么，尚待改进的是什么?

(10) 您认为要出色地完成以上各项职责需要什么样的学历和专业背景? 需要什么样的工作经验 (类型和时间)? 在外语和计算机方面有何要求? 要出色地完成以上各项职责需要具备哪些能力?

(11) 您认为要出色地完成以上各项职责需要具备哪些专业知识和技能? 要出色地完成以上各项职责需要什么样的个性品质?

(12) 您工作中自主决策的机会有多大? 工作中是否经常加班? 工作中是否要求精力高度集中? 工作负荷有多大?

四、其他方法

1. 参与法

参与法也称职位实践法，就是职位分析人员直接参与到员工的工作中，扮演员工的工作角色，体会其中的工作信息。参与法适用于专业性不是很强的职位。与观察法、问卷调查法相比，参与法获得的信息更加准确。需要注意的是，职位分析人员要真正地参与到工作中，去体会工作，而不是仅仅模仿一些工作行为。

2. 典型事件法

如果员工太多，或者职位工作内容过于繁杂，应该挑选具有代表性的员工和典型的时间段进行观察，从而提高职位分析的效率。

3. 工作日志法

工作日志法是由员工本人自行进行的一种职位分析方法。采用此方法时，事先应该由职位分析人员设计好详细的工作日志单，让员工按照要求及时地填写职位内容，从而收集工作信息。需注意的是，工作日志单应该随时填写，比如以10分钟或15分钟为一个周期，而不应该在下班前一次性填写，这样做是为了保证填写内容的真实性和有效性。工作日志法最大的问题可能是不能确保工作日志内容的真实性。

4. 材料分析法

如果职位分析人员手头有大量的职位分析资料，比如类似的企业已经做过相应的职位分析，比较适合采用此方法。这种方法最适用于新创办的企业。

5. 专家讨论法

专家讨论法是指请一些相关领域的专家或者经验丰富的员工进行讨论，以进行职位分析的一种方法。这种方法适用于发展变化较快或职位职责还未定型的企业。由于企业没有现成的观察样本，因此只能借助专家的经验来规划未来希望看到的职位状态。

上述职位分析方法既可单独使用，也可结合使用。由于每种方法都有自己的优点和缺点，因此每个企业应该根据本企业的具体情况进行选择。最终的目的是一致的：得到尽可能详尽、真实的职位信息。

职位分析通常采用观察法、面谈法、问卷调查法、参与法和典型事件法，在实际运用中应结合不同的情况采用不同的分析方法或者采用多种方式相结合。各种方法的优缺点如表2-1所示。

表2-1　　职位分析方法的优缺点比较

方法	优点	缺点
观察法	有助于职位分析人员了解生产的过程，减少误解。	（1）耗费时间长。 （2）适用于流水线上的工人以及周期短、规律性强的职位，对脑力劳动者不太适用。
面谈法	（1）通过面对面的交流，让员工理解问题，并进行清楚的回答，沟通效率较高。 （2）避免因双方理解的差异导致信息理解和收集不准确。	（1）面谈过程容易受任职者个人因素的影响，导致收集的信息不真实。 （2）需要花费较多的时间。
问卷调查法	信息获取的速度快，效率高，节约时间。	（1）设计问卷要求高，需要花时间。 （2）语言理解和表达能力不好的员工有可能提供错误的信息。
参与法	可以准确了解工作的实际任务和对体力、环境等方面的要求，适用于那些短期内可以掌握的工作。	不适用于需要进行大量训练以及较危险的工作。
典型事件法	可揭示工作的动态性，生动具体。	（1）需要花大量时间去收集典型事件，并加以概括和分类。 （2）不适用于描述日常工作。

2.1.3　职位描述与任职资格

一般来说，职位分析主要包括两个方面的基本内容：第一，确定工作岗位的具体特征，如工作内容、任务、职责和环境等；第二，找出工作岗位对任职人员的各种要求，如技能、学历、训练、经验和体能等。前者的结果表现为职位描述，后者的结果表现为任职资格，它们的文本形式就是工作说明书或职位说明书。

一、职位描述

职位描述又称职位界定，即经过工作调查，在取得有关真实信息的基础上，对工作的名称、性质、任务、权限、职责、程序、业绩标准、内外部环境和条件等内容做出比较系统的描述，并加以规范化。

职位描述是通过职位分析得到的关于某一特定职位的职责和工作内容的一种书面记录，其成果是职位说明书。日文中职位描述就是给工作画像，是把工作所具有的一些特征用白描的手法记录下来。职位说明书描述的对象是工作本身，而与从事这项工作的人无关。

职位描述通常包括以下几个方面的内容。

1. 工作名称

工作名称是指用简洁准确的文字对本工作岗位的工作任务进行概括，包括工种、职务、职称、等级等项目。

2. 工作概要

工作概要又称工作目的，是指用一句非常简洁和明确的话表述的该职位存在的价值和理由。

3. 工作范围

工作范围是指该职位的任职者所能掌控的资源的数量和质量，以及该职位的活动范围，它代表了该职位能够在多大程度上对企业产生影响、给企业带来损失。

看一看

华为财务管理部人力资源业务合作伙伴的工作职责

(1) 作为业务单元的人力资源合作伙伴，通过人力资源领域各模块的运作，促进业务战略目标达成。

(2) 人员招聘：基于全年人力资源预算规划，独立负责开展社会招聘、校园招聘，以匹配业务人员实际需求，含候选人简历筛选、面试官管理、招聘会组织、候选人面试、面试材料审批跟进、候选人入职跟进等具体职责。

(3) 人员培养与发展：负责搭建新员工培训培养体系、在职员工任职能力提升、课程框架管理、讲师管理、新员工培养制度落地、公司文化价值观传承培训、案例学习组织等，协助专家委员会运作，助力专家发挥人才培养价值。

(4) 领导力发展：协助业务单元搭建人才梯队，识别有潜力的干部，组织并执行领导力培训培养项目。

4. 工作职责

工作职责是指该职位通过一系列的活动来实现什么组织目标，并取得什么工作成果。职责就是责任，是指个人担负的由一项或多项任务组成的活动，即由一个个体操作的任务的总和。例如，人力资源经理的职责之一就是进行薪酬调查，这一职责是由以下任务组成的：设计调查问卷，把问卷分发给调查对象，统计分析并且解释调查结果，将调查结果反馈给调查对象。

读一读

工作职责的分解步骤

工作职责的分解步骤如下：

（1）确定职位目的。根据组织的战略和部门的职能职责定位确定该职位需要达到的目的。

（2）分解关键成果领域。通过对职位目的的分解得到该职位的关键成果领域。所谓关键成果领域，是指一个职位需要在哪几个方面取得成果，以实现职位的目的。关键成果领域可以利用鱼骨图对职位目的进行分解来得到。

（3）确定职责目标。即确定该职位在该关键成果领域中必须达成的目标或取得的成果。因为职责的描述是要说明这项职责主要做什么以及为什么做，因此，从成果导向出发，应该在关键成果领域中进一步明确所要达成的目标，并且所有关键成果领域的目标都与职位的整体目标之间存在部分与整体的逻辑关系。

（4）确定达成职责目标的行动。即确定该职位为了达成这些职责目标，需要采取的行动。职责目标表达了该职位为什么要完成这些职责，确定行动则表达了任职者到底要进行什么样的活动来达成这些目标。

（5）形成初步的职责描述。通过将上述四个步骤得到的职责目标与行动相结合，可以得到关于该职位的基本职责的初步描述。

5. 工作权限

工作权限是指根据该职位的工作目标与工作职责，组织赋予该职位的决策范围、层级与控制力度。更确切地说，它是指赋予完成特定任务所需要的权力。该项目主要应用于管理人员的职位描述与岗位评估，以确定职位对企业的影响大小和过失损害程度；另一方面通过在职位说明书中对该职位拥有的工作权限的明确表达，可以进一步加强组织的规范化、提升任职者的职业化意识，并有助于员工职业化能力的培养。

6. 业绩标准

业绩标准是指与职位的工作职责相对应的对职责完成的质量与效果进行评价的客观标准。例如，人力资源经理的业绩标准通常包括员工满意度、空岗率、培训计划的完成率等。

7. 工作活动和程序

工作活动和程序包括所要完成的工作任务、工作职责、所需要的资料、机器设备与材料、工作流程、工作中与其他工作人员的正式联系以及上下级关系等。

8. 工作条件和物理环境

工作条件和物理环境包括正常的温度、适当的光照度、通风设备、安全措施、建筑条件，甚至工作的地理位置等。

二、任职资格

在开展招聘工作之前必须了解并界定期望求职者达到的标准。只有确定了理想人员属于哪种类型，在遇到合适人选时才能发现他。

任职资格说明了从事某项工作的人所必须具备的知识、技能、能力、兴趣、体格和行为特点等心理及生理要求。制定任职资格的目的是确定重要的个体特征，以此作为人员甄选、任用和调配的基础。它主要包括以下几方面内容。

1. 一般要求

它主要是指任职所需的最低学历、职业兴趣、年龄规定、培训的内容和时间以及从事与本职相关工作的年限和经验等。

2. 生理要求

它主要是指该工作对工作人员身体素质方面的要求。如健康与否、运动的灵活性如何以及感官的灵敏度、体力如何等。

3. 心理要求

它主要是指工作中个人应具有的知识、技艺、能力、思想素质等个人条件，包括观察能力、注意力集中能力、记忆能力、理解能力、学习能力、解决问题能力、创造性、数学计算能力、语言表达能力、决策能力、性格、气质、兴趣爱好、态度、事业心、合作性以及领导能力等。

看一看

华为财务管理部人力资源业务合作伙伴的任职资格

(1) 工作经验要求：4年以上人力资源领域工作经验，具有通信或IT行业工作背景、外资企业或咨询公司工作经验者优先考虑。

(2) 技能和素质要求：

1) 系统的人力资源管理理论知识体系，并能结合业务现状进行思考和应用。

2) 良好的团队合作、沟通协调和学习能力。

(3) 教育背景要求：管理类、心理学等相关专业本科及以上学历。

(4) 语言能力要求：英语四级及以上，具有良好的英语读写能力。

2.1.4 职位分析的实施

职位分析是一项系统化的人力资源管理活动，也是整个人力资源管理的基础平台，因此，这项技术性很强的工作需要具有与企业人力资源管理活动相匹配的、科学的、合理的操作程序。一般来说，职位分析的整个过程要经过以下几个阶段：准备阶段、调查阶段、分析阶段和完成阶段。

一、准备阶段

职位分析准备阶段的主要任务是为职位分析的正式展开做好人力、物力、财力、信息等方面的准备工作。

这一阶段主要需完成以下几项任务。

1. 确定职位分析的目的和用途

也就是说，要明确分析的资料到底要用来干什么，要解决什么问题。职位分析的目的不同，所要收集的信息和使用的方法也会不同。

2. 成立职位分析小组

为了保证职位分析的顺利进行，最重要的一项工作就是确定由谁进行职位分析，一个合理、有效的职位分析小组是职位分析工作取得成功的保证和基础。参与者一般由以下四类人员组成：一是企业的高层领导者，进行宏观的指导和支持；二是职位分析人员，主要是人力资源管理人员和熟悉本部门情况的人员；三是某职位的直接管理者；四是外部的专家和顾问，他们具有这方面的丰富经验和专门技术，可以防止职位分析的过程出现偏差，有利于结果的客观性和科学性。

3. 对职位分析人员进行培训

为了保证职位分析的效果，在确定职位分析小组的成员之后，要在职位分析小组内部进行合理的分工，明确每一位分析人员的工作职责和权限，做到责权清晰，以便于职位分析的实施顺利。

看一看

M公司的职位分析

M公司想通过职位分析理清企业各部门和岗位之间的责权关系，明确各自的职责范围。经过一段时间的准备，公司成立了职位分析小组，并准备妥当了相关的职位分析方案、调查问卷等文件。可是，员工动员会之后的问卷调查却使职位分析小组的每个人都感到为难。

由于员工对问卷中的很多问题在理解上出现了很大的偏差，同一问题的回答形式各异，职位分析小组成员对这些问题的理解也有差异。

通过分析总结才发现，原来在正式进行职位分析之前，职位分析小组内部没有进行统一培训，以至于在员工填写问卷过程中出现了问题时，不同的职位分析人员有不同的解释，也就难免出现形式各异的答案。

职位分析小组经研究决定，这次调查问卷作废，重新进行问卷调查。

可见，在职位分析之前对职位分析人员进行培训，形成统一的思想是必须且重要的。

4. 做好其他必要的准备

（1）职位分析小组成立之后，在正式开始职位分析之前，职位分析小组成员要与企业各个方面进行沟通，为职位分析的开展做好充分的准备。适当有效的沟通体系对职位分析的实施是非常重要的。有效沟通可以避免在职位分析时发生推诿、扯皮现象，保证职位分析顺利进行。

（2）人力和时间保证。例如，由各部门抽调参加职位分析小组的人员，部门经理应对其工作进行适当的调整，以保证其有充足的时间完成这项工作；在企业内部要对这项工作进行宣传，消除员工不必要的误解。

看一看

小李的烦恼

小李接到指示，公司本月将要开始职位分析。小李负责销售部门各个岗位的职位分析，他决定先从普通销售员开始，从下往上分析，销售经理最后分析。事实上，普通员工并不像小李预想的那样配合。员工们做出的大多是这样的回答：“职位分析是干什么用的?”“是不是要裁人了?”“怎么突然要职位分析了呢?”“真抱歉，手头忙，过阵子再谈吧。”一周下来，小李筋疲力尽，却收获寥寥。

分析：员工产生抗拒心理的主要原因是事先沟通工作做得不到位，员工不清楚职位分析的目的和意义，自然不予配合，对分析人员也不信任。

二、调查阶段

调查阶段的主要任务是对整个工作过程、工作环境、工作内容和工作人员等主要方面进行全面的调查。具体任务主要有以下几项。

（1）制定职位分析的时间计划进度表，以保证这项工作有秩序地进行。

（2）编制各种调查问卷和提纲。

（3）灵活运用各种调查方法，如面谈法、问卷调查法、观察法、参与法、实验法、关键事件法等。

（4）收集工作的背景资料。这些资料包括公司的组织结构图、工作流程图以及国家的职位分类标准，如果可能的话，还应当找来以前保留的职位分析资料。组织结构图指明了某一职位在整个组织中的位置，以及上下的隶属关系和左右的工作关系；工作流程图指出了工作过程中信息的流向和相关的权限，这些都有助于更加全面地了解职位的情况；职位分类标准和以前的职位分析资料也有助于更好地了解职位的情况。但是在使用这些资料时要注意，绝对不能照搬照抄，而应当根据企业现有的具体情况，有选择地加以利用。

（5）广泛收集有关工作的特征以及需要的各种数据，包括工作活动、工作流程、工作关系、工作中使用的工具设备、工作时间、工作地点、工作的物理环境、有关工作绩效的信息以及与完成工作有关的知识、规章制度的信息。

读一读

工作活动

工作活动，包括必须进行的与工作有关的活动和过程、活动的记录、进行工作所运用的程序、个人在工作中的权力和责任等。

工作中人的活动，包括人的行为，如身体行动以及工作中的沟通；作业方法分析中使用的基本动作；工作对人的要求，如精力的耗费、体力的耗费等。

在工作中使用的机器、工具、设备以及工作辅助用品，包括电话、计算机、传真机、汽车、对讲机、仪器、车床等。

与工作有关的有形和无形因素，包括完成工作所要涉及或者运用的知识，如公司会计需要运用的会计方面的知识，法律事务主管需要懂得的法律知识等；工作中加工处理的材料；所生产的产品或所提供的服务。

工作绩效的信息，包括完成工作所耗费的时间、所投入的成本、工作中出现的误差等。需要注意的是，这里只是收集与绩效相关的信息，并不是要制定出与各项工作相对应的绩效目标，后者是分析阶段所要完成的任务。

工作的背景条件，包括工作时间；工作地点，如是在室内还是在室外；工作的物理条件，如有没有噪声，是不是在高温条件下等。

工作对人的要求，包括个人特征，如个性和兴趣；所需要的教育与培训水平；工作经验等。

（6）重点收集有关人员必需的特征信息，包括个人在工作中的权力和责任、个人的活动（人际沟通活动、思维心理活动和体力活动）。

（7）要求被调查的员工对各种工作特征和工作人员的重要性和发生频率等做出等级评定。

上述工作信息一般从以下几个渠道获得：工作执行者本人、管理监督者、顾客、分析专家、职业名称辞典中以往的分析资料。在通过这些渠道收集职位分析所需的信息时需要注意：由于各种主客观原因，不同的信息源提供的信息会存在一定程度的差异。例如，工作执行者本人在提供信息时往往会夸大工作的难度；而顾客在提供信息时也往往会从自己的利益出发，从而导致某些信息特别是与绩效有关的信息高于实际的情况。因此，职位分析人员应站在中立的立场听取各方面的不同意见，条件允许或者必要的时候还要亲自实践有关工作活动，以期掌握比较准确可靠的信息。

三、分析阶段

在收集完与职位相关的信息之后，就要进入职位分析的下一个阶段，即分析阶段。这个阶段的主要任务是对有关工作特征和工作人员特征的调查结果进行深入、全面的分析，具体工作如下。

1. 整理资料

将收集的信息按照职位说明书的各项要求进行归类整理，看是否有遗漏的项目。若有再返回到上一个阶段，继续进行调查。

2. 审查资料

进行归类整理以后，职位分析小组的成员要一起对所获得工作信息的准确性进行审查，如有疑问，则需要找相关的人员进行核实，或者再返回到上一个阶段，重新进行调查。

3. 归纳、总结出职位分析的必需材料和要素

如果收集的资料没有遗漏，也没有错误，接下来就要对这些资料进行深入的分析，也就是说要归纳、总结职位分析的必需材料和要素，揭示出各个职位的主要成分和关键因素。在分析的过程中一般要遵循以下几项基本原则。

（1）对工作活动是分析而不是罗列。职位分析反映的是职位上的工作情况，但它并非一种直接的反映，而要经过一定的加工。分析时，应当将某项职责分解为几个重要的组成部分，然后将其重新组合，绝不是对任务或活动进行简单列举和罗列。例如，对公司前台转接电话这项职责，经过分析后应当描述为“按照公司的要求接听电话，并迅速转接到相应的人员那里”，而不应该将所有的活动都罗列出来，描述为“听到电话铃响后，拿起电话，放到耳边，说出公司的名字，然后询问对方的要求，再按下转接键，转接到相应的人员那里”。

（2）针对的是职位而不是人。职位分析并不关心任职者的任何情况，它只关心职位的情况。目前的任职者被涉及，仅仅是因为他通常最了解情况。例如，某一职位本来需要本科学历的人来担任，由于各种原因，现在只是由一名中专生担任，那么在分析这一职位的任职资格时就要将学历要求规定为本科，而不能根据现在的状况规定为中专。

（3）分析要以当前的工作为依据。职位分析的任务是获取某一特定时间内的职位情况，因此应当以工作现状为基础来进行分析，而不能把自己或别人对这一职位的工作设想加入分析中。只有如实地反映职位目前的工作状况，才能够据此进行分析判断，发现职位设置或职责分配上的问题。根据实践经验，在分析资料的过程中，如果觉得分析起来比较困难，就说明对职位情况的了解还不是很深入，或者收集的资料还不是很全面。也许需要返回到上一个阶段，再继续了解和收集。

四、完成阶段

职位分析完成阶段是职位分析的最后阶段，此阶段的任务就是根据规范和信息编制职位说明书。

职位说明书又称工作说明书，是根据职位分析中得到的工作资料而对工作的职务、条件以及责任所做的正式文件。它的目的是在某些条件的限制下确认工作的职责，并说明工作的范围和内容。其内容可能包括工作条件、必须使用的工具和设备，以及和其他职位的关系等方面。好的职位说明书必须正确、简洁而且

完整。

这一阶段的具体任务是：

（1）编写职位说明书。根据对资料的分析，首先，按照一定的格式编写职位说明书的初稿；然后，反馈给相关的人员进行核实，对意见不一致的地方要重点讨论，无法达成一致的还要返回到第三个阶段，重新进行分析；最后，形成职位说明书的定稿。

职位分析人员应注意以下几个方面：1）职位分析人员应对事不对人。2）尽量全面地掌握资料，避免主观臆断。3）根据经过分析处理的信息草拟职位说明书和工作规范，并将草拟文件与实际工作对比。4）根据对比结果决定是否需要再进行调查研究。5）修正职位说明书与工作规范。6）形成最终的职位说明书与工作规范。7）将最终文件应用于实际工作中，并对职位分析本身进行总结评估。

（2）对整个职位分析过程进行总结，找出其中成功的经验和存在的问题，以利于以后更好地进行职位分析。

（3）将职位分析的结果运用于人力资源管理以及企业管理的相关方面，真正发挥职位分析的作用。近年来，随着人力资源管理的逐渐升温，很多企业投入了大量的人力、物力进行职位分析，但是这项工作结束以后，它们却将形成的职位说明书束之高阁，根本没有加以利用，这无疑是一种极大的浪费。需要强调的是，作为人力资源管理的一项活动，职位分析是一个连续的动态过程，企业绝不能有一劳永逸的思想，认为做过一次职位分析，以后就不用再做了，而应当根据企业的发展变化随时进行这项工作，以使职位说明书能及时地反映职位的变化情况。

2.2 人力资源规划

篇中案例

凡事预则立，不预则废

有一个农夫一大早起来，告诉妻子说要去耕地，可当他走到田地里时，却发现耕耘机没油了。于是他打算去加油。可当他转回家里的时候，又发现家里养的猪还没有喂，于是打算去喂猪。而当他走到自家仓库时，发现仓库里四散堆放的马铃薯有的已经发芽了，于是他又打算先把马铃薯处理一下。而当他正准备动手处理马铃薯时，又发现一只生病的鸡正躺在地上，奄奄一息……这样来来回回，从早晨忙到中午，田没耕，油也没有加上，猪也没有喂好，马铃薯也没有整理成……结果，什么都没有做成。

一个农夫因缺乏稳定的目标及达成目标的有效计划而什么也没有做成。这个故事说明，在目标既定的情况下，必须建立稳定的、达成目标的有效计划，并按这一事先制定好的计划坚定地做下去，不能随心所欲、见异思迁，否则只会一事无成。

凡事预则立，不预则废。对企业的招聘与录用工作而言，没有规划，就等于没有目标，也就不知道招聘与录用工作应该向哪个方向走，这无疑会给企业人力资源的数量和质量带来重大影响。好的规划是成功的开始。人力资源规划制定过程中，只有明确了一定时期的目标和任务，明确了前进的方向，企业的招聘与录用工作才能做得恰到好处。

人力资源规划是现代人力资源管理活动的重要组成部分，也是企业在适当时间得到适当数量合格人才的前提保证。人力资源规划是20世纪五六十年代以后逐渐发展起来的一项人力资源管理技术，这项技术在20世纪80年代后渐渐成熟，并广泛应用于企业人力资源管理过程之中。

2.2.1 人力资源规划的概念

人力资源规划是指为实施企业发展战略、实现组织目标，根据组织内外部环境的变化，运用科学的方法对其所属人力资源的供求进行预测，制定相应的政策和措施，从而使组织人力资源的供给和需求达到平衡的活动过程。再通俗一些讲，就是对组织在某个时期内的人员供给和人员需求进行预测，并根据预测的结果采取相应的措施来平衡人力资源的供求。

人力资源规划是在组织发展战略和经营规划的指导下进行人员的供求平衡，以满足组织在不同发展时期对人员的需求，为组织的发展提供符合质量和数量要求的人力资源保证。通过人力资源规划，应能够回答或者解决以下几个问题。

（1）组织在某一特定时期内对人力资源的需求是什么，即组织需要多少人员，这些人员的构成和要求是什么。

（2）组织在相应的时期能够得到多少人力资源的供给，这些供给必须与需求的层次和类别相对应。

（3）在这段时期内，组织人力资源供给和需求比较的结果是什么，组织应当通过什么方式来达到人力资源供求的平衡。

可以说，上述三个问题形成了人力资源规划的三个基本要素，涵盖了人力资源规划的主要方面。如果能够对这三个问题做出比较明确的回答，那么人力资源规划的主要任务也就完成了。

人力资源规划的内容，也就是它的最终结果，主要包括两个方面：人力资源的总体规划和各项业务规划。总体规划是指在规划期内人力资源管理的总目标、总任务、总政策、总预算和主要实施步骤的安排。简单来说，它是对计划期内人力资源规划结果的总体描述，包括预测的需求和供给分别是多少，做出这些预测的依据是什么等。人力资源业务规划主要在组织业务经营层次上，确定为实现人力资源总体规划需要实施的各种业务计划，是总体规划的分解和具体实施。它包括人力资源补充计划、晋升规划、培训规划、流动规划、缩减规划、补偿规划、职业生涯规划。每一项业务的实施规划可以由规划的目标、政策、步骤和预算等组成。只有通过这些业务规划的具体实施，才能使组织人力资源总体规划的目标得以实现。

2.2.2 人力资源供求预测

未来人力资源的需求是由企业的战略目标、发展规划和工作任务决定的。大多数情况下，以组织总目标和基于此进行的经营规模预测作为主要依据，综合考虑各种因素的影响，确定组织的人力资源需求状况。因此，人力资源管理人员要根据企业每年的经营、财务计划指标，结合企业现有员工状况，尤其是员工流动率，来测算年度人力资源总量和按工种、岗位、职务等分类的结构性指标；在此基础上提出年度新增招募、辞退、下岗分流、转岗调配的具体计划；最后确定人力资源需求的数量、质量及素质要求。

在进行人力资源需求预测后，还应对人力资源供给进行预测，即估计在未来一段时间内企业可获得的人员数目和类型。因此，人力资源管理人员必须关注人才市场上相应岗位的供求状况、总体薪资水平、人才供给的素质状况等，以确保能招聘到相应的人才，也使企业能留住人才。

一、人力资源需求预测

只有在科学的人力资源需求预测基础上进行的人力资源规划，才能使组织的人力资源管理活动成为一种具有自我意识和目的性的活动，有计划、有目的地协调组织人力资源发展，使其与组织发展战略相适应。

1. 人力资源需求预测的步骤

人力资源需求预测分为现实人力资源需求预测、未来人力资源需求预测和未来人力资源流失预测三个部分。人力资源需求预测的典型步骤如下（见图2-3）：

（1）根据职位分析的结果，确定职位编制和员工配置；

（2）进行人力资源现状盘点，统计出人员的缺编、超编情况及是否符合任职资格要求；

（3）将上述统计结果与部门管理者进行讨论，修正统计结果；

（4）修正后的统计结果即为现实人力资源需求；

（5）对预测期内退休的人员进行统计；

（6）根据历史数据，对未来可能发生的离职情况进行预测；

（7）将步骤（5）和步骤（6）的统计和预测结果进行汇总，得出未来流失人力资源的数量；

（8）根据组织发展规划，如引进新产品等，确定各部门的工作量；

（9）根据工作量的增长情况，确定各部门还需要增加的职位及人数，并进行汇总统计；

（10）该统计结果即为未来的人力资源需求；

（11）将现实人力资源需求、未来流失人力资源的数量和未来人力资源需求汇总，即得组织整体人力资源需求预测。

通过人力资源需求预测的典型步骤，就可以预测出组织的人力资源需求。在实际操作中，应分别对组织的短期、中期和长期人力资源需求进行预测。可以用预测结果与到时的实际结果相对照，不断提高预测的准确性，使预测结果与实际结果逐渐接近。

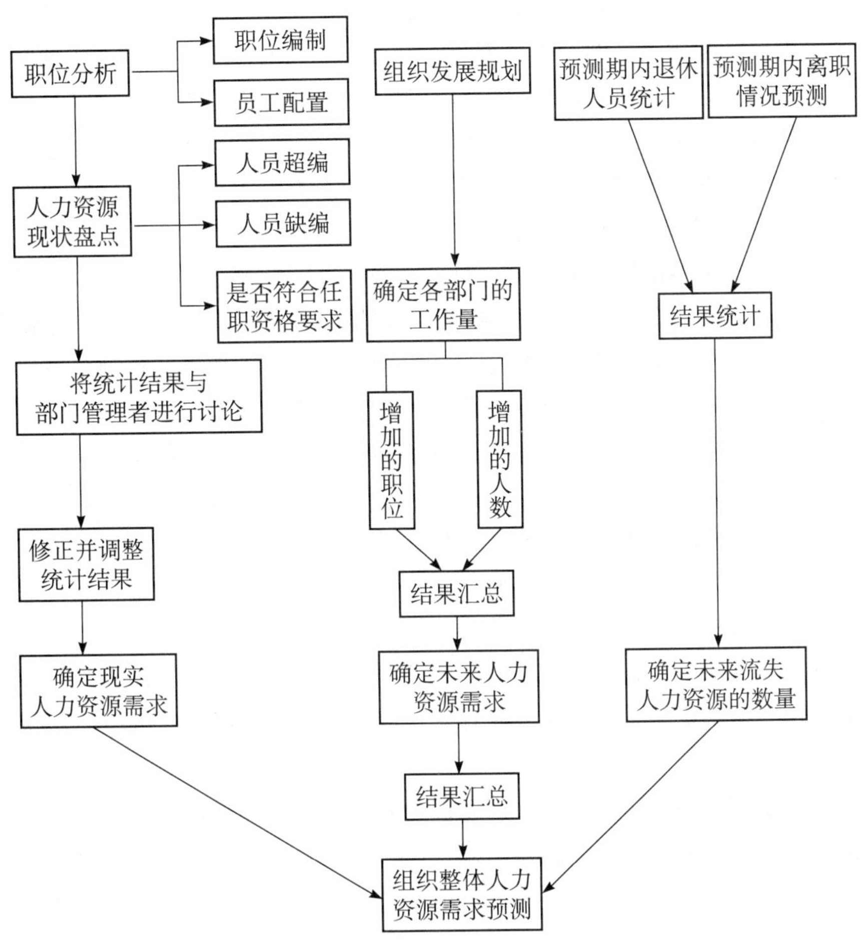

图 2-3　人力资源需求预测流程图

资料来源：孙宗虎，李艳．招聘、面试与录用管理实务手册．北京：人民邮电出版社，2009.

2. 人力资源需求预测的方法

人力资源需求的预测包括定性预测和定量预测，下面将逐一进行分析。

（1）现状规划法。人力资源现状规划法是一种最简单的预测方法，较易操作。它假定企业保持原有的生产规模和生产技术不变，企业的人力资源也处于相对稳定状态，即企业目前各种人员的配备比例和人员的总数完全适应预测规划期内人力资源的需要。在此预测方法中，人力资源规划人员所要做的工作是测算出在规划期内哪些岗位上的人员将得到晋升、降职、退休或调出本组织，再准备调动人员去弥补即可。一般组织内管理人员的连续性替补都采用这种方法。现状规划法是假定组织各岗位上需要的人员都为原来的人数，它要求组织较稳定，技术不变，规模也不变。这一前提条件很难长期成立，因此适用于短期人力资源需求预测，长期的预测效果较差，但能为长期预测提供一个简单易行的思路。

（2）经验预测法。它是利用现有的情报和资料，根据有关人员的经验，结合本组织的特点，对组织人力资源需求加以预测。经验预测法可以采用自下而上和自上而下两种方式。自下而上就是由直线部门的经理向自己的上级主管提出用人要求和建议，征得上级主管的同意；自上而下就是由企业经理先拟定出企业总体的用人目标和建议，然后由各级部门自行确定用人计划。如果能将两种方法结合使用效果更好：先由企业提出人力资源需求的指导性建议，再由各部门按指导性建议的要求，会同人力资源管理部门、生产部门等确定具体人力资源需求；同时，由人力资源管理部门汇总确定企业总的人力资源需求，最后将形成的人力资源需求预测交由总经理审批。

此方法是根据以往的经验，对人力资源进行预测规划，预测的效果受经验影响较大，因此，保留组织历史的档案并采用多人集合的经验，可减小误差。这种方法比较简单，适用于技术较稳定的企业的中短期人力资源预测规划。

（3）德尔菲法。德尔菲法是发现专家对影响组织发展的某一问题的一致意见的程序化方法。这里的专家可以是基层的管理人员，也可以是高层经理；可以来自组织内部，也可以来自组织外部。总之，专家应该是对所研究的问题有发言权的人员。德尔菲法是20世纪40年代在兰德公司的思想库中发展起来的。这种方法的目标是通过综合专家们各自的意见来预测某一领域的发展状况，适用于对人力需求的长期趋势预测。

德尔菲法分为背对背和面对面两种方式。背对背方式可以避免某一权威专家对其他专家的影响，使每位专家独立发表看法；面对面方式可以使专家之间相互启发。

德尔菲法的操作方法是：首先在企业中广泛地选择各方面的专家，每位专家都拥有关于人力资源预测的知识或专长。这些专家可以是管理人员，也可以是普通员工。他们不需要面对面坐在一起开会，需要做的是如下工作（见图2-4）。

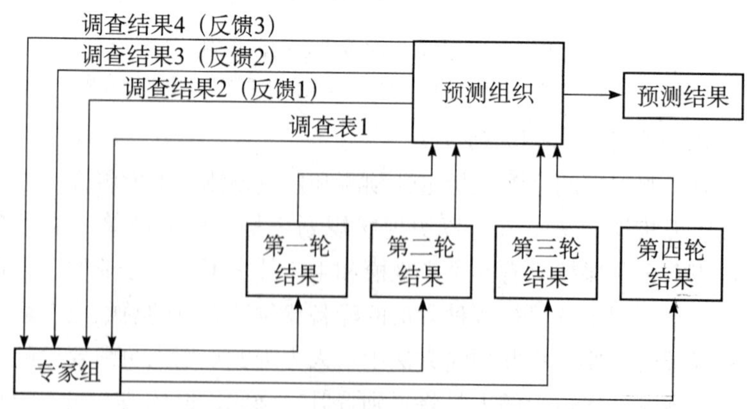

图2-4 德尔菲法的基本过程

1）设计一系列问卷，要求专家提供可能的解决方案。

2）匿名、独立地完成第一组问卷。

3）汇编结果，复印后再分发给每位专家，由他们再次提出方案。

4）再将方案汇编，直到专家们的意见趋于一致。

听取专家对未来发展的分析意见和应采取的措施，并通过多次反复达到在重大问题上有较为一致的看法。通常经过 4 轮咨询，专家们的意见可以达成一致，专家的人数以 10～15 人为宜。

在运用德尔菲法进行人力资源需求预测时，为提高预测结果的准确性，组织必须遵循以下基本原则：

1）提供充分且完备的信息，包括已经收集的历史资料和有关的分析结果，使预测者能够做出准确的判断。

2）所提出的问题尽可能简单，以保证所有专家能够从相同角度理解相关概念。

3）所提出的问题应该是专家能够答复的，或其专业特长之内的问题。

4）问题的回答不需要太精确。预测者可以粗略估计数据，但要说明数据的可靠程度。

5）尽可能简化过程，不问与预测无关的问题。

6）保证所有专家能够从同一角度去理解员工分类和其他有关定义。

7）向专家讲明预测对组织和下属单位的意义，以争取他们对德尔菲法的支持。

二、人力资源供给预测

人力资源需求预测分析的是组织内部对于人力资源的需求，而供给预测是指对在未来某一特定时期内能够提供给组织的人力资源的数量、质量以及结构进行估计。一般来说，人力资源的供给包括内部供给和外部供给两个来源，内部供给是指内部劳动力市场提供的人力资源；外部供给则是指外部劳动力市场提供的人力资源。内部供给预测要考虑组织内部的有关条件，如人员年龄阶段分布，人员晋升、降职、离职、退休和新进员工的情况，核查员工填充预计的岗位空缺的能力，进而确定每个空缺职位的接替人选。外部供给预测是根据组织业务变化和人员自然减员情况，预测外部劳动力市场上组织所需要的劳动力的供给情况。它要求对劳动力市场的供求状况有一定的了解和预测，制定周密的招聘方案，以便在人才市场竞争中占据主动，确保组织在发展过程中能从外部劳动力市场上获取可靠的人力资源。

1. 人力资源供给分析

由于人力资源的供给来源于组织内部和外部，因此对供给的分析也要从这两方面入手。相比内部供给来说，组织对外部人力资源供给的可控性比较差，因此，人力资源供给的预测大多数情况下主要侧重于内部供给。

（1）外部供给的分析。由于外部供给在大多数情况下并不能被组织直接掌握和控制，因此外部供给的分析主要是对影响供给的因素进行判断，从而对外部供给的有效性和变化趋势做出预测。

一般来说，影响人力资源外部供给的因素主要包括：第一，组织所在地的人力资源现状。这包括人力资源的整体情况，尤其是有效的人力资源情况。例如，组织需要哪一类人才？这类人才的市场供给情况如何？其他组织对这类人才的需求如何？第二，组织所在地对人才的吸引程度。例如，组织所在地的居住环境如何？组织所在地的地域文化怎么样？在组织所在地工作是否具有安全感？组织所在地是否对各类人才具有包容性？第三，组织自身的吸引力。这包括组织薪酬对人才的吸引力怎样？组织能够提供的各种福利对人才的吸引力如何？员工在组织中工作发展前景如何？组织目标是否与员工个人发展目标一致？第四，预期经济增长。这里最主要的是组织所在行业的经济增长情况，如果预计行业经济增长率将提高，那么其他相关组织对相关人力资源的需求会增加，组织的相关人力资源供给就会减少。第五，全国范围的职业市场状况。这包括该行业全国范围内的人才需求状况；国家关于该类职业在就业方面的法规和政策；全国范围内该职业从业人员的薪酬水平和差异；全国相关专业的大学生毕业人数及就业情况等。

（2）内部供给的分析。由于人力资源的内部供给来自组织内部，因此组织在预测期内所拥有的人力资源就形成了内部供给的全部来源。内部供给的分析主要是对现有人力资源的存量及其在未来的变化情况做出判断。

1）现有人力资源的分析。由于人力资源自身的自然变化比如退休、生育等会影响到未来的供给，因此在预测未来人力资源供给时，需要对现有的人力资源状况做出分析。一般来说，现有人力资源的分析主要是对年龄结构做出分析，因为人力资源自身的变化大多与年龄有关；此外，对员工的性别、身体状况等也要进行分析。

2）人员流动分析。人员的流动主要包括两种：一是人员流出。流出人员的数量就是内部人力资源供给减少的数量。造成人员流出的原因有很多，如辞职、辞退等。二是人员在组织内部流动。虽然这种流动对于整体组织来说并不影响人力资源的供给，但是对内部的供给结构却造成了影响。在分析组织内部的人员流动时，不仅要分析实际发生的流动，还要分析可能的流动，也就是说要分析现有人员在组织内部调换职位的可能性，以便预测出潜在的内部供给。例如，对于某一职位，在未来第三年有15名员工可以从事该职位，那么对于这一职位来说就有15人的内部供给。

跟踪人员流动方向的一种简单方法就是识别员工晋升模型中员工各个职位之间的多向流动，员工的流入、流出或者职责的转换（见图2-5）。

3）人员质量分析。人员质量的变化会影响到组织内部的供给，此变化主要表现为生产效率的变化。当其他条件不变时，生产效率提高，内部的人力资源供给相应就增加；相反，内部的供给就减少。影响人员质量的因素有很多，如工资的增加、技能的培训等。除了要对显性的人员质量进行分析，还要对隐性的人员质量进行分析。例如加班加点，因为加班使得每个人完成的工作量增多了，同样增加了内部的供给。

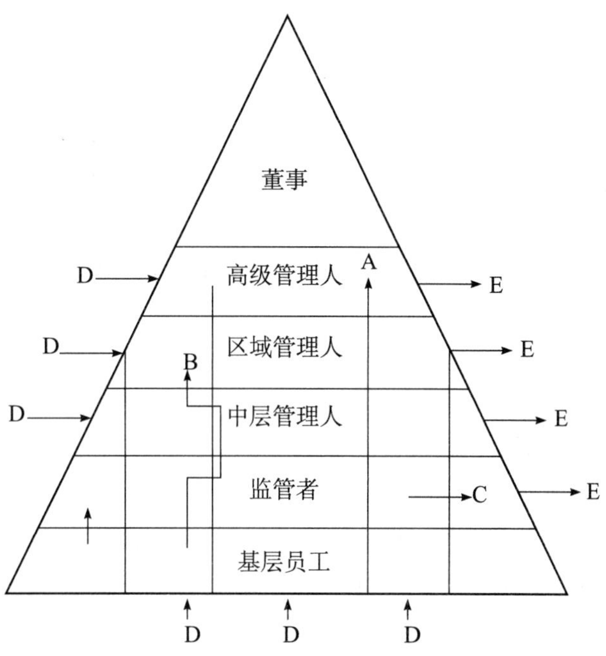

图2-5　企业内员工的“流动”

资料来源：伊恩·贝尔德维尔，莱恩·霍尔登，蒂姆·克莱顿．人力资源管理：现代管理方法：第4版．北京：经济管理出版社，2008.

2．人力资源供给预测的步骤

组织人力资源供给预测是一个比较复杂的过程，它的步骤呈现出多样化的特征。一般情况下，组织的人力资源供给预测可采取如下步骤（见图2-6）。

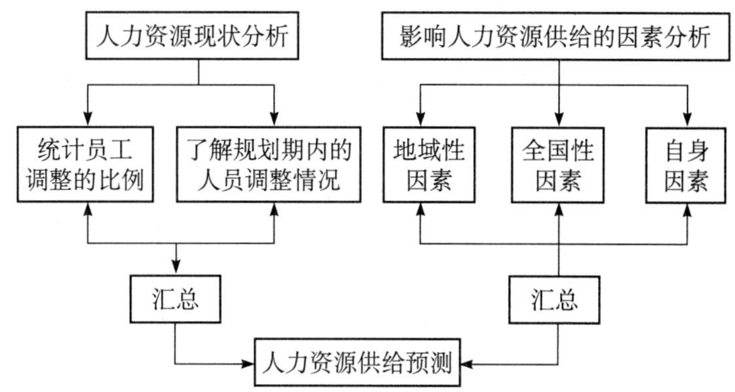

图2-6　人力资源供给预测流程图

资料来源：孙宗虎，李艳．招聘、面试与录用管理实务手册．北京：人民邮电出版社，2009.

（1）对现有人力资源进行盘点，了解员工状况；

（2）分析组织的职位调整政策和员工调整历史数据，统计出员工调整的比例；

（3）向各部门的人事决策者了解可能出现的人员调整情况；

（4）将步骤（2）和步骤（3）的情况汇总，得出组织内部人力资源供给预测；

（5）分析影响外部人力资源供给的地域性因素；

（6）分析影响外部人力资源供给的全国性因素；

（7）根据步骤（5）和步骤（6）的分析，得出组织外部人力资源供给预测；

（8）将组织内部人力资源供给预测和组织外部人力资源供给预测汇总，得出组织人力资源供给预测。

3. 人力资源供给预测的方法

人力资源供给预测的方法主要是针对内部供给预测而言的，预测的方法有很多，这里简单介绍几种。

（1）技能清单。技能清单是用来反映员工工作技能特征的一张清单，其内容包括教育背景、工作经历、培训背景、持有的证书、主管人员的评价等。技能清单是对员工综合素质的一种反映，有助于决策者和人力资源管理人员对组织现有人力资源状况进行总体把握，估计现有员工调换工作岗位可能性的大小，决定有哪些员工可以填补以前的空缺，从而使组织的人力资源得到更为合理、有效的配置。从某种意义上讲，技能清单是员工的工作能力记录，其中包括基层操作员工的技能、研发人员的科研水平和中高层管理人员管理能力的种类及所达到的水平。

技能清单可以为以下工作提供参考：晋升人选的确定、管理人员继续培养计划、特殊工作安排、培训、职业生涯规划、工资奖励计划与组织结构分析。对于人员流动频繁或经常组建临时性项目小组的组织来说，其技能清单中要包括所有员工；而对于那些组织人员流动频率不高的组织来说，主要使用技能清单来制定管理人员继续培养计划，其技能清单中可以只包括管理人员，如表2-2所示。

表2-2　　人员技能清单示例

<table>
<tr><td colspan="2">姓名：</td><td colspan="3">职位：</td><td colspan="2">部门：</td></tr>
<tr><td colspan="2">出生年月：</td><td colspan="3">婚姻状况：</td><td colspan="2">到职日期：</td></tr>
<tr><td rowspan="3">教育背景</td><td>类别</td><td colspan="2">学校</td><td colspan="2">毕业时期</td><td>主修科目</td></tr>
<tr><td>大学本科</td><td colspan="2"></td><td colspan="2"></td><td></td></tr>
<tr><td>研究生</td><td colspan="2"></td><td colspan="2"></td><td></td></tr>
<tr><td rowspan="2">技能</td><td colspan="3">技能类型</td><td colspan="3">所获证书</td></tr>
<tr><td colspan="3"></td><td colspan="3"></td></tr>
<tr><td rowspan="2">培训背景</td><td colspan="2">培训主题</td><td colspan="2">培训机构</td><td colspan="2">培训时间</td></tr>
<tr><td colspan="2"></td><td colspan="2"></td><td colspan="2"></td></tr>
<tr><td rowspan="4">志向</td><td colspan="4">是否愿意从事其他类型的工作</td><td>是</td><td>否</td></tr>
<tr><td colspan="4">是否愿意到其他部门工作</td><td>是</td><td>否</td></tr>
<tr><td colspan="4">是否愿意接受工作轮换以丰富工作经验</td><td>是</td><td>否</td></tr>
<tr><td colspan="4">最喜欢从事哪种工作</td><td colspan="2"></td></tr>
<tr><td colspan="3" rowspan="2">你认为自己需要接受何种训练</td><td colspan="4">改善目前技能和绩效的训练</td></tr>
<tr><td colspan="4">晋升所需的经验和技能训练</td></tr>
<tr><td colspan="3">你认为自己可以接受何种工作</td><td colspan="4"></td></tr>
</table>

（2）人员核查法。人员核查法是对组织现有人力资源质量、数量、结构和在

各职位上的分布状态进行核查，以掌握企业拥有的人力资源具体情况及其利用潜力，并在此基础上评价当前不同种类员工的供应状况，确定晋升和岗位轮换的人选，以及员工特定的培训或发展项目的需求，帮助员工确定职业开发计划与职业生涯规划。

它的典型步骤如下：

1）对组织的工作职位进行分类，划分其级别；

2）确定每一职位每一级别的人数（见表2-3）。

表2-3　　企业供求状况分析表

项目		管理类	经济类	工程技术类	一般执行类
1	现有数	12	8	8	3
	需要数	11	9	12	4
	差异数	1	−1	−4	−1
2	现有数	20	12	16	7
	需要数	20	14	16	6
	差异数	0	−2（2）	0	1
3	现有数	32			11
	需要数	36			12
	差异数	−4（4）			−1（1）
4	现有数				13
	需要数				11
	差异数				2

表2-3中，管理类中高层管理人员现有12人，需求为11人，差异数为1人，即该岗位在规划期内应该调剂出1人；而工程技术类却要补充4人。

人员核查法只是一种静态的人力资源供给预测方法，不能反映组织中人力资源动态的、未来的变化，所以只适用于中小型组织短期内人力资源的供给预测，存在很大的局限性。

（3）岗位接替模型。组织在人力资源管理中为对一些岗位出现的空缺能够及时予以补充，或者能够有意识地为不同的岗位准备接替人员，常常需要对一些重要的岗位设计岗位接替模型。岗位接替模型显示的是每个不同岗位的接替状况，记录了每个接替人员的能力、工作经历、工作绩效和所需要改进之处等内容。由此可以用来确定每个关键职位的接替人选，评价接替人选目前的工作情况以及是否达到了提升的要求。

岗位接替模型主要用于确认特定职位的内部候选人。建立岗位接替模型的关键，首先是根据职位分析的信息，明确不同岗位对员工的具体要求；其次是确定一位或几位较易达到这一岗位要求的候选人，或者确定哪些员工具有潜力，经过培训后可以胜任这一工作；最后是把各岗位的候补人员情况与员工的职业生涯发展规划综合起来考虑，协调好员工职业生涯发展规划与不同岗位接替之间的关系。

（4）马尔可夫模型。马尔可夫模型是通过全面预测组织内部人员转移从而预测组织内部人力资源供给的一种方法。它是一种比较有效和合理的方法，有利于管理者综合考虑各种影响因素，系统地考虑组织内部的人员供给状况。但是它建立在这样一个前提下，即组织内部人员有规律地转移，而且其转移概率有一定的规则。

马尔可夫模型所考虑的人员变动主要有调入、上升、下降、平调或调出五种情况。通过计算某一时段内某项工作的人员变动比率，可以对未来该工作岗位的人员数量做出估计。举个例子，表2-4就是利用马尔可夫模型预测企业A，B，C，D四种工作的人员供给情况时所用的矩阵。该矩阵左方是目前这四种工作各有多少人，通过中间的人员变动可能性矩阵的计算，得到右方在将来某一时刻这四种工作各需要多少人的预测结果。

表2-4　马尔可夫分析模型

<table>
<tr><th>现在的雇用人数
（T—0时期）（人）</th><th colspan="6">变动可能性矩阵（T—2时期）</th><th>雇用人数预测
（T+1时期）（人）</th></tr>
<tr><td></td><td></td><td></td><td>A
（350人）</td><td>B</td><td>C</td><td>D</td><td></td></tr>
<tr><td>A—300</td><td rowspan="5">T—1
时期</td><td>A</td><td>70%
（245人）</td><td>—</td><td>10%</td><td>—</td><td>300×70%+275×10%=238</td></tr>
<tr><td>B—150</td><td>B</td><td>20%
（70人）</td><td>80%</td><td>—</td><td>—</td><td>300×20%+150×80%=180</td></tr>
<tr><td>C—275</td><td>C</td><td>—</td><td>—</td><td>60%</td><td>—</td><td>275×60%=165</td></tr>
<tr><td>D—360</td><td>D</td><td>—</td><td>—</td><td>10%</td><td>90%</td><td>275×10%+360×90%=352</td></tr>
<tr><td></td><td>离开</td><td>10%
（35人）</td><td>20%</td><td>20%</td><td>10%</td><td>离开组织的人数：300×10%+150×20%+275×20%+360×10%=151</td></tr>
</table>

中间的变动可能性矩阵是从过去的某一时期（T—2）到过去的另一时期（T—1）人员变动可能性的数据。

例如，对工作A来说，T—2时有350人，到了T—1时，只有245人留在原岗位，70人提升到B，35人离开了组织。因此，可以计算出：

工作A留任率（从A到A）＝245/350×100%＝70%

工作A提升率（从A到B）＝70/350×100%＝20%

工作A离任率＝35/350×100%＝10%

用同样的方法可以得到矩阵中其他的百分比。应当注意，这里计算的变动率只是从T—2到T—1时期的人员变动。在实际运用中，常常是分几个时期收集人员变动率数据，然后以它们的平均值作为人员变动率数值，用以预测未来的人员流动情况，这样可以使人员变动率更加准确可靠。

得到人员变动率后，就可以分别对这四种工作在T+1时期的人数做出预测了。对A来说，T—0时期有300人，留下人数为：

300×70%=210（人）

由 C 到 A 的有：

275×10%=28（人）

因此，预测 $T+1$ 时期 A 工作共有：

210+28=238（人）

很明显，和目前的 300 人相比少了 62 人。经过相似的计算，也可以得到其他工作在 $T+1$ 时期的预测人数。

一般来说，在信息充分的条件下，统计学方法的准确性和可靠性都要比定性方法高。随着计算机技术的飞速发展，统计学方法正在受到管理层特别是专家们越来越多的关注。但是，统计学方法的准确性和可靠性是以其灵活性和对完全信息的依赖为代价的。现代劳动力市场已经越来越纷繁复杂和难以预料，在这种情况下，单纯使用以历史趋势为依据的统计学方法就很可能会带来偏差。所以，管理者和人力资源管理专家对形势的感觉和主观判断在人力资源预测方面的重要作用也是不容忽视的。在有些现实情况下，定性方法已经变成解决问题的不可缺少的重要协助方法。由于统计学方法、定性方法在优势方面具有互补性，因此，在实际的人力资源预测中，这些预测技术常常是配合使用的。

2.2.3 人力资源规划的制定流程

人力资源规划的程序可分为四个步骤：第一，人力资源现状分析；第二，近期和远期组织的人力资源需求和供给预测；第三，制定平衡人力资源供求关系的总计划和各项业务计划；第四，对人力资源规划工作进行控制和评价。各步骤之间的关系如图 2－7 所示。

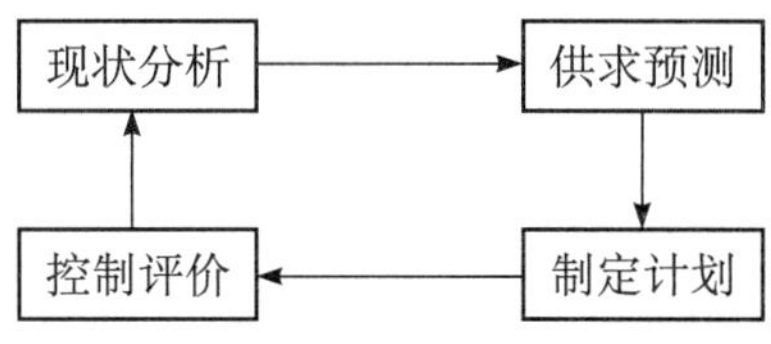

图 2－7 人力资源规划的步骤

一、人力资源现状分析

本阶段主要是调查收集有关人力资源计划所需要的信息资料并进行分析研究，为后续的人力资源状况的预测分析做准备。调查不仅要了解现状，更要认清战略目标方向和内外部环境的变化趋势；不仅要了解表象，更要认清潜在的问题。该阶段主要需要收集的信息包括内外部环境的信息和现有人力资源的信息。例如，人力资源信息包括现有员工的一般情况（如年龄、性别等）、学历、能力、经验、专业技能水平、绩效、培训情况、人员流动和结构等，这些信息是人力资源规划的基础。

二、近期和远期组织的人力资源需求和供给预测

这个阶段的主要任务就是在充分掌握信息的基础上，选择并使用有效的预测方法，对组织未来一段时期的人力资源供给和需求做出预测。通常，劳动力需求预测是基于企业战略和竞争战略对企业未来的人才需求进行数量与质量的分析。当预测出劳动力需求之后，组织还需要得到关于所能够得到的劳动力供给的指标。内部劳动力供给的确定要求组织对当前分布在组织内部的各种不同工作类型的员工人数进行详细的分析，然后还要根据组织在不久的将来可能会因员工退休、晋升、调动、自愿流动以及解雇等引起的变化，对上述分析稍做调整。

三、制定平衡人力资源供求关系的总计划和各项业务计划

在预测出供给和需求以后，就要根据两者之间的比较结果，通过人力资源的总体规划和业务规划，制定并实施平衡供求的措施，使组织对人力资源的需求得到正常的满足。人力资源的供求达到平衡是人力资源规划的最终目的，进行供给和需求的预测就是为了实现这一目的。在制定相关的措施时要注意，应当使人力资源的总体规划和业务规划与组织的其他计划相互协调，只有这样制定的措施才能够得到有效的实施。

四、对人力资源规划工作进行控制和评价

对人力资源规划实施的效果进行控制和评价是整个规划过程十分重要的一步。人力资源规划的控制是指在实施过程中，发现实施的效果和规划之间的差距，分析产生偏差的原因，纠正偏差，使人力资源规划的实施更好地与企业当前所处的内外部环境、人力资源管理目标协调一致。人力资源规划的评价包括两层含义：一是在实施的过程中，要随时根据内外部环境的变化来修正供给和需求的预测结果，并对平衡供求的措施做出调整；二是对预测的结果以及制定的措施进行评价，对预测的准确性和措施的有效性做出衡量，找出其中存在的问题以及有益的经验，为以后的人力资源规划提供借鉴和帮助。

2.3 员工胜任素质模型

2.3.1 员工胜任素质模型的相关概念

一、胜任素质

1. 胜任素质的概念

胜任素质（competency）概念的产生可以追溯到20世纪50年代弗拉纳根

(John Flanagan) 的研究，弗拉纳根在他的文章中提出了关键事件技术 (critical incident technique，CIT)。虽然当时没有提出胜任素质的概念，但他确立了一种新的考查个体行为的方法，这种方法与传统人员测评中依赖智力测验和能力倾向测验的思路差异很大。后来在关键事件技术的基础上，一些研究者将其发展成为建立工作胜任素质模型的一种途径。

胜任素质概念在学术与管理领域引起了广泛关注。美国哈佛大学教授麦克利兰博士是国际公认的胜任素质方法的创始人，1973 年他发表了论文《测量胜任素质而非智力》，该文从挑战传统的智力概念和人们对它的信念出发提出了胜任素质概念，试图找出导致绩效优异者和绩效平平者之间差异的最显著特征。该文发表之后，胜任素质问题引起了人力资源和组织行为学领域许多学者的研究兴趣。

麦克利兰教授认为，胜任素质是驱动员工产生优秀工作绩效的各种个性特征的集合，它反映的是可以通过不同方式表现出来的员工的知识、技能、个性与内驱力等。胜任素质是判断一个人能否胜任某项工作的起点，是决定并区别绩效差异的个人特征。一个人的胜任素质就好比一座冰山（见图 2-8)，技能和知识只是露在水面上冰山的一小部分，他的自我认知、动机、个人品质以及价值观等都潜藏在水面以下，很难判断和识别。

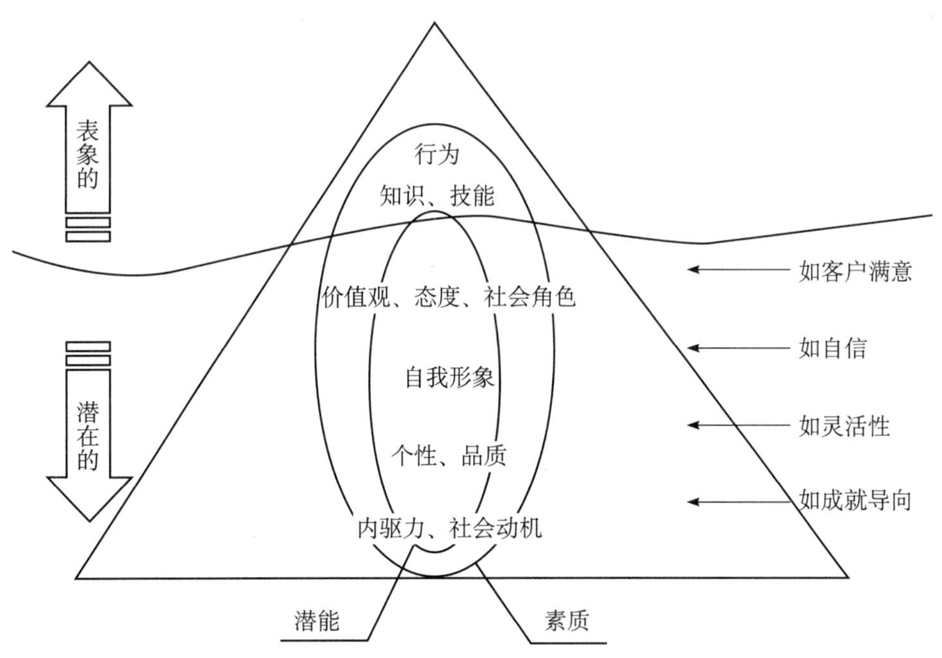

图 2-8 素质冰山模型

资料来源：彭剑锋，荆小娟．员工素质模型设计．北京：中国人民大学出版社，2003.

冰山水面以下的部分就是通常所指的人的潜能，从上到下的深度不同则表示被挖掘与感知的难易程度不同。相对于知识、技能而言，胜任素质要素中的潜能部分较难评价和培养，花费的成本也比较高，而且往往效果不佳。潜能的形成与人的大脑有密切的关系。由于大脑的内在结构在经历了先天的塑造与后天的培养之后，到了一定年龄将不易改变，因此一个人潜在的动机、内驱力、个性、自我形象、价值观、社会角色等，在一定程度上也是持久不变且与众不同的。

2. 胜任素质的构成要素

（1）知识。即个人在某一特定领域拥有的事务型与经验型信息，如对某类产品营销策略的了解等。

（2）技能。即个人掌握和运用专门技术的能力，如商业策划能力等。

（3）社会角色。即个人对于社会规范的认知与理解，如以企业领导者、主人翁的形象展现自己等。

（4）自我认知。即个人对自己身份的知觉和评价，如将自己视为权威、教练、参与者或执行者等，它表现出的是个人的态度、价值观与自我形象。

（5）特质。即一个人的个性、心理特征对环境与各种信息所表现的一贯反应，如善于倾听、处事谨慎、做事持之以恒等。

（6）动机。即推动个人为达到一定目标而采取行动的内驱力，如希望把自己的事情做好，希望控制影响别人，希望让别人理解和接纳自己等。

3. 胜任素质的特点

（1）指向性。一个企业可以利用胜任素质模型来识别其领导团队的行为是否可以带领整个团队达到预期的发展目标。

（2）可衡量性。胜任素质对于预定目标的影响是可以衡量的，企业可以利用胜任素质的可衡量性来评价其领导者和员工目前在胜任素质方面的差距及未来需要改进的方向和程度。

（3）可获得性。胜任素质可以通过学习来获得并且发展。企业确定其胜任素质模型后，可以通过培训等手段促使员工有目的地学习，尽早达到企业的实际要求。

（4）内在区别性。胜任素质因企业的不同而不同，即使两个企业有极大的相似性（如财务结果、员工成长、客户发展结果），它们获得这些结果的方法也完全依赖于企业战略决定的胜任素质和水平。

（5）发展性。胜任素质水平并非一成不变。随着企业发展到不同阶段，企业管理水平和人员素质不断变化，企业素质模型中每个胜任素质的水平和要求都在发生变化。

二、胜任素质模型

胜任素质模型（competency model）是指为完成某项工作，达成某一绩效目标所要求的一系列不同素质的组合，包括不同的动机表现、个性与品质要求、自我形象与社会角色以及知识与技能水平。胜任素质模型通常由素质要素及等级要求组成。此外，各项素质要素的定义描述、等级标准、典型行为描述等则由另外的图表表示，如图2-9、图2-10所示。

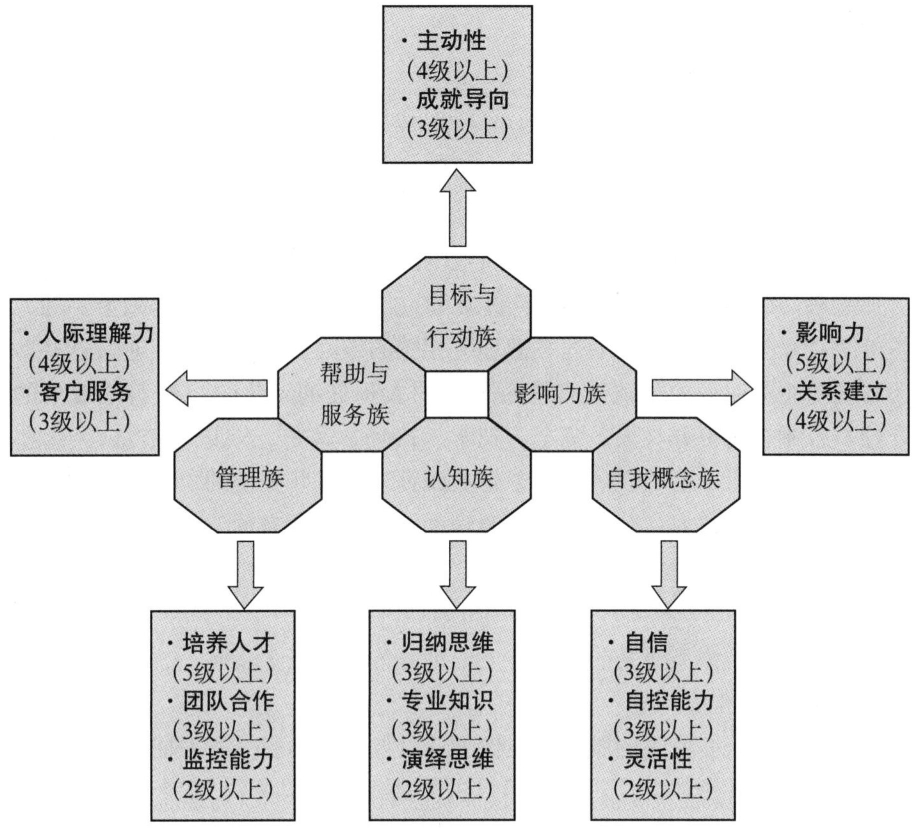

图 2-9　人力资源管理人员通用素质模型

成就导向

定义描述：

成就导向是指个人具有成功完成任务或在工作中追求卓越的愿望。具有高成就导向的人希望出色地完成他人布置的任务，在工作中极力达到某种标准，愿意承担重要的且具有挑战性的任务。这种人在工作中有强烈地表现自己能力的愿望，不断地为自己设立更高的标准，努力不懈地追求事业上的进步。成就导向表现为个人关注后果、效率、标准，并追求改进产品或服务，在组织中力求资源使用最优化。

评价标准：

1级：安于现状，不追求个人知识、技术、个人素养等方面的进步，在工作中不尽力达到优秀的标准。

2级：努力将工作做得更好，或达到某个优秀的标准。

3级：想方设法提高产品性能或工作效率；为自己设立富有挑战性的目标，并为达到这些目标而付出行动。

4级：在仔细权衡代价和利益、利与弊的基础上做出某种决策，为了使公司获得较大利益，甘愿冒险。

典型行为：略。

图 2-10　成就导向定义描述、评价标准举例

2.3.2 胜任素质模型的构建流程

一、准备阶段

在建立胜任素质模型时，企业必须首先审视两个问题：

（1）企业的战略是什么？制定并且实施战略计划的关键环节有哪些？因为试图建立的胜任素质模型必定源自企业的战略，并且针对能够支撑战略有效实施的那些核心胜任素质，因此这一问题在建立胜任素质模型时是至关重要的。

（2）与实施战略计划的关键环节相关的核心职位有哪些？通常这些职位是由那些对企业业务的成败具有核心作用的人担任的，他们承担实施战略的主要责任，控制关键资源（人、资金、技术、市场、客户、知识与信息）。这些职位是可以产生价值增值的职位。对于企业而言，对这些关键的价值增值职位集中进行胜任素质模型研究、开展人力资源管理活动是非常有价值的。

二、研发阶段

胜任素质模型研发阶段具体可以细分为以下五个步骤。

1. 选定研究职位

要建立一套完整的胜任素质模型通常要花费两三个月时间。即使仅对该职位安排行为事件访谈以及对访谈结果进行处理，也需要约30个工作日。这对企业而言既不划算，又没有抓住重点。因此，正如前面所述，必须首先确定哪些是企业的关键职位，值得企业对其进行这样的投入。这个步骤一般可以通过收集分析组织结构图、战略计划执行记录，或对企业高层进行访谈的方式进行。

2. 明确绩优标准

对于选定的职位而言，明确绩优标准就是要制定一些客观明确的标准与规则，用来确定与衡量什么样的绩效是优秀的、什么样的绩效是较差的，从而为该职位所需胜任素质的研究提供基础。根据多数企业日常绩效考核的实践经验，有些职位的绩优标准是显而易见的，并且比较容易衡量。例如，销售经理的销售额、利润率，研发人员的项目成果转化率、专利权数量，操作工人的日劳动生产率、次品率等。但是，对于大多数职能部门的职位来说，其工作重点在于满足客户及内部员工的需要，为企业业务运营的顺利开展提供支持与保障等，因此除了评价其工作成果的质量以及完成的及时性，还要由该职位的上级、同级及其他相关人员对任职者的绩效进行评价，以此界定该职位的绩优标准。

接下来，根据绩优标准与企业员工的实际考核结果，甄选该职位的胜任素质模型研究样本，一组为具备胜任素质但是绩效一般的人，另一组为绩优人员。其中绩优人员3～6名，绩效一般人员2～3名。

3. 任务要项分析

依据工作分析的方法，将目标职位的绩优标准分解细化为一些具体的任务要项，以此发现并归纳驱动任职者产生高绩效的行为特征。例如：

（1）任务要项能够将优秀工作绩效与一般工作绩效区分开来吗？

（2）那些绩效一般的任职者是否也完成了该任务要项？

（3）该任务要项对于指导任职者的选拔与培训的意义如何？如果没有考虑或强调，会产生什么后果？

（4）如果在选拔人员之际就提出职位所必需的某些任务要项，该职位还能招募到合适的员工吗？

4. 行为事件访谈

采用结构化的问卷对绩效优秀和绩效一般的任职者分两组进行访谈，通过对比分析访谈结论，发现那些能够导致两组人员绩效差异的关键行为特征，继而演绎成特定职位任职者所必须具备的胜任素质特征。

行为事件访谈的主要特点在于要求访谈对象（即特定职位的任职者）详细描述他们在客户服务、团队合作、危机处理、问题分析等方面遇到的若干（通常为2～3件）成功和失败的典型事件或案例，特别是他们在事件中的角色与表现以及事件的最终结果等，从中总结并归纳访谈对象的思想、情感与行为，继而衡量与评价其能力水平，拆解与发掘其动机、个性以及自我认知能力等决定人的行为的胜任素质特征，最后通过归并组合标识形成该职位的胜任素质模型。

5. 信息整理与归类编码

将通过行为事件访谈获得的信息与资料进行归类，找出并重点分析对个人关键行为、思想和感受有显著影响的过程片段，发现绩优人员与绩效一般人员处理片段时的反应与行为之间的差异，比如关注的话题、待人接物的方式、思维方式及技能、情绪控制能力及关注行为的结果等，识别导致关键行为及其结果的、具有区分性的胜任素质特征，并对其进行层次级别的划分。

信息整理与归类的步骤通常为：

（1）针对每一项胜任素质特征，组建开发小组。小组至少应包括4名主持或参与本胜任素质研究相关的行为事件访谈的人，小组的核心任务就是集中对特定的胜任素质特征进行研究与梳理。

（2）在第（1）步的基础上，由开发小组共同研究，采用统一的语言（包括用词、句式、语气等）完成胜任素质的概念化。其中，每项胜任素质都应具有针对性，要么是一组绩优人员的胜任素质，要么是一组绩效一般人员的胜任素质（消极特征），要么是所有人员的通用素质。

（3）采取统计分析等方式，对初步归纳的所有胜任素质要项进行论证与筛选，确认胜任素质项目是否能将绩优人员与绩效一般人员区分开来。同时，汇总访谈资料，进一步精炼胜任素质要项及其定义和分类。

（4）初步形成目标职位的胜任素质模型框架，其中包含特定的胜任素质要项，每项胜任素质的定义、级别划分以及各个等级行为特点的描述，并附详细解释和取自行为事件访谈资料的标识示例。

三、评估与确认阶段

由于胜任素质模型的开发本身是一个不断证伪、不断完善的过程，因此评估与确认阶段是必不可少的环节。评估的对象不仅要扩展到企业内部更多的职位与更多的人员，同时要考虑将企业的其他管理措施与手段嫁接进来，从而为胜任素质模型的应用营造良好的氛围与条件。对于那些比较成熟的行业（例如，金融、电信、汽车等），企业还可以选取所在行业标杆企业的某些职位，在信息完备的前提下对胜任素质模型进行标杆检验，从而使其对企业构建核心竞争优势更具现实指导意义。

在胜任素质模型的框架形成之后，还要通过管理实践对胜任素质模型进行评估与确认。

一方面通过与相应职位的任职者及其上级进行讨论，确认胜任素质模型中的胜任素质要项是否为驱动任职者达成高绩效的关键因素，对胜任素质要项的界定与划分是否准确，是否还有其他重要的胜任素质被遗漏等。这种修正方式能够使胜任素质模型更具操作性，那些绩优员工以及绩效一般员工也能够通过参与讨论，强化对企业要求达到的胜任素质的认识，从而通过提高自身胜任素质并改变行为方式，实现个人工作绩效的持续改进。

另一方面可以通过胜任素质模型的实践运用来检验胜任素质模型的有效性。通常的做法主要包括：

（1）选取另一组绩优人员与绩效一般人员为样本，检验胜任素质模型对其行为差异以及未来绩效的预期意义。

（2）将胜任素质模型与企业的培训乃至其他管理职能相结合，预测以胜任素质模型为基石开展的人力资源开发活动是否能够帮助员工产生高绩效。

（3）标杆基准法也是对胜任素质模型进行评估与确认的一种有价值的方法，即通过选取标杆企业，进行企业间核心能力的比较与胜任素质模型的基准化。这种方法对于保证胜任素质模型与企业构建核心能力的意图相吻合是非常重要的。但是，基于中国企业发展的现实条件与资源，对胜任素质模型采取标杆基准化的方式还为时过早。

2.3.3 胜任素质模型在人力资源管理中的应用

一、组织层面

胜任素质模型体系的构建或评鉴过程中，在职位分析上最重要的一项工作就是明确组织的目标、核心胜任素质、文化、价值观。当一个胜任素质模型体系构建成功的同时，此模型体系也就成为沟通价值观、共识与战略的最佳工具，也可以将组织战略规划所需的核心胜任素质与个人胜任素质紧密结合。换句话说，胜任素质模型体系的价值在于它提供了组织与个人学习的标杆，使组织内各部门的功能、产品、技术在活动过程中产生了一个整合的接口，也提供了员工职业生涯发展的目标，在个人胜任素质与组织胜任素质之间构建一种良好互动发展的方式，以使组织获取独特的竞争优势。

二、个人层面

胜任素质模型给员工提供了一个明确的学习范本，让员工清楚了解如何迈向成功与卓越，以积极的态度帮助个人不断激发潜能。由于组织一开始就为员工设定了极具挑战性的目标，可以让员工因为组织目标明确而全力以赴，发挥个人潜能，进而提升员工的工作效率与生活质量。当知识型员工成为组织劳动力的主体时，员工的胜任素质即成为企业生存的关键。

构建胜任素质模型体系的目的不仅仅是分清组织胜任素质与一般管理胜任素质，同时着眼于个人胜任素质的提升与发展。例如，经由评鉴工具的回馈给予员工必要的评估与协助，可以帮助员工了解个人目前胜任素质的发展程度与未来的发展方向。换言之，组织中每一位员工的胜任素质将在胜任素质模型体系的评估与回馈不断运行之后趋于完善。

胜任素质模型使企业员工具有明确的职业生涯定位。员工在主管的协助下，经由胜任素质评鉴分析和对自我胜任素质的检视之后，可以针对胜任素质、职业生涯规划与潜能开发的要求，规划个人职业生涯发展的行动步骤。同时，个人可以经由对组织胜任素质模型体系的了解，以及胜任素质评鉴的回馈，发现个人职业生涯发展中出现的种种难题，寻求解决的可能途径。

三、人力资源管理职能层面

胜任素质模型可以应用到人力资源管理的各个职能中。招聘活动中，对于企业要雇用什么样的人才，可以通过胜任素质模型，找到需要的人才素质的分布，通过胜任素质的测评工具即可找出符合素质要求的人才。在培训领域，对于企业的培训需求可以通过胜任素质模型来进行分析。在了解企业战略之后，进行组织、部门、员工个人三个层面的胜任素质需求分析，可以得到员工需要的胜任素质内容，并说明相应的标准。然后通过人员测评，了解个人素质状况，再与标准胜任素质比较，找出差距，作为培训需求的依据。通过这套流程，可以使培训后的员工胜任素质与企业战略匹配一致。在绩效考核活动中，一般的绩效考核标准以员工的绩效表现、短期的指标为依据。基于胜任素质的绩效考核制度着重于绩效的取得，大多为长期指标。在薪酬管理方面，以胜任素质为基础的薪资制度以员工所学得的技能或在胜任素质上的表现成绩作为调薪的标准，以此激励员工朝胜任素质提升的方向努力。

▶小　结

职位分析是指全面了解、获取与工作有关的详细信息的过程，是对组织中某个特定职位的定位、目标、工作内容、职责权限、工作关系、业绩标准、人员要求和职务规范的描述和研究过程，即制定职位说明书和任职资格说明的系统过程。职位分析最终形成的职位说明书在企业人力资源管理中有重要的作用，是企业发布招聘信息、确定招聘方法和确定录用标准的基本依据。职位分析可以采用的方法有：观察法、问卷调查法、面谈法、其他方法（参与法、典型事件法、工作日志法、材料分析法和专家讨论法）。

人力资源规划是指为实施企业发展战略、实现组织目标，根据组织内外部环境的变化，运用科学的方法对其所属的人力资源的供求进行预测，制定相应的政策和措施，从而使组织人力资源供给和需求达到平衡的活动过程。

本章详细介绍了人力资源供给和需求的预测，其核心是：企业通过对人力资源总体需求的预测，与企业现有人力资源供给情况进行比较，从而制定人力资源的供给方案。

胜任素质模型是指为完成某项工作、达成某一绩效目标的一系列不同素质的组合，包括不同的动机表现、个性与品质要求、自我形象与社会角色及知识技能水平。胜任素质模型可应用到人力资源管理的各个职能中。招聘工作中，对于企业要雇用什么样的人才，可以通过胜任素质模型找到需要的人才能力的分布；通过相应的测评手段或方法，找到需要的人。在培训领域，通过人员测评了解员工个人现状，再与标准胜任素质比较，找到差距，作为培训需求的依据。

思考题

1. 职位分析对于组织的管理有哪些作用？
2. 描述人力资源规划的制定流程。
3. 简述胜任素质模型。
4. 胜任素质模型对员工个人有哪些作用？

参考文献

1. 朱兴佳，白京红．职位分析与评估．北京：电子工业出版社，2008.
2. 邹华，修桂华．人力资源管理原理与实务．北京：中国农业大学出版社，2008.
3. 孙宗虎，李艳．招聘、面试与录用管理实务手册．北京：人民邮电出版社，2009.
4. 伊恩·贝尔德维尔，莱恩·霍尔登，蒂姆·克莱顿．人力资源管理：现代管理方法：第4版．北京：经济管理出版社，2008.
5. 彭剑锋，荆小娟．企业员工素质模型分析．北京：中国人民大学出版社，2003.
6. 彭剑锋．人力资源管理概论．2版．上海：复旦大学出版社，2011.
7. 王丽静．人力资源管理实务．北京：中国轻工业出版社，2009.
8. 王丽娟．员工招聘与配置．2版．上海：复旦大学出版社，2012.
9. 陈京民，韩松．人力资源规划．上海：上海交通大学出版社，2006.
10. 曹亚克．最新人力资源规划、招聘及测评实务．北京：中国纺织出版社，2004.
11. 董克用，叶向峰．人力资源管理概论．北京：中国人民大学出版社，2003.
12. 顾英伟．人力资源规划．北京：电子工业出版社，2006.
13. 赫伯特·G. 赫尼曼，等．组织人员配置：第4版．北京：机械工业出版社，2005.
14. 于桂兰，魏海燕．人力资源管理．北京：清华大学出版社，2004.

15. Schein E H. Increasing organizational effectiveness through better human resources planning. Working Papers，1976，19（1）：1－20.

16. Kazan H. A study of factors affecting effective production and workforce planning. Journal of American Academy of Business，2005，7（1）：288.

17. Emmerichs R M，Marcum C Y，Robert A A. An executive perspective on workforce planning. RAND Corporation，2004.

18. Jackson S E，Schuler R S. Human resources planning：challenge for industrial，organizational，psychologists. American Psychologist，1990，45（2）：223－239.

附 录

戴维·尤里奇：2016年人力资源管理从业者胜任素质模型

进入21世纪后，商业环境日渐复杂，人力资源管理从业者逐渐被推向业务的前线。为了适应经济变化，尤里奇教授运用“由外而内”的视角，通过360度调研的方法，基于利益相关者对人力资源管理从业者现状和未来需求的评估，从价值产出的角度分析人力资源管理从业者转型的发展方向，得出了2016年人力资源管理从业者胜任素质模型。

该模型以矛盾疏导者为核心，以战略定位者、可信赖的行动派为两大支点，清晰地梳理了人力资源管理从业者转型所需要的九大核心胜任素质板块。新模型的九大板块分别是矛盾疏导者、战略定位者、可信赖的行动派、文化和变革倡导者、人力资本管理者、薪酬福利大管家、合规管控者、数据设计和解读者、技术和媒体整合者。

一、矛盾疏导者

人力资源管理从业者必须能够处理组织中的各种矛盾，疏导相悖的观点，以最大化满足各方的需求。经过30年模型演变的洗礼，人力资源管理从业者胜任素质最新的核心成员矛盾疏导者，点明了人力资源管理从业者在面对经济转型和组织结构调整时会遇到的各方阻力。要想在各个利益相关者的矛盾甚至相悖的需求中找到并保持自己前进的方向，就要求人力资源管理从业者能够处理和疏导各种矛盾。矛盾疏导者成了当今人力资源管理从业者的必备核心竞争力，非黑即白的思维方式已经无法让你在人力资源管理的世界中飞起来。

二、战略定位者

这一板块考查人力资源管理从业者评估内外部商业环境的能力，以及将其转化为洞见的能力。战略定位者是人力资源管理从业者胜任素质模型的“元老”板块。作为连接人与业务的重要胜任素质，战略定位者这一板块要求人力资源管理从业者不仅要有商业远见，更要能结合组织实际，化远见为洞识，切实帮助组织完成战略布局和决策制定。

三、可信赖的行动派

这一板块延续前几期调研，考查人力资源管理从业者是否能在组织内部赢得信任和尊重，从而被视为有价值并能创造价值的合作伙伴。可信赖的行动派也是胜任素质模型中的“元老”板块。它强调人力资源管理从业者的信誉以及行动力。无论是日常事务的执行，还是组织改革的推动，人力资源管理从业者都需要建立自身的信誉，积极高效，以充足的正能量来影响他人。

四、文化和变革倡导者

保证组织结构刚柔并济，以应对多变的商业需求。创造一个积极应对变化的组织，需要人力资源管理从业者做文化变革的先锋和旗帜，从组织结构上确保变革的可行性。该胜任素质的定义为：能够定义合适的文化；学习如何分析并塑造一种文化；能够发动变革、管理变革过程，并持续变革。需要的知识技能为：能够认识到文化的价值，并用商业化语言表达；能够为文化变革规划蓝图；能够有规划地发起变革。发展机会为：加入变革团队、领导变革计划、指导个体应对变革、涉及文化变革进程、公开展示文化变革过程。

五、人力资本管理者

薪酬福利并不仅仅是简单的薪酬和保险。薪酬福利大管家需要为员工和团体创造有形和无形的价值。人力资源管理从业者在保障员工的薪酬福利有竞争力的同时，还要为员工提供无形的价值，包括创造和展示组织的发展前景和工作的价值。有意义和价值的工作比薪酬更能提升员工的归属感和忠诚度，增强团队凝聚力。

六、薪酬福利大管家

识别并发展适合组织目前及未来业务需求的人才。这一模块有四个分项，把对人才的把握与对工作职能的了解相结合，真正为每一个员工找到最能够发挥其效能的职位。它是人力资源管理从业者在人力资本管理上的重要能力。

七、合规管控者

全球各地、各行业都越来越注重合规，合规独立发展成一个新模块。随着全球化进程的加快，人力资源管理从业者需要适应越来越多国际、国家、组织的法规，因此需要对合规有更深刻的理解，承担起合规管控的职能，以保障组织运营的稳定性和可持续性。

八、数据设计和解读者

数据分析正在成为潮流，因此数据设计和解读者发展成独立的模块，包含识别人力资源管理从业者有关的数据，管理、处理数据以及为决策解读和运用数据。数据为人力资源管理从业者进行决策提供了理论上的坚实依据。在大数据背景下，商业活动对大数据的依赖日趋明显。人力资源管理从业者对数据的运用和理解能力成为利益相关者对人力资源管理从业者核心竞争力的期待之一。

九、技术和媒体整合者

人力资源管理从业者必须能够运用技术和技术工具、社交媒体来辅助创建高绩效组织和团队，整合各项技术，并应用各类媒体来加强对内对外的沟通，提高组织的效率。

在中国，最重要的胜任素质是文化和变革倡导者。尤里奇教授认为，这与矛盾疏导者的作用相辅相成。对文化变革的要求体现了中国经济和文化环境的巨大变化。现在中国的人力资源管理从业者不仅要保留传统观念，适应传统思想，也要做出改变，与世界接轨。鱼和熊掌不可兼得，人力资源管理从业者要找到一条双赢的道路。

资料来源：尤里奇分享2016年最新版人力资源胜任力模型的九项内容．[2016-02-02]．http：//www.360doc.com/content/16/0202/10/2688876_532245171.shtml.

第3章

制定招聘计划

学习目标

- 掌握招聘计划的主要内容
- 掌握招聘基准的概念和具体要求
- 掌握招聘中人员策略、时间策略和地点策略的要求
- 熟悉招聘计划中的表单及其格式

如何制定人才招聘计划

人才招聘要内部培养和人才引进相结合，这是人力资源管理人员在确定招聘计划时需要首先考虑的原则。

内部培养和人才引进在确定用人标准上是存在差异的。对于着重内部培养的人才招聘来说，可以考虑对招聘对象在实际工作经验上不做苛刻要求，但是要求招聘对象必须具备培养的潜质，而这类人才的招聘可以采取学校招聘和人才市场招聘相结合的办法；对于着重人才引进的企业来说，则要在工作经验和工作的适应性上提高招聘标准，以确保引进的人才马上就能进入工作角色，这些人才的招聘要采取从竞争对手那里“挖人”和社会招聘相结合的原则。在“挖人”上，人力资源管理人员平常就要注意竞争对手那里的优秀人才，并建立他们的档案，与之保持联系和沟通，以便在用人之际能够有合适的“挖人”对象。

此外，人才招聘还要考虑现有人力配置和必要人力储备相结合的原则。

人力资源规划要结合企业发展的战略和经营规划，人力资源管理人员要确保人力资源

规划不但能满足企业现阶段的人力需求和配置要求，也要考虑为将来企业的经营和发展储备相应的人力，避免企业在急需用人之际出现人才青黄不接的被动局面。

这就要求人力资源管理人员在制定招聘计划时，一方面考虑现在企业急需的人才招聘计划，另一方面根据企业经营发展的需要考虑适当的人才储备计划。对于需要储备的人才，可以考虑招聘一些成本比较低的学生，然后让他们参与老员工传帮带计划，等企业需要人才时，让这些储备人才相应地补充到岗位上。

详细的薪资方案、人才试用转正管理规定、员工晋升方案等也是在制定人才招聘计划时必备的相应方案。诸多案例说明，许多企业缺乏相应的薪资等方案，而这些方案的缺乏会给招聘工作带来极大的困扰和困难，因为没有这些相应的方案来支撑人力资源管理工作，在招聘中就难以回答这些与招聘者切身利益相关的问题，从而导致人才不敢加入企业。同时，缺乏这些方案会让招聘者以及入职者感觉企业管理不规范，以至于人难以招进和人招进来后难以留住。所以在制定招聘计划时，一定要看企业是否有这些相应的方案。如果没有，一定要制定详细方案，通过相应流程审批后再启动招聘工作。

资料来源：HR如何制定人才招聘计划．[2009-11-10]．https：//www.yingsheng.com/news/83/28822.html.

3.1 招聘计划的内容

3.1.1 招聘计划的主要内容

招聘计划应在人力资源规划和职位分析的基础上产生，具体内容包括确定本次招聘人数、招聘基准、招聘策略和招聘经费的预算等。制定招聘计划是一项复杂的工作，大型企业常聘请组织外部的人力资源管理专家制定和执行招聘计划；小型企业通常由人力资源管理人员做此工作。

一、招聘人数

招聘计划是人力资源管理部门在招聘中的一项核心任务。为保证招聘工作有的放矢、有条不紊地按计划实施，企业最好能通过制定招聘计划来分析所需人才的数量，以避免工作的盲目性。具体来说，就是确定各年度应招聘的员工人数，其中包括招聘的员工总数及各部门的招聘人数。招聘人数的确定还要兼顾招聘后员工的配置、晋升和退休金支付等问题。另外，在一定情况下，还要根据企业的实际情况考虑到男女比例。

二、招聘基准

招聘基准即确定招聘什么样的人才，具体来说是指组织对计划招聘人员的基本素质要求以及针对各个部门中不同职位招聘人员的特殊要求，其主要标准包括年龄、性别、学历、工作经验、工作能力、个性特征等。针对不同职位的不同情况来限定招聘群体，可以较低的成本保证录用人员的基本素质。

看一看

知名企业招聘的基准

各大名企之所以会成为名企，是因为它们在招聘时都有各自的用人标准。那么，它们的招聘基准到底是什么呢？以下为你一一解答。

一、摩托罗拉：5个“E”

第一个E——envision（远见卓识）：对科学技术和公司的前景有所了解，对未来有憧憬；第二个E——execution（行动力）：不能光说不做，要行动迅速、有步骤、有条理、有系统性；第三个E——energy（活力）：要有创造力，并能灵活地适应各种变化，具有凝聚力，带领团队共同进步；第四个E——ethics（道德）：品行端正，诚实，值得信任，尊重他人，具有合作精神；第五个E——edge（果断）：有判断力，是非分明，敢于做出正确的决定。

二、惠普：看推荐人怎么说

惠普重视潜力，更注重能力，所以除了一般的招聘程序，惠普还要求求职者提供两个比较了解自己的推荐人——可以是客户、同事，也可以是以前的领导者。

三、诺基亚：“以人为本”

体现在人才的判断价值上，通过两个方面实践“以人为本”：一是硬件系统，包括专业水平、业务水平和技术背景，一般由部门的执行经理来考查；二是软件系统，包括沟通能力、创新能力以及灵活性等，一般由人力资源管理部门来考查。

四、西门子：企业家类型的人物

百年老店西门子被誉为“企业家的摇篮”。事实上，西门子寻找的正是“企业家类型的人物”，它对未来“企业家”的基本要求是：具有良好的考试成绩、丰富的语言知识、广泛的兴趣、强烈的好奇心、改进工作的愿望，以及在紧急情况下冷静沉着和坚定顽强。

资料来源：著名企业的用人标准揭密．[2008-02-26]．http：//news. xinhuanet. com/employment/2008-02/26/content_7672949. htm.

三、招聘策略

企业的招聘策略就是为满足企业对人力资源的需求而制定的招聘活动的总计划，也是制定具体招聘工作计划的指南或依据。为了招聘工作计划的制定和招聘工作的顺利进行而采取的具体招聘策略包括人员策略、时间策略和地点策略。具体来说，包括以下内容：选择招聘信息的发布时间和发布渠道；初步确定招聘团成员；初步选择考核方案；确定从哪里招聘人才；编写招聘工作时间表和草拟招聘广告样稿等。确定从哪里招聘人才时，需要确定是招聘应届毕业生（定期招聘），还是招聘往届毕业生；是在本地区招聘，还是在全国招聘；如是定期招聘，招聘哪几所学校的毕业生等。招聘策略将在本章后面详细介绍。

四、招聘经费的预算

招聘经费是顺利进行招聘工作的保障。企业进行招聘经费预算，可以防止招聘过程中某一环节过多地占用资金，也可以防止因经费不足而影响招聘工作的顺利进行。招聘成本包括内部成本、外部成本和直接成本。内部成本为企业内招聘专员的工资、福利、差旅费支出和其他管理费用。外部成本为外聘专家参与招聘的劳务费、差旅费。直接成本为广告、招聘会支出，招聘代理、职业介绍机构的收费，员工推荐人才奖励金，校园招聘费用等。内部成本是企业进行招聘成本核算时最容易忽略的部分，而实际上它占有相当大的比重。通过模拟一次简单的中级职员筛选、面试流程，就可以粗略地计算其内部成本。在实际工作中有时一次并不能招聘到合适的人选，需要重复两三次，所以内部成本更加不容忽视。

3.1.2 招聘人数

一、何时产生人员需求

招聘人数的规划一般按照人力资源招聘申请的审批程序即可确定。各用人部门按照自己部门产生的职位空缺向人力资源管理部门提交招聘申请，在整个组织的人力资源规划的限制和约束下，经高层管理者审批，确定最终需要招聘的员工人数。人员需求一般发生在以下几种情况下：

（1）组织新成立或新的组织业务成立；

（2）组织发展，规模扩大，需要补充更多的员工来填补新产生的岗位；

（3）现有的岗位空缺或岗位上的人员不称职；

（4）突发的员工离职造成缺员；

（5）岗位原有人员晋升而形成职位空缺；

（6）机构调整时人员流动；

（7）为使组织的管理风格、经营理念更具活力而必须从外面招聘新的人员；

（8）为了组织未来的发展而进行人力资源储备；

（9）为取得市场竞争优势而引进特殊人才。

总之，需要不断吸收新生力量，为组织提供可靠的人力资源保障，以应对组织内外部环境的急剧变化。可见，招聘工作是企业人力资源管理中最基本的日常管理活动。

二、注意事项

在招聘数量的确定上要考虑三个比较重要的问题：

第一，在实际工作中，某些用人部门为了本部门的利益，会有意虚报或者企图隐瞒真实的用人需求数量，从而不利于招聘数量的最终确定。为此，人力资源管理部门要在职位分析和对历史数据的分析、组织本身的运营现状及发展规划中，进行有关数据的整合和综合平衡，这项工作的最终结果要经过组织最高决策层的批准。

第二，由于在整个招聘过程中的每一个筛选阶段都要拒绝一些应聘人员，因此组织最终需要录用的人数应该位于“招聘筛选金字塔”的最高端，为此，在组织进行人才吸引的时候，要根据本招聘职位的历史筛选数据预测最初需要的应聘人数，这在一定程度上还决定了招聘工作的渠道选择、方式选择等。

如图3-1所示，该公司需要雇用50名新员工。根据经验，该公司发给录用通知书的人中只有大约一半的人会就职。所以，需要向100名求职者发出录用通知书。参加面试者与最终录用者的比例大约为3∶2，发给面试通知书者与实际参加面试者的比例大约为4∶3，因此需要向200人发出面试通知书。此外，求职者总人数与企业实际会对其发出面试通知书者的比例大约为6∶1，所以企业需要吸引1 200名求职者，即招聘规模为1 200人。

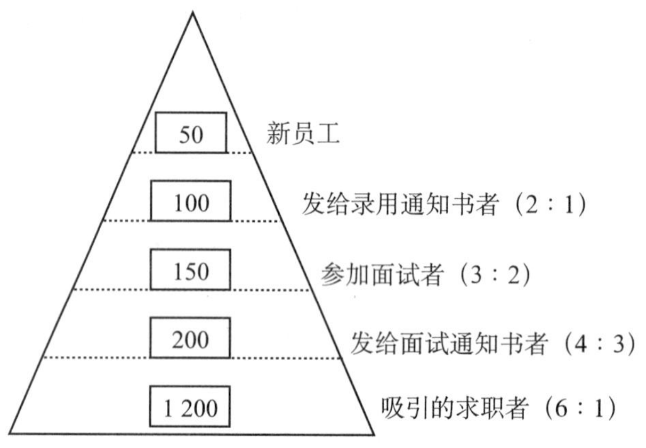

图3-1　招聘筛选金字塔

第三，企业可以考虑其他一些既不用对外招聘又可以满足人力资源需求的方法。比如，可以通过企业内部员工的培训，提高他们的技术和专业水平，从而满足企业对某类人员的需求。另外，对于短期内增加的工作量，可以采取加班、外包、雇用临时工等方法来解决。

看一看

2016年金融行业社会招聘漏斗

2016年金融行业社会招聘漏斗如图3-2所示。

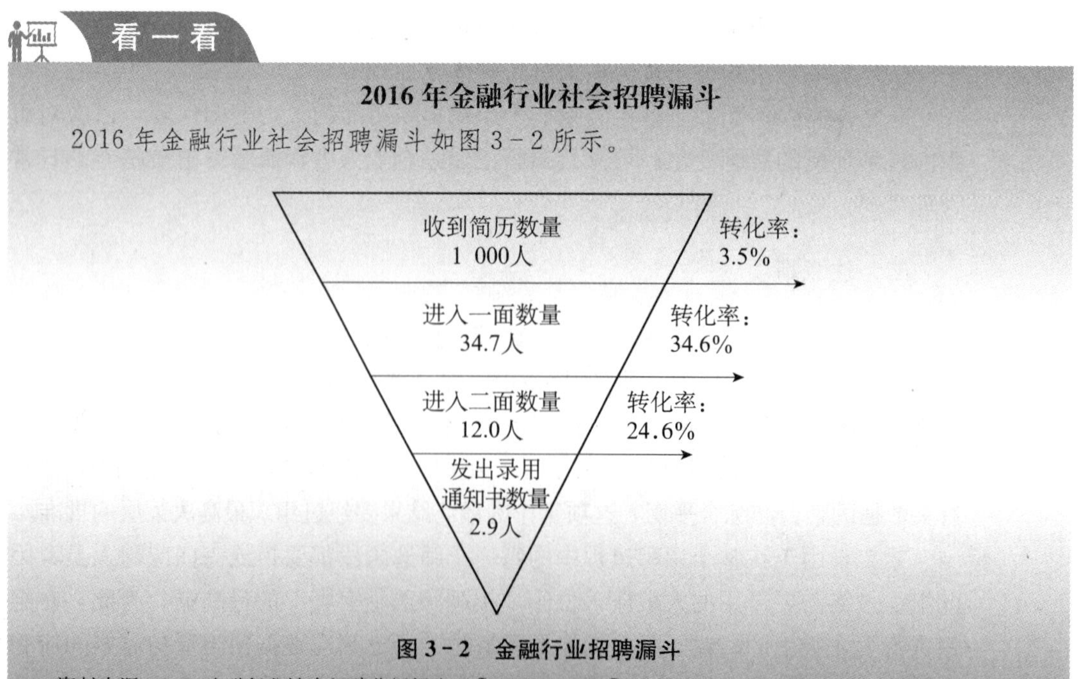

图3-2　金融行业招聘漏斗

资料来源：2016金融行业社会招聘分析报告．[2016-07-28]．http：//chuansong. me/n/465599351158.

3.1.3 招聘基准

招聘基准就是确定录用人才的标准，其内容包括年龄、性别、学历、工作经验、工作能力、个性品质等。录用人才的标准可以归结为以下五个方面：与工作相关的知识背景、工作技能、工作经验、个性品质和身体素质。

人员标准有基本标准和关键标准两大类。基本标准是确定人能不能做这项工作，而关键标准是确定人能不能做好这项工作。两者相互补充，层层递进。制定好这两个标准，组织才能按锁配钥匙，找到符合要求的人员，招聘才会成功。

一、人员的基本标准：人员三个匹配度

人员的基本标准是指能胜任应聘职位的最基本要求，它主要从三个方面来定义，即人员技能与岗位职责相匹配、人员个性与团队特点相匹配、人员价值观与组织价值观相匹配。只有人员的三个匹配度都符合组织的要求，他才有可能适应组织的工作。

1. 人员技能与岗位职责相匹配

古语云：骏马能历险，犁田不如牛；坚车能载重，渡河不如舟。这句话想表达的意思就是适当的人和物要用在适当的地方，也就是常说的人员技能与岗位职责相匹配。人员技能与岗位职责相匹配就是根据个体间的素质差异将不同的人安排在最合适的岗位上，从而做到“人尽其才，物尽其用”。众所周知，企业与个人是一个利益共同体，企业是个人职业生涯的舞台，所以一定要为岗位挑选合适的人；人适合干什么，就尽量安排他到适合的岗位，充分发挥他的才能。同时需要注意的是，人员技能与岗位职责相匹配主要是指要胜任岗位要求，人才需要具备哪些基本技能，包括学历、专业、经验等，具备这些技能是做好一项工作的前提。要了解这些，对组织来说，就需要进行职位分析，明确岗位职责，把招聘职位的工作内容、特点和对人员的技能要求等编制成职位说明书，让应聘者知道岗位的任职条件、入职后要干什么。这样做也能让组织的招聘者做到心中有数。

一些组织招聘时，由于没有明确的岗位职责和任职要求，往往被应聘者优秀的个人条件吸引，引进人员时存在盲目高消费现象，甚至内勤、前台人员都非本科毕业生不要。尤其是随着就业压力趋紧，许多组织对人才更是挑肥拣瘦，大材小用的现象非常普遍，部分高学历人才甚至被当成装饰门面的花瓶，派不上实际用场。这样不仅造成人员的浪费，还为以后的人员流失埋下了隐患。

2. 人员个性与团队特点相匹配

在现代社会，团队化的工作方式已经成为一种趋势，员工需要与不同部门、不同专业的人员合作，而不能仅仅靠自己拥有的技能单打独斗。充分发挥团队成员的优势，让团队成员能够相互利用彼此的长项，才能使企业形成新的优势。可见，要在这样团队化的工作方式下创造业绩，员工的个性与团队特点需要相互匹配。

看一看

汉高祖刘邦——知人善任的高手

汉高祖刘邦就是一个知人善任的高手，他善于发现每一个人的特长，根据人才的特长将其安排到合适的岗位，“人岗匹配”，让他们最大限度地发挥自己的积极性和作用，真正做到了“职得其人”“人适其职”，如用韩信带兵，张良出谋，萧何保后，这些都安排得有条不紊。正如他所说，“运筹帷幄之中，决胜千里之外，吾不如子房；镇国家，抚百姓，给馈赏，不绝粮道，吾不如萧何；连百万之众，战必胜，攻必取，吾不如韩信。”知人善任是刘邦在楚汉相争中最后获胜的根本原因。

资料来源：范兴东．“人岗匹配”三部曲：知岗、知人、匹配．[2009-08-19] http：//www.allpku.com/blog/fanxingdong/2009/08/19/4549.aspx.

人员个性千差万别，因为构成个性的各种因素在每个人身上的侧重点和组合方式是不同的。如认识、情感、意志、能力、气质和性格等方面的不同造就了每个人独特的一面：有的人知觉事物细致、全面，善于分析，而有的人知觉事物较粗略，善于概括；有的人情感较丰富、细腻，而有的人情感较冷淡、麻木等。职业心理学的研究表明，不同的职业有不同的个性要求。不同的个性特征，对企业而言，决定了每个员工的工作岗位和工作业绩；对个人而言，决定了自己的事业能否成功。

人员个性也是招聘中要考虑的重要因素。随着现在专业化分工越来越细，团队合作越来越重要，如果人员是以自我为中心、合作能力不强，就不适合在团队中工作。另外一点就是人员与团队的互补性，团队成员个性都很强时善于协调的员工就能发挥作用，死气沉沉的团队则需要性格开朗的人员活跃气氛。因此，分析团队的特点，招聘合作性和互补性强的新员工，团队才能产生 1＋1＞2 的效果。

当然，团队精神在绝大多数场合均应该提倡，个性独立的人也不能随意淘汰，对组织的管理、质检等岗位来说，坚持原则的人员更有用武之地。而在设计策划部门，特立独行的人有可能随时冒出创新的火花。因此，招聘前一定要清楚把新人员放在哪个位置，该岗位对人员个性等有哪些要求，还要考虑新人员的职业取向以及可能的升迁位置等，这样招来的员工才能“对号入座”，发挥自身的价值。

3. 人员价值观与组织价值观相匹配

许多组织在招聘人员时，往往强调工作经验和技能，而忽略了对职业道德的考查。组织很容易让员工掌握工作经验和技能，但却很难教他如何具有正直的品行。而品德不佳的人员，能力越强，带给组织的危害就越大，如携款潜逃、泄露组织机密、挖组织的墙脚等。

另外，了解应聘者的价值观也是一个重要内容。价值观支配个体行为，员工对组织忠诚度的高低与其对组织价值观的认同度有密切关系。认同组织价值

看一看

DISC 个性测验

DISC 个性测验是国外企业广泛应用的一种人格测验，可用于测查、评估和帮助人们改善其行为方式、人际关系、工作绩效、团队合作、领导风格等。

DISC 个性测验由 24 组描述个性特质的形容词构成，每组包含 4 个形容词，这些形容词是根据支配性（dominance）、影响性（influence）、稳定性（steadiness）和服从性（conscientious）4 个测量维度以及一些干扰维度来选择的，要求被试者从中选择一个最适合自己和最不适合自己的形容词。测验大约需要 10 分钟。

资料来源：DISC 个性测验．[2018-07-22]．https://baike.baidu.com/item/DISC%E4%B8%AA%E6%80%A7%E6%B5%8B%E9%AA%8C/7778753?fr=aladdin.

观的员工能够与组织文化更好地融合，提高组织绩效。所以，应该向应聘人员开诚布公地讲明本组织的优劣势，提倡什么、反对什么，以及组织文化的特点，让应聘者权衡选择，这样组织虽然有可能失去一些优秀人员，但更能提高员工的稳定性。

看一看

面试中经常考查的八大价值观与面试问题

面试中经常考查的八大价值观与面试问题如表 3-1 和表 3-2 所示。

表 3-1　面试中经常考查的八大价值观

价值观	解释
个人与集体	强调先有集体，还是先有个人；在集体利益和个人利益出现冲突时以何为先。
竞争与合作	追求人际和谐与良好合作，还是强调个人实力、个人贡献。
忠诚与自我	以感情为基础、全身心忠诚于某一群体，还是以自我为中心。
人情与规矩	注重“人与人之间关系的微妙性”、强调“以和为贵”、情在理上，还是强调制度规范、严格遵守纪律和规定。
义与利	义重于利，还是把金钱作为衡量一切的标准、追求社会地位。
名与利	追求个人声誉、脸面，还是更为重视实际的权力、地位、金钱。
家庭与事业	追求家庭幸福、注重休闲生活，还是更注重事业发展和上级认可。
平等与等级差异	注重个人的尊严和价值、强调平等待人，还是注重职位等级和管理者与员工之间的上下尊卑差异。

表3-2　面试中考查价值观的问题举例

题型	举例
开放式问题	1. 您所认可的行为准则是什么？您喜欢和什么性格或风格的人一起共事？您认为企业的目标应该是什么？ 2. 您如何看待工作和生活的平衡问题？
两难问题	假设有两个职位可供选择：压力大、挑战大、工资高，压力不大、工资不高。您会选择哪个？
多项选择问题	您在工作中追求的是“把事情做得完美，进一步提高工作效率”，“建立和谐的人际关系，受大家欢迎”，“对他人施加更有力的影响”，还是“甘冒风险，具有魄力”？
排序型问题	1. 请按照个人偏好，对“高报酬”“大发展空间”“融洽的工作关系”进行排序，并说明原因。 2. 假设您应聘来到一个大厅，厅里有五扇门，门上分别标有“高官”“财富”“称心如意的生活”“艰苦有收获的生活”“可以得到想要的生活”，您可以随便推开其中一扇门，并且每扇门上的标签都是真实的，您会推开哪扇门？

资料来源：孙武．考察价值观的面试方法．人力资源，2008（3）：42-45.

二、人员的关键标准：岗位胜任素质

按照同样标准选来的人员，其实际绩效可能相差甚远。经验表明，会干与干好并不一定能画等号。导致人员绩效差异的还有很多非技能方面的因素，如系统思考能力、决策能力、激励能力、人际交往、自我控制等。这些因素就是岗位胜任素质，它决定了人员能不能出色地完成某项工作。

1. 关键胜任素质：发掘人员的潜能

关键胜任素质也就是工作所需的核心素质。素质是很难判断的，这是因为：第一，素质比工作业绩抽象，更不容易把握；第二，素质是人所共知但又难以说清的，因此对其判断主观性很大；第三，个人在自我讲述中容易夸大自己的优点，有选择地报告，或者将自己的理想和希望与实际工作混淆；第四，人际交往状况和利益的冲突等增加了素质评价的难度。

通过与任职者及其关联职位访谈，对该职位典型的成功和失败事例进行分析，再加上经验积累和同行参考等，就能了解该岗位的关键胜任素质。同时，对职位胜任素质还要进行定义分级、明确界定。这样依据胜任素质选人，可以有效避免人员学历、资历、名气对甄选者的影响，更容易发现人员的潜能。如由于办公室主任经常接待客人，协调各类关系，处理突发事件等，因此沟通能力、组织协调、责任心就成了他的关键胜任素质。对设计人员来说，技术水平、逻辑思维能力、创新能力就是他的关键胜任素质。

2. 权重设计：突出最重要的胜任素质

所谓权重，是指测评指标在测评体系中的重要性或测评指标在总分中应占的比重。由于各个测评指标相对不同的测评对象来说有不同的地位与作用，因此，在测评中不能把每个测评指标都等量齐观，对各测评指标的分值简单加总，而要根据各测评指标对测评对象反映的不同程度而恰当地分配与确定不同的权重。例如，用相同的指标对同一组应聘者进行测评选拔，当赋予这些指标不同的权重时，获得的测评结果会有很大差异。

对一个职位来说，各项胜任素质的重要性往往不同，因此对各项胜任素质设定一定的权重会使甄选的结果更为合理。对办公室主任来说，组织协调能力、沟通能力、灵活性是最重要的，因此它们的权重可以加大，而冲突管理、团队合作相对不如以上三项重要，权重可适当减少。只有对各项胜任素质设定不同的权重，才能保证人员是在最重要的胜任素质上表现最优秀的人。

读一读

能力素质评价

能力素质作为胜任工作所必需的综合素质，直接影响个人行为绩效和企业长远发展，因此越来越多的企业注重对员工能力素质的评价和测试。关于能力素质，依据冰山模型，主要包括冰山水上部分的知识、技能要素和冰山水下部分的社会角色、自我认知、特质及动机等要素，它们自上而下深度不同，表示被挖掘与感知的难易程度不同，向下越深越不容易被挖掘与感知。尽管社会角色、自我认知、特质及动机等潜能不易感知和培养，要全面准确地认知员工的能力素质，深层素质评价却是不可或缺且甚为重要的。

全面准确地进行员工能力素质评价，可以采取三个阶段来循序实现。

阶段一：设计企业能力素质词典

对企业员工进行能力素质评价，首先就要提炼本企业发展所需要的能力素质要项，这通常可以采取演绎和归纳相结合的方法来进行，在企业文化讨论和关键行为事件访谈的基础上确定企业所需的能力素质。就企业需求而言，在既有能力素质方面，通常需要员工既有处事能力又有为人能力，其中处事能力表现为处理部门内、部门外以及企业外事务的能力，而为人能力则包括对上级、同级、下级的关系协调能力；而在潜在能力素质方面，则既需要员工具备概念、判断、推理等方面的智商，同时又需要员工具有较高的情商。能力素质涉及方方面面，应根据企业实际，提炼出企业共有的核心能力素质要项和各类专业能力素质要项。

阶段二：确定岗位能力素质标准

由于能力素质评价针对的是企业每个岗位任职者的能力素质，因此在设计企业能力素质项目的基础上，必须考虑每个岗位对任职者的实际等级要求。各个岗位的能力素质等级要求一般可以岗位职责为基准，由该岗位工作的相关者，其中包括其上级、下级及同级相关者，组成评估小组来具体评估确定。

阶段三：评价任职者的能力素质

在确定各岗位能力素质标准的基础上，即可进行人员能力素质评价，确定岗位任职者的能力素质的实际等级。进行实际评价时，为保证能力素质评价的准确性和一致性，评估小组的成员应当和岗位等级要求评估小组的成员是相同的，而且他们对任职者能力素质的等级评定也应按照同样的权重比例来确定最终结果。

在确定了各岗位任职者的能力素质评价等级之后，接下来就是按照既有的权重比例和赋分规则来计算任职者各要项各维度的实际得分。在计算任职者各要项各维度的实际得分基础上再进行加总，即可确定该岗位任职者能力素质的总体得分。

对于岗位任职者的实际得分，可以比照岗位标准要求对其进行能力素质差异分析。一般而言，某岗位任职者的能力素质实际得分会与标准分值存在差异，可能低于要求分值，也可能高于要求分值。如果低于要求分值，就表明该任职者在能力素质上与岗位实际要求存在差距，必须通过培训来促进提升和改善；如果高于要求分值，就表明该任职者在能力素质方面能够胜任该岗位，并且符合晋升基本要求。

资料来源：能力素质评价的三阶模式．［2007－01－23］．http：//www.szceo.com/html/article/szceo19.html20070124/200701241835310621.html.

3.1.4 招聘经费

企业每年的招聘费用预算应该是全年人力资源开发与管理总预算的一部分。每个组织可以根据自己的实际情况，按照所采取的招聘方式、招聘对象的不同、招聘人数的多少等因素具体决定招聘费用预算。一般来说，招聘费用预算不仅包括招聘人员的工资、福利成本，还包括企业宣传广告费、差旅费、宣传材料费等（见表3－3）。

表3－3　某企业招聘预算费用一览表

招聘渠道		招聘会	网络	猎头中介
费用预算	招聘准备	● 宣传广告费 ● 宣传材料费 ● 场地、展位租用费 ● 差旅费 ● 交通费 ● 通信费	● 网站会员费 ● 通信费	● 中介服务费
	笔试	● 试卷印刷费 ● 考场租赁费 ● 人工成本	● 试卷印刷费	
	面试	● 面试人员的工资成本	● 面试人员的工资成本	● 面试人员的工资成本

资料来源：李作学．员工招聘与面试精细化实操手册．北京：中国劳动社会保障出版社，2010.

由于招聘对象和招聘渠道的多元化，单位招聘成本也呈现出多元化特征，可以从招聘对象和招聘渠道两方面分析。

一、招聘对象多元化对单位招聘成本的影响

组织对人才的需求是多种多样的，主要表现在职务类别、职位级别、地理分布、填补空缺的紧迫性等方面。

二、招聘渠道多元化对单位招聘成本的影响

招聘渠道是指企业对外发布招聘信息的渠道，是企业招聘应聘者的途径。目前，组织的招聘渠道主要包括招聘会、报刊广告、猎头组织、人才机构、校园招聘、员工推荐、网络招聘和内部招聘等。而根据候选人资格要求的不同、招聘时限的不同，所采用的招聘渠道也应不同。近年来，招聘市场规模进一步扩大，网络招聘规模发展尤为迅速。根据前瞻产业研究院发布的报告，2016 年仅通过网络进行的招聘规模就达到了 54.7 亿元。

看一看

2016 年金融行业社会招聘各渠道的效果

根据北森的分析报告，金融行业自建渠道（自建门户、内部推荐）对参加首轮面试者的贡献量达到 30.3%，其中自建门户高达 22.8%。智联招聘、前程无忧、猎聘网、拉勾网的贡献比重较大，达到 50.2%（见图 3-3）。

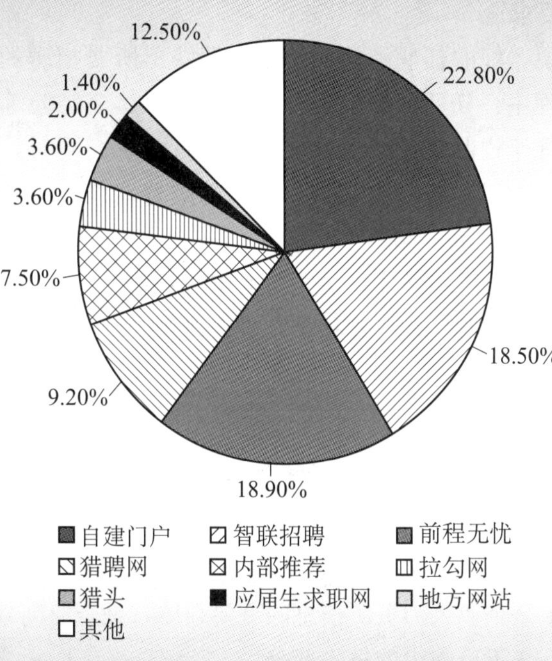

图 3-3　金融行业社会招聘各渠道的效果

资料来源：北森首发：2016 社会招聘渠道效果分析报告．[2016-06-20]．http://blog.sina.com.cn/s/blog_548c47b80102x7qx.html.

不同招聘渠道的招聘成本不一。近 10 年来，我国组织的招聘成本有增无减，究其原因主要有：第一，直接招聘费用多；第二，外聘机构费用高；第三，人力时间成本增；第四，跳槽风险成本大。以智联招聘为例，2017 年企业在该网站进行职位发布、简历收集等需要支付 2 000～6 000 的包年费用。根据某大型招聘机构发布的报告，2014 年中国企业人均招聘成本达到 3 204 元。

3.1.5 企业确定人员招聘条件的几个步骤

（1）如果职位空缺是由于有人辞职，那么招聘工作的起始点就应该是马上与将要离职的人进行面谈。谁是合适的面谈人选呢？如果员工的直接上级与将要辞职的员工保持良好的关系，那么这位上级就是进行离职面谈的最佳人选；面谈也可以由组织人力资源部或其他部门的管理人员去做。目的是弄清楚员工离职的内在原因，请他对该职位的任职资格和招聘甄选的标准进行阐述。

（2）与同离职者做同样或类似工作的人及其他相关人员进行交谈。要想对该职位有一个全面的认识，需要同部门经理进行交谈。目的是建立或完善工作岗位说明。

（3）审查任职资格。根据职位说明书对招聘工作前几个阶段中了解到的情况进行审查，看有没有重要的地方需要更新或修改，是否需要提高或者降低职位说明中的工作要求。

一般来说，好的任职资格应能正确反映出所要招聘的员工的具体情况。在现代组织管理中，任职资格已经从过去强调身体、经验等要素转向关注人的才能，但这不等于说其他任职资格要素就不重要了。同时，关于才能说法也不相同，总体上是知识、技能、能力、动力的组合，以及成功完成工作所必需的其他要求。

（4）确定人员招聘条件。在先前工作的基础上，考虑到该项工作已经发生的和将来可能发生的变化，正式起草人员招聘条件。

3.2 招聘计划中的文案资料及表单范例

建立科学、标准、规范的人力资源管理系统离不开一系列的文案、表单，这些文案和表单是企业人力资源信息的重要载体，是企业高效率、高水平、高质量的人力资源系统不可缺少的组成部分。

3.2.1 文件撰写

一、招聘启事的写作格式和内容

招聘启事是应聘者了解企业的一种途径，招聘启事编写质量的高低决定着他们对该招聘企业第一印象的好坏。招聘启事是否规范很大程度上影响应聘者对招聘企业的认可度，所以编写高质量的招聘启事有助于企业招聘活动的顺利开展。

招聘启事一般可以分为三项内容。

1. 标题

招聘启事的标题可以简单地由事由和文种名称构成，如“招聘启事”或“招工启事”，也有企业写作“招贤榜”。

较为复杂的招聘启事还可以加上招聘的具体内容，如“招聘抄字员”“招聘科技人员启事”。有的招聘启事在标题中还写明招聘的单位名称，如“××服装厂招聘启事”。

2. 正文

招聘启事的正文较为具体，一般而言，需着重交代下列事项。

（1）招聘方的简介。招聘方的简介包括招聘方的业务、工作范围及地理位置等。通过简介，能够将企业的各类优势清晰地展现出来，也有助于应聘者快速了解企业的基本情况。

（2）职位说明和对招聘对象的具体要求。招聘启事中的职位说明一般包括职位性质、业务类别、岗位职责、任职资格、薪资福利等多方面的内容，其中岗位职责描述和任职资格是核心内容。对招聘对象的具体要求包括年龄、性别、文化程度、工作经历和技术特长等。

（3）应聘者受聘后的待遇。该项内容一般要写明月薪或年薪数额，执行标准工休情况，是否解决住房等。

（4）其他情况。包括应聘者需交验的证件、应办理的手续以及应聘的程序、应聘的具体时间、具体联系地址、联系人、电话号码、网址、电子邮件地址等。

招聘启事的目的是吸引应聘者提出应聘申请，从而选拔出符合企业要求的人才，所以应注明招聘联系人以及联系方式，以便应聘者进行求职申请。

3. 落款

落款要求在正文右下角署上发表启事的单位名称和启事的发文时间。题目或正文中已有单位名称的可不再重复。

看一看

××乳业（集团）股份有限公司招聘启事

公司规模：1 000 人以上

公司性质：中外合营（合资、合作）

公司行业：快速消费品（食品、饮料、日化、烟酒等）

公司简介：××乳业（集团）股份有限公司创建于 1999 年 8 月，总部设在××经济园区。创建 11 年来，××集团已经发展成为拥有总资产 141 亿多元、员工近 3 万人、年生产能力 600 万吨的规模化乳制品加工企业。

目前，××集团已经在全国 19 个省区市建立生产基地 29 个，拥有液态奶、酸奶、冰激凌、奶粉、奶酪五大系列 400 多个品项，产品以其优良的品质覆盖国内市场并出口到美国、加拿大、蒙古、东南亚等国家和地区。

本着“致力于人类健康的牛奶制造服务商”的企业定位，××集团在短短 11 年中，从创业之初的全国乳业排名最后一位，到 2007—2009 年连续三年在中国乳业排名第一，创造出了举世瞩目的“××速度”和“××奇迹”。××集团 2009 年主营业务收入 257 亿多元，净利润达到 12.2 亿元，上缴税金 13 亿元。2010 年上半年××集团实现营业收入 144.342

亿元，比上年同期增长19.31%，净利润6.188亿元，再度蝉联中国乳业“总冠军”。

11年来，按照“立足自主开发，培育核心产品，抢占技术高端”的工作思路，××集团积极投入研发资金，建成了国际领先的乳制品研发中心，同时与中国检验检疫科学研究院组建“乳品联合实验室”，走出了一条独特的自主创新之路，被誉为“最具创造力的中国企业”。

职位性质：全职

职位名称：战略分析师

工作经验：不限

截止日期：2012年5月5日

学历要求：硕士研究生及以上

招聘人数：1人

语言能力：英语/熟练

职位月薪：3 000～3 999元

简历语言：中文

工作地点：××

职位要求：

1. 硕士研究生及以上学历，本科专业为英语，硕士期间专业不限；
2. 具备一定的市场研究、行业分析、竞争研究等工作经验；
3. 掌握一定的研究方法和专业分析工具；
4. 英文综合能力强，达到国家英语六级；
5. 具备较强的团队协作能力、分析判断和逻辑推理能力以及良好的沟通协调能力；
6. 工作地点：××经济园区。

职位描述：

1. 负责市场趋势、行业特点、产业政策分析研究；
2. 负责国际主要乳企战略分析研究；
3. 负责国内主要乳企及相关企业战略发展/优势领域分析研究；
4. 负责与战略相关的专题项目管理工作；
5. 负责组织、推动战略制定、实施、评估工作；
6. 负责领导交办的其他临时性工作。

地址：××乳业（集团）股份有限公司人力资源中心——人力资源开发部

邮编：011500

招聘邮箱：××@××.com

联系电话：××-××

联系人：×先生

公司网址：www.××.com.cn

资料来源：蒙牛乳业（集团）股份有限公司招聘启事．[2012-04-05]．http：//jobs.chinahr.com/html/2012-04/05/20040907004212002189.htm.

二、写作招聘启事的注意事项

1. 真实合法

招聘启事要遵循实事求是的原则，对各项内容均应如实写出，既不可夸大，也不可以缩小。招聘启事所含信息应符合国家及当地的劳动法律法规的要求。

2. 简洁规范

招聘启事的内容应该简明扼要，简单介绍企业概况，重点突出招聘职位信息，职位说明和任职资格要具体和规范。

3. 准确美观

招聘启事应用词准确，语法通顺，语言流畅，排版美观整洁。

4. 项目齐全

招聘启事应该包括企业简介、职位说明、任职资格、应聘方法、截止日期、联系方式、联系人等各种项目。

3.2.2 人员招聘管理表单及示例

员工招聘计划中常用的表单主要有人员招聘条件表、招聘申请表、招聘计划表、人力资源管理部门年度招聘计划报批表、应聘人员个人基本情况登记表。

1. 人员招聘条件表

表 3-4 是一个具体的招聘条件的清单举例，组织可以从身体状况、训练/教育、知识/经验、特长、性格、交际技能和特殊环境适应能力等方面来界定招聘条件，同时用三个维度进行描述，分别为必备、希望和禁忌，这样便可以轻而易举地筛选出那些理想的求职者。

表 3-4　　人员招聘条件表

条件	必备	希望	禁忌
身体状况 工作对健康状况、体质条件和长相有何要求?			
训练/教育 工作对文化程度和接受教育与训练的情况有何要求?			
知识/经验 工作需要的相关知识、技能、经验的深度和类型如何?			
特长 哪些特长对工作有用，比如创造力、写作能力、口头表达能力和计算能力等?			
性格 工作是否需要创新精神和工作热情?			
交际技能 工作是否需要交际技能?			
特殊环境适应能力 工作是否需要出差或值夜班?			

填写上表时有以下几点注意事项：

（1）要做到具体明确，不能含糊其词。

（2）确定真正必需的条件，其他则是希望条件。

（3）尽量考虑到未来工作的变化。

（4）确定所列各项条件的先后顺序和轻重程度。

2. 招聘申请表

招聘申请表是企业各部门根据自身业务情况向人力资源管理部门提出用人需求申请，内容涉及申请理由、所需人员的基本要求（应聘资格、能力、技术水平等）。表3-5是用人部门向人力资源管理部门递交的招聘申请表。

表3-5　　招聘申请表

<table>
<tr><td rowspan="3">申请部门</td><td colspan="2">部</td><td>申请时间</td><td colspan="4"></td><td rowspan="3">申请理由</td><td colspan="2" rowspan="3"></td></tr>
<tr><td>部长</td><td>经办人</td><td rowspan="2">申请人</td><td colspan="4" rowspan="2"></td></tr>
<tr><td></td><td></td></tr>
<tr><td rowspan="2">申请内容</td><td>具体部门</td><td>工作内容</td><td>人数</td><td>分类</td><td>年龄</td><td>应聘资格</td><td>工作年限</td><td>能力</td><td>技术水平</td><td>学历</td></tr>
<tr><td></td><td></td><td></td><td></td><td></td><td></td><td></td><td></td><td></td><td></td></tr>
<tr><td rowspan="2">结果</td><td colspan="7" rowspan="2"></td><td>申请受理时间</td><td colspan="2"></td></tr>
<tr><td>人事部经办人</td><td colspan="2"></td></tr>
</table>

资料来源：李燕萍，等．人力资源管理．武汉：武汉大学出版社，2002.

3. 招聘计划表

制定招聘计划表可以保证企业招聘工作有条不紊地进行，详细情况如表3-6所示。

表3-6　　招聘计划表

单位名称：　　　　　　　　填表日期：　年　月　日

<table>
<tr><td>项目</td><td colspan="3">岗位名称</td><td colspan="2">人员数量</td><td colspan="2">人员要求</td></tr>
<tr><td rowspan="8">招聘目标</td><td colspan="3"></td><td colspan="2"></td><td colspan="2"></td></tr>
<tr><td colspan="3"></td><td colspan="2"></td><td colspan="2"></td></tr>
<tr><td colspan="3"></td><td colspan="2"></td><td colspan="2"></td></tr>
<tr><td colspan="3"></td><td colspan="2"></td><td colspan="2"></td></tr>
<tr><td colspan="3"></td><td colspan="2"></td><td colspan="2"></td></tr>
<tr><td colspan="3"></td><td colspan="2"></td><td colspan="2"></td></tr>
<tr><td colspan="3"></td><td colspan="2"></td><td colspan="2"></td></tr>
<tr><td colspan="3"></td><td colspan="2"></td><td colspan="2"></td></tr>
<tr><td>发布时间</td><td colspan="7"></td></tr>
<tr><td rowspan="2">发布渠道</td><td>发布方式</td><td colspan="6">报纸□网站□行业杂志□人才中介机构□人才市场□
猎头□其他□</td></tr>
<tr><td>发布安排</td><td colspan="6"></td></tr>
<tr><td rowspan="2">招聘工作预算</td><td>项目</td><td></td><td></td><td></td><td></td><td></td><td>共计</td></tr>
<tr><td>金额</td><td></td><td></td><td></td><td></td><td></td><td></td></tr>
</table>

招聘小组成员分工		姓名	工作职责
	组长		
	副组长		
	成员		
	成员		

填表人：　　　　　　　　审核人：　　　　　　　　总经理：

资料来源：金小川．企业人力资源管理常用表单．北京：中国国际广播出版社，2003.

4．人力资源管理部门年度招聘计划报批表

人力资源管理部门年度招聘计划报批表如表3－7所示。

表3－7　　人力资源管理部门年度招聘计划报批表

填表日期：　　年　　月　　日

部门有关情况	录用部门	录用职位概况				考试方法和其他		
		职位名称	人数	专业	资格条件	考试方法	招考范围	招聘对象
企业核定的编制数								
本年度缺编人数								
本年度计划减员数								
本年度拟录用人数								
备注								

资料来源：人力资源部年度招聘计划报批表．［2011－10－19］．https：//wenku.baidu.com/view/93625ac7bb4cf7ec4afed050.html.

5．应聘人员个人基本情况登记表

应聘人员个人基本情况登记表如表3－8所示。

表3－8　　应聘人员个人基本情况登记表

单位名称：　　　　　　　　填表日期：　　年　　月　　日

姓名		性别		民族		出生年月	
学历		毕业学校、时间及专业					
政治面貌		应聘职位		健康状况		期望月薪	
籍贯		身份证号码				婚否	
现住址					联系方式		
现工作单位					现职位/职务		
是否需提供食宿							

教育经历	
工作经历	
个人特长	
面试意见	主试人： 年　月　日
备注	

填表人：　　　　审核人：

资料来源：金小川．企业人力资源管理常用表单．北京：中国国际广播出版社，2003.

3.3　招聘策略

3.3.1　人员策略

招聘人员的职业素养和行为方式会直接影响应聘者对组织的基本评价与判断。招聘人员的素质是企业文化的一个侧面反映，招聘人员也代表企业的形象，一个企业对人才是否重视，从招聘人员的态度可见一斑。研究结果显示，组织招聘过程质量的高低会很明显地影响应聘者对组织的看法。比如，研究人员询问参与面试的 90 名大学毕业生："在经过了第一轮面试之后，你们为什么会认为某一家组织是一家不错的就业之所?"有 41 人提到了工作的性质；此外，有 12 个人提到了招聘者本人给他们留下的印象。遗憾的是，反过来情况也是如此，当被问及为什么有些组织会被认为是不好的地方时，有 39 人提到了工作的性质，有 23 人说他们是对组织低效率的招聘人员失望才转向别处的。这些失望包括：一些招聘人员穿着不整齐；有些人"根本就没文化"；有些人十分粗鲁；有些人则带有令人不快的性别歧视言行。不用说，所有这些招聘人员都暗示他们所代表的组织是缺乏效率的。

如今，企业对员工的技能和素质提出了更高的要求，不仅要求员工受过良好的教育，具备广博的知识和专业的技能，还要具备与企业文化、职位特点相适应的其他素质。这些变化都导致招聘工作日益复杂，招聘人员不仅要不断学习和深入掌握具体业务的技能和知识，还要加深对企业文化和各种职位要求的理解。只有这样，才能在招聘面试工作中做出正确的录用决策。

由此可见招聘人员对于招聘的重要性。招聘队伍成员的合理组成和招聘工作人员的技能与素质，对招聘工作的效率和效果有关键的影响。为此，在细致地进行了招聘工作的各项策划工作之后，一定要组建一支优秀的招聘队伍。这是因为招聘人员在外面进行招聘工作时，代表的将是整个组织，当大多数应聘者第一次与组织直接接触的时候，招聘人员的素质往往是影响应聘者对组织的评价的重要因素之一。

一、招聘人员的素质要求

(1) 具有良好的个人品质与修养：热情、积极、公正、认真、诚实、有耐心、品德高尚、举止文雅、办事高效。

(2) 具备多方面的能力：表达能力、观察能力、协调和沟通能力、自我认知能力。

(3) 具有专业领域的知识技能：因专业而定，如IC设计、遥感技术等。

(4) 具有广阔的知识面：心理学、社会学、法学、管理学、组织行为学、血型学、笔迹学。

(5) 掌握一定的技术：人员测评技术、谈话的策略、观察的技术、设计招聘环境的技术。

读一读

人力资源管理人员通用素质模型

胜任素质也称核心素质，是一系列能够使工作成功的独特及相关行为，这些行为是由个人深层的特性（例如性格、行为、驱动力、价值观及技术）引起的。根据胜任素质的定义，性格、能力、推动力、价值观、知识和技术等个人的深层特性，将导致个人的行为（这些行为由个人表现出来，但可以被旁观者观察到），好的行为将导致成功的工作表现。每一个职业都有区别于其他职业的胜任素质。具体到人力资源管理人员，他们的胜任素质是什么呢？

一、培养人才

培养人才是人力资源管理人员所应具备的最关键的素质之一。具体体现在，人力资源管理人员要成为“教练员”，就必须能够制定并宣讲人力资源的政策和制度，帮助各级主管承担激发下属潜能、培养人才和贯彻执行人力资源制度的责任；而在面向员工的时候则成为“咨询师”，为员工答疑解惑。

二、影响力

人力资源管理人员要胜任“教练员”的角色，还必须具备一定程度的影响力，就像作为人力资源管理产品与服务的“提供者”与“营销员”需要具备影响力一样。这种影响力主要体现在与员工建立彼此信任并达成共识，成为员工利益的代言人；同时作为人力资源管理领域的专家，依赖专业权威性影响与推动企业的变革，发挥人力资源管理对企业运营实践的支持作用等方面。

三、人际理解力

人际理解力也是人力资源管理人员必须具备的关键素质之一。试想，如果人力资源管理人员无法准确地倾听与理解员工的需求，无法基于企业与员工的需要提供人力资源管理产品与服务，那么人力资源管理的价值该如何体现？相应的人力资源管理所承担的一系列角色，包括变革推动者、战略合作伙伴等，该如何落实？影响力和培养人才的素质又该如何发挥作用？

四、关系建立

关系建立更多体现在人力资源管理与企业战略及运营之间达成某种契合与一致，从而驱动员工绩效与企业目标业绩之间达到良性循环的和谐状态，这实际上就是在素质意义上将人力资源管理作为对企业战略合作伙伴的理解。

五、客户服务

客户服务素质是建立在人际理解力基础上的，具体表现在倾听并积极响应客户（包括内部员工与外部客户）提出的问题与需求，并就此提供一系列的人力资源管理产品与服务，从而使客户满意。

六、专业知识与技能

作为人力资源管理方面的专家，人力资源管理人员必须具备一定的人力资源管理专业知识与技能，在必要时还要掌握一套严密的人力资源管理技术与方法，从而打破任何人都能成为人力资源管理人员的观念，在一定程度上强化专业素养对于从事人力资源管理工作的基础与意义。

七、归纳思维与演绎思维

这实际上是运用人力资源管理专业知识与技能的过程，在帮助人力资源管理人员发现问题、找到瓶颈、总结经验与优势等方面都发挥着不可或缺的作用。

八、团队合作

团队从一定意义上说，也可以看成一种培养与开发人才的有效方式，同时为促进人力资源管理履行其对企业经营决策支持以及员工价值管理的职责提供了沟通、分享与支持的平台。

九、自控能力

当面对员工的抱怨与投诉，面对不满和企业内部各自为政的抵制情绪等时，人力资源管理人员必须具备良好的自我控制能力，以积极的心态对待周围的人与事。

十、监控能力

正视问题的存在，遵循一定的规则，在必要时说“不”，告诉员工何时该做什么等。

资料来源：赵宇明．人力资源管理专业人员通用素质模型．［2009－02－25］．http：//www. cjol. com/article/hrassistant/practice/89284. htm.

二、成立招聘工作小组并确定其权责划分

招聘活动的成功实施依赖于企业用人部门和人力资源管理部门的密切配合和协作，尤其是在招聘专业性强的岗位时，仅仅依靠人力资源管理部门是无法招聘

到合适人选的。所以，企业在正式开始招聘前，有必要成立专门的招聘小组。

人力资源部经理可以根据图 3－4 的流程制定招聘计划，再结合部门员工的日常表现来选择招聘小组成员，最后形成招聘小组成员职责分配表，如表 3－9 所示。招聘小组的成员构成视不同的招聘对象而定。如果招聘对象为专业技术人员，则应有专业人士参与招聘活动；如果招聘中高层管理人员，则企业的高级管理人员应作为招聘小组的重要成员之一。一般来讲，可作为招聘小组的成员有人力资源部工作人员、用人部门负责人及企业中高层管理者等，视招聘对象的不同，其在招聘活动中的职责也不尽相同。

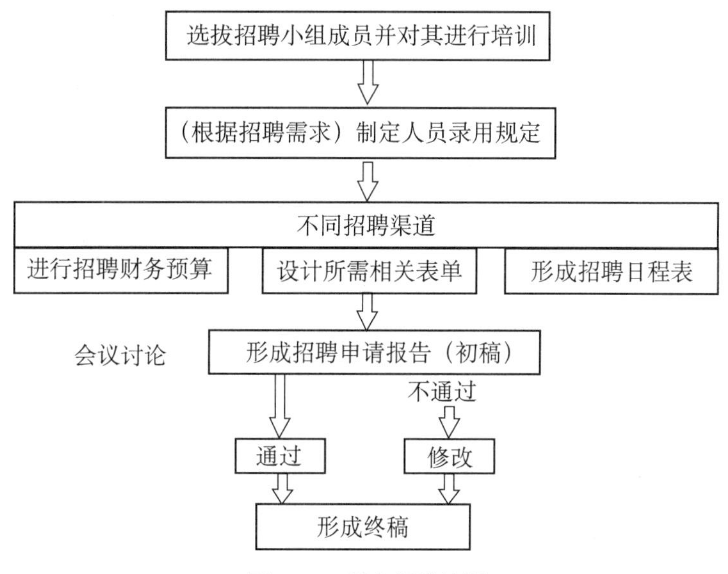

图 3－4 制定招聘计划

资料来源：彭剑锋，睢海珍，顾爽，王佳．招聘操作技术与实施．上海：复旦大学出版社，2008.

表 3－9 招聘小组成员及其招聘职责

招聘小组成员	招聘活动职责	
	招聘准备	招聘实施
招聘专员	● 发布招聘广告 ● 筛选应聘简历 ● 通知应聘者参加面试	● 负责面试接待 ● 组织笔试 ● 记录面试过程 ● 告知应聘者录用结果 ● 整理及归档应聘资料
招聘主管	● 统计各部门招聘需求 ● 确认招聘岗位及任职要求 ● 编制招聘预算 ● 拟定招聘信息 ● 选择招聘渠道	● 负责基层岗位的面试 ● 对应聘者的表现进行评估

续前表

招聘小组成员	招聘活动职责	
	招聘准备	招聘实施
招聘经理	● 制定年度招聘计划 ● 组织实施招聘活动 ● 对小组其他成员进行招聘技术培训	● 负责主管级以上岗位的面试 ● 为用人部门提供录用建议 ● 确定本部门人员录用结果
用人部门负责人	● 提出招聘需求 ● 编写本部门专业、技术的笔试试题	● 负责本部门职位应聘者的笔试、面试 ● 确定本部门人员录用结果
企业高管人员		● 负责经理级以上岗位的面试 ● 确定录用人选

资料来源：李作学．员工招聘与面试精细化实操手册．北京：中国劳动社会保障出版社，2010.

三、招聘队伍组建的原则

组织招聘时往往不是单枪匹马，而是要组建一支强有力的招聘队伍。这支招聘队伍并不是随意组建的，而要遵循相应的原则，主要包括以下几个。

（1）知识互补。招聘队伍中既应该有熟悉人力资源招聘知识的人员，如人力资源部负责招聘的员工，又应该有熟悉招聘职位的相关业务人员，如建筑工程师，这样才能在招聘中从多个角度审视应聘者。

（2）能力互补。招聘队伍从整体上应该具备良好的组织能力、领导能力、控制能力、沟通能力、甄别能力、协调能力以及影响力等。

（3）气质互补。招聘队伍中应该具备谨慎认真的招聘者，他们可以让整个招聘过程不出差错或少出差错；也应该具备富有亲和力的招聘者，他们可以坦诚地与应聘者沟通；在有些时候那些“盛气凌人”的招聘者也是需要的，例如进行压力面试。

（4）性别互补。在招聘的队伍中应该协调好男性和女性的比例，因为在招聘的过程中可能会出现性别的偏见，也就是说，男性招聘者可能会更倾向于选择女性应聘者，相反，女性招聘者可能会更倾向于选择男性应聘者。所以，性别互补也是不可忽视的。

（5）年龄互补。在招聘的队伍中应该有不同年龄的招聘者。不同年龄段的确存在代沟，所以应该考虑招聘者与应聘者的年龄相仿，以有利于沟通、达到预期效果。

此外，部门经理最好也参加招聘工作。因为部门经理是未来员工的直接上级，所以在招聘过程中，应该让部门经理参与，由他来决定最终是否录用应聘者。部门经理更加了解该岗位的技能要求，在技能考核中能够发挥不可替代的作用。另外，人们不会为自己的选择后悔，部门经理会更加喜欢管理他亲自挑选的下属。

招聘工作要想真正有效，还有一个重要的原则不能不提，即组织或组织的最高领导者应对招聘工作给予充分的支持和关心，最好是组织的总经理或老板也加入招聘团队。松下幸之助曾说过，招聘人才的决定因素是热情及其人生观。应该由谁来做招聘工作，或者说什么样的人适合做招聘工作？简单地说，就有些中小企业而言，如果老板不亲自组织落实招聘，就肯定招不到人才。

看一看

面试官：你代表企业形象

面试过程的重要性不言而喻。对企业来讲，面试官代表企业形象，他的表现直接反映了企业形象；对应聘者而言，面试是道门槛，最终决定其能否被录用。

面试官应如何应对面试？面试如何才能顺利进行？面试官应该注意哪些问题？这些是面试官常常遇到的问题。然而，并非所有的面试官都能运用自如。以下是可供参考的面试流程。

一、握手、自我介绍

这是面试的第一步，也是大多数面试官往往忽视的一个细节。

作为面试官，首先伸出手来主动与应聘者握手，会让对方感到几分亲切，也会消除一些应聘者的紧张心理。

接下来就是自我介绍。一般开场白是这样的："欢迎您前来应聘。我叫××，是公司的××（职位），本次面试由我负责，我们大约要用一小时。"

把面试的耗时告知应聘者，体现出公司"以人为本"的理念。作为面试官，不要高高在上，而应该为应聘者着想。有些应聘者当天可能还要到其他公司去面试，如果在这里耽误了很多时间，必然会延误其他公司的面试。另外，这样的自我介绍也会给应聘者一个比较"专业"的面试印象——公司不错，面试官比较专业！

二、落座闲聊

落座后，先斟茶倒水，而后切入话题。

有些面试官在面试时，往往不给应聘者水喝。试想，某些应聘者路途比较远，再加上天气炎热和心理紧张，是多么渴望一杯水啊。

接下来，话题可以从闲聊开始。比如，可以问一下应聘者抵达公司所花的时间、今天的天气状况、今天的时事要闻等。这样的闲聊几分钟即可，切不可太长，更不能被应聘者"牵着鼻子走"。

闲聊可以疏解应聘者紧张的心理。实践表明，一旦应聘者的心情放松下来，接下来的面试一般会比较顺利，而且也有助于面试官的判断，因为心情放松的人一般说的都是真话，其心理防线也不会很严。事实上，对面试官来说，闲聊也是面试。试想，如果应聘者回答不出路途的耗时，是否可以说明他不够细致呢？

三、薪资待遇介绍

闲聊过后，先简单介绍一下公司概况、职位要求以及公司的基本工作规范，而后重点、详细地告知薪资待遇和福利。

在介绍公司概况、职位要求以及基本工作规范时，要简明扼要。为此，事先要做好充分的准备。一个一个地重复介绍这些内容，必然会延长面试的时间。一般的做法是：约定的面试时间一到，就集中介绍公司概况、职位要求、基本工作规范以及薪资待遇。

这是一个双向选择的时代。薪资待遇是应聘者心中的一个重要砝码。有的面试官认为，薪资待遇应该保密，初次面试不能讲明。一般情况下，薪资待遇透明未必是件坏事，可以大大缩短招聘到合适人选的时间。试想，如果一开始不谈薪资，可能你认为合适的人选经过几个轮次的面试最后却不愿意到岗，这不是竹篮打水一场空吗——既浪费了双方的时间，又消耗了招聘成本？事实上，一个公司的薪资待遇是永远不可能做到保密的。

四、疑点提问

闲聊过后，转为面试正题——疑点提问。

对于简历表上的疑点，事先要列出提问的问题。对此，面试前面试官一定要认真细致地阅读求职表，努力找出求职者的疑点。提问疑点的目的就是设法弄清事实真相。一般来说，疑点有以下几个。

（1）工作时间是否存在空白段。面试官要问应聘者，在空白段里干什么去了：是“充电”还是休息；是调查市场还是回顾总结。从这个空白段可以反映出应聘者的求职心态：是迫切要求上岗还是带着无所谓的心态。

（2）为什么频繁跳槽。在一个公司工作一年，应该算是“初级阶段”，这一年时间公司花了成本培训你、锻炼你，而刚熟悉了业务，你却要远走高飞，用意何在？对此，一定要问清楚，切忌含糊其词。

（3）追问离职的真正原因。离职的原因有很多，但实践表明，许多求职者不愿说出离职的真正原因，往往以“谋求个人发展”或“身体不适”等原因搪塞。此时，一定要刨根问底：你如何规划你的职业生涯？身体怎么不舒服？是不是不适应公司的文化？是不是与老板吵架了？总之，面试官要想方设法问出求职者的真正离职原因，因为这个问题可以或多或少地反映出应聘者的性格特征。

（4）最近获得了哪些新技能。可以这样提问：“最近看什么书？”“最喜欢看的电视节目是什么？”“最近获得了什么新技能？”从中可以反映出应聘者的学习能力。

五、STAR提问

对于职位要求的提问，是面试的重点。

事先，面试官要根据每一项职位要求列出对应的问题，问题不必太多，两三个即可。这样，多项职位要求的问题累计起来可以达到10个左右。耗时也不要太长，15～20分钟即可。

对于职位要求的提问，要满足STAR原则，即每个问题都要涵盖情形（situation）、任务（task）、行动（action）和结果（result）。例如，首先要了解应聘者是在一个什么样的情形之下取得工作业绩的。接着，要了解应聘者为了完成工作，承担了哪些工作任务。接下来，要了解应聘者为了完成这些任务采取了哪些行动。最后，才关注结果。

六、结束面试

当你觉得应该结束本次面试的时候，可以这样告知应聘者："您还有什么问题要问吗?"等你一一作答后，本次面试也就该结束了。

这时，应聘者往往急切地盼望面试的结果，你可以这样回答："感谢您前来面试。这是第一次面试，如果顺利的话，我们会在一周内给您回话，准备第二轮也是最后一轮面试，您看怎么样?"

至此，全部面试结束。上述面试过程中，"握手、自我介绍"占几分钟，"落座闲聊"占5分钟，"薪资待遇介绍"占5分钟，"疑点提问"占15分钟，"STAR提问"占20分钟，"结束面试"占几分钟，估计共耗时1小时。

资料来源：戴敏．面试官：企业形象的代表．企业文化，2005（10）：85-87.

3.3.2 时间策略

招聘时间是从开始招聘准备工作到招聘结束所需要的时间，主要包括准备、招募、甄选和聘用四个环节所用的时间。准备工作主要包括组建招聘队伍，对员工胜任素质进行分析，制定招聘工作计划等。招募是指从发出招聘信息、解答求职者的咨询，到收集应聘者的求职资料的过程。甄选是指采用一系列有针对性的测评技术来选拔满足工作岗位要求的最佳人选的过程。聘用包括岗前培训和试用期考查。招聘时间策略应根据经费预算、甄选所用的方法等因素确定。因此，为了满足企业对人力资源的需求、保证新员工按时到岗，制定时间策略时应考虑以下几个因素。

一、遵循劳动力市场上的人才规律

在人才供应高峰期到劳动力市场上招聘，可节约成本，提高招聘效率。一般来说，每年大学毕业生的就业阶段是人才寻找就业机会的高峰，这段时间一般是从每年的11月开始，直到第二年五六月结束，期间除去大中专院校寒假放假阶段。在这个时期进行人员招聘，因为劳动力供给充分，所以可以在较大程度上雇用到素质较高的员工，同时有利于节约招聘成本。

二、制定招聘时间计划

根据工作经验计划好招聘各阶段的时间，可以节约成本，尽快网罗人才，有助于树立高效的组织形象。按照一般招聘过程中每一阶段所需的时间可以估算出，有效的招聘一般需要近两个月的时间，其间要征集个人简历、通知面试、准备和进行面试、决定是否录用、录用入职等。所以招聘广告一般要在职位空缺前两个月就发布出去，这样才能按照既定的招聘工作流程图的逻辑顺序进行完整的招聘工作。

看一看

2016年金融行业招聘周期

2016年金融行业招聘周期如图3-5所示。

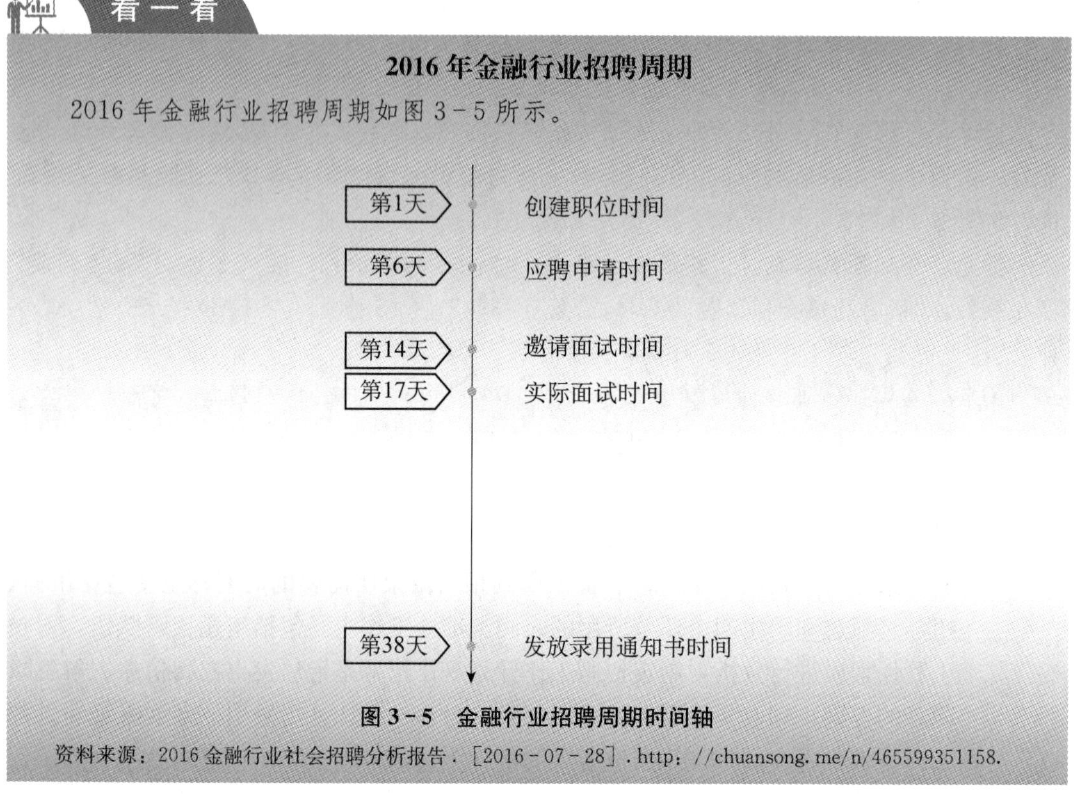

图3-5 金融行业招聘周期时间轴

资料来源：2016金融行业社会招聘分析报告．[2016-07-28]．http：//chuansong.me/n/465599351158.

3.3.3 地点策略

招聘地点的选择是关系到企业能否招聘到合适员工的重要因素。招聘地点不应该是随意的，而应是经过精心策划的，应该既考虑到招聘的效果，同时考虑到招聘成本的节省。选择招聘地点时应该对企业所需人员的类型与职位等级、招聘地点人才的分布、供求状况、招聘成本等因素进行综合分析。

一、根据所要招聘的人员类型来选择何种、何地的人才市场

可以在全国乃至世界范围内招聘组织的高级管理人员或专家教授；在跨地区的市场上招聘中级管理人员和专业技术人才；在招聘单位所在地区招聘一般工作人员和技术人员；到农村去寻找一般的对技术水平要求不高的劳动力。近几年，我国有些地方政府还时常组织招聘团到国外开展人才引进工作，重点招聘出国留学人员，吸引他们回国就业。

二、就近原则

如果企业所在地的人力资源供求状况与外地相差不大，则没有必要舍近求远，主要原因是就近可以节省大笔的招聘费用。试想，在深圳的组织到上海招聘的成本无论如何都会比到北京招聘低一些，因为两地之间的飞机票价格就相差很

多。还有一个原因就是邻近组织的地区的人对本地文化、生活习惯、气候等有较为深刻的理解，在组织的管理上有一定的优势。

三、尽量在同一地区进行招聘

这有利于形成固定的员工供应渠道，同时也是节约招聘成本的一个有效途径，因为现有员工的无形宣传已经是组织最好的广告。但是，组织每年的招聘类型、数量都有所不同，所以也要因事、因地制宜，灵活地在劳动力市场上开展招聘工作。

3.3.4 其他问题

一、甄选方式的选择

甄选方式往往有很多，比如笔试、面试、心理测验、背景调查、体检等。一般来说，并不是所有员工招聘的甄选工作都要经历所有这些方式才能决定是否要录用。对于高级管理人员，一般只进行面试和背景调查工作就可以决定是否录用；对于一般工作人员，如果在大学毕业生中进行选拔，最好所有的甄选方式都要运用，以有利于真正选拔出合适的、优秀的人才；对于一般的体力工人，以上甄选手段基本上都不用，只要进行力量测量就可以了。同时，应用所有的甄选手段还有一个成本问题，所以应根据企业的不同实际决定采取何种手段。甄选手段在以后的章节中还有详细论述，在此略过。

二、招聘渠道和招聘方式的选择

招聘渠道的选择决定了招聘对象的来源、质量和数量等。企业应根据招聘的职位、素质要求、到岗时间等特点，选择合适的招聘渠道。任何一项招聘工作都要选择与之相适应的招聘渠道和招聘方式，所以这项计划的确定也是招聘工作中极为重要的组成部分。至于具体的选择所需要考虑的诸多因素，将在下一章中详细论述。

三、招聘的备选方案

前面已经提到招聘成本往往是无法估量的，为此，招聘失败对组织造成的损失将会是巨大的。同时，即使是辞退一名绩效一般的员工，其连带效应也需要组织付出巨大的成本，所以，做出不明智的、轻率的招聘决策是不合适的。同时值得注意的是，并不是组织一旦出现了人力资源空缺就需要进行招聘，有时可以通过内部的人力资源重新调配和整合来弥补空缺。这也决定了在从事招聘工作的同时，也要认真考虑备选方案。一般有以下形式：

(1) 加班。由于员工离去导致的职位空缺，可以由从事同样工作的员工来共同完成他的工作，也就是三个人的活两个人干，这就需要延长工作时间，即所谓的加班。这样一方面避免了组织招聘的种种费用支出，另一方面增加了加班员工的收入，可谓一举两得。但这毕竟不是长久之计，随着工作时间的延长，加班人员会逐渐降低劳动效率。

（2）临时工。在衡量雇用固定工人和临时工人的成本之后，很多组织发现使用临时工人或者兼职人员往往比雇用一名专职员工在经济成本上要划算得多。但使用临时工人有其特定的限制，一般在季节性员工需求比较强烈的职位、临时增加组织项目、固定员工临时不在岗、需要特殊技艺但组织又不经常使用的工人等情况下，使用临时工人比较合适。

（3）雇员租赁。在人力资源管理实践中，组织使用雇员租赁的形式获取人力资源，不仅可以节约招聘成本，而且省去了管理费用。对于出租雇员的组织来说，可以在人力过剩的情况下出租雇员，人力不足的时候召回雇员，如此便灵活地处理了组织人事工作。被租赁的员工也可在本组织人力过剩时避免失业，同时又可获得工资收入。由此可见，这种形式对三方都有好处。但不利因素也同样存在，由于员工的报酬福利均来自另外一个组织，因此对于员工的忠诚是一种考验。

（4）外包。当转包商在生产某些特定的商品或服务方面具有专长时，这种形势比较具有吸引力。同时，由于组织自身的条件限制而不能独自完成工作任务时，也会将部分工作转包给另外的组织来完成。现代人力资源管理工作中已经出现了外包的具体形式，财务管理等方面的许多工作也经常由外来的专业人员提供。对于某些工作来说，外包出去可以在更合理的价格上得到更好的质量保证。

拓展阅读

人与组织的匹配和人与工作的匹配信息在招聘中的使用

《组织行为与人类决策过程》（*Organizational Behavior & Human Decision Processes*）2012年的一篇文章通过两项研究考查了聘用决策者在评估求职者时如何整合人与组织的匹配（PO fit）和人与工作的匹配（PJ fit）信息，以及该过程如何受到职位特征的影响。研究结果表明：聘用决策者在评估求职者时对人与组织的匹配和人与工作的匹配的组合过程是非线性的，符合重点选择规则（disjunctive rule）；对求职者的两种匹配进行权衡的过程会受到岗位特征的影响。

这篇文章扩展了人与组织的匹配和人与工作的匹配在决策选择的背景下的理论发展，揭示了当聘用决策者将这两种匹配整合到求职者评估中时，人与组织的匹配和人与工作的匹配的特征之间的若干显著差异。

关于人与工作的匹配的特征，研究结果表明，在对求职者形成较低的评价时，较低程度的人与工作的匹配比低程度的人与组织的匹配对于聘用决策者的影响更大。这一发现表明，人与工作的匹配度低比人与组织的匹配度低更有可能被用作拒绝求职者的理由（即阈值效应）。此外，研究结果还表明，聘用决策者在对候选人进行评估时，赋予人与工作的匹配信息的权重对于合同期限和知识密集程度两种工作特征都很敏感，这表明决策者可能根据工作特征调整人与工作的匹配信息的权重。这可能是因为工作任务的性质和重要性在不同职位之间存在显著差异，而且人与工作的匹配度提高的可能性在不同时间跨度上不尽相同。

关于人与组织的匹配的特征，研究结果表明，决策者相对能够容忍低水平的人与组织的匹配，这可能是因为通过人与组织的匹配信息做出选择决策没有较多的法律支持。因此，基于低水平的人与组织适合性来拒绝求职者可能不太合理。此外，研究结果还表明，在评估候选人时，人与组织匹配信息的权重对任务要素的特征相对不敏感。因此，对于涉及不同任务的各种职位，在评估候选人时人与组织的匹配信息是以相对稳定的方式加权的。这可能是因为人与组织的匹配对员工工作表现的影响被认为是普遍和稳定的，不管工作任务的性质如何。

资料来源：Sekiguchi T，Huber V L. The use of person-organization fit and person-job fit information in making selection decisions. Organizational Behavior & Human Decision Processes，2012，116 (2)：203－216.

▶小　结

员工招聘是招募与聘用的总称，是指组织通过劳动力市场或人才市场获取人力资源的活动。作为人力资源管理中的重要环节，它是组织人力资源管理后续工作有效展开的重要前提，也是人员甄选的基础。本章主要介绍了招聘计划的主要内容、招聘计划中的文案资料及表单和招聘的一些主要策略。

招聘计划的主要内容包括招聘人数、招聘基准、招聘策略和招聘经费的预算。

在招聘人数上应该注意两点：第一，应该实事求是地告知用人需求数量；第二，要根据招聘职位的历史筛选数据预测最初需要的应聘人数。

人员的招聘基准分为基本标准和关键标准两大类。基本标准是指能胜任应聘职位的最基本要求，它主要从三个方面来定义，即人员技能与岗位职责相匹配、人员个性与岗位特点相匹配、人员价值观与组织价值观相匹配。只有人员的三个匹配度都符合组织的要求，他才有可能适应组织的工作。人员的关键标准决定了人员能不能出色地完成某项工作，招聘者应该发掘人员的潜能，并且突出最重要的胜任素质。

企业每年的招聘费用预算应该是全年人力资源开发与管理总预算的一部分。每个组织可以根据自己的实际情况，按照所采取的招聘方式、招聘对象的不同、招聘人数的多少等因素具体决定招聘费用预算。近年来，招聘费用呈现有增无减的趋势。

确定人员招聘条件应该有四个步骤：第一，找出面谈合适人选弄清职位空缺的原因；第二，与同离职者做同样或类似工作的人及其他相关人员进行交谈，建立或完善工作岗位说明；第三，审查任职资格；第四，确定人员招聘条件。在此之后应该列出人员招聘条件清单，以帮助后续工作的顺利进行。填写清单时应做到措辞具体明确，确定真正必需的条件，尽量考虑到未来工作的变化，确定所列各项条件的先后顺序和轻重程度。

建立科学、标准、规范的人力资源管理系统离不开一系列的文案、表单，这些文案和表单是企业人力资源信息的重要载体，是企业高效率、高水平、高质量的人力资源管理系统不可缺少的组成部分。

招聘策略主要分为三大部分：人员策略、时间策略和地点策略。招聘人员应该具备良好的个人品质与修养、多方面的能力、专业领域的知识技能、广阔的知识面，以及掌握一定的技术。在时间策略上应该遵循劳动力市场上的人才规律，根据工作经验计划好招聘各阶段的时间。一般招聘地点的选择规律是：第一，招聘不同层次职位的人选择不同的地域范围；第二，就近原则；第三，尽量在同一地区进行招聘。

有时，可以通过组织内部的人力资源重新调配和整合来弥补空缺职位的工作。这也决定了在进行招聘工作的同时，也要认真考虑备选方案。一般有以下形式：加班、临时工、雇员租赁和外包。

思考题

1. 谈谈招聘计划的主要内容。
2. 企业在组建招聘队伍时，一般应遵循哪些原则？
3. 招聘渠道一般有哪几种？
4. 列举几个招聘失败时的备选方案。

参考文献

1. 孙健，赵涛．用制度管人按制度办事：人力资源工作规范化管理推行实务．北京：企业管理出版社，2008.

2. 栾锦红．大学生职业生涯与就业指导．北京：国际文化出版公司，2008.

3. 赵永乐，沈宗军，刘宇瑛，周希舫．招聘与面试．上海：上海交通大学出版社，2006.

4. 彭剑锋，睢海珍，顾爽，王佳．招聘操作技术与实施．上海：复旦大学出版社，2008.

5. 李作学．员工招聘与面试精细化实操手册．北京：中国劳动社会保障出版社，2010.

第4章

人力资源获取方式及选择

学习目标

- 掌握内部招聘和外部招聘的原则和优缺点
- 掌握网络招聘的优缺点和流程
- 掌握校园招聘的优缺点和流程
- 熟悉企业的实习生计划

西门子招聘案例

西门子公司于1847年由维尔纳·冯·西门子在德国创立，距今已经有170多年的历史。它的主要经营范围为医疗（医疗系统）、能源（电力、水处理）和工业服务（信息和通信、自动化和控制及照明）。西门子与中国合作并在中国开展贸易活动始于1872年。近年来，西门子在华公司已经成为仅次于总公司的第二大海外市场。西门子2012年财报显示："西门子中国的总营收达63.5亿欧元，新订单额达60.4亿欧元，创下西门子在华业绩第二高，仅次于2011财年，在西门子全球营收中占比8%。"就现况而言，西门子在中国的投资项目主要集中在工业、能源、医疗、基础设施与城市建设四大板块。

无疑，西门子在中国取得如此卓越的成绩，离不开其区域组织结构框架，也离不开其对中国社会未来发展的正确把握，同时，更与其较为先进的人力资源管理机制有直接的联系。以下为西门子的招聘计划与流程。

一、招聘计划

在每年年中，也就是5—6月，西门子都会认真分析上一年的经营状况以及下一年战略发展的实际需求，所有部门会据此制定目标。在制定目标时，西门子会综合考虑“在哪些方面开拓新业务”“如何调整组织的现有结构”“某个业务需要多少人”等因素。接着确定公司下一年发展所需的人才及其数量。最后依照业务发展状况、业务增长速度、工作分配现状，在合适的时间招募最需要的人才。

二、招聘流程

西门子招聘人才的流程如下：发布招聘信息、筛选简历、面试、进入试用期。

三、内部晋升

西门子认为，公司不是雇佣机构，而是满足员工需求的组织。西门子高度关注对公司内部员工的培养。如果有职位空缺，公司会首先在内部通过广告或者电子邮件告知员工，使内部人才有展示自己才能的机会。如果在公司内部确实无法找到胜任该职位的人才，才会选择社会招聘。另外，公司内部员工也可以向公司举荐认识的人才。人事部门在获悉岗位空缺信息后，会通过公司网站、内部广告或者邮件告知员工，然后员工将这些信息告知身边的人才，符合要求的便可先填申请表，在申请表通过审查之后参加面试。如果其能顺利通过面试与考核期（通常为一个季度到半年），公司会给予推荐者一定数额的奖励。如果是较为特殊的岗位，给予的奖励也会比较特殊。

四、“圈”才体系

对任何一个公司来说，到高校招聘应届毕业生都是一项较为长远的发展策略，在大多数情况下，特别是当公司的业务发展较为顺利时，公司会通过社会招聘寻找经验丰富、技术可靠的人才。然而，从公司的长远发展来看，就要招聘应届毕业生，并将其培养成企业的骨干力量。

五、社会招聘

社会招聘所招来的人才由于没有在公司服务的背景，因此对公司的认可度较低，“他们能否在公司工作较长时间”成为一个重大问题。此外，西门子的社会招聘计划还拥有一个独特的备选方案，根本任务是为公司的重要及特殊岗位储备人才。例如，西门子上海医疗曾经实施一个“员工伯乐计划”，鼓励员工举荐社会上符合西门子招聘条件的人才，并给予相应的奖励。

资料来源：顾海东．德国西门子在华企业人力资源的获取与再配置问题研究．成都：西南交通大学，2013.

从西门子的案例中可以看出，西门子既采用了内部招聘，又采用了外部招聘，为企业获得了需要的人才，解决了人员的短缺。内部招聘可以起到增强团队凝聚力、激励团队士气的作用；外部招聘使企业有了新鲜血液，有利于组织创新，促进企业壮大发展。可以说，好的招聘是企业管理的催化剂，确定通过何种方式获得企业所需的人力资源是招聘工作的基础。

那么，到底是内部招聘优先还是外部招聘优先？对于不同层次的人才、不同环境和阶段的企业应采取不同的选择。本章的内容将让你更加深入地了解不同的人力资源获取方式，以及应如何选择最适合的获取方式。

4.1 人力资源获取方式概述

4.1.1 人力资源获取的概念

人力资源获取（access to human resources）是指组织为了发展的需要，根据人力资源规划和职位分析的要求，寻找、吸引那些既有能力又有兴趣到本组织任职的人员，并从中挑选出适宜人员予以录用的过程。从以上定义可以看出，人力资源获取具有以下几层含义：首先，人力资源获取必须具备两个前提。一是人力资源规划，企业通过人力资源规划来确定组织下一个阶段人员的结构和数量，从而对招聘计划起到决定性的指导作用；二是职位分析，即职位说明书与职位规范，通过职位分析企业可以清晰认识工作本身，进而概括出适合工作人选的特征要求。其次，人力资源获取分为三个步骤，分别是招聘、甄选与录用。通过招聘，寻找、吸引应聘者，从中甄选出合格的候选人，进而录用，这才完成了人力资源获取的整个流程。最后，人力资源获取的目的是获得企业所需的人力资源，以满足企业发展的需要。

企业可以通过基于外部和内部渠道招聘员工的活动，获取所需的人力资源，即人力资源获取的方式可以分为内部招聘、外部招聘。每一类方式又可细分为多种途径。内部获取的主要途径有提拔晋升、工作调换、工作轮换、人员重聘、竞聘上岗、利用人才信息库档案等。外部获取的主要途径有招聘广告、就业服务机构、招聘洽谈会、校园招聘、网络招聘、员工推荐、求职者自荐、猎头公司等。

4.1.2 内部招聘

内部招聘是指企业的岗位空缺由企业或组织内那些已经被确认为接近提升线的人员或通过平级调动来补充。内部招聘的做法通常是企业在内部公开空缺职位，吸引员工来应聘。这种方法所起的作用就是使员工有一种公平合理、公开竞争的平等感觉，它会使员工更加努力奋斗，为自己的发展增加积极的因素。这无疑与人力资源开发与管理的目标相一致。

一、内部招聘应遵循的原则

企业进行内部招聘时，应遵循如下原则。

第一，机会均等。内部招聘信息的覆盖面应该是整个内部组织的全体员工，应当让每一个人都清楚空缺职位的招聘条件、要求、时间等，从而使所有符合招聘条件的员工都能有均等的机会获得该职位。

第二，任人唯贤，唯才是用。“贤”和“才”是人才的客观标准，“任”是主观上对人才使用做出的决策。只有解决好对人才的选任问题，才能保证合格的优秀人才有适合他发挥才干的岗位和机会。

第三，激发员工。无论是内部晋升还是职务调动，都是为了使广大员工认识到，只有不断提高自己的工作能力，才有可能获得更好的工作机会，从而调动工作积极性。

第四，人事匹配。人事匹配是内部招聘中的一条重要原则，也是一条根本原则。如果忽视了人事匹配，招聘成功反而既有损于企业的发展，导致企业中人力资源的工作效率低下，也有害于被录用者个人，因为这将影响到其个人职业生涯的有序发展。

二、内部招聘的六种主要方式

内部招聘的方式主要有六种：提拔晋升、工作调换、工作轮换、人员重聘、竞聘上岗、利用人才信息库档案。

1. 提拔晋升

通过提拔晋升选择可以胜任空缺职位的优秀人员，这种做法给员工以升职的机会，会使员工感到有希望、有发展的机会，对于激励员工非常有利。通过提拔晋升来招募人员有以下几个理由：（1）组织内部的员工更有能力胜任空缺的职位。有一些工作看起来很平常，却需要那些熟悉组织人员、工作程序、政策以及组织特性的人去做。(2) 员工会感到更稳定，而且愿意把自己的长远目标与组织联系在一起。在组织内部进行有效的晋升可以激励员工更好地工作。从时间和金钱两个方面来看，提拔晋升更为省时、经济。

提拔晋升政策的缺点在于可能挑选不到最胜任工作的人，而且会带来内部冲突，以及目光短浅等，所以在选择提拔晋升时，必须对候选人进行鉴定、筛选。

2. 工作调换

工作调换也叫作平调，是在内部寻找合适人选的一种基本方法。这样做的主要目的是填补空缺，实际上它还起到其他许多作用，比如可以使内部员工熟悉其他部门的工作，与更多的人员有更深的接触、了解。这样，一方面有利于员工今后的提拔，另一方面可以使上级对下级的能力有进一步的了解，也为今后的晋升工作安排做好准备。

3. 工作轮换

工作调换从时间上讲往往比较长。与工作调换不同的是，工作轮换通常是短期的，有时间界限。另外，工作调换往往是单独的、临时的，而工作轮换往往是两个以上的、有计划进行的。工作轮换可以使组织内部的管理人员或普通人员有机会了解不同的工作，为那些有潜力的人员提供以后可能晋升的条件，同时可以缓解部分人员由于长期从事某项工作而带来的烦躁和厌倦等感觉。工作轮换也是职业生涯管理与设计的一个组成部分。

4. 人员重聘

有些企业由于某些原因会有一些不在岗位的员工，如下岗人员、长期休假人员（如因病长期休假）、已在其他地方工作但关系还在本单位的人员（如停薪留职）等。在这些人员中，有的恰好是内部空缺需要的人员。对这些人员的重聘会使他们有再为单位尽力的机会。另外，由于他们比较熟悉本企业的工作，企业使用这些人员可以要求他们尽快上岗，同时减少培训等方面的费用，使内部招聘达到事半功倍的效果。

5. 竞聘上岗

竞聘上岗也称工作张榜或布告招标，是在组织内部招聘人员的普通方法。过去的做法是在企业的布告栏发布工作岗位空缺的信息，现在已开始采用多种方法发布招聘信息，如企业内部网络公告，同时建立报名程序、评审程序和方法，采用比较客观、公正的方法选聘最合适的员工。在使用竞聘上岗方式时，要满足以下几个要求：(1) 至少要在内部招聘前一周发布招聘信息；(2) 应该清楚地列出职位描述和工作规范；(3) 使所有申请人收到有关申请书的反馈信息。

6. 利用人才信息库档案

内部招聘还可以利用现有人员人才信息库档案中的信息。这些信息可以帮助招聘人员确定是否有合适的人选，然后招聘人员可以与他们接触以便了解他们是否想提出申请。这种方式可以和以上几种方式结合使用，以确保岗位空缺引起所有有资格的申请人的注意。

三、内部招聘的优点

内部招聘方式主要具有以下优点。

1. 招聘的风险低，成功率高

企业内部的候选人已经在企业中工作过一段时间，企业对其了解程度必然高于外聘者。候选人在企业中工作的时间越长，企业对其工作能力、业绩、人格特点、与组织的相容性等的了解就越深。因此，成功确定岗位合格人选的概率就比较高，从而降低了招聘的风险。

2. 产生激励效果和榜样力量

内部招聘制度尤其是提拔晋升能够给员工提供晋升机会，使组织的成长与员工的成长同步，容易鼓舞员工士气，形成积极进取、追求成功的气氛。同时，获得晋升的员工能为其他员工树立榜样，发挥带头作用。

3. 提高员工的忠诚度

获得聘用的内部员工本身就是在品德、能力和专业方面都比较优秀的员工，他们不仅把企业当作自己事业的平台，更重要的是把企业当作命运的共同体，因而对组织的忠诚度较高。

4. 成本低、效率高

内部招聘可以节约高昂费用，还可以省去一些不必要的培训，减少间接损失，而且人才离职、流失的可能性小。现有的员工更容易接受领导和管理，易于沟通和协调，消除人际摩擦，发挥组织效能。

5. 适应性强

员工能力的发挥主要取决于他们与组织文化的融合、对组织本身及其运行特点的了解。现有的员工更了解和熟悉本组织的运作模式、业务流程、人际关系等，与从外部招聘的新员工相比，定位过程更短，能更好地适应新工作。

四、内部招聘的缺点

内部招聘有许多优势，同时也存在许多劣势。

1. 使企业失去活力，缺乏创新性

企业内部招聘的员工一般具有很多共同的思维方式，容易形成定式即思考和行为的固定模式，使企业失去活力，这也是企业变革创新的大敌。为了克服这一现象，主要采用内部招聘方式的企业应该重视企业的外部培训，激励员工接受新思想、新知识，以打破思维和行为定式，增加企业的活力和创新力。

2. 可能造成内部矛盾

内部招聘需要竞争，竞争失败的员工可能会产生不满、心理失衡或心灰意冷，士气低下，增加员工的消极情绪和各级主管的思想工作量。内部招聘还可能导致部门之间“挖人才”的现象发生，不利于部门之间的协作和组织的内部团结。

3. 不利于新主管建立声望

新上任的主管从同级员工中产生时，自己会受到“是大伙中的一员”的情感束缚，感觉到对自己信任的缺失，也会导致该工作群体的比较心理失衡，使新主管无法很好地完成角色转变，不易建立领导声望。

4. 会出现不公正的现象

内部招聘有可能基于资历、人际关系或领导者喜好而非业绩、能力，形成不正之风，给有能力的员工的职业生涯发展设置障碍，导致优秀人才外流或被埋没，削弱企业的竞争力。

5. 形成“近亲繁殖”的弊端

如果企业有职位空缺时经常采用内部招聘方式，难免会任人唯亲，容易导致“近亲繁殖”。当然，即使不是任人唯亲，也会因为提拔任用而使他们“联姻”，形成“近亲”，产生工作绩效不良的“低能儿”。“近亲繁殖”会使员工之间的帮派越来越多，关系越来越复杂，不利于企业的发展。

6. 出现“涟漪效应”

企业内部的每一次招聘都会引起一连串的提升和调动。例如，当某一个部门的副总经理职位出现空缺时，下级部门的经理就有可能通过提拔晋升的方式担任副总经理。而下级部门的经理可以由某一业务主管顶替。这样“一石”而激起“千层浪”的人事更替，在人力资源管理内部叫作“涟漪效应”。涟漪效应对企业最大的影响就是“层层迭出”，几乎人人都有机会，也几乎人人都有可能在竞争中失败。这就可能导致一段时间内许多人不安心工作。当涟漪效应停止后，又有许多人可能因为情绪变化或心态不平衡而影响工作，同时也使企业领导者不得不接受那些本不应该调配的岗位和个人，从而给企业工作带来负面影响。

7. 失去选取外部优秀人才的机会

一般情况下，外部优秀人才是比较多的。一味寻求“本部制造”，减少外部“新鲜血液”进入本组织的机会，表面上看是节约了成本，实际上是对机会成本的巨大浪费，使企业错失外部的优秀人才。

以上内部招聘的缺点不容忽视，企业只有高度重视这些缺点，才能在选拔人才的时候做到有的放矢，将其对企业的负面影响降到最低。

想一想

索尼公司的内部招聘

一天晚上，索尼公司董事长盛田昭夫按照惯例走进餐厅与职工一起就餐、聊天。他多年来一直保持这个习惯，以培养员工的合作意识和与他们的良好关系。

盛田昭夫忽然发现一位年轻职工郁郁寡欢，满腹心事，闷头吃饭，谁也不理。于是，盛田昭夫主动坐在这名员工对面，与他攀谈。几杯酒下肚，这个员工终于开了口：“我毕业于东京大学，有一份待遇十分优厚的工作。进入索尼公司之前，我对索尼公司崇拜得发狂。当时我认为进入索尼公司是我一生的最佳选择。但是，现在才发现我不是在为索尼公司工作，而是在为课长干活。坦率地说，这位课长是个无能之辈，更可悲的是，我所有的行动与建议都得课长批准。我自己的一些小发明与改进，课长不仅不支持、不解释，还挖苦我有野心。对我来说，这位课长就是索尼公司。我十分泄气，心灰意冷。”

这番话令盛田昭夫十分震惊，他想，类似的问题在公司内部员工中恐怕不少，管理者应该关心他们的苦恼，了解他们的处境，不能堵塞他们的上进之路，于是产生了改革人事管理制度的想法。之后，索尼公司开始每周出版一次内部小报，刊登各部门的“求人广告”。员工可以自由而秘密地前去应聘，他们的上级无权阻止。另外，索尼公司原则上每隔两年就让员工调换一次工作，特别是对于那些精力旺盛、干劲十足的人才，不是让他们被动地等待工作，而是主动地给他们施展才能的机会。

资料来源：内部招聘——索尼的内部跳槽．中国电力企业管理，2014（5）：96.

五、关于内部招聘的几点建议

1. 推行内部招聘的制度化、透明化改革

内部招聘需要经历招聘决策、发布招聘信息、招聘测试、确定录用结果这几个技术过程。内部招聘的成功与否，有其相应的评定标准。内部招聘不是个别高层领导者的个人决定，而是相关部门根据公司的发展现状提出的一种职位需求。因此，为了防止个别领导者对内部招聘的不当干预，需要从两个方面来采取措施：一方面通过制度来约束高层领导者个人权力的正确使用；另一方面引入相应的监督机制。根据内部招聘的特点和所需要的过程，建立一系列的规范来约束公司领导层的管理行为，避免个人权力不恰当地使用。

内部招聘的规范建立以后，还需要引入相应的监督机制。历史的经验证明，不受监督的权力总是会有意或无意地被滥用。因此，内部招聘不仅需要将内部招聘的信息及时公开，还需要将内部招聘的标准、程序公开，接受公司全体员工的监督。必要的时候，可以组织现场竞聘的形式，在公司员工的现场监督下，现场考试、现场评估、现场公布结果。只有这样，才能防止内部招聘工作中个别高层领导者滥用权力不当干预，减轻招聘工作人员的压力，保证内部招聘过程的独立性。

2. 吸收人力资源管理部门和职位服务部门共同参与招聘与录用决策

为了防止用人部门在录用决策中的主观随意性，内部招聘应建立由用人部门、人力资源管理部门、职位服务部门共同参与决策的机制。三个部门享有平等的决策权，相互监督、互相制衡，保证招聘与录用结果的客观、公正。人力资源管理部门掌握着企业现有员工的工作经历、知识、能力等方面的书面资料，同时还具有人员考核和评价的专业技能，因此应该吸收其参与决策。职位服务部门作为聘用岗位的合作对象或服务对象，对招聘岗位要求的理解更现实、更全面，所以也应该吸收其参与招聘决策。要通过三方组成的招聘委员会对应聘员工进行多维度考评，共同完成企业的内部招聘工作。

3. 加强招聘后沟通，争取员工对招聘工作的理解和支持

内部招聘不仅需要注重招聘前的信息公布、招聘过程中进展信息的披露，而且需要加强招聘与录用结束后的沟通工作。内部招聘工作的结束并不意味着内部招聘工作的完成，还需要与落选者进行有效的沟通。一方面解释公司为什么录用某位员工；另一方面帮助没有竞争到该岗位的员工了解自己的不足，指出在工作中需要做得更好的地方。做好竞聘员工职业发展和未来职业生涯规划方面的指导工作，让他们感受到参加内部招聘并不仅仅是一个参与竞聘某个岗位的过程，更重要的是通过内部应聘来了解自我、思考自我职业发展的过程，同时也是一个学习、了解公司目标、远景的过程。通过有效的沟通，赢得员工的理解和支持，将员工的目标引导到企业发展的目标上，这是内部招聘一项最重要的工作。

综上所述，内部招聘是一项复杂而具体的工作。只有减少干扰、加强沟通，保证内部招聘工作的独立、客观、公正和公平，才能充分发挥内部招聘的重要作用，有效地利用和整合公司宝贵的人力资源。

4.1.3 外部招聘

外部招聘是根据企业制定的标准和程序，从企业外部的众多候选人中选拔符合空缺职位要求的人员。它是平衡企业人力资源短缺最常用的方法。当人力资源总量出现短缺时，采用此法最为有效，但最好在内部招聘之后使用。企业往往是在内部招聘不能满足企业需要，特别是在处于初创期、快速成长期，或者因产业结构调整而需要大批中高层技术或管理人员，或者想获得能够提供新思想的并具有不同背景的员工时，才将视线转向社会这个广阔的人力资源市场，选用外部招聘渠道来吸引所需人员。

一、外部招聘应遵循的原则

1. 公正和公平原则

外部招聘的对象是广大招聘信息的接收者，面对众多的应聘者，公平是首要的原则。应该给每一位应聘者以平等的展示自己的机会，实现公平竞争，使真正有能力的候选人不因一些外界人为因素的影响而失去获得该职位的机会。这就对招聘人员提出了较高的要求，他们必须排除一些世俗偏见、个人成见、性别歧视等因素的影响，在招聘的过程中真正做到公正和公平。

2. 适用原则

招聘人员应熟悉所招聘职位的工作性质、工作职责、能力要求等情况，并根据这些具体条件，认真选择合适的工作人选，使所招聘的人员真正适合并胜任这项工作。在外部招聘的过程中，以下几种情况经常发生：（1）所录用的人员并不具备担任该职位的能力；（2）许多企业在招聘过程中出现人才“高消费”现象，不少组织的招聘广告动辄提出仅招聘本科或研究生以上学历的高标准，使许多有实际工作能力和经验但并不具有正式文凭的人才对组织招聘的高门槛望而却步；（3）企业在招聘中对应聘者的期望过高，录用了能力超出职位要求很高的优秀人才，虽然在短期内组织是受益者，但其结果造成该人才很快就感到该职位并不足以提供其个人发展的广阔空间，可能期望在该组织外部寻求更好的发展机会，从而产生人员流动速度过快、频率过高的情况。这些情况的发生无疑会加大企业招聘的工作量和难度，并增加员工招聘、培训、录用的费用。

3. 真实、客观原则

企业在外部招聘的过程中，面对的是对本企业并不熟悉的外部应聘者，招聘人员要客观地向应聘者介绍企业的情况，这在国外称为真实工作预见（realistic job previews，RJP），即在招聘时向应聘者提供全面的信息。这有助于应聘者与组织形成正确的心理契约。一般来说，招聘人员倾向于把自己的企业说得非常好，以吸引更多的人来应聘，但这通常会使应聘者期望过高，容易导致失望和产生不满情绪，甚至有受骗的感觉，使得新进人员的保留率低下。而如果一开始就注重现实的工作目标，既向应聘者介绍企业好的一面，也介绍可能存在的问题，就会使应聘者对工作产生一种真实的想法，从而在实际工作中产生满足感，这样人员流动率就会相对较小。

4. 沟通与服务原则

外部招聘是企业与外部的互动过程。通过信息的双向流动，企业在获取应聘者个人信息的同时，也向应聘者传递了企业的相关信息，实现企业内部与外界的双向沟通。此外，招聘过程也是招聘人员向应聘者提供咨询服务的过程。不仅招聘人员向外界传递的相关信息，包括组织的内部结构、部门设置等硬件设施和组织文化、经营理念、发展潜力等软件配置，直接关系着该企业的形象，而且招聘人员的形象、谈吐、待人接物等方面也反映出该组织对其成员素质的培养和人格的塑造，从而使应聘者即使不能签约，也能够对组织产生深刻印象。

二、外部招聘的几种主要方式

1. 招聘广告

广告是企业常用的一种招聘方法，其形式是在报纸、电视、广播、杂志甚至网络和户外做招聘广告，以吸引求职者。广告的内容一般包括招聘职位、招聘条件、招聘方式及其他说明。广告必须符合有关法律规定。美国的《平等就业机会法》就明文规定在就业上不得有歧视。广告招聘的特点是信息面大、影响广、传播速度快，可吸引较多的应聘者，又由于在广告中已简略介绍了企业的情况，可以使应聘者事先有所了解，减少应聘的盲目性。

广告招聘应力求吸引应聘者，因此在广告设计上要遵循“注意-兴趣-愿望-行动”原则，即AIDA原则，具体如下：

（1）“A”——attention，即广告要吸引人的注意；

（2）“I”——interest，即要发展应聘者对职位的兴趣，这种兴趣既要来自广告语的生动，又要从职位本身挖掘，如工作的挑战性、收入、地理位置等；

（3）“D”——desire，即要激起求职者申请空缺职位的愿望，这需要与求职者的需求紧密联系在一起，如职位的满足感、发展的机会、合作的气氛等；

（4）“A”——action，即广告要有让人马上采取行动的力量。

不同的广告媒介各有其优缺点（见表4-1）。

表4-1　不同广告媒介的优缺点

媒介	优点	缺点
报纸	时效性强，传播迅速 版面灵活，便于分类，方便求职者阅读，可以保存 适用于在某个特定地区招聘一些短期内需要补充空缺职位的企业	有效时间短 注意力差 单调呆板 要求受众具备一定的文化水平
杂志	印刷精美 反复阅读，有效期长 广告效果容易测定 专业杂志可以将信息传递到特定的领域	周期性长，灵活性差 篇幅较小，广告运用受到限制，难以在短期内达到招聘效果 制作复杂，成本较高
广播电视	迅速及时，覆盖面广 灵活性高，受众广泛 广播广告制作费用低廉，播出价格便宜 能够更好地让那些不太积极的求职者了解到招聘信息	难以传播抽象信息 信息稍纵即逝，无法保留 广播广告有声无形，影响效果 电视广告制作复杂，费用昂贵
互联网络	广告制作效果好 信息容量大，传递速度快 能统计浏览人数 可单独也可集中发布招募信息	信息过量，容易被忽略 普及性差，影响招聘效果

读一读

欧莱雅 2011 年暑期实习生项目

欧莱雅是知名度最高、历史最为悠久的大众化妆品品牌之一，主要生产染发护发、彩妆及护肤产品，它的出众品质一直备受全球爱美女性的青睐。欧莱雅在整个 20 世纪的发展史，是日化工业发展史上很有代表性的一部分。巴黎欧莱雅拥有骄人的产品研发背景、一流的药学试验室及皮肤学中心、遍布全球的研究测试中心，使其不断推出适应全球消费者不同需要的优质科研产品。

I WANT MORE——欧莱雅（中国）2011 年暑期实习生项目启动

MORE BUSINESS，MORE AMBITION

MORE GLOBAL，MORE PASSION ……

CARVING FOR FAST，TRACK CAREERS ……

每天，我们为全球数十亿消费者提供焕发自身魅力的产品，让消费者享受到“美”带来的优质生活。而同样，以“美”为追求的事业，也让我们感受到在欧莱雅工作的丰富价值。

现在，I WANT MORE——欧莱雅（中国）2011 年暑期实习生项目正式启动，让对职业生涯充满期待的你，有机会进入全球最大的化妆品公司，提前感受快速消费品行业的精彩旅程!

我们将会提供 30 个暑期实习生机会，这些岗位涉及市场营销、销售、财务、公关、运营和人力资源等多个领域。所有实习都将在上海总部完成，相信将为你提供一个职业生涯的优质起点。

而作为欧莱雅首次面对在校大学生开设的暑期实习生项目，在结合传统招聘方式的前提下，我们将采用全新的招聘模式。一款由欧莱雅集团开发的全新招聘工具将用于本次暑期实习生项目。结合在校学生的学习生活习惯，以及综合考虑并研究了当下年轻人偏好的应聘方式，“REVEAL by L’Oreal——欧莱雅在线职业之旅”正是在这个前提下应运而生的。

实习结束后，欧莱雅（中国）将向实习生颁发实习证书和撰写工作评估，实习期间表现优异的实习生将会获得被优先安排进入 2012 年管理培训生（management trainee）项目的机会。

我们在寻找的

对“美”的事业和快速消费品行业充满热情的在校大学生；

将于 2012 年毕业的本科生、硕士研究生。

我们所提供的

精心设计的为期两个多月的暑期实习生计划，包括完善的暑期实习生培训课程；

拥有丰富工作经验的高级经理一对一地训练；

丰富的团队建设活动，帮助你迅速提升沟通、组织、管理等多种能力；

优先参与 2012 年欧莱雅（中国）管理培训生项目的机会。

申请流程

1. 点击 www.lorealcampus.com.cn 在线完成注册和申请（5月12—25日）
2. 接受邀请完成 REVEAL by L'Oreal（5月16—29日）
3. 面试（5月30日—6月10日）
4. 发放录用通知书（6月13日）
5. 开始你的欧莱雅实习生活（6月27日）

开放职位

1. Marketing Function
2. Sales Function
3. Human Resources Function
4. Finance Function
5. Corporate PR Function
6. Supply Chain Function
7. Research & Innovation Function

此外，欧莱雅人力资源部还为本次暑期实习生项目开通了官方咨询热线，如果你在应聘的过程中遇到任何疑问或困难，都可以通过以下途径向我们咨询：

新浪微博：Loreal_Campus

To Build Beauty，We Need YOUR Talent!

资料来源：欧莱雅暑期实习生2011招聘．[2011-07-18]．http：//www.hiall.com.cn/job/position_138314.html.

看一看

招聘广告引出的法律纠纷

有一天，小李突然看到某外资企业登出了一则招聘广告，广告中写道："本企业录用的员工将送到国外培训半年至一年。"小李毅然辞去原来的工作，顺利地进了新企业。加入新企业的小李对工作充满希望，想通过积极的工作得到重视，及早得到出国的机会。但是一年过去了，出国培训的事情依然没有动静，也没有听说哪位同事出国培训了。小李找到企业负责人理论，企业应当履行在招聘广告中的承诺。企业负责人当面答应小李一定会考虑。几天过去后，企业还是没有动静，小李觉得自己两次出国都没有成功，用人单位实在欺人太甚，明明写好的条件却没有兑现，严重侵犯了自己的合法利益。

某区劳动争议仲裁委员会受理了此案。企业在其应诉书中声称，企业与小李的劳动合同中并没有企业应该送小李出国培训的条款，因此企业没有此项义务，招聘广告中的条件并没有写进劳动合同，因此没有法律效力。

仲裁裁决：小李与某企业的劳动合同并没有规定企业应当承担送小李出国培训的义务，因此企业没有此项义务。招聘广告中的承诺由于没有写进劳动合同，因此不具备法律效力，驳回小李提出企业应当履行招聘广告中规定的义务的请求。

通常，招聘广告是单位招聘新员工的第一种工具，也是对招聘的一种宣传手段，但它不仅仅是一纸广告，如果忽视了它的法律意义，企业可能会面临不利的法律风险。该案件中企业虽然赢了官司，但却输掉了管理，不仅使该员工因为争取培训而具有的工作积极性、工作热情受到打击，其他员工对企业的归属感也将受到挫伤。

现实生活中，不少用人单位通过各种方式发布招聘广告，并开出极具吸引力的优惠条件，而对于用人单位如何兑现招聘广告中的承诺，许多人心里并没有底。

那么，招聘广告的性质及效力如何确定？

在法律上，用人单位的招聘广告在性质上属于要约邀请。所谓要约邀请，是指希望他人向自己表达希望订立合同的意思。要约邀请是要求他人向自己发出的。我国1999年颁布的《合同法》规定，要约邀请本身对发出者并不具备法律约束力，因此用人单位发布的招聘广告发出后对其并不产生法律约束力，用人单位对于招聘广告中的内容并不承担必须履行的义务，这就是小李输掉官司的根本原因所在。

用人单位应当如何设计招聘广告呢？

招聘广告在劳动争议中可能是一个有用的证据，用人单位在招聘有关岗位的人员时，可以通过招聘广告的形式，对所需人员提出相关要求。一旦发生劳动争议，用人单位可以此为据，证明已经公开了相关信息。

例如，劳动者被用人单位录用的前提就是符合或基本符合单位的录用条件。用人单位为了证明自己的判断，往往以试用期的方式来了解劳动者是否真正具备录用条件。不少劳动者在试用期被解除劳动合同，用人单位的理由便是不符合录用条件。根据最高人民法院关于民事诉讼证据的司法解释，用人单位做出解除合同决定的，由用人单位负举证责任。因此，用人单位必须证明已经将劳动者应当符合的条件明确告知了应聘者。“明确告知”要有证据，而招聘广告就是已进入告知状态最直接有效的证据。

因此，在招聘广告中写明该录用条件的，可以作为确定录用条件的依据；未写明或表述不清的，就要由仲裁机关或法院来做出判断了。用人单位另行制定的“录用条件”很可能就失去了证据效力。由此可见，招聘广告在劳动争议中会成为有用的证据。在此建议用人单位在制作招聘广告时，应当对每个岗位所要求的劳动者应具备的学历、经验、能力、特殊技能或持有的证书等录用条件具体明确地加以表达。

如果单位具有规章制度、岗位职责要求等有关规定，招聘广告的内容还应与规章制度、岗位职责相符合。这样一旦因在试用期内发生“是否符合录用条件”的争议，招聘广告与相关证据一起形成证据链，就能起到有效证明的作用。

2. 就业服务机构

社会上有各种就业服务机构，如人事部门开办的人才交流中心、劳动部门开办的职业介绍机构等，以及一些民营的职业介绍机构。这些中介机构都是用人单位和求职者之间的桥梁，为用人单位推荐人才，为求职者推荐工作，同时举办各种形式的人才交流会、洽谈会等。

（1）何时利用就业服务机构进行招聘。一般，企业在以下三种情况下会愿意借助就业服务机构的力量来完成招聘工作：1）企业没有自己的人力资源管理部门，不能较快地进行人员招聘活动；2）某些特定职位需要立即有人填补；3）企业发现自己直接招聘有困难，比如招聘目标人目前仍在职，他们可能不太方便同所在企业的竞争对手接触，那么就可以通过就业服务机构来解决人员招聘问题。

（2）就业服务机构招聘的特点。利用就业服务机构招募要支付一定的费用，但这种方法简单、快捷，组织可以马上找到所需的人才，与由组织自己组织招聘活动所投入的人、财、物相比，招募成本相差不大，而且效果更好。但要选择信誉好，应聘者资料齐全、详细的就业服务机构，同时要对招募到的人员做进一步的测试，确定是否录用。

（3）利用就业服务机构招聘要注意的问题。企业要借助就业服务机构，首先要选择一家好的机构，目前市场上的就业服务机构良莠不齐，选择一家正规合法、声望好、有实力的机构是非常重要的；其次，必须向就业服务机构提供一份精确、完整的工作说明，这有利于它们找到合适的人员；最后，要参与监督就业服务机构的工作，比如限定它们使用的甄选技术和方法，定期检查那些被它们接受或拒绝的候选人资料，以及时地发现它们工作不合意的地方。

根据美国的经验，通过就业服务机构帮助获得的求职者主要是蓝领工人或低层次的管理者，很难获得专业技术人员和高级人才。从我国的现实来看，也明显存在这样的问题。为了解决这个问题，一是可以举办高级人才洽谈会；二是可以借助猎头公司。

3. 猎头公司

猎头公司（head hunter）是指专门为企业招聘中高级管理人员或重要的专门人员的就业服务机构。由于这种中高级人才工作稳定，待遇较高，很少主动进入人才市场，因此运用公开的招聘方法难以吸引他们。而猎头公司拥有自己的人才数据库，并经常主动去发现和寻找人才，还能够在整个搜寻和甄选过程中为企业保守秘密。所以，如果企业要招聘一些核心员工，猎头公司的帮助是必不可少的。猎头公司服务费相对较高，一般是招聘职位年薪的25%～30%。

企业在确定与猎头公司合作时，应该注意以下几个问题：第一，选择猎头公司时要对其资质进行考查，尽量与少数背景和声望较好的公司合作。第二，要在开始时约定好双方的责任和义务，并就一些容易发生争议的问题达成共识，如费用、支付方式、时限、保证期承诺、后续责任等。第三，要让猎头公司充分了解企业对候选人的要求并说明理由。第四，猎头公司所推荐的人与其原来工作的公司应该已经解除劳动关系，特别是涉及企业的技术开发人员时必须小心。同时，美国猎头公司协会规定，猎头公司在向客户推荐人才后的两年内，不能再为另一个客户把这位人才挖走。

看一看

部分知名猎头公司

公司名称	网站	总部
海德思哲	www. heidrick. com. cn	北京
光辉国际	www. kornferry. com	北京
乾坤猎聘	www. bitjob. net	北京
万宝盛华	www. manpower. com. cn	香港
伯乐	www. bo-le. com	香港
展动力	www. zdlchina. com	深圳
北京泰来猎头咨询事务所	www. headhunter. com. cn	北京
泛亚人力	www. fairhr. com	深圳
北京浩竹猎头	www. topjobway. com	北京

4. 员工推荐

员工推荐这种方式的做法一般是，人力资源管理人员或一线经理要求员工推荐合适的朋友或亲属，并且向推荐了合格候选人的员工提供一些奖励。这既合算，又有利于鼓舞员工士气。员工推荐的基础就是一旦职位空缺，要尽快传播消息。通过员工推荐招聘人才，具有以下优点：

（1）与刊登广告、通过人才中介公司等招聘渠道相比，员工推荐招聘成本比较低。

（2）当员工推荐求职者时，对方通常已得知公司的情况，并且准备好转换工作，公司可以尽快面试或雇用，缩短招聘时间。

（3）员工由于对企业、职位及候选人的能力都比较了解，一般不会推荐不适合或不可靠的应聘者，因此成为替公司筛选人才的过滤网。

（4）通过员工找到的求职者一般比通过广告吸引的求职者素质高。

（5）员工推荐的候选人一般比通过其他方式招聘到的人员表现更好，而且流动率更低。

5. 求职者自荐

求职者自荐这种招聘方式指的是企业收到那些对公司工作感兴趣的人提出的申请或简历，有前来公司的，也有打电话或者写信来的。这种方式通常在报酬政策、工作条件、上下级关系、发展机会及参加社会活动等方面享有较好声誉的企业中盛行。自荐者中会有出色的员工，许多组织将这些主动提供的信息存入公司人才库，并在出现岗位空缺时从人才库里获取信息。这种招聘方式的优点是：（1）成本效益较高，企业基本不需要付出高额的招聘费用；（2）自荐者对企业比较了解，因此更容易做出正确选择，并受到激励。缺点是：（1）自荐者所提供的信息可能不符合企业所需岗位需求或已过时，如知识更新较快的 IT 行业就常常出现这种情况；（2）自荐者有时为了寻找更多的机会而同时向不同的企业提出申请，导致招聘成功率下降；（3）自荐者提出申请时，企业没有对应的空缺岗位，自荐者不一定马上被录用，而当出现岗位空缺时，自荐者很可能已被其他企业录用。

另外，也有不少企业不认真对待这些求职者。前来公司应聘的自荐者往往在接待处就被告知没有空缺，即使让他填了申请表，也很快就束之高阁，不会有面试官与他们交谈。打电话来的往往被告知要亲自来求职，或者没有空缺。那些不请自来的简历，企业也只是粗略地看一下，有时会写封感谢信，但更多的时候是不予回复，从此就没有任何联系了。

其实，为这些求职者建立一个简单的督导系统就会产生很好的效果。人力资源部的接待人员有最新的职位空缺信息和简单的职位说明书，只要有前来公司的，就告诉求职者这些信息。如果求职者对某一岗位有兴趣，就要告诉面试官；如果没有时间马上面谈，就安排求职者在以后的时间面谈。打电话来的也要得到类似的对待，接待员要核实职位空缺，并告诉求职者。求职者往往即刻就会有一个简单的电话交谈，建立最初的印象，然后再约定以后的时间安排。

三、外部招聘的优点

外部招聘作为企业进行人员招聘的重要途径和手段，它的几种具体招聘方式各有利弊，其共同的优点概括起来主要包括以下几个方面。

1. 选择范围广，选择余地大

组织外部空间是广阔的人力资源市场，面向外部招聘可以有更为广泛的选择范围和更大的选择余地，有利于组织经过考核与评价，在更多的候选人中发现更优秀、更适合本组织发展目标的人选。

2. 为组织注入新鲜血液

通过外部招聘与录用组织以外的成员，可以为组织引进新生力量，注入新的活力。本组织内部的员工由于长期在同样的环境中工作，难免会产生厌倦感和乏味感，新鲜血液的注入会带给组织新的生机，对原有员工也能起到一定的激励和促进作用。

3. 更容易避免偏见，易于管理

在对从企业外部招聘的员工进行管理时，与内部招聘的员工相比，更容易避免由于原有工作绩效和人际关系等因素带来的偏见，做到一视同仁、平等对待，从而减少管理上的困难。

4. 为组织带来新技术和新思想

外部招聘的员工从外界进入到组织内部，必然将其在外部获取的新技术和新思想应用于新的工作环境，他们可能带来与组织原有的运作方式完全不同的新颖见解，从而可以拓宽组织决策者的视野和思路，为组织的技术创新和思想创新带来新的灵感。

5. 树立组织形象，扩大组织影响

外部招聘是很好的对外界进行宣传的机会，可以借助各种媒体和与广大应聘者直接接触的机会，积极扩大组织在公众中的影响范围，抓住机会树立组织的良好形象。在招聘过程中，组织在给外界和应聘者留下美好印象方面往往会收到其他媒体所不能达到的效果，它所带来的后效性是不可估量的。

四、外部招聘的缺点

外部招聘的缺点一般表现在以下几个方面。

1. 招聘费用高，成本大

外部招聘一般要借助各种广告媒体和宣传媒介，并且招聘工具的设计和制作通常需要由专业的部门和人员来完成。招聘部门对组织外部的应聘者没有太多的了解，只能通过其个人资料来获取相关信息。为了能够在众多应聘者中选出合乎招聘条件的候选人，必须进行认真的资格审查和评定，并经过严格的能力测试。这些都增加了外部招聘的费用支出。

2. 可能影响原有员工的积极性

从外部招募某个空缺职位的候选人，有可能使组织内部感到能胜任此职的员工产生挫折感，从而使其工作积极性受到影响。尤其是当外部招聘不能真正遵循公平、公正的原则，不能本着为组织招募人才的宗旨录用有真才实学的人时，组织内部的员工就会产生不满和消极情绪。

3. 吸引、接触、评估有潜力的候选人较为困难

组织在进行外部招聘时，面对的是大量陌生的应聘者，通过有限的资料、考核及测试而对他们的才学、能力、潜力等方面做出全面评价，这样的评价难免带有片面性。同时，不可否认的是，任何一种外部招聘方法的信息覆盖面都是有限的，特别是大多数组织的外部招聘都有较严格的时间限制，更加难以让更多的优秀人才接触到有效的招聘信息。

4. 需要较长时间的培训和适应

从组织外部招聘的员工对组织的了解和认识一般仅限于从招聘广告和招聘人员那里获取的有限信息，对职位的相应了解也十分有限，因此需要对他们进行一段时间的培训，使其熟悉工作要求和组织情况。

5. 可能将原先的工作方法和思维模式运用到新的工作环境中

员工从原来的组织到了一个新的环境，有可能无法完全摒弃原来已经形成的工作方法和思维模式，并将它们体现在新的工作过程中，从而给提高工作效率带来负面的影响。

五、对外部招聘的几点补充

对于外部招聘来说，不同的渠道能招到不同的人才。常用的渠道有：

（1）对于基层员工的招聘，一般可以选择当地的电视和报纸。这些员工往往需求人数较多，素质要求也不高。采用这些渠道影响面广，效果会更好。

（2）对于知识型员工和中层管理人员，可以选择人才市场和网络招聘。现在各地人才市场都会举办定期招聘会，尤其对于一些专场招聘会，效果会很好。网

络招聘也已经成为很多企业的主要招聘渠道，不仅影响面广，而且人才储备量非常大。

（3）对于公司需要的高级管理和专业技术人才，可以选择一些资质和信誉较好的猎头公司。猎头公司往往收费较高，一般为聘用人年薪的30%或者聘用人3个月基本工资，但它们针对性强、有保障，每个职位都会提供四五个候选人，不仅会提供候选人的详细简历，而且可以协助企业对候选人进行素质测评和背景调查等。

（4）同事、朋友介绍和推荐也是一个很好的途径，他们往往更为可靠。

4.1.4 招聘方式选择

从上面的介绍我们知道，内部招聘与外部招聘各有优劣势，不可一概而论。那么，应如何选择招聘方式？企业选择招聘方式应遵循如下几个原则。

一、高级管理人才选拔应遵循内部招聘优先原则

如今，人力资本已成为企业核心竞争力的重要组成部分。高级管理人才对于任何企业的发展都是不可或缺的。企业在高级管理人才的选拔过程中应当遵循内部招聘优先的原则。高级管理人才能够很好地为企业服务，一方面是依靠自身的专业技能、素质和经验；另一方面，更重要的是对企业文化和价值观念的认同，愿意为企业贡献自己全部的能力和知识，而后者是无法在短期内完成和实现的。

由企业内部培养造就的人才更能深刻理解和领会企业的核心价值观。由于长期受企业文化的熏陶，已经认同并成为企业文化的信徒，所以也更能坚持企业的核心价值观，而核心价值观的延续性对企业是至关重要的。同时，企业的高层管理团队和技术骨干都是以团队的方式进行工作、分工协作、密切配合的，而核心价值理念相同的人一起工作更容易达成目标，如果观念存在较大差异，将直接影响到合力的发挥。所以，选拔高级管理人才时，应首先采用内部招聘方式。

二、外部环境剧烈变化时，企业必须采取内外结合的人才选拔方式

当外部环境发生剧烈变化时，行业的经济技术基础、竞争态势和整体游戏规则都会发生根本性变化，知识老化周期缩短，原有的特长、经验成为学习新事物、新知识的一种包袱，企业也会受到直接的影响。这种情况下，从企业外部、行业外部吸纳人才和寻求新的资源，成为企业生存的必要条件之一。

不仅因为企业内部缺乏所需的专业人才，同时时间也不允许坐等企业内部人才培养成熟，因此必须采取内部招聘与外部招聘相结合的方式。

三、快速成长期的企业应当广开外部渠道

对于处于成长期的企业，由于发展速度较快，仅仅依靠内部选拔与培养无法

跟上企业的发展。同时由于企业人员规模的限制，选择余地相对较小，无法得到最佳的人选。这种情况下，企业应当采取更为灵活的措施，广开渠道，吸引和接纳所需要的各类人才。

四、企业文化类型的变化决定了选拔方式

如果企业要维持现有的企业文化，不妨采取内部招聘的方式，因为内部的员工在思想、核心价值观念、行为方式等方面对于企业有更多的认同，而外部的人员要接受这些需要较长的时间，而且可能存在风险；相反，如果企业想改善或重塑现有的企业文化，可以尝试外部招聘，新人员带来的新思想、新观念可以对企业原有的文化造成冲击，促进企业文化的变革和完善。

内部招聘优先还是外部招聘优先，对于不同层次的人才、不同环境和阶段的企业，应采取不同的选择，视企业实际情况确定。这就需要企业在既定的战略规划的前提下，在对企业现有的人力资源状况分析和未来情况预测的基础上，制定详细的人力资源规划，明确企业的用人策略，建立内部的培养和选拔体系，同时有目的、有计划、分步骤地开展招聘选拔工作，给予企业内外部人才公平合理的竞争机会，以形成合理的人才梯队，保证企业未来的发展。

4.2 网络招聘

4.2.1 网络招聘概述

随着互联网的迅猛发展，网民人数不断增加，网络招聘作为一种新兴的招聘途径，逐渐成为招聘方式的主体，它的种种便利也使其备受企业和求职者的青睐。

现代企业的人员招募、员工培训、薪酬管理、绩效考核等人力资源管理工作都在逐渐地转向以互联网为平台的具体操作模式。尤其是借助互联网传递信息快捷和方便，大多数企业都开始利用互联网发布招聘信息，寻找潜在的员工，甚至利用互联网和计算机进行相应的素质测量和评价，以初步筛选求职者。

一、网络招聘的定义

网络招聘也称在线招聘或电子招聘（e-recruiting），是指人力资源管理部门通过公司自己的网站、第三方招聘网站等机构，并通过电子邮件或简历数据库收集应聘信息，经过信息处理后，初步确定空缺岗位人选的过程。

网络招聘中利用互联网技术进行的招聘活动，包括信息的发布、简历的收集整理、电子面试以及在线测评等。它并不仅仅是将传统的招聘业务搬到网上，而是一种互动的、没有地域限制的、具备远程服务功能的、全新的招聘方式。

读一读

高校、企业、商业网站与大学生网络求职

随着网络在毕业生求职方面的用处越来越大，高等院校、社会各界以及企业中针对大学毕业生网络求职的相关设备和条件都正在完善配备和系统化建设之中。

现在几乎任何一所高等院校都有自己的校园主页，并且在主页上都有关于本校就业网的超级链接。每年大学毕业生就业工作开始之后，与之相关的大学毕业生就业信息、就业政策、面试技巧、求职引导等信息陆续在上面登出。事实上，这部分内容在很大程度上正确地引导了学生的就业工作。可以说，高等院校本身在大学毕业生网络求职过程中扮演着举足轻重的角色。但同样值得注意的是，在整个大学毕业生网络求职过程中，高等院校所做的相关工作也必然存在这样或者那样的不足和漏洞，这都是在以后的工作中需要注意和改进的地方。

同时，现在社会上存在很多立足于网络招聘的网站。有前程无忧、智联招聘、中华英才网等专业性质的商业招聘网站；有新浪、搜狐、网易等大型综合网站的招聘频道；有各个地方性质的人才市场，比如北京人才网、浦东新区人才市场、成都人才市场；还有各种性质和不同规模的企事业单位在需要进行员工招聘时，一般都会在主页上有关于招聘信息的链接，比如中国人民大学主页、外语教学与研究出版社主页等。所有这些互联网上的招聘信息是否真正能吸引求职者的注意，以及在信息的发布过程中存在哪些问题，对于专业性质的招聘网站和大型的综合网站的具体利用情况如何，都是值得在大学毕业生网络求职中研究的。

专业的商业招聘网站现在已经成为企业网络招聘与求职者网络求职的重要媒介和途径。如今，很多企业都在使用商业招聘网站扩大企业招聘信息的覆盖范围，以吸引更多合格的求职者，便于筛选和录用。

二、网络招聘的优势

与传统的招聘方式如在报纸杂志上发布招聘广告、举行招聘洽谈会以及人才猎取等方式相比，网络招聘具有如下优势。

1. 加快了招聘速度

利用搜索引擎和自动配比分类装置，招聘单位可以迅速找到符合其要求的潜在人选；自动反馈功能可以使求职者立即得到确认提示，从而更有效地识别、发掘优秀人才。整个招聘过程缩减到几天左右，而广告、猎头公司等方式的招聘时间常常要长达数周或数月。

2. 降低了招聘成本与费用

采取传统的校园招聘、人才市场等招聘方式，招聘单位的招聘成本相当高。而网络招聘没有时间、空间、地域限制，供求双方足不出户便可直接交流，大大节约了招聘单位人力资源管理部门的精力、时间和费用，应聘者也可以节省应聘成本。

3. 增强了招聘信息的时效性

网络招聘没有时间限制，24 小时开放，供求双方可以随时交流。招聘单位可以根据需求及时更新招聘岗位，传递给求职者最新的信息。

4. 扩大了招聘覆盖面

传统的媒体招聘要受到地域及语言环境的制约，而网络招聘不受时空限制，使异地求职成为可能，促成了人才的合理流动。另外，网络人才市场信息保留时间长、影响大，有些职位是企业常年招聘的，可满足企业招聘各种人才的需要。网络人才市场也提供了庞大的中高级人才数据库，方便企业主动出击，联系自己所需的人才。

5. 能够提供增值服务

一般的人才网站同时为企业和网民提供招聘服务，有些人才网站还向企业的人力资源管理部门提供专业的人员测评、在线电子面试、在线薪酬顾问、在线评估、在线培训等增值服务，同时承担专业人力资源管理咨询网站的功能。

三、网络招聘的劣势

网络招聘虽然存在许多积极方面，但也带来了一些负面影响。首先是信息处理的复杂性。招聘信息发布后，往往吸引来大量的应聘者，其中有些求职者是不符合要求的，但他们也抱着侥幸的心理填写简历应聘。这样，不仅影响了正常的招聘工作，而且大大增加了招聘筛选的难度和强度。

其次，虚假信息大量存在。从应聘者的角度来说，应聘者在浏览招聘单位的信息后，有足够的时间和机会对自身进行包装，甚至可能会针对招聘单位的需求加工编造个人简历，令人雾里看花，难辨真伪。

4.2.2 网络招聘的流程

一、发布招聘信息

网络招聘信息的发布直接关系到企业招聘的效果。如何根据企业的实际情况，选择适当的信息发布渠道显得尤为重要。目前主要的信息发布渠道如下。

1. 利用招聘网站进行职位发布

通过这种形式，企业可以在人才网站上发布招聘信息，利用招聘网站提供的在线系统收集求职者简历。由于人才网站上资料库大，日访问量高，加之收费相对较低，因此很多公司往往会同时在几家网站注册。该方法是企业最广泛采用的一种招聘方式。

2. 发布招聘广告

出于吸引求职者和宣传企业雇主品牌的双重目的，企业往往选择在大型网站上发布招聘广告的方式，既可以选择招聘网站（例如，前程无忧、中华英才网、智联招聘等），也可以选择行业性的专业网站（例如，CSDN、存储在线等），甚至是大型的综合门户网站（例如，新浪、搜狐等）。相比较而言，招聘网站在求职者中具备一定的知名度，但是信息传递面局限于近期主动求职的人群，对在职的中高端专业人群吸引能力有限；专业网站对吸引某一特定专业的人才效果良好，但是由于专业网站鱼龙混杂，需要花费大量精力予以鉴别，而且信息传递方向较为单一，因此广告成本相对较高；大型门户网站的浏览量很大，受众面最广，但是成本最高，往往使品牌推广的效果大于招聘。

3. 利用 BBS 发布

BBS 是英语“bulletin board system”的缩写，中文称为电子布告栏，它是网络热门的服务项目之一，只要通过远端登录的方式，就可享有在远端主机上张贴布告、网上交谈、传送信息等功能。这种方式发布信息的成本几乎为零，但影响力有限，也不利于体现公司的形象。

4. 在公司主页上发布招聘信息

如果有实力，可以依托企业的网站建立自己的招聘主页，这样就可以在自己的网站上发布招聘信息，同时将企业文化、人力资源政策以及更多能让求职者了解的信息发布在主页上，既可达到宣传企业的目的，又能使吸引来访问的求职者在了解企业的实际状况后，有针对性地选择应聘岗位，招聘人员的质量比较高。公司还可以将在线投递简历应用其中，这样就可以很方便地建立自己的人才储备库，方便查询。此外，企业不仅可以利用互联网向外发布招聘信息，还可以利用企业内部的局域网对内发布空缺的职位，从企业内部选拔人才。这样不仅最大限度地节约了成本，还有利于提高员工的满意度、工作热情。这种通过局域网的招聘方式对一些跨地区的企业更为有利，通过内部的网络可以在第一时间知道企业的人力资源状况，合理配置人力资源，从而促进企业更好地发展。

二、收集信息与安排面试

招聘信息发布以后，要及时注意反馈，从众多的求职者中挑选出符合条件的安排面试。

首先，收集、整理信息。企业在招聘网站注册后可以利用这些招聘网站的在线系统收集求职者主动投递的简历，同样可以利用招聘网站的人才简历库进行搜索，即通过定制查询条件，搜索符合要求的应聘者的联系方式，主动与之接洽。然而，企业接收的简历往往良莠不齐，重复投递的现象非常严重，导致企业招聘者的精力大量浪费在简历的筛选上。另一方面，企业主动从数据库中搜索出来的求职者往往对企业的主动追求兴趣不高，导致成功概率较低。所以在简历的收集和整理方面，有必要借助招聘系统的帮助，比如屏蔽掉不符合企业要求的求职者，并用电子邮件的方式礼貌地拒绝，然后分类存储那些符合公司要求的求职者的简历，保持一定频率的沟通。这样才能节约企业招聘者的大量时间，提高招聘效率。

其次，安排面试。挑选出符合条件的求职者后，接下来就可以安排面试。最常规的方式是利用网络方式便捷地通知候选人相关的面试信息。由于网络招聘无地域限制，在不同地理位置的招聘者、求职者都可以利用互联网完成异地面试。招聘者即使不在一起，也可以通过互联网合作，利用网络会议软件一起对应聘者进行考查。根据不同的求职者安排好面试人员后就可以通知求职者进行电子面试，互联网的发展使我们有多种选择来进行电子面试。

三、电子沟通

信息的发布与收集整理仅仅是网络招聘的开始，电子沟通更能体现网络招聘的互动性、无地域限制性，它的应用才是网络招聘中重要的组成部分。但目前由于网络技术等各种原因，电子沟通在企业中的实用案例较少。目前主要的电子沟通有以下几种形式。

1. 利用电子邮件

电子邮件具有方便、快捷、低成本等优点，越来越多的人远离了传统的邮寄方式，开始通过电子邮件交流。招聘者与求职者利用电子邮件交流，可以节约大量的时间，进而提高招聘的效率。招聘者还可以通过求职者的电子邮件来了解他们的文字表达能力，为是否录用提供依据。电子邮件一般只能运用于面试前后的信息联络和沟通。

2. 利用聊天工具

公司可以利用一些聊天软件或者招聘网站提供的聊天室与求职者交流，招聘企业可以一家占用一个聊天室，在聊天室里进行面试。就像现实中一样，企业可以借此全面了解求职者，也可以顺便考查求职者的一些技能，比如电脑常识、打字速度、网络知识等。求职者也可以向企业就职业问题提问，实现真正的互动交流。但通过这种交流还是有一定的局限性。一方面，它反映不出求职者的反应速度、思维的灵敏程度；另一方面，求职者也可能请人代替他进行面试，在虚拟的网络世界里，企业无法识别求职者的真伪。因此，为了能够在第一时间得到求职者的回答，企业还可以在语音聊天室利用语音聊天与求职者交流，这样既可以见到求职者的文字表述，又可以听到求职者的声音。

3. 视频面试

声音的传送已经无法满足现代人沟通的需求，即时、互动的影像更能真实地传送信息。视频会议系统（video-conferencing）又称电视会议系统，是指两个或两个以上不同地方的个人或群体，通过传输线路及多媒体设备，将声音、影像及文件资料互传，达到即时、互动的沟通。与在聊天室进行面试相比，利用视频面试不仅能够听见声音，还可以看到应聘者的容貌，避免了聊天面试的缺点，具有直观性强、信息量大等特点，从而使网络招聘比传统招聘方式更具优势。随着公司的国际化人才梯队建设，很多候选人都通过视频面试的方式与招聘者进行远程交流，并最终与公司确定录用意向。这样既节约了面试差旅费用，也免去了舟车劳顿之苦。

4. 在线测评

随着素质测评日益受到企业的重视，一些网站开始将素质测评作为自己的服务项目之一。网络招聘是一种虚拟的招聘方式，在面试之前招聘者只能从简历中了解应聘者的情况。事实上，很少有简历能够直接告诉招聘者所关心的应聘者的素质，特别是那些从网上下载的简历，因为求职者只能按照招聘网站提供的统一格式填写，信息量有限。所以，在招聘者决定约见一个应聘者进行面试之前，简历往往不能提供所需要的甄别信息。而素质测评的应用可以为企业解决这一难题。求职者可以通过测评软件进行测试，自动生成一份测评报告，它可以在花费大量宝贵的面试时间之前，就让招聘者洞悉每一个应聘者的整体素质，从而节约大量的时间，进一步提高招聘的效率。

4.2.3 网络招聘存在的问题与对策

一、网络招聘存在的问题

网络招聘无论是对用人单位还是对应聘者来说，都具有很多优点，但由于网络招聘在我国刚刚兴起，在技术和观念方面都存在许多问题。

1. 技术方面

（1）当前，我国的网络技术环境很不完善，网络技术虽然在城市已经基本普及，但在普通百姓中并没有完全得到普及，而且使用网络较多的是年轻人或者从事高新技术产业的人，这就使网络招聘的作用没有完全发挥出来。

（2）企业往往利用人才网站进行招聘，人才网站已经成为企业能否招聘到所需人才的关键。但就目前人才网站发展的状况来看，很多网站缺乏对人力资源管理较深层次的理解，对人才市场的分析和相关的人事制度变化等方面的咨询服务缺乏深刻的认识，也就是说网络招聘的技术服务体系还处于初步发展阶段，需要进一步的深入发展。

（3）软件版本的不同及互联网上广泛传播的病毒限制了网络招聘的发展。目前网络招聘市场比较混乱，网络招聘中的个人求职信息存在被他人盗取利用的情况，这对求职者来说会造成名誉或经济上的损失。此外，求职者在点击所要应聘的职位后，却出现该职位已招满之类的信息，这会给求职者带来不必要的麻烦，影响求职者应聘的情绪。

2. 观念方面

（1）我国的网络招聘模式一般为广告招聘模式，尽管网络招聘正处于向上发展的良好态势，但还只是传统的专业招聘报纸的延伸。而且受传统观念的影响，很多企业或组织比较习惯于传统的招聘方式，对网络招聘的认识处于一种萌芽状态，还没有转变传统的观念，尚未科学地运用网络招聘为企业招揽各种优秀的人才。

（2）网络招聘面临信息的真实性问题。网络招聘中的不真实信息来源于用人单位、招聘网站和求职者。有些企业为了吸引优秀的人才，通常会极力向求职者承诺一些无法实现的诺言，或者向其描绘一幅美好生动的未来图景，而对于与职位和公司有关的消极面则避而不谈，如频繁的出差与加班、较少的晋升空间、较低的工作保障等。当员工进入企业工作一段时间后，发现自己的期望与实际相差很大时，必然会产生心理上的落差和失落。有些招聘网站由于没有充足的信息源，就采用“移植”知名网站信息的做法。有时，明明一个企业的招聘已经结束，但过期的招聘信息依然挂在企业没有正式委托的网站上，误导了求职者。同时，国内大多数招聘网站无法甄别每条信息的真伪，求职者可以填写虚假简历和信息。这些现象都阻碍了网络招聘的普及应用。

（3）人才招聘网站对网络招聘的认识不足，缺乏专业性的知识。人才招聘网站常常会出现一些与企业要求不相符的招聘信息，而网站的工作人员并未认识到，导致这些招聘信息未被及时更正，误导了很多应聘者。

二、网络招聘问题的对策分析

首先，更新网络招聘观念。在信息化迅速发展的今天，应大力提倡网络技术的应用，无论是企业还是个人都要普及网络技术，尤其是企业更应该重视网络招聘手段，提高认识和信息化水平，监督人才网站的招聘工作，对网络中遇到的各种问题积极采取应对措施加以解决，促进网络招聘健康发展。

其次，提高人才网站专业水平。人才网站应该对人力资源管理知识有系统的了解。因此，企业在利用人才网站招聘人才之前，应对人才网站在该业务方面进行较为深入的了解，凡是未具备一定专业知识的人才网站应逐渐被淘汰。而人才网站要想长远发展，应选用专业人员或通过加大培训，尽快提高人员的专业化水平，保证人才网站的服务质量。

再次，提高网络技术水平。我国的整体网络环境还不成熟，网络技术在国内企业和普通老百姓中并不普及。面对我国网络基础薄弱的环境，应大力加强电脑的普及和使用，尤其是农村地区电脑的普及。对不太熟悉电脑业务的人员，企业应进行专门培训。同时，要加大企业的上网力度，提高上网速度，使企业不但可以顺利完成人才招聘信息的收集和整理，而且能成功地进行电子面试，从技术层面真正实现网络招聘。

最后，强化招聘网络管理。目前，我国的网络化制度还不健全，政策体系还不够完善，需要我国网络管理机构加大对网络的制度化管理，不断完善我国的网络法规，制定一些具体的政策措施，对违反这些网络法规的行为要坚决制止、打击，绝不姑息。只有从根本上强化对网络的管理，才能健全网络市场，网络招聘才会以其独特的优势在众多的招聘方式中脱颖而出。

4.2.4 社交网络——网络招聘新渠道

在数字时代，我们获取、连接以及吸引候选人的方式时刻都在变化，招聘渠道正在更加倾向于社交网络——较低的支出、快速的反应能力、高度的灵活性、缩短未来的招聘时间、提升候选人的应聘经历等。调查显示，70%的企业已经开始利用社交网络进行招聘，近60%的被调查者表示已经具有通过社交网络成功招聘的经验。社交网络已经成为流行与趋势，它使企业能主动出击，也为求职者提供了一个很好的展示自我的舞台，让很多人脱颖而出。

一、什么是社交网络

社交网络即社交网络服务，源自英文 social network service (SNS)，中文直译为社会性网络服务或社会化网络服务，意译为社交网络服务。社交网络包括硬件、软件、服务及应用，由于四字构成的词组更符合中国人的构词习惯，因此人们习惯上用社交网络来代指SNS。

随着网络进入Web 2.0时代，SNS社区成为当前网络发展的主流。SNS网站的用户信息都是真实的，而且具备高度互动性，因而SNS社区备受广大用户的青睐。通过对用户信息的整理和细分，在SNS网站上打造招聘（求职）平台，将具备很大的发展前景。

二、社交网络的特性——以大街网为例

社交网络对招聘来说是一种渠道，在使用社交网络招聘之前，我们需要先分析一下社交网络这个渠道的特性，这样才能发挥这个渠道的作用。下面的分析以大街网为例，以便我们更好地了解社交网络是如何助推网络招聘的。

大街网成立于2008年，并于2009年3月正式上线并运营，是以实名用户与真实商务社交关系为基础，以职业发展、商业拓展、行业交流为驱动的社交人脉网络平台。依托应用互联网新技术的优势，经过几年的商务人脉领域的建立与探索实践，目前已成为我国领先的商务人脉建立和拓展的应用平台，被誉为中国的领英(LinkedIn)。大街网以学生群体为先发运营策略，截至2016年年初，注册用户已达3 600万，遍及全国3 000余家高校。同时，大街网于2011年5月正式启动白领市场的攻占策略，目前已呈现迅速蔓延趋势。大街网所属的SNS社区作为Web 2.0环境下最有价值的信息载体，具备以下优势。

1. 信息真实

大街网的用户和企业的注册信息都是经大街网官方审核过的真实信息，大街网上用户都是真实的人，企业都是可信的企业，用户的求职信息和企业的招聘广告信息都是真实无误的。大街网的信息真实性可以有效避免招聘网站上的虚假信息和欺骗行为。

2. 用户与企业高度互动

大街网上的招聘双方可以在大街网的平台上相互沟通交流。一方面，求职者可以向企业询问自己感兴趣的问题，形成对企业的基本认识；另一方面，企业可以通过与用户的沟通，验证求职者的信息真实性，了解求职者的个性特征。用户可以根据偏好寻找自己青睐的企业，企业可以搜索自己需要的人才。这样求职者和企业丰富了信息传播方式和传播内容，也提高了传播效率。大街网的用户在大街网上都有自己比较稳定的交际圈，用户之间交流比较便捷，有利于信息的传播。

3. 从细节入手

大街网主要是以求职群体中的大学生为切入点，以校园招聘为突破口，从细节的对接入手，将校园招聘这个点细化，具体体现在：

- 职位突出实习；
- 求职简历中强调专业，并且推荐职位按专业要求匹配；

- 设置求职宝库，并在各大校园BBS宣传，吸引目标用户群；
- 笔试试题库及在线作答功能；
- 发布各企业的校园招聘信息；
- 从前程无忧及其他网站上采集实习生和招聘职位信息；
- 强调沟通，即求职者对求职者、求职者对企业的沟通。

读一读

领英模式能否走上中国“大街”

中国职业社交网站——被称为中国领英的大街网的创始人王秀娟做客《IT龙门阵》时，称大街网是她在中国互联网的“最后一个梦想”，并相信大街网一定会获得相应的回报。而在2011年5月20日，大街网的发展模板领英在纽约证券交易所上市，上市首日收盘报94.25美元，比发行价45美元上涨109%。领英股价一度攀升到122.7美元。按收盘价计算，领英市值达到89.1亿美元，首日股价涨幅达到109.44%，市值达到了其上市前40亿美元估值的2.2倍。

领英的首日表现大大刺激了人们的想象力，其中之一便是：领英的成功能否被大街网或中国其他社交网站复制，领英模式能否走上中国“大街”？这其中自然寄托着对大街网的期待，毕竟大街网是以“中国的领英”而闻达于业内的。

但大街网并非领英。事实上，大街网在其商业切入上有着独特的视角，虽然被誉为中国的领英，但大街网是按照中国传统在做商务型SNS，是在研究透了中国人脉特点之后，用真正符合中国人脉方法论的方式做商务人脉平台。这样，大街网并不同于领英，更不同于中国的其他社交网站。

分析国内各大社交网站，我们可以看出，目前中国的社交网站大多还停留在娱乐至上的时代，各种娱乐应用占据了人们在社交网络的碎片化时间，并未发挥出社交网络的价值。而在国外，商务型社交网络正如火如荼。以领英为代表的商务型社交网站，真正地把社交关系变成了商业网络，使得社交人脉真正体现了实用价值。领英的成功寓示着一个全新的社交网络商务化时代即将到来。商务与招聘型SNS网站虽然在中国几乎还是一项空白，但是进入与发展门槛并不低。如果不是专注于社交网络与招聘行业，没有一个真正懂得社交网络以及对中国互联网应用极其熟悉的团队，恐怕很难达到预期目标。而大街网颠覆了中国社交网站娱乐至上的传统，专注于社交网络的商务化，将大大加快中国进入这个时代的步伐。

有趣的是，大街网以实名用户与真实商务社交关系为基础，以职业发展、商业拓展、行业交流为驱动的社交人脉网络平台，被称为中国的领英，而它的创始人王秀娟却称大街网与领英有很多不同。主要特征在于：领英以高端人群为主，而大街网以低端为切入点，从大学生开始切入，再发展到毕业3～5年的小白领群体；同时在人脉推荐方法、与职位相关的撮合模型方面，更像国内大家比较熟悉的豆瓣。这种以目前国内网络应用群体的特点切入的方式，真正吃透了国内商务型SNS发展的关键节点，有机会走出与领英不同，但能达到同样目的的路子来。

对大街网的发展脉络进行关注及梳理，可以看出，大街网专注于满足用户日益增长的商务领域信息交互、商务需求表达与个性化的需求。这一特点顺应了中国人脉关系的传统及当前人们对商务人脉的应用期待。而依托对互联网新技术应用的优势，经过几年的商务人脉领域的建立与探索实践，大街网已成为中国领先的利用人脉进行商务拓展的SNS招聘应用平台，中国特色的商务人脉平台初具规模。

看来，领英的成功，有着如大街网、天际网、经纬网等先行者的努力，其被复制是可期待的。不过，从大街网搭建适合中国土壤的人脉帝国来看，领英模式如果成功走上中国“大街”，并不会是简单的中国领英，而依然会是有着浓郁特色的中国式的“大街”。

资料来源：LinkedIn能否走上中国“大街”.［2011－05－31］. http：//home. donews. com/donews/article/1/152601. html.

三、社交网络助力企业招聘

在信息时代，社交网络的功能本质上是降低管理和传递信息的成本，即减少信息的流动成本，降低人们获取信息的成本。据英特尔的一位招聘人员估计，企业因使用领英而不是猎头招聘高级经理，每年能节省数百万美元。相对于传统的招聘网站，商务社交网站用于招聘，其主要特点是信任传递和细分的用户群。由于可以部分传递信任，招聘方和被招聘方都更容易检验核实一些信息。用户群相对细分，对于招聘方来讲可以提高招聘的成功率。

1. 多方出击

通过了解一些内置的工具，人力资源管理专家可以根据自己的需要使用不同的社交网络频道，来帮助他们实现自己的目标。例如，脸书是一个将企业的招聘行为“品牌化”的最佳工具，同样它也是为大型企业提供中低端人才的工具。而国内的金融圈与领英较为类似，吸引了大量金融用户。此外，国内的人人网、开心网效仿脸书，吸引了广大年轻人。目前招聘平台已经被嵌入社交网站，在公告中能够显示招聘需求的企业情况，提供免费信息。

领英一直被誉为可靠的获得高品质求职者的重要渠道，尤其是对那些被动求职者，它不仅有良好的求职者与职位的匹配功能，而且提供了良好的人才搜索渠道。在中国还没有成功的先例，与领英模式相当接近的是，国内专注于金融行业的SNS社交网金融圈（http：//www. jrq. cn)，金融圈网站为企业及个人提供招聘、人脉搜索功能，同时还可以进行商务探讨以及企业相关动态披露等。目前其用户结构分为三部分：企业高管、行业专家及普通人才。

推特则适合用来粘贴招聘广告链接和了解不同行业的人力资源新动态。在国内，新浪微博的用户最多，也承担着类似功能。此外，还有网易微博、搜狐微博、腾讯微博等。

看一看

推特

推特是国外的一个社交网络及微博客服务的网站，它利用无线网络、有线网络、通信技术，进行及时通信，是微博客的典型应用。推特允许用户将自己的最新动态和想法以短信形式发送给手机和个性化网站群，而不仅仅是发送给个人。2006年，博客技术先驱blogger.com创始人埃文·威廉姆斯（Evan Williams）创建的新兴公司Obvious推出了推特服务。在最初阶段，这项服务只是用于向好友的手机发送文本信息。2006年年底，Obvious公司对服务进行了升级，用户无须输入自己的手机号码，即可通过即时信息服务和个性化推特网站接收和发送信息。

英文中twitter是一种鸟叫声，创始人认为鸟叫是短、频、快的，符合网站的内涵，因此选择将它作为网站名称。

读一读

领英——社交招聘排头兵

2002年创立的领英（http://www.LinkedIn.com/）是一个专业商务人脉社交平台，2006年开始盈利，虽然本身收入已达到上亿美元，但也曾多次融资，资金分别来自高盛、SAP、麦格劳-希尔出版集团、贝恩资本等。公司的估值超过10亿美元，在200余个国家或地区拥有超过7 500万注册用户，被《财富》500强企业高管青睐，2009年注册量更是突飞猛进。虽然在法国与德国有与其类似的网站Viadeo（http://www.viadeo.com/）与XING（http://www.XING.com/），但美国诞生、拥有四种服务语言的领英依然是其中翘楚，甚至被传将收购XING。

领英为社交而诞生，创始人雷德·霍夫曼（Reid Hoffman）认为人才网络交流是个“不用打电话、找话题、送礼拜访就能与别人搭茬”的方式，非常有利于商业交往。但之后的领英原本并不突出的求职与招聘功能却愈发受到重视，人们在上面彼此相识后进行攀谈，自荐或通过介绍寻求新的职业生涯。2010年6月，来自招聘网站Jobvite的调查披露，受调查公司中的73.3%都在通过社交网站进行招聘，这些公司希望增加在这些方面的预算，适当减少在老牌招聘站点的发布。对于它们来说，领英、脸书、推特等网站都能经济实惠地完成这项任务，一举多得且更利于找到一些高管级别的人才。与脸书相同，领英也开放了应用程序接口（Open API），同推特中的好友内容也进行了整合。

领英的收入包括广告以及帮助用户寻求目标人群的收费业务，发布一般信息和注册是免费的。但由于网站的注册者多为在各行业经营多年的专业人士，通过确凿而繁杂的注册资料，定向人群能够被细分，这使领英的千人成本（CPM）明显高出脸书等。领英也会发布人力资源协作系统，公司在每年花费上千美元购买后，可以收集到系统搜索的用户资料，进而有利于找到更好的员工并进行联系。

Work4 Labs

Work4 Labs是位于旧金山的软件公司，在社交招聘技术方面处于领先地位。它是基于内容的推荐系统，将职位推送给脸书和领英的用户，同时提供基于脸书的招聘解决方案。Work4 Labs将用户的信息分为两类：交互数据（用户本身的数据）和社交数据（用户好友的数据）。通过这两类数据，识别出较合适的职位需求。Work4 Labs向小型企业免费开放WorkFor US招聘工具，其中包含的一款应用可以扫描一个公司的脸书好友，并针对这个公司正在招聘的职位推荐合适的人选。目前，Work4 Labs正在开发领英工具，以便为猎头公司提供更优质的服务，并试图将自己的市场拓展到全世界。

微招聘

微博是2006年才兴起的，是社交网站的一种延伸。2010年，一种新的招聘形式随着微博的火热而诞生。微招聘——一种基于微博平台的招聘开始出现。所谓微招聘，就是企业、猎头公司等在微博上发布招聘信息，感兴趣者通过私信或发邮件至预留邮箱的方式参与招聘。调查显示，31%的人力资源管理人员开始接触并尝试这种招聘形式。微博只有短短的140个字，因此微招聘是一种精炼、短小的招聘信息，需要通过几句话就得到求职者的青睐、粉丝的转发、消息的推广。新浪微博曾经推出一次微招聘大赛，吸引了200家公司3万余人报名参加。

开发之后，微博上与微招聘相关的微群、用户越来越多。有些是企业在自己的认证微博上发布招聘信息；有些是专业的招聘公司、猎头公司通过微博发布信息。有些学校的就业处也开通微博向学生发布微招聘信息。有根据地区注册的微博用户，比如上海微招聘、北京微招聘等；也有行业内部的微招聘群。可以说，短短的时间内微招聘信息、微招聘应用如雨后春笋般出现，其威力可见一斑。

资料来源：曲琳．社交招聘靠谱么？．[2010-10-19]．https：//news.cnblogs.com/n/77805；黄颖雯．SNS招聘的影响因素探析——以微招聘为例．南昌：江西师范大学，2012.

2. 雇主品牌展示

大大小小的企业正在涌向社交网站，星巴克、维珍和李维斯这样的知名品牌已经加入社交网络很长一段时间了，而小企业中使用社交网络的比例同样在增长。

通过社交网络与求职者互动，有助于企业把自己打造成更符合求职者需求的雇主。美国联合健康集团的人力资源总监波利夫卡最喜欢讲的是一个她亲身经历的案例，一个求职者在脸书上给她发了一条信息，询问自己的技能是不是可以获得一个工作机会。虽然最后这位求职者被告知并不适合这份工作，但是对于这个求职者而言，这次联系并没什么损失，因为他从波利夫卡那里获得了如何提升自身技能的建议，而他本人也对这条“独家消息”感到非常满意。“这位求职者直接获得了我们企业的核心价值观——完整性与技术性。”波利夫卡认为，通过社交网络与求职者互动也可以成为强化和提升企业雇主形象的助推力。企业的招聘信息在社交网站上一经公开，招聘团队就已经获得了很多与求职者直接接触的机会。

3. 圈地运动

物以类聚，人以群分。你周围的朋友决定了你自己的地位。每个人都有自己的能力和经验，但在当今职场上尤为重要的是懂得如何善于借助人际网络中他人的能力、经验及智慧。人们总是致力于拓宽自己的交际圈，并与有能力提拔自己的人建立联系。对应到网络世界，这一规律依然存在。领英的发言人说："人们倾向于邀请职位高于自己的人加入圈子。"

社交网络是将线下的社会信息（人际关系、娱乐等）逐步转移到线上，使人们能够很容易维持这些现有关系并建立新的关系。例如，领英已经拥有超过50万个专门主题的团体，人们可以加入这些团体分享观点并建立新的联系。在社交网络上建立一个属于你公司的圈子、积极地发言或参与到不同的圈子社区中，建立并不断扩大与潜在候选者之间的社区关系，不失为吸引"职业潜水艇"的良方。安永会计师事务所利用脸书上的职业群，每年招聘的大学毕业生多达3 500名。

4. 精准筛选

企业人力资源管理部门的工作人员可以使用社交网络提供的搜索功能，进行精准搜索和筛选。以领英的高级搜索功能为例，可以通过以下几个方面进行高级筛选：地点、工作经验、发布日期、职务、企业、工作职能或行业。

进行高级搜索后，搜索结果通过两个区域进行显示：

LinkedIn Jobs：显示的是领英用户在领英上发布的工作和空缺职位。

The Web：显示的内容包含整个互联网上同领英具有合作关系的求职网站的求职相关信息。

无论搜索到的结果是什么，如果你的联系人中的某个人同这份求职信息有任何关系（比如他目前就职于这所公司，过去就职于这所公司，他的联系人中有人就职于这所公司等），这些信息都将显示出来，提升找到合适人选的精准度。

5. 背景调查

社交网络使劳动力市场更为公开透明。CareerBuilder. com 的调查显示，大约2 700位美国高层管理者中，有45%的人会将职位候选人的社交网页作为考查对象，并且超过1/3的人使用从社交网站上挖掘到的信息决定是否录用某人。

由候选人自己提供的证明人一般会夸大其优点，通过社交网络进行背景调查将是获得更加客观的数据的好办法。个人的毕业院校和工作经历因为有着同学和同事的关联信息可用于参考，因而很难造假。企业可以根据候选人在社交网络上的足迹对其个人情况进行纵向考查，如通过搜索该候选人工作过的企业名称以及服务时间，可以搜索到与之相关的联系人，从而得知关于候选人的真实表现。

6. 员工参与，整合资源

越来越多的企业采用社交网站招聘的方式，但在这个过程中，失败的情况屡见不鲜。"它们仅仅依赖于自己招聘团队的有限资源，在社交网站上刊登招聘信息，然后尽可能多地聚集有潜力的候选人，进而对已建立起的人脉网络不断进行后续跟踪和联络，并重复着这样的循环。在这个过程中，它们感到压力重重的原因有很多，如内部招聘人员在有限的时间里难以管理这样大量的人群，并且缺乏职位相关的知识、猎头技巧，以及持续的动力（源于奖励和激励）、有效的竞争情报等。”企业管理者可以鼓励员工参与社交网络，因为企业需要通过全员参与来增加社交招聘的投资回报。如果所有员工都能参与帮助企业识别有潜力的候选人、建立关系、优化雇主品牌，将大大提升招聘的有效性。

四、传统招聘网站应对社交网络

总的来说，国内的商务社交仍然处于“前途可能光明，道路必然曲折”的阶段，尽管如此，传统招聘网站已经很明显感受到了来自社交网站的威胁，并采取相应措施以应对挑战。前程无忧推出简历提亮等增值服务，把新应用“机会叩门”定位成“扩展商务交往机会、拓宽人脉的渠道”，用户付费后即可与人才库的会员进行私信联系。

与前程无忧不同，更多的传统招聘网站选择与新浪微博、人人网等社交平台合作的方式来应对挑战。智联招聘与千橡互动集团合作推出商务社交网站经纬网；腾讯朋友招聘频道也与智联招聘和中华英才网签订了合作协议，用户可用腾讯朋友账号一键投递；中华英才网则推出了国内首个职位微博同步上线的分享功能——微博通，企业用户可以轻松地把发布在中华英才网的招聘信息关联至新浪微博、腾讯微博。不管怎样，传统招聘模式与社交招聘网站之间的融合正在成为网络招聘领域的一个新趋势，前者借助后者的社交基因，后者则可以利用前者的行业积累完善布局。

4.3 校园招聘

4.3.1 校园招聘概述

按照教育部门的有关规定，每年10月开始，企业就可以进入校园进行招聘，所以每年的第四季度就成为各大院校中招聘最火热的时期。对学校领导者和主管来说，就业率指标能否完成，很大程度上取决于这几个月。同时，企业希望将最合适的优秀人才吸引到本企业，这几个月也成为企业人力资源部异常忙碌的时节，规模越来越大的校园招聘为企业输送了大批人才。

一、校园招聘的定义及形式

校园招聘是指企业直接从应届本科生、硕士研究生、博士研究生（也包括少数专科生）中招聘企业所需要的人才，因为大多数招聘活动在校园举行，故称校园招聘。校园招聘是一种两点式招聘，即在学校和企业两点之间进行。

校园招聘的方式主要有三种：第一种是企业直接到校园招聘，如在校园张贴招聘启事、举办招聘宣讲会等；第二种是吸引学生提前到企业实习，这是企业现在比较重视的一种招聘方法，在本章4.4节将详细介绍实习生计划；第三种是企业和学校联合培养，主要是企业支付学生的培养费用，大学承担学生在校所学课程的设置及授课工作，学生在毕业后进入这家企业工作。

读一读

校园招聘——宝洁人力资源管理的根基

宝洁一直把校园招聘作为人力资源管理的根基来经营，这是由宝洁本身的组织发展策略决定的。宝洁奉行的是以内部培养提升为主、引进为辅的人力资源策略，这种策略注定要关注校园里的学生。

关注校园里的学生，实际上是关注人的潜能。宝洁的核心价值观有五个：领导才能、信任、主人翁精神、积极求胜和诚实正直。从选人开始，宝洁就非常注意比较候选人在这些方面的潜质以及目前的情况是否与公司的期望值和需求一致。

在宝洁，应届大学生一届一届地进入，虽然他们每人都有自己不同的特点、个性，但宝洁希望他们能传承企业文化的DNA——认识到公司的宗旨，并在做事的原则、工作的方式等方面与公司保持一致。因此，公司从校园里专门选拔那些具有五个核心价值观的人才进入公司并加以培养。宝洁认为，培养这种人才有这样的好处：

第一，文化认同感强。从学校刚毕业就开始培养的人才更容易认同公司的文化，因为他们就像一张白纸，可塑性很强，更能够接受公司的理念和标准的行为规范；而从外部引进的人才已经形成了一些可能与公司不一致的理念和行为方式，很难改变。

第二，宝洁的市场优势除了产品品牌的拉力优势，还在于终端服务优势，这就更加需要将企业文化理念转化为员工自觉的标准化、职业化的行为，为客户提供一致的标准化、规范化的服务。

招聘这一环节在宝洁人力资源管理工作中占据着非常重要的分量。宝洁的前任CEO曾说，在公司内部，他看不到比招聘更重要的事了。在美国，如果时间许可，他甚至会亲自参加一些比较重要的面试。可以说，招聘是整个人力资源管理工作的起点，如果起点的质量不高，那么不仅后续的许多培训会事倍功半，而且会影响到公司各项决策的执行情况。

资料来源：宝洁公司校园招聘与人才培养.［2014-04-09］.http：//www.doc88.com/p-5436827140945.html.

二、校园招聘的优势

对于企业而言，校园招聘的优势主要可以从招聘过程和招聘结果两个方面来讨论。

从招聘过程来看，校园招聘有如下几个明显优势：其一，具有较高的应聘率，降低宣传成本；其二，控制薪酬总量，降低运营成本；其三，推广企业品牌，增强社会效应；其四，扩大人才储备，树立雇主形象；其五，供求双方直接见面，可迅速地相互了解。如果企业与毕业生能进行深入沟通，做到取舍有据，每次都能招到一定数量的高质量毕业生。

从招聘结果来看，在实际的工作中，校园招聘获取的员工相比其他途径获取的员工在一些素质方面也具有显著的比较优势：其一，快速实现文化认同；其二，具有高度的进取意识；其三，具有较强的学习能力；其四，思想活跃，有创造力，不怕挑战，善于接受新事物，敢想、敢闯、敢干，能激发企业的活力。

三、校园招聘的劣势

对企业而言，校园招聘客观上还存在一些不足：其一，一部分刚招聘来的大学生缺少工作和社会经验，需要长时间的培训才能上岗，培训费用高；其二，学生往往对工作有不切实际的估计，对自己的能力也缺乏准确的评价；其三，有些应届毕业生专业能力较弱，没有实际的操作能力。

4.3.2 校园招聘的流程

校园招聘的流程通常如下：招聘宣传→举办或参加招聘会→筛选简历→笔试和面试→录用签约→毕业设计和实习→派遣。

一、招聘宣传

应届生的招聘计划一般在10月，最晚应在第二年1月上旬就予以确定。企业确定举行校园招聘后，应通过各种形式进行宣传，以吸引更多的应届毕业生投递简历，为企业招聘积累庞大的人才库。形式包括通过招聘网站宣传、通过学校就业中心网站宣传、定向投递招聘手册等，最终目的是覆盖更多的应届毕业生，使更多的应届毕业生知晓招聘信息，以期更多符合企业文化、符合岗位要求的应届毕业生加盟企业。

另外，如果希望招聘到优秀的毕业生，事先要制定出合适的待遇标准。如果标准难以确定，可多了解相关的市场行情。如果待遇过低，很难招到优秀的人才。

二、举办或参加招聘会

举办企业专场招聘会主要有两个目的：一是宣传企业，吸引更多的学生投递简历，参加校园招聘活动；二是通过招聘会，展示企业的形象和实力，为符合岗位要求的应届毕业生最终签约企业奠定基础。校园招聘会程序一般如下：校领导致辞、企业情况介绍、招聘职位介绍、校友分享感受、互动问答等。为了表示对校园招聘的重视，一般公司都会请企业高层来参加校园招聘会。通过面对面的直接沟通和介绍，展示企业的发展情况及其独特的企业文化、良好的薪酬福利待遇，勾画出职业发展前景。而具有校友身份的企业员工亲自分享自己在公司工作、生活的感受，更具有感召力，使应聘学生对拟加盟企业有较为深入的了解和更多的信心。

企业也可以参加校园举办的招聘会。其中，展位的布置关乎企业的形象。参加招聘会的企业很多，有些可能就是企业的竞争对手，如果形象上逊于对方，优秀的人才可能会被对手吸引过去。优秀的形象会使应聘者产生好感，使应聘者产生进一步了解企业的渴望。

三、筛选简历

目前，大部分企业都通过网络接收应聘者的简历，这样便于不同地区的学生投递简历，也便于筛选和保存简历。毕业生通过访问校园招聘的网站，按照企业的要求投递简历。企业安排人力资源管理部门和业务部门按照职位要求，在网上进行简历筛选。通过简历筛选的应届毕业生则可以进入下一个环节。

四、笔试和面试

通过简历筛选的应届毕业生可以接受企业的招聘选拔。招聘选拔一般包括两个环节：笔试、面试。

1. 笔试

笔试主要包括三部分：通用能力测试、英文水平测试、专业技能测试。能力是做好工作的基础。通用能力测试主要考查应聘者的阅读理解能力、分析判断能力、逻辑思维能力等，是人才素质考查最基本的一关。英文水平测试主要用于考核母语不是英语的应聘者的英文能力，考试内容包括听力、阅读、写作、口语等。与以上两项能力测试不同，专业技能测试并不是任何职位的申请者都要参加的。它主要是对一些专业知识要求比较严格的职位设定的，如研究开发部、信息技术部和财务部等。专业技能测试一般由业务部门进行考查和评价。

2. 面试

面试一般分两轮。第一轮为初试，一般采用小组面试的形式，一对多或者多对多，在人际互动的环境下考查应聘者的基本素质。第二轮为业务面试，一对一面试，面试官通常是具有一定经验并受过专门面试技能培训的企业业务部门经理，主要对应聘者是否符合职位的专业素质要求进行评价。

笔试和面试的时间，各企业可根据招聘职位情况以及应聘情况进行调整。

五、录用签约

通过企业的笔试、面试后，企业向应聘者发出录用通知书，内容包括岗位信息、薪资信息等。应聘者接受后，和用人单位签订双方协议（企业、应聘者）或者三方协议（企业、学校、应聘者）。

六、毕业设计和实习

有些企业会安排录用者提前到企业实习。应届生的实习一般从 3 月开始，到 6 月结束。有条件的企业可以向学校申请将学生的毕业设计安排到企业进行，使学生对企业有一段适应期，这样在 7 月正式毕业之后，可以更快地适应工作。

这里应该注意的是，在企业实习，一定要保证学生毕业设计或毕业论文的顺利进行，尽量少安排工作或不安排工作，在考勤上也要适度放松处理，最好能安排技术人员辅助实习生毕业设计的完成。

七、派遣

学校一般在7月上旬为学生办理离校手续。由于接收手续繁杂，人力资源部应协助学生办理手续。手续办理完毕后，毕业生正式成为企业的员工，同时脱离了学生的身份，企业应及时为其办理各种社会保险。

4.3.3 企业做好校园招聘的建议与策略

招聘是一个双向选择的过程，特别是应届毕业生，企业招聘他们的过程也是他们选择企业的过程。因此，招聘过程不单单是应聘人员的筛选过程，还应该是企业与外界交往的一个重要窗口。企业可以从以下几个方面着手做好校园招聘工作。

一、正确对待校园招聘

首先，企业应树立正确的招聘观念。企业的招聘活动是应聘者认识企业的第一步，在招聘过程中，招聘人员的态度无疑会给应聘者造成影响。招聘者是否有礼貌、是否尊重应聘者、是否表现得体，都将影响应聘者对组织的印象。招聘是为了让合适的人来企业工作。企业的人力资源经理在向应聘人员介绍公司时，应做到有礼貌、尊重应届毕业生，而且要表现出热情诚恳。这些都会影响到应聘者是否接受企业提供的工作。

其次，突出特色，淡化宣传色彩。不可否认，校园宣讲在整个招聘过程中的作用是不可忽视的，但它也是一个陷阱，弄不好就会变成自掘坟墓。企业在宣讲会上，如果主次不分，根本没有从求职者的角度来考虑、设计一个合理的宣讲计划，就会使宣讲会失败。举一个简单的例子，毕业生最关心的问题就是企业的用人理念以及自己今后在企业中的发展前景如何，但是企业在宣讲中把过多的精力放在了对产品的介绍上，就会使学生反感。这种“醉翁之意不在酒”的招聘活动会让求职者有受骗的感觉。有的企业在宣讲中一心想推销自己，不惜弄虚作假，过分夸大自己的成就，对求职者做出虚幻的承诺，而等到签约的时候却又是一种说法，承诺得不到兑现，使求职者心理上形成很大的反差，这样不仅企业招不到合适的人才，从长远看也是对企业形象的极大损害。

二、建立及时畅通的信息渠道

目前用人单位运用最多的校园招聘方式有两种：一是直接到相关学校的院系开专场招聘会；二是参加学校举办的大型招聘会。开专场招聘会适合于用人单位对毕业生数量需求相对较小、专业要求对口、第一次到一所学校招聘或几年来未到该校招聘，学生对用人单位不了解的情况，一般需要用人单位领导者参加，以表示用人单位对招聘工作的重视和扩大用人单位在该校学生中的影响力，人力资源管理部门应提前和学校的就业主管部门取得联系，时间安排不要和校内其他大型活动及其他名企的招聘会冲突。

参加学校举办的大型招聘会适合用人单位在几个大类专业中挑选综合素质高

的大学生，同时，能够极大地提高企业在高校圈的知名度，为企业储备人才提供人才库，为建立良好的校企合作关系奠定基础，而且校园招聘的费用低廉，对知名企业有时甚至是免费入场。

三、制定明确合理的招聘标准，选择比较合适的招聘渠道

招聘人员在招聘前应对空缺岗位进行职责分析，确定职位的责任、内容、操作规程及职位对胜任人员的素质要求，以形成该职位书面的职位说明书和职位描述，并以此为标准开展招聘工作。同时，招聘标准要灵活变通。要明确选聘标准，最重要的是有准确的职位描述，缩小筛选范围，确定关键的考核点，鉴别主要的才能。在发布招聘信息时，企业需要考虑对不同的职位采取不同的渠道，并不是所有的职位都适合通过校园招聘的途径。例如，高级管理人才的招聘就不适合通过校园招聘来解决，而应该通过有国际声誉的人才顾问公司（猎头公司），或者请几家猎头公司分头推荐，从中进行认真的筛选，可以在本地物色，也可以跨国招聘。技术开发、经营销售、市场分析、财务操作等专业人才的招聘则可以面向大学的本科毕业生、研究生，采用校园招聘的方式。

四、科学规范校园招聘的实施过程

1. 合理组建招聘团队

（1）通过培训提高招聘人员素质。招聘团队成员应熟悉和热爱他们所代表的企业，并且经过相应的培训，能向求职者传达良好的企业形象，展现企业员工积极向上的精神面貌。此外，还要对校园招聘有很深的了解，能与高校的就业指导中心进行良好的沟通和合作，如果是该高校的毕业生则更佳。例如，宝洁公司的校园招聘团队中有一个成员是招聘所在高校的毕业生，也就是说，他们是求职者的师兄或者师姐，他们将介绍在公司的成长过程及亲身经历，在轻松愉快的气氛中，使应聘学生对该公司有更直接、更深刻的了解。

（2）用人部门经理参与招聘。用人部门经理是未来员工的直接上级，所以在招聘过程中，应该让用人部门经理参与进来，由他来决定人员最终是否录用，而不是完全由人力资源管理部门包办。用人部门经理更加了解该岗位的技能要求，在技能考核中能够发挥不可替代的作用。由用人部门亲自挑选员工，也有助于日后的管理。

2. 科学筛选简历

（1）企业在招聘之前一定要根据实际要求，制定详细的招聘计划，尤其要根据职位说明书，细化对岗位的具体要求。根据岗位要求接收和筛选简历，可以大大提高招聘工作的效率。招聘者还要学会拒绝不符合条件的应聘者，并且不能仅根据简历判断该大学生是否符合招聘条件。

（2）不能过分看重专业、分数及学历。该学生学了什么专业，他在这一领域并不一定会做得比非本专业的人出色。要做好一份工作，最重要的是他对工作的兴趣及其拥有的基本素质。

（3）杜绝不合理的歧视，招聘到更多的优秀应届毕业生。

3. 灵活运用笔试考核方法

（1）把笔试成绩作为考核方法之一。企业不应单独依据笔试成绩，就决定是否录用，而应在笔试之后马上进行面试，然后再根据综合成绩来确定最后一轮面试的人选。

（2）准确把握笔试试题难度。其实笔试的题目是根据职位需要设计的，大可不必过难，因为没有几个职位需要超凡的记忆力。笔试应考一些常识性的题目，以及和应聘职位相关的专业问题，让太差的人过不了关，但基本合格者又都能顺利闯关，以利于后期面谈环节有较多人选。

4. 正确组织面谈

（1）在面谈过程中，一定要注重技巧。面谈是双向的，不仅主试人在面试应聘者，应聘者也在面试公司，有时即使是企业看中了应聘者，也不见得应聘者一定能看中企业。应聘者在参加企业组织的面试过程的同时，也在对企业进行较深入的了解。面试安排的程序、面试的环境、考官的素养等都会使应聘者对企业产生一个整体印象，这些印象直接影响着应聘者对企业的看法。因此，主试人代表的是整个公司，进行如何代表公司的训练有助于达成高素质的人才对公司及应聘职位的认同。

（2）招聘面谈者应根据职位的资格要求多提问一些行为描述性的问题，例如请举例说明你曾经发起并成功组织的一项活动。招聘者可问及每个细节，让应聘者无法编造。此外，招聘者也可虚拟一些场景，来考查学生的分析判断能力。在招聘大学生时，最好使用非压力式面谈，使其能正常发挥，展现能力。

5. 注重招聘后的信息反馈

面试结束之后的后期沟通对于企业形象的树立也具有十分重要的意义。

（1）对于企业相中的应聘者，一旦决定录用，就需要及时与之签订合同，这不仅是效率的体现，也可以防止其他企业抢走企业相中的人才。对于未被录用的员工，企业可以通过电子邮件的方式委婉地回绝，这一点是很重要的，它代表企业是否尊重应聘者，虽然应聘者不能来企业工作，但他很有可能是企业的潜在客户，委婉的回绝不需要花费太大的成本，却在无形中提升了企业的公众形象。

（2）对于成功进入企业的新员工，人力资源管理部门应该进行必要的建档跟踪调查，了解他们的绩效表现、离职情况、晋升情况，这些都是评价招聘效果的指标。因为招聘的目的就是为企业寻求能够为企业带来利益的员工，新员工的绩效表现与离职率直接反映招聘工作的成功与否。

五、完善招聘评估工作

管理学上有条定律：员工只会做你考核的事。即便是委派了最优秀的招聘团队，企业也不能放松对他们的考核。因此招聘团队完成以上环节，并不代表招聘工作人员的任务就圆满完成了。对于校园招聘，企业可以设立五项指标来衡量招聘团队以及招聘工作人员个人的工作质量。

（1）招聘持续时间与招聘成本。实践上，一般一所学校需要花费 3 天的时间，除去大约 7 天的准备和路途时间，就可以大致推测出一个时间标准。招聘成本指标的确定可以参考校园招聘中介的报价以及企业往年的招聘成本。

（2）招聘团队提供的简历被业务部门选中的比例。这个标准一般设为 3～5 份中选 1 份。

（3）用人部门对招聘团队所提供人才的满意度。一般需要对业务部门进行随机的满意度调查，可以依据往年的标准设定。

（4）新进大学生的业绩表现。看有多少大学生在一年后、两年后或者三年后成为企业中的业务骨干或者被提拔到管理岗位，这个指标也可以依据往年的统计数据设定。

（5）新进大学生的离职率。不管是主动辞职还是被动离职，离职率的高低都从某种意义上体现了招聘质量的好坏，统计每次校园招聘来的大学生在半年之内、一年之内或者三年之内的离职率，标准可以参考同类型企业或者企业往年的统计数据设定。前三个指标企业用来考核招聘团队，后两个指标既可以用来考核团队，也可以用来考核招聘工作人员个人。

总之，企业为了提高校园招聘工作的有效性，应该认真研究企业在校园招聘中存在的一些问题，并采取有效的改进措施，使企业在校园招聘中获得尽可能多的收益。

想一想

宝洁的校园招聘

有一位宝洁的员工这样形容宝洁的校园招聘：“由于宝洁的招聘实在做得太好，即便在求职这个对学生比较困难的关口，自己也感觉受到极大的尊重，就是在这种感觉的驱使下我应该说是有些带着理想主义来到了宝洁。”

一、前期的广告宣传

派发招聘手册，招聘手册基本覆盖所有应届毕业生，以达到吸引应届毕业生参加其校园招聘会的目的。

二、邀请大学生参加其校园招聘宣讲会

宝洁的校园招聘宣讲会程序一般如下：校领导讲话；播放招聘专题片；宝洁招聘负责人详细介绍公司情况；招聘负责人答学生问；发放宝洁招聘宣讲会介绍材料。

宝洁会请公司有关部门的副总监以上高级经理以及那些具有校友身份的公司员工来参加校园招聘会。通过双方面对面的直接沟通和介绍，向学生展示企业的业务发展情况及其独特的企业文化、良好的薪酬福利待遇，并为应聘者勾画出新员工的职业发展前景。通过播放招聘专题片、公司高级经理的有关介绍及具有感召力的校友亲身感受介绍，使应聘学生在短时间内对宝洁有较为深入的了解和更多的信心。

三、网上申请

从 2002 年开始，宝洁将原来的填写邮寄申请表改为网上申请。毕业生通过访问宝洁中国的网站，点击“网上申请”来填写自传式申请表及回答相关问题。这实际上是宝洁的一次筛选考试。

宝洁的自传式申请表是由宝洁总部设计的，全球通用。宝洁在中国使用自传式申请表之前，先在宝洁中国的员工中及中国高校中分别调查取样，汇合其全球同类问卷调查的结果，确定了可以通过申请表选拔关的最低考核标准，同时也确保其申请表能针对不同文化背景的学生仍然保持筛选工作的相对有效性。申请表还附加一些开放式问题，供面试的经理参考。

因为每年参加宝洁应聘的学生很多，一般一所学校就有1 000多人申请，宝洁不可能直接去和上千名应聘者面谈，而借助自传式申请表可以帮助其完成高质高效的招聘工作。自传式申请表用电脑扫描来进行自动筛选，一天可以检查上千份申请表。宝洁公司在中国做过这样一个测试，在公司的校园招聘过程中，公司让几十名并未通过履历申请表这一关的学生进入了下一轮面试，面试经理也被告知“他们都已通过申请表筛选这一关”。结果，这几十名学生无人通过之后的面试，没有一个被公司录用。

四、笔试

笔试主要包括三部分：解难能力测试、英文测试、专业技能测试。

(1) 解难能力测试。这是宝洁对人才素质考查最基本的一关。在中国，使用的是宝洁全球通用试题的中文版本。试题分为5个部分，共50小题，限时65分钟，全为选择题，每题5个选项。第一部分为读图题（约12题），第二部分和第五部分为阅读理解（约15题），第三部分为计算题（约12题），第四部分为读表题（约12题）。整套题主要考核申请者的以下素质：自信心（对每个做过的题目有绝对的信心，几乎没有时间检查改正）；效率（题多时间少）；思维灵活性（题目种类繁多，需立即转换思维）；承压能力（解题强度较大，65分钟内不可有丝毫松懈）；迅速进入状态（考前无读题时间）；成功率（凡事可能只有一次机会）。考试结果采用电脑计分，如果没通过就被淘汰了。

(2) 英文测试。这个测试主要用于考核母语不是英语的人的英文能力。考试时间为2小时。45分钟的100道听力题、75分钟的阅读题都是要用英文描述以往某个经历或者个人思想的变化。

(3) 专业技能测试。专业技能测试并不是申请任何部门的申请者都需经历，它主要是考核申请公司一些有专业限制的部门的学生。这些部门如研究开发部、信息技术部和财务部等。宝洁研发部门招聘的程序之一是要求应聘者就某些专题进行学术报告，并请公司资深科研人员加以评审，以考查其专业功底。对于申请公司其他部门的学生，则无须进行该项测试，如市场部、人力资源部等。

五、面试

宝洁采用的是标准化面试。

面试分两轮。第一轮为初试，一位经理对一个求职者面试，一般用中文进行。面试人通常是有一定经验并受过专门面试技能培训的公司部门高级经理。一般这个经理是被面试者所报部门的经理，面试时间为30～45分钟。

通过第一轮面试的学生，宝洁公司将出资请应聘学生来广州宝洁中国公司总部参加第二轮面试，也是最后一轮面试。为了表示宝洁对应聘学生的诚意，除了免费提供往返机票，面试全过程在广州最好的酒店或宝洁中国总部进行。第二轮面试大约需要60分钟，面试官至少是3人。为确保招聘到的人才真正是用人单位（部门）所需要和经过亲自审核的，复试都由各部门高层经理参加。如果面试官是外方经理，宝洁还会提供翻译。

(1) 宝洁的面试过程主要可以分为以下四大部分：

第一，相互介绍并创造轻松的交流气氛，为面试的实质阶段进行铺垫。

第二，交流信息。这是面试中的核心部分。一般面试人会按照既定的8个问题提问，要求每一位应试者能够对他们所提出的问题做出一个实例的分析，而实例必须是在过去亲自经历过的。这8个问题由宝洁的高级人力资源专家设计，无论如实或编造回答，都能反映某一方面的能力。宝洁希望得到每个问题回答的细节，高度的细节要求让个别应聘者感到不能适应，没有丰富实践经验，应聘者很难很好地回答这些问题。

第三，讨论的问题逐步减少或合适的时间一到，面试就引向结尾。这时面试官会给应聘者一定的时间，由应聘者向主考人员提几个自己关心的问题。

第四，面试评价。面试结束后，面试人立即整理记录，根据求职者回答问题的情况及总体印象做出评定。

(2) 宝洁的面试评价体系。宝洁在中国高校招聘采用的面试评价测试方法主要是经历背景面谈法，即根据一些既定考查方面和问题来收集应聘者所提供的事例，从而考核该应聘者的综合素质和能力。

面试时每一位面试官当场在各自的面试评估表上打分，打分分为3等：1～2（能力不足，不符合职位要求；缺乏技巧、能力及知识），3～5（普通至超乎一般水准；符合职位要求；技巧、能力及知识水平良好），6～8（杰出，超乎职位要求；技巧、能力及知识水平出众）。具体评分项目包括说服力/毅力评分、组织/计划能力评分、群体合作能力评分等。在面试评估表的最后一页有一个“是否推荐”栏，有三个结论供面试官选择：拒绝、待选、接纳。在宝洁的招聘体制下，聘用一个人，须经所有面试官一致通过方可。若是几位面试官一起面试应聘者，在集体讨论之后，最后的评估多采取一票否决制。任何一位面试官选择了“拒绝”，该生都将从面试程序中被淘汰。

六、招聘的后续工作

发放录用通知书后，人力资源部还要确认应聘者接受与否，并开始办理有关入职手续。此外，招聘的后续工作还包括：

(1) 招聘后期的沟通。宝洁认为其竞争的人才类型大致上是一样的，在物质待遇大致相当的情况下，“感情投资”便是竞争重点了。一旦成为宝洁决定录用的毕业生，人力资源部会专门派一名人力资源部的员工去跟踪服务，定期与他保持沟通和联系，把他当成自己的同事来关心照顾。

(2) 招聘效果考核。招聘结束后，宝洁公司也会对整个招聘过程进行一些量化的考核和评估，考核的主要指标包括：是否按要求招聘一定数量的优秀人才；招聘时间是否及时或录用人是否准时上岗；招聘人员的素质是否符合标准，即通过所有招聘程序并达到标准；因招聘与录用新员工而支付的费用，即每位新员工人均因招聘而引起的费用分摊是否在原计划之内。

资料来源：杨莹，魏国政．宝洁公司的校园招聘．经济管理，2003（15）：23-25.

请思考：

1. 你觉得宝洁的校园招聘有哪些值得称道的地方？
2. 对于宝洁的校园招聘，你觉得值得商榷的地方是什么？
3. 你认为宝洁校园招聘的测试方法怎么样？
4. 校园招聘有什么优缺点？应如何改进？

4.4 实习生计划

随着对优秀大学生资源争夺的日趋激烈，校园招聘的战火已经提前点燃。近年来，一些知名跨国公司纷纷推出一系列各具特色的实习生计划，每年都吸引了大批学生的注意力。比如，IBM的“蓝色之路”“青出于蓝”计划，西门子的“西门子学生圈”计划，通用电气的“早期人才发现”计划，微软的“领跑之旅”计划等，这些计划将大学生的实习活动作为校园招聘的前站，并且都取得了较好的效果，甚至还有一些企业用实习生计划取代了传统的校园招聘。

4.4.1 实习生计划的含义及形式

实习生计划与校园招聘的不同之处首先在于招募的对象。校园招聘只针对应届毕业生，而实习生计划主要针对大二、大三以及研一、研二的在校生，从广义上也可包括应届毕业生。

实习生计划主要分为三种：（1）夏季实习生计划。它独立于校园招聘项目，时间安排在校园招聘之前。（2）春季实习生计划。它与校园招聘密切相关，是校园招聘项目的延续，对象是校园招聘中收到录用通知书的应届毕业生。一般来说，企业会同时举办夏季与春季实习项目，或者只举办春季实习项目。（3）全年滚动式实习生计划。有的跨国公司招募实习生的大门甚至是全年敞开的，它们把实习生招募与培养作为一项着眼于中长期的日常管理工作，每月都有滚动的实习生招募计划。

4.4.2 企业实施实习生计划的原因

企业为何越来越热衷于实施实习生计划？主要原因有以下几点。

一、提前发现与储备人才

从大学生的角度来看，企业实施实习生计划可以为他们提供实习的机会，让他们提前体验企业生活，接触企业文化，熟悉企业工作流程，接受职业化培训，进而实现从学校到社会的角色转变，同时还可以获得可观的薪酬待遇。从企业的角度来看，这是避开校园招聘的高峰、提前出手选拔和储备人才的大好机会。在整个实习过程中，企业可以更好地考查学生的素质与能力，通过相互了解后的选择，能使企业更容易选择到适合自身企业文化的人才，消除了因为招聘的盲目性而造成的选人不当以及人员流失的风险。比如，企业可以建立实习生档案，记录实习生在实习期间的工作表现、能力特质等，作为以后校园招聘时优先考虑的依据，并将表现优秀的实习生列入公司后备人才库，战略性地储备未来的“新鲜血液”。

二、提升雇主品牌

实习生计划是企业对企业社会责任的履行。企业作为社会发展的重要主体之一，也担负着提升大学生实践经验的社会义务，这也是企业回报社会的方式之一。一个实施了实习生项目的企业，在大学生乃至其他潜在员工的心目中，必然是一个愿意承担社会责任，愿意为社会培养人才的良好雇主。而企业对实习生计划的精心设计与落实，也将给实习生留下深刻而美好的印象，为企业日后的校园招聘打下扎实的基础。待实习生走向社会后，他们会把企业校园雇主品牌提升到社会雇主品牌。

不少世界500强企业在实习生管理上已经做出了表率。西门子学生圈是该公司的一个全球性人才培养项目，学生圈中的学生有机会被选拔参加其他全球人才培养计划。在通用电气，表现突出的实习生将优先加入该公司为期两年的管理培训生计划。IBM针对暑期实习生设置暑期学校，将IBM职业培训中的特色课程搬到了课堂中，提升学生商业领域的相关知识。这些世界500强企业还达成了一个共识：实习生项目并非单纯为公司培养人才，也是出于一种社会责任，希望为高校毕业生提供一个从学校到社会的过渡桥梁，帮助他们提高就业竞争力。这一人才观和远见无疑值得本土企业借鉴和学习。

三、满足对阶段性人才的需要

企业对人力资源的需求不是固定的，很难完全控制在人力资源需求计划之内，企业在开展某些临时性项目的时候，人手紧缺就成为制约项目完成的重要障碍。比如，企业需要针对一些特殊情况开展相关营销策划活动，或某一个科研攻关项目临时需要一些助理来帮助处理基础数据和资料等，这时企业如果有完善的实习生制度，便可以立即从储备的实习生档案中挑选到合适的人员迅速投入到相应的岗位上。

四、完善人力资源管理制度

企业如果建立了一套健全有效的实习生制度，实习生的招募和培养就可以成为企业整体人力资源战略的重要组成部分。企业通过与实习生的亲密接触，可以更多地了解新生代人才的特性，从而促使企业更有效地制定相应的人力资源机制，更大限度地发挥年轻员工的潜力。

五、降低企业成本，提高企业经营效益

2007年国家税务总局发出了《企业支付实习生报酬税前扣除管理办法》，规定企业支付给在本企业实习学生的报酬，可以在计算、缴纳企业所得税时扣除，从财政上予以支持；现在，许多行业主管部门又陆续推出了各种实习补贴政策，加大支持力度。这些政策对一些创业初期的企业或者中小企业而言，降低了企业的成本，尤其具有吸引力。另外，从企业自身来说，一些短期内空缺的人员岗位或者不需要招聘固定员工的岗位，也可以由实习生来承担，节约企业的开支。

4.4.3 实习生管理

在求职竞争越来越激烈、人才要求水涨船高的今天，拥有丰富或相关领域的实习经历已经成为企业招聘应届毕业生时一项重要甚至是必备的条件。实习成为大学生最重要的一门必修课，越来越多实习生的到来也给企业人力资源管理带来了一门新功课，而不少人力资源管理人员显然在这门功课上遇到了难题。

读一读

实习生，想说爱你不容易

王先生是一家民营企业的人力资源经理，最近被实习生的事情搞得焦头烂额。他所在的企业成立时间不长，方方面面都急需人手，而对尚处于创业阶段的企业来说，人工成本必须精打细算。因此和老板商量了一下，王先生准备招聘一些实习生。一方面，可以灵活应对用人需求随时变化的项目，降低人工成本；另一方面，还可以在大学这个人才生产的第一线上，直接发掘、培养出愿意与公司一起成长、志同道合的人才，可谓一举两得。

但是，事实上，这个“两全其美”似乎只是王先生和企业的一厢情愿。首先，实习生招聘工作就让王先生累得够呛。企业收到的简历不少，约好时间，但往往10个学生最后只有一两个来面试。好不容易碰到相谈甚欢、有意向实习者，人未到，“抱歉”先到，不是导师安排任务，就是功课临时有变化，更有甚者，“杳无音信”了。王先生费了不少劲，总算招来了4名实习生，入职时都信誓旦旦最少可以实习3个月，项目经理和同事们像师父带徒弟一样，手把手铆足了劲培养。可是没到一个月，已经陆续走掉了3个，理由无非是学校或家里有事。而且这些实习生“辞职”还都是搞“突然袭击”，甚至差点让项目“开了天窗”。

王先生马不停蹄地开始了第二轮实习生招聘，可是从招聘开始，同样的状况再次出现。昨天又有两个第三轮招聘来的实习生不辞而别。面对项目经理对人事部门办事不力的抱怨，王先生也很困惑：这到底是怎么了？是实习生出了问题，还是我出了问题？

资料来源：骆潇．管理实习生：HR的新课题．人力资源开发，2010（2）：34-35.

王先生遇到的问题，不少企业的人力资源管理人员也都或多或少地遇到过，当然，部分学生诚信缺失、缺乏毅力也是原因之一，但人力资源管理的问题永远都是双方的，更何况面对实习生这个刚踏入职场的新群体，企业还应负有更多的管理责任。企业需要明确：实施实习生计划的目的是什么？它适用于企业的所有职位吗？如何进行实习生管理？

一、计划期管理

1. 明确目的，视实习生为潜在竞争力

实习生到底是企业的廉价劳动力还是潜在竞争力？对这个问题的回答，代表了两种完全不同的用人观。

将实习生视为廉价劳动力的企业只是将实习生看作“人力”，是初级的、临时的、可随时被替换的劳动力，实行的是粗放式的招聘和只使用不开发的管理。这种注重短期效益的用人观忽略了实习生独有的人才价值，对人才的不尊重必然难以激励人才发挥价值，还会陷入“招聘-流失-再招聘-再流失”的恶性循环。这样不仅没有达到降低人工成本的目的，反而在无形中增加了员工管理成本，还可能给企业日常工作的顺利开展造成不必要的麻烦和损失。

若将实习生视为潜在竞争力，则更强调实习生也是一类人力资源，将其放入企业的人力资源战略中进行规划，把实习生管理融入整个企业的人力资源管理过程中，视“实习生与企业的共同成长”为目标，追求个人价值和企业价值最大化之间的平衡。这一用人观显然更容易实现实习生与企业的双赢：一方面，实习生能在成长中为企业创造价值，并可能实现就业；另一方面，企业有可能甄选到契合度非常高的人才，通过实习生口碑相传，还能在校园中树立起有影响力的雇主品牌。

2. 进行职位分析，确定哪些职位需要招聘实习生

对于实习生计划来说，进行职位分析可以确定哪些岗位需要招募实习生、招募什么样的实习生，而哪些岗位招用正式员工更为适宜，还可以确定通过何种渠道、方法更容易招聘到具有某种素质的人才。

由于大学生工作经验欠缺，所学的知识也未必符合企业的岗位要求，他们对企业的具体情况也不够了解，而且往往很难提供一个较长期限的固定的工作时间，因此企业一般不会安排非常关键的工作给他们，适用于实习生计划的岗位也大多集中在基层的职位（如基础技术支持、职能管理助理、业务助理等），并逐渐趋向多样化，具体因企业人才需求而定。比如 IBM 2011 年实习生计划开放的职位数量超过 600 个，涵盖了几乎所有的业务部门，招聘岗位涉及销售、商业咨询、技术咨询、软硬件研发、销售支持、技术支持、市场、财务、采购等多个不同的领域。IBM 招收的实习生也来自众多专业背景，除了理科，文科及商科人才在这里同样有广阔的用武之地，从学历上也包括本科、硕士、博士和 MBA。再如百度的实习生计划设立了常年实习的职位，如技术类职位（工程师）、市场销售类职位（专员与助理）、管理类职位（公关部与人力资源部助理）等。

另外，通过职位分析所获得的信息还可以为实习生薪酬、绩效考核、培训等

多项人力资源管理活动奠定基础。

二、招聘期管理

1. 及早行动，以获得先机

较早开始实习生招聘的多为知名跨国企业。一般情况下，壳牌石油在每年3月就启动实习生计划，安排人力资源部前往各大高校开展宣讲，并且提供常规的暑期实习、海外商业竞赛等各种方式，以满足学生不同的时间要求和不同的特长。微软在每年的4—5月前往北京、合肥、广州等多个城市展开实习生招聘。其他许多知名企业也都在暑期之前进行相关的计划，以避开过于集中的第四季度校园招聘，抢先一步吸引人才，因此及早开始实习生计划是成功的关键一步。

也有许多企业采用机动的实习生安排，例如新浪等公司设立了专门的实习生招聘网页，常年接收学生的申请，一旦有适合的岗位空缺，便会安排学生前来实习。微软等企业既有根据业务需求随时开放的实习机会，也有在每年春季集中招聘的常规实习生计划。

2. 确定选拔标准，包括硬性指标和软性指标

由于企业往往会把实习生作为未来的员工来培养，或者是需要满足阶段性的用人需求，因此，对于实习生的选拔都不会草率而为，往往有比较严格的选拔标准。从硬性标准来看，学历、专业、成绩与相关历练等多是必需的。比如，某跨国公司招聘实习生的基本要求是：通过大学英语六级或英语专业四级考试、平均分（grade point average，GPA）排名在班级或专业前50%，优先考虑那些在校期间有跨国公司实习、奥运志愿服务、市级以上商业竞赛获奖、海外交流项目、学生会或社团领导者等经历的优秀学生。

从软性标准来看，学生的综合素质也很重要，比如那些乐观自信，协作性好，逻辑思维能力、人际沟通能力和学习能力强的学生往往更会得到企业的青睐。另外，企业需要找到和公司价值观契合的人才。

读一读

玛氏公司对实习生的要求

玛氏公司期待实习生具有以下素质：

- 心于玛氏：认同玛氏文化，全情投入；
- 长于发展：学习成绩优秀，社会实践积极，有强烈的自我发展意愿；
- 乐于改变：愿意接受并能很好地适应工作环境和岗位的改变；
- 善于领导：有相应团队组织领导经历，有能力带领团队应对困难，善于激励；
- 勇于求新：思维活跃，在解决问题方面常有独创性和批判思维；
- 优于沟通：具备优秀的中英文沟通能力以及跨文化的思考交流素质。

资料来源：黄渊明．实习生计划，提前一步抢人才．[2009-10-10]．http：//blog.sina.com.cn/s/blog_5e8b0a880100fojc.html.

3. 广开招聘渠道，扩大宣传面

企业可以通过以下渠道将实习生需求传递给有需要的大学生。

（1）在企业的网站上发布招聘信息，实习生可以在线提交简历。

（2）高校的BBS。清华大学的水木清华BBS、北京大学的北大未名BBS、中国人民大学的天地人大BBS以及中山大学的逸仙时空BBS等都是人气很旺的学生论坛。

（3）与招聘网站和媒体合作。如通过智联招聘、应届生网、大街网、前程无忧等学生常用的专业招聘网站，企业可以将正式员工和实习生的招聘信息一起发布出去。

（4）内部推荐。因为优秀的学生可能会结识其他优秀的学生，更重要的是，与在职人员不同，在校学生之间彼此了解的程度更深，这更能有力地保证招聘的准确性和可靠性。

（5）直接联系学校就业指导中心、院系与协会组织。比如新浪招聘实习生的主要途径之一就是主动和学校联系，由高校的就业指导中心或者相关院系推荐专业课及综合素质较为优秀的学生，经过新浪公司筛选、面试和评估后，到与个人就业方向相关的专业岗位上实习。

4. 创新招聘流程，增强营销推广的效果

一般实习生的招聘流程与校园招聘流程有相同之处，比如包括现场宣讲、素质测试或笔试、首轮面试、复试、最终甄选以及录用等环节。此外，企业还可进行沙龙交流活动、挑战赛、学生相互推荐活动等，增强营销推广的效果。

比如，玛氏公司在实习生招聘中为了扩大影响力，并让申请人在应聘过程中更好地体验互助的力量和团队的温暖，提升协作的意识和能力，要求申请人以三人组队的方式参加，这些小组将参与制作商业策划书、商业答辩竞赛、商业策划项目实施等招聘环节。

5. 预防“镀金式实习”，探寻学生的实习动机

在实习生招聘阶段必须意识到一个潜在的问题：部分学生进入企业实习的意图并不在于真正加入该企业，尤其是对于知名企业而言，部分学生将实习经历作为寻求其他知名公司的跳板。然而，知名企业使用实习生的目的往往不在于降低用人成本，而是真心诚意地希望发掘和保留一批有潜质的人才。因此，企业不能因为是招聘实习生，就放松甄选标准，而必须在招聘阶段就严肃考虑未来的留人问题，即甄选出不仅有潜质更有意愿加入组织的学生。

为此，企业在招聘实习生的过程中，同样需要关注人岗匹配，没有必要盲目接收过于拔尖的学生，这类实习生不一定愿意长期留在企业工作，而一旦在中途离开，不仅容易影响日常工作进度，而且企业的整个实习生计划就完全失去了预期的意义。在甄选阶段需要关注学生过往的实习经历、实习时间，也需要通过面对面沟通的方式了解其兴趣爱好、对未来职业发展的预期，综合各种信息推断学生的实习动机，从而甄选出不仅有能力，更有意愿加入企业、成为组织一员的学生。

6. 签订实习协议

在劳动关系方面，一方面，实习生与实习单位是否建立劳动关系还没有统一

说法，但是目前司法实践中主流意见基本上倾向于实习生与实习单位不建立劳动关系；另一方面，教育部、财政部在《中等职业学校学生实习管理办法》中对实习生的权利与义务也做了一些规定，如“不得安排学生每天顶岗实习超过8小时”“实习单位应向实习生支付合理的实习报酬”。这样就造成很多时候实习生与企业之间的劳动关系难以处理。因此，从企业作为实习单位的角度出发，与实习生签订一份实习协议很必要，可在协议中明确实习报酬的标准、实习纪律、实习生过错造成单位经济损失的处理、实习生人身意外保险、学校在实习过程中的职责要求及法律责任等。

读一读

某公司实习生管理规定

××公司	实习生管理规定	生效发文字号		[2017] ____号	
		文件编号	BDXT-108	页码	1-1

一、目的

为规范实习生的管理，建立优秀的人才梯队及储备，结合公司实际，特制定本规定。

二、适用范围

本规定适用于全体实习生。

三、定义

实习生是指为补充日常工作安排时人员不足、阶段性用人问题或人才储备需要而聘用的短期工，其每次实习期限按实习协议约定执行，原则上不超过3个月。

四、聘用实习生的基本条件

（1）年满18周岁以上。

（2）大专或以上学历（含大专在读）。

五、招聘

（1）用人部门填写员工需求申请表，注明为“实习生”及其工作期间。在需求报到日期15日前填写，经部门负责人签核后送人力资源部，人力资源部根据用人部门需求收集应聘资料并安排面试。

（2）实习生应聘时填写职位申请表，附身份证、学习证复印件。

六、报到

人力资源部为实习生办理实习手续并签署实习协议，同时发放工卡、考勤卡，办理完用工手续，由所属部门主管安排工作。

七、日常管理

（1）实习生的工作时间、工作内容由各用人部门主管负责安排，并由各部门主管考核实习生的工作表现。

（2）人力资源部建立实习生人事资料档案，并进行档案编号，用人部门负责人可随时调阅实习生个人档案。

（3）考勤：

1）出勤：实习生每周工作时间由其所属主管排定，按照排班表出勤。

2）实习生上下班必须打卡。

3）迟到、早退：实习生在实习期间迟到、早退超过5次的，或有1日未经请假而任意不到的（属旷工），公司有权立即解除实习协议。

4）休假、请假：实习生每周享有1～2天休假，具体休假时间由用人部门主管根据实际工作需要排班而定。实习生有事请假，应向所属主管申请（填写请假单），并得到同意后方可休假。实习生请假，于事前填写请假单，注明理由，呈请主管核准。实习生请假的假别只限事假（无薪假）。

（4）奖惩：实习生的奖惩按实习协议约定执行。

（5）福利：除了实习报酬，不再享受公司正式员工所享有的其他福利待遇。

<table>
<tr><td colspan="4">

八、实习报酬

（1）报酬标准：按实习协议约定的条款计算。不享有其他津贴或补贴。

（2）报酬发放：每月报酬采用现金支付方式，于次月8日发放。

（3）报酬核算：每月末由所属主管统计出勤状况，送人力资源部作为计算报酬的依据。人力资源部依据考勤卡进行核算。

九、正式录用

实习生在本公司实习期满3个月且表现优秀，符合公司录用条件，当公司有空缺职位时，可考虑优先录用。

录用时由用人部门向人力资源部提出书面推荐，附实习生实习工作报告等有关资料，由人力资源部安排有关面试事项。符合录用条件者，按入职流程办理有关事务，并给予新入职员工待遇。

十、离职

（1）实习生应在预定工作期限完结前3天知会所属主管，于到期当天办理离职手续。

（2）实习生的实习期限如需缩短或延长，由用人部门提前3天通知人力资源部，人力资源部为其办理相关手续。

</td></tr>
<tr><td>部门</td><td></td><td>执行人</td><td></td></tr>
</table>

某公司实习协议

<table>
<tr><td rowspan="2">××公司</td><td rowspan="2">实习协议</td><td colspan="2">生效发文字号</td><td colspan="2">［2017］____号</td></tr>
<tr><td>文件编号</td><td>BDXT-109</td><td>页码</td><td>1-1</td></tr>
<tr><td colspan="6">

甲方：______________________________

乙方：____________________身份证号码：______________________________

甲、乙双方经友好协商，就乙方在甲方实习事宜达成如下协议：

一、甲方同意接收乙方__________女士/先生到甲方处进行实习。

二、实习期限为____个月，自____年____月____日至____年____月____日。

三、乙方在甲方实习期间，必须服从甲方的管理，认真执行甲方各项规章制度，如屡次违反甲方各项管理规定，影响工作顺利开展，甲方有权即时终止实习协议。由于乙方过失或故意所为，给甲方或外派单位造成损失，甲方有权要求乙方赔偿经济损失。

四、乙方在甲方实习期间，按时按甲方的规定考勤。实习期间和实习结束后，乙方必须保守甲方的商业秘密（包括一切非公开的信息）。

五、乙方在实习期间，交通补助为每月____元，膳食补助为每日____元，该两项补助均以考勤为准，由甲方按月支付给乙方。

六、实习期间，甲方根据工作需要，派员对乙方进行工作指导。实习期满后，乙方向甲方提交实习报告以及合理化建议，甲方凭此给乙方出具实习考评意见。

七、本协议履行期间，甲乙双方均有权随时提出解除本协议。在乙方完成交接工作后，甲方为乙方结清当月膳食、交通补助费用。

八、实习期间，甲方仅为乙方提供现有的实习环境，且甲方与乙方不存在劳动关系，乙方的人事等关系不受甲方的管理。

九、实习期满后，若甲方需要，可考虑优先录用乙方。

十、除了上述约定，双方不存在其他任何权利义务关系。任何一方不得超出本协议范围向对方提出任何主张和程序。

十一、本协议一式两份，双方各执一份。

甲方：　　　　　　　　　　　　乙方：

签章：　　　　　　　　　　　　签章：

签约时间：　年　月　日　　　　签约时间：　年　　月　　日

</td></tr>
<tr><td>部门</td><td colspan="2"></td><td>执行人</td><td colspan="2"></td></tr>
</table>

资料来源：实习生管理制度．［2012-04-01］．http：//doc.mbalib.com/view/3cc4845e8e5d69e5edda180996856994.html.

三、正式实习期管理

1. 提供内部资源支持，为实习生提供保障

企业实施实习生计划还需要内部资源的支持。一方面，自身良好的管理机制与文化是必不可少的，否则实习生发现企业内部管理有诸多问题，是不可能真正愿意加盟企业的。另一方面，企业应为实习生提供一定的物质条件，包括实习补贴、住宿条件、工作指导以及办公资源，这对人、财、物等资源都提出了一定的要求。如果企业缺乏内部支持的环境，不能很好地给实习生提供实习保障，实习活动可能就收效甚微。

2. 确定“辅导员”和“伙伴”，使实习生尽快融入

实习生制度中必不可少的一个部分就是辅导员制度，有的企业称为“工作指导人”或“导师”。不论头衔如何，只要引进实习生，企业就应当安排相应的资深员工对其进行帮助和指导。一方面在具体工作上协助学生掌握技能，解决遇到的疑难问题，尽快开展工作；另一方面也能够为实习生提供一种心理上的归属感，协助其尽快在组织内部建立若干人际关系，这种人际安全感和社会归属感对于实习期结束后学生留在组织中的意愿起着非常关键的作用。

除了辅导员，还有一个重要角色尚未被许多企业意识到，即实习生工作中的伙伴。通常辅导员在公司资历较深，与实习生有一定的年龄差距，而实习生在具体工作中接触最多的其实是与其年龄相仿的新员工，新员工能否给予实习生足够的帮助和指导，并且从正面影响实习生在组织中的心态，对实习的成败同样重要。企业除了要为实习生指定一名资深员工作为辅导员，还应当指定一名合适的新员工作为工作伙伴。这名新员工应当在业绩上有良好的表现，组织认同感强，最好与实习生有相似的背景。

3. 进行系统的培训，渗透企业理念

从学校到工作岗位，实习生的角色转变需要一个过程，企业需要进行“入门”培训，让实习生充分认识企业文化和工作环境，系统了解产品与业务流程。同时，企业还可以安排实习生参与内部的项目，由资深的员工做项目经理对其予以指导。

IBM在培训过程中非常注重企业理念的渗透，比如其价值观是创新为要、分享传承、团队合作，在这些理念的渗透中，采取了虚拟的3D平台（active world）蓝色之路展览馆、师父带徒弟、夏令营营地建设、小组设计电子杂志等多种方式。

培训同时还是企业规避风险的一个手段，实习生从校园进入企业，许多时候尚未完全理解商业环境中职业操守、文件保密和工作安全的重要性，通过培训企业的流程、制度，讲解真实案例，能够在很大程度上预防实习生在企业中因行为不当而带来损失。

4. 工作内容一视同仁，培养实习生

许多企业在实习生管理上存在一个误区，即专门指派实习生进行打印、发传

真、预订酒店和机票等工作，这一方面浪费了企业的人力资源，另一方面也无益于培养和保留人才。更好的做法应当是让实习生从事正式员工入职初期的真实业务工作，或与正式员工一同处理当前的项目。比如，现在很多知名企业不仅要求实习生在所学专业的基础上从事技术型工作，而且为实习生提供与正式员工一样的笔记本电脑、工位和账号等工作系统。只有让实习生和正式员工一样接触企业的方方面面，理解未来从事的真实工作，才能够在最大限度上发挥实习生计划对企业的价值。而在百度，实习生和正式员工不仅工作没有不同，工资标准也与同岗位正式员工相同。

5. 全面评估，有效甄选

实习生计划的重要目的是更深入全面地评估人才，并甄选出适合企业自身的人才。因此，评估与考核工作必不可少，它们是检验实习生项目成果的重要部分，要最终确保有相当一部分校园招聘中录用的毕业生是从前期的实习生活动中挑选出来的。比如在IBM的暑期实习生项目中，近80%的学生会留在IBM。因此，企业应保证实习安排的精细化管理工作，提高对实习生的关注度，重点跟进一些表现优秀的实习生，建立实习生档案，通过多方面的考核评估有效甄选出适合本企业的人才。

实习生的考核评估工作可由三方面构成：一是培训成绩考核，通过对实习生进行系统的职业知识与技能培训，看其是否具备实习岗位应该具备的业务知识与技能水平；二是基础工作完成情况评估，看其是否具有相应的岗位胜任素质，是否积累了相关行业的经验；三是参与情况评估，看其工作态度如何，以及激情、责任心、工作适应性、团队协作性等。

四、实习后期

1. 双向选择，留用优秀实习生

实习期结束后，企业应当尽可能留下一批在实习期间表现良好、学习能力强、能够融入组织和团队氛围的学生，这批人选是企业的财富；同时应当放弃一部分不能胜任工作或不能得到领导者和同事认可的学生。

对实习生而言，一部分人经过较长时间的实习工作，掌握了基本的工作技能，熟悉了周遭环境，对组织和团队有较强的认同感，希望继续留在企业工作；也有一些实习生未能认同企业的人际氛围或工作内容，而选择离开。一般而言，50%的保留率是比较适中的。

事实上，经过长时间的充分了解，企业和学生双方都能够做出相对准确的判断，这种平和的双向选择正是实习生制度的优势之一。

2. 收集反馈，做好分析

实习期结束并不意味着实习生计划的结束，最后非常重要的一步在于对整个实习生计划的效果进行分析和总结，这是成熟的实习生制度必不可少的一个环节。

作为从学校向企业过渡、从学生向员工转变的一个桥梁，实习生计划完全能够成为企业在传统校园招聘之外的第二种人才甄选方式，并且实现部分培训开发与人员储备的功能。对于新兴行业、雇主品牌不够强大的企业、兼具专业性与操作性的岗位，实习生计划更是一种优于校园招聘的绝佳选择。众多跨国企业与业界巨头已经启动了各具特色的实习生招聘，相信更多的企业也将逐步认识并利用好这一工具，为提升人力资源质量抢得先机。

3. 维护关系，细水长流

实习生计划要注重实效性，实习过程中要关注学生的阶段性反应和感受，要有定期的座谈会；在实习生回到学校继续完成学业的过程中，要与他们保持持续的交流，提高其对企业的认同度。有的企业还设立了实习生俱乐部、实习生网络论坛等，不定期地举办实习生感兴趣的主题活动，持续打造企业在校园中的雇主品牌。

同时，企业要与高校建立长期的互动关系，开展多种形式的合作，加强供求双方的信息交流。这样，学校在培养人才以及后期推荐、挑选实习生时，会更加具有针对性，更加符合和适应企业实习岗位的要求。

目前，实习生计划除了与校园招聘相互衔接，或在一定程度上取代校园招聘，更有一种往高端化项目发展的趋势——管理培训生计划。企业越来越倾向于自主培养符合自身需要的具有领导力的管理人才，因此，部分企业在实习生计划中增加了面试中对潜在领导力的考查以及轮岗的机会。从这个意义上讲，实习生已经成为企业领导人才的战略储备，也将成为支撑其未来发展的中坚力量。

读一读

欧莱雅的招聘渠道以及用人之道

一、欧莱雅的招聘渠道

欧莱雅通过各种渠道与方式来招募人才，按照内外分为外部招聘与内部招聘。外部招聘包括社会招聘和校园招聘。

1. 刊登招聘广告

欧莱雅通过在报纸、网络刊登招聘广告发布用人信息，招募所需人才。

欧莱雅同时运用互联网这一覆盖面广、富有效率的新传媒，在网上进行招募，使人力资源在全球共享，它的普及使15个国家和地区10%的招聘工作在网上得以实现。

2. 猎头公司

有时，为了招聘某些高级经理人为欧莱雅服务，欧莱雅也与全球一流的猎头公司等人力资源中介服务机构合作，通过猎头公司提供的专业人力资源服务，寻找优秀的人才加盟。欧莱雅中国人事总监戴青介绍说，她时常叮嘱开展合作的猎头公司，一旦发现欧莱雅需要的具备“诗人与农民”禀赋的人才，无论花费多少费用，都要尽力把他们吸引到欧莱雅。但靠猎头公司招募人才在欧莱雅的招聘渠道中所占的比例不大，因为只有中高级人才通过猎头公司寻找。

3. 校园招聘

欧莱雅会根据需要每年在相关大学召开校园招聘会，招募管理培训生，为培养未来的高级经理人做精心准备。

每年，来自世界几十个国家顶尖学府的千余名管理培训生会申请加入欧莱雅。欧莱雅中国公司也广泛地与中国各著名大学展开交流与合作，每年在北京大学、清华大学、复旦大学、上海交通大学、中山大学等高校招募管理培训生，为培养欧莱雅未来的高级经理人奠定坚实的基础。

欧莱雅的校园招聘选择的大学是世界各地优秀的大学，招聘著名学府中的佼佼者进入欧莱雅。在全球，欧莱雅通过校园企划大赛等方式来寻找人才。

4. 实习生制度

欧莱雅还通过实习生制度每年从大学吸收大量优秀学生来公司实习，促进双方的沟通与了解，为将来的合作奠定基础。

5. 内部招聘

欧莱雅的员工招聘信息同样在公司内部发布，欢迎公司员工应聘。内部员工与外部应聘者之间竞争某一岗位，完全是在公平的前提下，参加同样的面试，最终由用人部门决定取舍。

6. 建立人才后备力量

区别于每年毕业季各种公司在校园的招聘会，欧莱雅对人才的物色更显示出开放的态度。1993年，欧莱雅集团开创了欧莱雅校园企划大赛，现已风行全球。2000年，欧莱雅开始在中国区举办欧莱雅校园企划大赛，这一鼓励大学生投身实际企业商业运行的全球经典赛事，赋予当代中国大学生活力和创意，使中国学生无论是在创新意识还是对市场的了解及将理论与实际相结合上，都拥有与世界各国同龄人同台竞技的机会，受到了大学生的热烈欢迎。获得头奖的代表队会被邀请到巴黎的欧莱雅总部参观其主要生产基地和研究中心等，对欧莱雅这一跨国企业的管理风范和市场经营策略有更深入的了解。欧莱雅相信这一系列活动一定会给学生留下先入为主的印象。

2001年年底，欧莱雅推出了全球在线商业策略大赛，让参加游戏的大学生在互联网上模拟商战，并许以重奖。中国中欧国际工商学院（CEIBS）的参赛者第一次参加就取得了中国第一名、亚洲第三名、全球第十一名的好成绩。这是欧莱雅培育自己的后备力量的策略之一，这一“培养人才，发现人才，吸引进公司”的策略已经成为欧莱雅人才良性循环的法宝。

欧莱雅建有自己的全球互联网人才数据库，全球各地的人才都可以随时利用欧莱雅的系统在线申请欧莱雅在全球的职位，或申请实习。欧莱雅已经初步建立了庞大的人才后备库，并从中挖掘了许多优秀人才加盟。

二、欧莱雅的用人标准

1. 岗位标准

应聘者必须满足招聘岗位的要求，具备相应的工作经历或技能。相关的专业知识是员工适应工作挑战所必需的，而沟通能力、团队协作能力等各种工作能力也是员工取得成功不可或缺的因素。

2. 价值观标准

欧莱雅要求应聘者富有胆识和想象力、创造力，同时具备实干精神，这就是欧莱雅闻名的“诗人与农民”的完美结合。

为什么要求应聘者像诗人呢？欧莱雅认为，全球市场竞争激烈，时尚领域日新月异、瞬息骤变，员工只有具备了像诗人一样的激情与创造力、开阔的思维方式、敏锐的感知能力，才能够灵活机动，适应行业的竞争与发展。

为什么欧莱雅又要求应聘者像农民呢？——农民是最具有实干精神的劳动者，欧莱雅认为，员工有了好的创意，应该具备付诸实施的能力。欧莱雅的工作节奏很快，员工应该对市场的变化做出迅速的反应，马上采取相应的行动。

欧莱雅的“诗人与农民”反映了对员工两种能力的重视，那就是“创新”与“执行”，这早已成为欧莱雅企业文化的一部分。每位员工都必须做到迅速反应，并能够马上采取行动。这让欧莱雅成为一家与时俱进、充满活力、竞争力强的公司，这也许也是欧莱雅连续近20年保持两位数增长的终极原因。

欧莱雅在招聘中还尤其重视员工的诚信。欧莱雅相信员工是诚实的，不会以怀疑的眼光看待，但是如果发现确定的证据证实员工在诚信上越过雷池，欧莱雅会“忍痛割爱”，果断放弃。

3. 潜力

是否具有潜力是欧莱雅招聘员工的重要标准之一。欧莱雅中国人事总监戴青举例说，作为市场部基层管理人员的市场助理岗位，工作内容包括文件处理、协调、联络、档案管理等，虽然都是比较基础的工作，但欧莱雅从来都重视这些基础岗位的招聘。欧莱雅认为招聘一名适合的人才就像在这个空位种上一株树苗，在欧莱雅的用人环境中长成参天大树，所以欧莱雅希望所招聘的人才不但能够满足基本的要求，更要具备潜能，能够担当更大责任的潜能。所以对于像市场助理这样基本的岗位，欧莱雅中国人事总监戴青也会亲自把关，面试应聘者。

4. 兴趣

欧莱雅要求员工热爱所处的行业，这是追求事业成功的原动力。兴趣是激情的源泉，有激情才能像“诗人与农民”一样既富有想象力，又具有实干精神。欧莱雅是一家注重员工个性的公司，尊重个人兴趣，鼓励张扬个性，发表自己的观点，这在欧莱雅已经成为一种文化。

5. 欧莱雅如何考核应聘者

欧莱雅对应聘者的招聘考核主要通过面试来进行，欧莱雅中国人事总监戴青介绍说，欧莱雅引进了心理学测试仪器，用于招聘考核。一般情况下，应聘者首先应该经过人力资源部的面试，包括招聘执行人员和招聘经理的面试。之后，由用人部门对应聘者进行深入的面试，了解应聘者是否具备岗位所需的才能与资历。

欧莱雅的人力资源管理人员不会通过第一印象去对应聘者做出轻率的判断，而是通过对应聘者经历与才能的深入了解，发现应聘者的特长与优点，选择适合欧莱雅的人才。

诚信是欧莱雅首要关注的应聘者的品质，欧莱雅不主张员工在公司中有亲属，认为人情有时会成为对诚信的挑战，将在一定程度上有碍公平的用人环境。

资料来源：《人力资源管理》六大模块案例（精选）.［2017-10-07］. https：//wenku. baidu. com/view/493c1441591b6bd97f192279168884868662b84e. html.

拓展阅读

领英与脸书在比利时招聘过程中的使用

有国外文献研究领英和脸书的使用，调查了在比利时人们是否会在招聘和甄选过程中使用领英和脸书。共有398位来自不同部门和组织的人员参与了调查。描述性统计分析表明，这两种社交手段成为招聘申请、获得关于公司的额外信息以及决定进入面试环节的工具。在比利时，招聘和甄选中确实会使用领英和脸书。职业人士指出，尽管脸书上的个人信息和照片不能体现候选人在情绪上的稳定性和随和性，但是确实能够表现人选的外倾性。但这也可能带来风险——选择性偏见在第一次面试时就产生了。招聘工作人员会更加看重候选人在领英上的信息，这也使得领英更能够促进培训和展示工作经历。对领英和脸书专业性的评价如表4-2所示。

表4-2　　对领英和脸书专业性的评价

项目		完全不同意	部分不同意	一般	部分同意	完全同意
保持对朋友最新职业变化的了解	脸书	41.5%	16.5%	7.4%	26.5%	8.1%
	领英	4.7%	5.1%	5.1%	41.1%	44.0%
保持对其他组织活动的最新了解	脸书	59.9%	16.2%	4.8%	17.3%	1.8%
	领英	10.5%	17.5%	14.2%	36.7%	21.1%
和专业人士保持联系	脸书	72.8%	18.8%	2.9%	5.5%	0.0%
	领英	21.8%	23.6%	7.6%	33.5%	13.5%
发现和面试者相关的信息	脸书	25.1%	14.7%	5.5%	30.9%	12.1%
	领英	13.5%	10.2%	5.5%	41.8%	29.1%
决定能够进入初次面试的人选	脸书	59.9%	18.8%	8.1%	8.8%	4.4%
	领英	36.0%	26.2%	11.6%	18.5%	7.6%

资料来源：Caers R，Castelyns V. LinkedIn and Facebook in Belgium. Social Science Computer Review，2010，29（4）：437-448.

小　结

本章主要介绍人力资源的获取方式，获取方式一般有两种：内部招聘和外部招聘。

内部招聘是指当企业出现了职位空缺的时候，优先考虑企业内部员工调整到该岗位的方法。内部招聘的优点是：风险低，成功率高；可以激励员工；提高员工忠诚度；成本低，效率高；以及适应性强。内部招聘的缺点是：组织缺乏创新性；可能造成内部矛盾；容易造成“近亲繁殖”；容易形成“论资排辈”的不正之风；有可能出现“涟漪效应”的不良现象；失去选取外部优秀人才的机会。主要的内部招聘方式有提拔晋升、工作调换、工作轮换、人员重聘、竞聘上岗、利用人才信息库档案等。

外部招聘是根据一定的标准和程序，从企业外部的众多候选人中选拔符合空缺职位工作要求的人员。外部招聘的优点是：选择范围广，选择余地大；为组织注入新鲜血液；更容易避免偏见，易于管理；为组织带来新技术和新思想；树立组织形象，扩大组织影响。外部招聘的缺点是：招聘成本高；可能影响原有员工的积极性；有时很难全面评价应聘者的能力和潜力；需要较长时间的培训和适应；可能将原先的工作方法和思维模式运用到新的工作环境中。

企业在选择招聘方式时应遵循以下原则：高级管理人才选拔应遵循内部招聘优先原则；外部环境剧烈变化时，企业必须采取内外结合的人才选拔方式；快速成长期的企业应当广开外部渠道；企业文化类型的变化决定了选拔方式。

内部招聘优先还是外部招聘优先，对于不同层次的人才、不同环境和阶段的企业应采取不同的选择，视企业的实际情况而定。这就需要企业在既定的战略规划的前提下，在分析企业现有人力资源状况和预测未来情况的基础上，制定详细的人力资源规划，明确企业的用人策略，建立内部的培养和选拔体系，同时有目的、有计划、分步骤地开展招聘选拔工作，给予企业内外部人才公平合理的竞争机会，以形成合理的人才梯队，保证企业未来的发展。

外部招聘的途径是多种多样的，有招聘广告、就业服务机构、猎头公司、员工推荐、校园招聘、网络招聘以及其他招聘形式。

广告是企业招聘人才最常用的方式，可选择的广告媒体有很多，包括报纸、杂志、广播、电视、网络等。应该依据媒体的特征、覆盖面、定位和媒体的相关集中度来选择相应的招聘广告方式。

就业服务机构同样具有优势和劣势，其优势为：拥有更多的人力资源资料，建有人才资料库；针对性强，费用低廉；招聘的方法比较科学，效率较高，可以为企业节省时间；能够坚持公事公办，公开考核，择优录用，公正地为企业选择人才。

猎头公司在搜寻高层管理人员和专门技术人员方面具有很大的利用价值：它们同许多高级人才保持联系；它们能够对企业的名称保守秘密；它们可以替企业的高层管理人员节约时间；它们可以帮助企业一开始就接触到高素质的应聘者。

企业能够在校园招聘中找到数量众多的具有较高素质的合格申请者；招聘与录用手续也相对比较简便；毕业生充满活力，富有工作热情，可塑性强，对自己的第一份工作具有较强的敬业精神。然而，许多优秀毕业生在校园招聘中常常有多手准备；他们容易对工作和职位容易产生一种不现实的期望；招聘来的毕业生缺乏解决具体问题的经验；相对成本比较高，花费的时间也较长。招聘应届毕业生应该遵循下列步骤：招聘宣传、举办或参加招聘会、筛选简历、笔试和面试、录用签约、毕业设计和实习、派遣等。

网络招聘已经成为企业普遍使用的一种招聘手段。网络招聘的优势有：速度快、效率高，成本低、费用省，覆盖面广及互动性强，能提供增值服务。网络招聘的劣势是增加了招聘筛选的难度和强度，有时虚假信息大量存在，增加了招聘风险。

社交网络招聘是网络招聘的拓展，它是以实名用户与真实商务社交关系为基础，以职业发展、商业拓展、行业交流为驱动的社交人脉网络平台。

▶ 思考题

1. 谈谈外部招聘的几种主要方式。
2. 简述网络招聘的优劣势。
3. 简述校园招聘的一般流程。
4. 谈谈为什么有些企业实行实习生计划。

参考文献

1. 彼得·德鲁克. 卓有成效的管理者. 北京：机械工业出版社，2009.

2. 顾海东. 德国西门子在华企业人力资源的获取与再配置问题研究. 成都：西南交通大学，2013.

3. 黄颖雯. SNS招聘的影响因素探析——以微招聘为例. 南昌：江西师范大学，2012.

4. 黄渊明. 实习生计划，提前一步抢人才. [2009-10-10]. http://blog.sina.com.cn/s/blog_5e8b0a880100fojc.html.

5. 霍治平. 校园招聘中存在的问题及对策分析. 教育前沿·网络财富，2010 (22)：23-24.

6. 刘冬蕾. 人力资源管理概论. 成都：西南财经大学出版社，2008.

7. 裴银井. 互联网+背景下HX公司实施社会化网络招聘对策研究. 合肥：安徽大学，2016.

8. 区乐廷，王丹. 实习生计划：寻找校园招聘的蓝海. 人力资源，2008 (8)：50-54.

9. 斯蒂芬·P. 罗宾斯，等. 组织行为学：第12版. 北京：中国人民大学出版社，2008.

10. 王垒. 实用人事测量. 简明版. 北京：经济科学出版社，2002.

11. Caers R，Castelyns V. LinkedIn and Facebook in Belgium. Social Science Computer Review，2010，29 (4)：437-448.

第5章 人员测评与选拔的主要方法

学习目标

- 掌握笔试的实施程序和试题编制特点
- 掌握智力测验、职业兴趣测验、能力倾向测验和人格测验的实施方法
- 掌握评价中心技术
- 熟悉工作取样、履历分析、搜寻事实和演讲的实施方法

怎样招聘出色的产品经理

"哪里能找到出色的产品经理?"CEO经常问人力资源主管这个问题。

人力资源主管总是这样回答:出色的产品经理就在公司里,只不过在其他岗位上,有可能是软件工程师、用户体验设计师、系统工程师,等着伯乐去发掘。无论打算从公司内部还是从公司外部招聘产品经理,都必须清楚合适的人选应该具备哪些特质。产品经理一般应具有以下特质。

个人素质和态度

技术可以学习,素质和态度很难培养,有些素质和态度是产品经理必不可少的。

对产品的热情

有这样一群人,他们对产品有一种本能的热爱,把自己生活中的一切事物都看成产品,满怀对优秀产品的热爱和尊重。这份热情是产品经理必备的素质,是他们夜以继日克服困难、完善产品的动力。这份热情能感染团队成员，激励所有人。

用户立场

理想的产品经理不一定来自产品的目标市场，但是他必须融入目标市场。这一特质对制造大众产品的高科技企业尤为难得。企业管理者倾向于从自己的角度去理解用户和市场。事实上，目标用户的经验、喜好、价值观、知觉能力、忍受程度、技术理解很可能与企业管理者大相径庭。

智力

人的智力水平是无法替换的。产品管理需要具有洞察力和判断力，因此必须具备敏锐的头脑。勤奋当然是必需的，但从事这项工作光有勤奋还远远不够。

职业操守

每种团队角色承担的义务和付出的努力都不相同。产品经理决定了产品的前途和命运，绝不适合贪图安逸的人担任。即便掌握了时间管理和产品管理的技巧，产品经理也要为产品投入大量精力。成功的产品经理能拥有时间享受清闲的家庭生活吗？只要具备足够的经验，相信可以做到。但是，如果期望的是每周只工作40小时，下班后就把工作抛诸脑后，那是不现实的。

正直

在所有产品团队成员里，产品经理最能体现公司和产品的价值观。通常产品经理不直接管理团队成员，不能要求别人执行命令，所以他必须通过行动影响、说服身边的同事。这种影响基于相互的信任和尊重，要求产品经理必须是个正直的人。

信心

很多人相信经验可以让人产生自信。如果仅凭经验可以建立信心，为什么许多工作多年的产品经理却毫无自信？相反，刚刚步入社会的大学毕业生却往往充满自信（虽然这种自信通常源于对自身状况的无知）。

态度

称职的产品经理把自己当成产品的CEO，愿意为产品的最终成败承担全部责任，绝不找借口。他清楚产品按时成功上市要克服许多困难——开发难度大、开发时间长、成本过高、产品复杂等，也明白预见和解决这些问题是他的责任。

技能

掌握一些重要的技能是打造成功产品的关键。有些人力资源主管相信，只要具备优秀的个人素质，所有技能都可以习得。

运用技术的能力

很多成功的产品经理是工程师出身，因为策划产品在很大程度上取决于对新技术的理解，以及如何应用技术解决相关的问题。出色的产品经理并不需要自己发明或实现新技术，但必须有能力理解技术、发掘技术的应用潜力。

注意力

产品经理要优先解决重要问题。研发产品的过程中有很多干扰。能否集中注意力解决关键问题、克制不断增加功能的冲动、不受关键人物或重要客户的影响，取决于产品经理是否有足够强的自律性——不但要遵守公司的制度，还要严格要求自己。

时间管理

电子邮件、即时消息和手机构成的世界充满了干扰。你可能一大早就来上班，拼命工作一整天，连吃饭喝水都顾不上，深夜回到家却发现没完成哪怕一项重要工作。时间都用来“救火”和处理“紧急”事件了。

沟通技能

虽然沟通技巧可以学习，但要做到出类拔萃需要日积月累的练习。沟通（包括口头表达和书面表达）能力是产品经理必备的技能。如前所述，产品经理只能以理服人，绝不能靠职位压制他人。

商业技能

作为产品团队的发言人，产品经理要协调团队与财务部门、营销部门、销售团队、公司高管之间的工作——必须使用这些人听得懂的概念和术语。

有些人力资源主管认为产品经理应该具备双语技能。这并非指中文和英文，而是指产品经理既能与程序员讨论技术，又能与管理层和营销人员讨论成本结构、边际效应、市场份额、产品定位和品牌。

弄清楚产品经理所应具备的特质之后，有些人不禁要问：这一项项素质要求应该通过什么样的方法去识别和甄选（如怎样考查智力、沟通能力和时间管理能力），以及采取什么样的方法组合才能在前来应聘的候选人当中选择符合或大致符合职位要求的人员。在这之前人力资源主管首先应该了解人员测评与选拔的主要方法，这是进行人员招聘与选拔的前提和基础。只有充分了解这些方法的主要内容、测评重点等，才能有效利用它们来帮助人力资源主管高效完成人员选拔的工作。

资料来源：Marty Cagan. 启示录：打造用户喜爱的产品．武汉：华中科技大学出版社，2011.

5.1 笔　试

篇中案例

名企笔试，不见硝烟的战争

在重文凭但不唯文凭的时代，有一批公司异军突起，崇尚考查求职者的灵动思维，纷纷怪招迭现，用自己独特的方式来筛选人才。从智力测验到情境虚设，从性格测试到创意比拼，招聘者用心良苦，设置要求“异度空间”，求职者则搜索枯肠，展示自身的“超能力”，每次笔试都可谓是一场不见硝烟的战争。

对于此类考题，有些公司和个人认为是纯属作秀、搞噱头，以此作为衡量人才的标准似乎太“玄乎”；而一些赞同者则认为这样打破传统的不拘一格的方式更能考验出某个人的内在潜力。对此双方各执一词，可谓“仁者见仁，智者见智”。其实无论孰是孰非，既然有这样的招聘笔试试题存在，对于应聘者来说探究如何应对才是良策，现在就让我们先睹为快吧。

此类考题大多广泛流传于大学校园，一般针对应届毕业生。首先最让学生感兴趣的是马士基物流公司（MAERSK）的笔试试题。马士基每年录用者和参加应聘者的比例是1∶1 000，极高的淘汰率让能进入马士基的人成为一个神话。由于参加笔试者不用做任何准备，既不用准备英语，也不用回答诸如“为何要进我们公司”或者“你有什么特长”的问题，因此流传甚广的“另类”笔试试题还是吸引了一大批参加者。此类题目是绝对不对外公开的，试卷当场收回，据说此试题马士基每年都要用，因此绝对保密。

经做过试题的同学透露，笔试分为性格测试和快速智力问答两部分。第一部分是性格测试。所谓性格测试，就是从善良、果断、热情、勇敢、孤僻、激情等描写性格的词语中分别选出符合你对自己的评价和朋友对你的评价的词语。可不要认为尽挑一些褒义的词语就肯定通过，公司会根据你的选项输入电脑制作出个人发展曲线图，从中能看出个人的发展潜力和远期竞争力。第二部分是快速智力问答，要求在12分钟内回答50道题目，而这些题目都是最简单的智力测试题，比如“2，4，8，16一系列数字，按规律下一个该是多少”，连小学生都会做，关键是时间，看12分钟内最多能做出多少道题，目的当然是考查反应速度。

看完了马士基，接着看一下每年都席卷校园的四大会计师事务所。四大会计师事务所的笔试都以英语为重，多方面考核英语和数字敏感能力。毕马威（KPMG）首先是根据数据图回答问题，如根据某公司历年财务盈亏曲线图，计算不同年份或时期的利润数据；接着是英语逻辑题的考试，这些题目原本不难，而且没有专业限制，连高中生都会回答，但是有了时间限制，要做完做对绝对不容易。

再来看一下某些大有名气的咨询公司的考试。它们大多是做展示，如就某一谋杀事件组织团队侦破，这就要看你的团队合作精神和领导才能的发挥了。还有就某一金融问题组织队伍进行当场辩论。在敌我难分的考试现场，一方面要应对对方的唇枪舌剑，另一方面要尽量突出自我、展现自己的领导能力。另外，别忘了在你的身后还有一双双锐利的眼睛在窥视你的一举一动，此时沉着冷静、抓住时机充分表现才是唯一途径。考官就通过这短短的半小时洞察应急反应能力、语言组织能力和逻辑思维能力。

全球性的咨询公司毕竟没有几家，大多会遇上一些小型咨询公司，它们则热衷于脑筋急转弯。“念完哈佛要多少时间”“为什么下水道的盖子是圆形的”“请估计北京有多少加油站”“两条不规则的绳子，每条绳子的燃烧时间为1小时，请在45分钟内烧完两条绳子”等怪异的数字题、逻辑题应有尽有，以上这些题目也可能通过电话面试来询问，这样使人不能也没有时间安心思考，在这种情况下紧张便是致命伤。其实大多数人力资源经理坦露，对于这些问题，考官并不是想得到“正确”答案，而且大多也没有正确答案，而是想看看应聘者能否找到最好的解题方法，能否自圆其说，能否创造性地思考问题。

转向广告公司的笔试，就不再那么压抑紧张了。经朋友透露，某家4A广告公司的笔试是这样的：为POCKY（一种休闲零食）制作一个电视广告。要求图文并茂，限时完成。然后自编自导，模拟演绎。这个要集绘画、灵感、创意、表达能力于一体，难度还真不小。

微创刚成立时，就在上海几所名牌大学大张旗鼓地从大三学生中招聘实习生，被选中的实习生就是随后进入微创的第一候选人。而选中的概率是很小的，一般不到1/100。当然，它的笔试试题引起了学生内部的一阵大讨论，英语近义词、完形填空加上三道极难的智力题难倒了无数学生。

看着每年开展得如火如荼的校园招聘，看着年年标新立异的笔试试题，让人不能不感受到人才竞争的激烈和高淘汰率。

资料来源：名企笔试，不见硝烟的战争．[2015-04-29]．http://www.docin.com/p-1135736697.html.

笔试是一种与面试对应的测试，是考核应试者学识水平的重要工具。这种方法可以有效地测量应试者的基本知识、专业知识、管理知识、综合分析能力和文字表达能力等素质及能力的差异。笔试广泛运用于人员招聘的初级筛选阶段。大型的笔试在员工招聘中有相当大的作用，它可以一下子把应试者的基本情况了解清楚，然后划分出一个基本符合需要的界限，帮助组织高效地进行一些基本能力的筛选。

5.1.1 笔试试题编制原则

在编制笔试试题时，应遵循一定的原则，这样才能确保笔试试题达到预期的选拔效果。

（1）符合目标原则。即明确知识考试的目标是什么，并且在设计试卷时要从头到尾贯彻执行，这样才能确保所设计的题目不会偏离所要测试的目标，并且契合测评目标的关键点，实现试题的针对性和有效性。

（2）综合运用原则。也就是各种知识考试类型可以结合起来运用。比如，在一张试卷上既可以有百科知识的内容，又可以有专业知识的内容，还可以有与工作相关知识的内容。这样可以节省时间，在较短时间内全面了解应试者各方面的水平。

（3）重视运用原则。要与所招聘的岗位职责要求相结合，体现空缺职位的工作特点和特殊要求，充分重视在工作中实际运用知识的能力，尽量多用案例以及讨论等方式。

（4）难易适中原则。招聘的选拔不同于一般的水平测试，它是一种从中择优的工作，具有排斥性，命题过难或者过易都不利于择优。过易的题目设计不利于拉开优秀者和一般人员的差距，从而出现普遍分高的现象，过难的题亦如此。

5.1.2 笔试实施程序

笔试的实施程序大致可以分为六个步骤，从成立一个笔试测评委员会到组织笔试再到最后得出笔试筛选结果，是一个系统的过程。笔试的实施程序如图5-1所示。

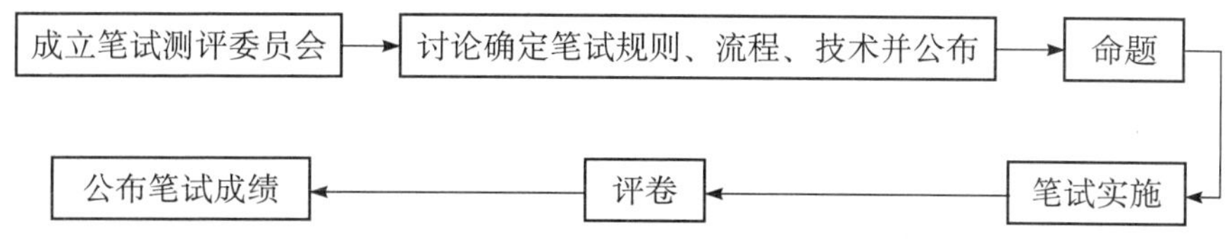

图5-1 笔试实施程序的流程图

（1）成立笔试测评委员会。为了体现整个笔试测评过程的科学有效，企业应成立专门的笔试测评委员会，负责整个笔试过程的组织和实施。委员会应该根据企业的实际情况，确定委员会成员的组成，并通过讨论和研究，制定笔试规则、计划和操作流程，确保笔试的有效进行。

（2）讨论确定笔试规则、流程、技术并公布。笔试测评委员会成立以后，应该根据企业需要，确定笔试的一些规则、流程以及技术，如确定考试性质、考试要求、测评内容、测试题型、笔试具体实施程序、测评形式、计分标准等。确定之后，要把这些基本信息公布给应试者，使其对整个笔试过程有一个全面、直观的了解。

（3）命题。命题环节是十分重要的，它关系到笔试的有效性，决定了企业是否能够利用这个测评去达到人员初步筛选的目的。命题应遵循前面所提到的四个原则，以提高笔试试题的信度和效度。笔试测评委员会应该根据要测评的知识和能力，编制笔试试题以及参考答案。笔试试题应该进行试测并反复修改。

（4）笔试实施。设计好题目并通知应试者来参加考试之后，就要进行笔试的实施了。这一阶段主要包括考场的安排和布置、考场规则和监考规则的制定、考务人员的培训、应试者的组织引导、试卷保管等。

（5）评卷。笔试测评委员会应该组织有关专家对笔试的试卷进行评阅，在评阅之前要对专家进行必要的培训，使其全面深刻地了解企业的需要，合理有效利用参考答案，做到评阅的客观公正、标准统一。

（6）公布笔试成绩。企业应在笔试完成后一定的时间内组织好评阅工作，并按照规定的时间及时向社会公布笔试成绩。一方面可以使应试者及早知道笔试结果，降低其时间成本；另一方面也是一个企业高效率和重视招聘人才的体现，企业应该抓住这一机会向应试者展示良好的企业形象。

看一看

笔试失败案例（招录警察笔试）

近年来，全国招警异常火爆，与其他考试一样，笔试依然是进入面试的门槛，它直接决定着自己理想和个人价值的实现，同时决定了面试的信心和努力的大小。一般来讲，笔试的成绩好，尤其是名列前茅的成绩，往往增强个人信心，被录用的概率相对较大；而笔试的成绩相对较差，往往需要在面试环节下很大功夫，才能把成绩拉平或者说把总成绩赶上来。在公安基础知识考试中，很多学生认为考题出得较死，题目较简单，政策性较强，但他们得高分的比例不大，原因有以下几个方面。

一、审题不细，走马观花

有的考生看考题一目十行，不求精确，只求快速，似是而非，导致大量失分，令人可惜。

二、法规不熟，白白丢分

公安基础知识考试的法规题主要来自“公安刑事司法和行政执法”和“公安执法监督”。这是两个很重要的部分，在试卷中占有很重要的地位。很多学生对基本的法条不懂，导致失分。

三、死记硬背，不知变通

目前在考生中有一种不良的想法，认为对公安基础知识死记硬背就能考高分，这是大错特错的。其实在历年的考卷中有不少活题，它没有僵硬地考一些法条，而是考查考生运用法条的能力和掌握知识的程度，这类题通常在试卷中占10%左右，也是拉开差距的题目，要高度重视。

四、重点不清，思路不明

主要表现为：

(1) 死记硬背，平均用力。对教材各个部分平均用力是大忌，其结果事倍功半。

(2) 不抓重点，囫囵吞枣。辅导教材每章都有重点和难点，而这些内容考试的概率非常高。有些法条几乎年年都考，因此是要重点掌握的，比如公安刑事司法的主要措施——侦查措施和刑事强制措施。

(3) 敏感性差，漏关键字。敏感性差指的是政治敏感性不强，公安机关的性质决定公安基础知识考试带有很强的政治性，有关公安工作的政治理念、观点、方针每年都要考，主要涉及公安机关的性质、职能和宗旨，公安机关的任务，公安机关的内容，公安机关工作的基本原则和根本路线、基本方针和基本政策等。这些政治理念、观点、方针都是固定的，而有些考生没抓住重点。

五、心态不稳，紧张兮兮

在各地招警考试中，考生的报名数量基本都是招考计划的10～15倍。激烈的竞争让很多考生在临考前很焦虑，这反映的是心理素质的问题，也就是心态问题。华图公务员考试研究中心专家组也对此做过分析，分析结果表明：一是临考前极度焦虑，休息不好，就业竞争大，父母的期待在无形中增加了压力。二是由于紧张，生怕做不完，考试时追求的是速度，而不是质量和正确率。三是在时间上没合理安排，行政职业能力测验主要考查报考者从事公务员职业必须具备的潜能，试卷主要包括言语理解与表达、数量关系、判断推理、常识判断和资料分析等五个部分，全部为四选一的客观性试题。考试时间为90分钟，满分为100分。一个半小时的时间要求完成五大模块的题目回答，对考生安排时间的要求非常高。

资料来源：全国招警异常火爆：招警公务员笔试失误分析．［2008-05-12］．http：//www.china.com.cn/education/txt/2008-05/12/content_15166523.htm.

5.1.3 笔试试题的编制

试题的编制是笔试的核心环节，试题质量的好坏关系到能否有效地利用笔试进行人员筛选工作，真正地把合格优秀的人员选拔到组织内。招聘到适合组织的人员是组织能够不断前进的根本动力。因此，必须充分重视笔试试题的编制，在有关原则的指导下，科学有效地开展编制工作。笔试试题的编制过程如图 5-2 所示。

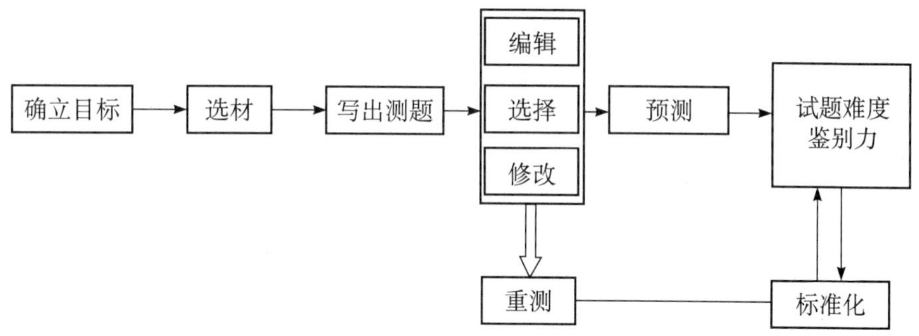

图 5-2 标准化笔试试题编制过程图

资料来源：招聘面试常用工具箱．[2017-05-10]．https：//zl. hrloo. com/file/462410.

根据不同的划分标准，可以将笔试试题分为不同的类型。按照应试者作答的内容可以分为主观性试题和客观性试题。

一、主观性试题

主观性试题是指应试者在作答时不受范围的限制，可以根据自己对题目的理解创造性地回答。主观性试题更多的是考查应试者的思维能力、综合分析能力以及知识广度。在评阅的过程中，主观性试题一般受到评卷人的主观影响，因此，对于主观题评阅人的挑选和培训也是十分必要的。

1. 主观性试题的特点

（1）题目的开放性。主观性试题一般选择开放性的题目并采用直接询问的方式，以使应试者明确题目内容，激发应试者的思考，让应试者有话可说，能够深入作答。

（2）能力的综合性。主观性试题一般用于测评分析、综合、思维、评价等高层次的目标，试题的综合性比较强，能够同时测试应试者的多项知识或者能力。如设置一个案例让应试者分析可以同时考查其分析问题、解决问题、思维开阔性以及文字表达等多项能力。

（3）命题的直接性。主观性试题可以根据某个想知道或者想考查的问题直接命题，如让应试者表达对某一事物的看法及原因，或者直接问应试者对某一问题的建议等，不像客观性试题那样需要有较高的技术要求，题目的命题过程比较直接和简便。

（4）测评的相对有效性。主观性试题不像客观性试题，会带有运气和随机的成分，它的作答完全依赖于应试者的知识储备和思维能力水平，答案对个人来说具有创造性，而且可以同时测评应试者的多项知识和能力。因此，主观性试题相比客观性试题而言，测试的有效性相对较高。

（5）答案多样性。客观性试题的答案已经在预先设定的范围内了，而主观性试题的答案具有多样性，对于同一道题，每个人的答案都不一样，即使是同一个观点，个人的表述方法也会不同，这就造成主观性试题答案的多样性，这也是主观性试题和客观性试题的主要区别之一。

综上所述，主观性试题因具有独特的优点而广泛运用于笔试之中，如考查的综合能力强、命题直接而简便、测评效度高、答案丰富多元。但同时主观性试题也存在一定的局限性，如题量小，覆盖面窄，结果难以进行量化分析，评卷人主观误差影响，答案处理比较复杂、耗时耗力等。在进行笔试试题编制的时候，要根据实际情况，充分利用主观题的优点，避免它的不足，将它与客观性试题有机结合，才能将有效性发挥到最大。

2. 主观性试题的编制

主观性试题主要包括简答题、论述题、名词解释、证明题、作文题、案例分析题等，它主要要求应试者用文字以书面的形式回答现实或理论问题。在编制主观性试题的过程中，题意应当明确集中，用语要规范简明，让应试者能够通过看题清楚地明白题目的含义，以确保正确作答。

（1）简答题的编制。简答题广泛运用于笔试当中，它简单扼要，直接明了，能够用一个简单的题目让应试者去总结并组织语言，适用于考核基本事实、基本原理概念等。例如简要说明你对企业文化概念的理解这道试题题目十分简单，但考官通过应试者的回答，可以了解其对这一概念的认识、对概念延伸的把握，以及对此概念在现实中作用的梳理等。应试者只需要把自己对于企业文化的了解简单罗列出来，不必进行相关的延伸和讨论。

虽然简答题设计起来比较简单，但是在设计的过程中也必须采取一定的策略。题目编制上，要具体明确、不能有歧义，一般可以将考点具体化；用语上，应使用“简述”“简要回答”等，与论述题相区分；内容上，简答题考查的内容要比名词解释和选择题重要，并且综合性稍强，但是比论述题要基础；评分上，简答题给分相对灵活，不像客观性试题对错分明，也不像论述题必须阐述和分析恰当，只要是和题目有关的答案都可以酌情给分。

（2）论述题的编制。论述题是比较常见的主观性试题，应试者需要对题目做进一步的分析和阐述，有较大的发挥空间，对应试者的思维能力、书面表达能力、分析能力和解决问题的能力等都有较高的要求。论述题主要考查应试者回答某个问题的思路，能够考查较高层次的信息。还是以企业文化相关内容为例，围绕这一主题，论述题可以这样编制：请你谈谈对企业文化的认识。如果是论述题就不仅要谈对企业文化概念的理解，而且要延伸到企业文化的作用、特点、运用以及自身的体会和认识等多个方面。在编制论述题时，也要注意以下几个方面。

1）题目选择上，要与工作相关度高，并且能够让应试者有发挥的空间，同时考查知识能力中的重点。因为论述题综合性高，能够考查出应试者是否具有较高的能力和素质，因此针对考核的重点出题，才能考查出应试者在考核关键点上的表现，达到预期的考查目标。另外，选题上要留有足够的发挥空间，如果像判断题或者简答题一样，答完基本概念知识后就无话可说，话题不具有延伸性，那么考核必然是无效的。再者，题目要具有工作相关性，这也是在编制所有题目时必须遵循的一个准则。

2）内容上，应该综合性强且难度相对大。论述题要对应试者运用知识分析、解决问题的能力甚至创造能力进行考查，那么在题目的设计上也要具有综合性和深度，这样才能在不同的层次上对应试者进行全面的考核，挑选出真正出色的候选者。

3）用语上，准确明了，确保应试者能够充分明白题目的要求。论述题所涉及知识的广度和深度都更高，综合性也更强，题目本身就具有一定的难度，如果不够准确明了，会影响应试者的发挥，也就无法达到区分和选拔的真正目的。

4）评分上，在编制试题的同时也要制定好相应的评分标准，尽可能具体、详细地分出得分点和给分标准，这样既能使评阅者有一个基本的评分框架，也能使应试者大体把握得分点和答题脉络，发挥自己的应有水平。

看一看

宝洁经典八大问

1. 请举例说明你如何制定了一个很高的目标，并且最终实现了它。

2. 请举例说明你在一项团队活动中如何采取主动性，并且起到领导者的作用，最终获得所希望的结果。

3. 请详细描述一个情境，在这个情境中你必须收集相关信息、确定关键点，并且决定依照哪些步骤能够达到所期望的结果。

4. 请举例说明你是怎样用事实促使他人与你达成一致意见的。

5. 请举例说明你可以和他人合作，共同实现一个重要目标。

6. 请举例说明你的一个创意曾经对一个项目的成功起到至关重要的作用。

7. 请举例说明你怎样评估一种情况，并将注意力集中在关键问题的解决上。

8. 请举例说明你怎样获得一种技能，并将其转化为实践。

资料来源：宝洁经典八大问．[2011-10-30]．http：//www.douban.com/group/topic/23219973.

（3）案例分析题的编制。案例分析题是由一段背景材料和一些问题组合而成的分析性试题，一般侧重于知识和原理在具体情境中的运用，更加注重考查应试者分析和解决具体问题的能力。案例分析题的综合性更强，考查能力的层次性更高，其来源可以是假设的情境，也可以是公司曾经或者现在遇到的问题。案例分析题一般比较灵活，要求掌握相关的知识，更看重应试者遇到具体问题时怎样调用知识和原理去分析现实的问题。

在编制案例分析题时要注意以下几点：

1）案例的选择上要有工作相关性和代表性。案例需要讨论的问题最好是与工作高度相关的，这样才能测出应试者在具体工作中的能力水平，甚至可以把工作中遇到的问题原封不动地呈现在考题中。同时，案例也要具有代表性，要选择那些最能反映所考查能力的题目，如一个销售经理需要具有沟通能力、销售规划能力、执行力、处理冲突的能力等，因此要选择能够体现这些能力的案例。

2）案例的编辑上应该紧扣案例，用语简洁明了，让应试者能够迅速明确考查的是什么，而不应当有歧义或者模糊不清，在审题上消耗过多时间，从而不利于发挥最佳水平。

3）内容上要具有延伸性。案例分析不仅是要就具体的案例得出一定的分析结果，而且可以就具体的案例展开来考核更深层次的东西，如对案例中遇到的问题换一个情境进行分析，或者将案例发生的范围扩大等。

4）评分上与其他类型的题目一样，应当制定明确的评分标准，确定评分的档次以及重要的得分点，使评阅工作更加客观公正。

二、客观性试题

客观性试题是指应试者作答时受题目本身条件和范围的制约，只能在题目规定的有限范围内作答的题，如选择题、判断题、搭配题、部分填空题等。在评阅的过程中，客观性试题不受评卷人的主观影响，因此评阅结果具有客观性。

1. 客观性试题的特点

（1）题目的封闭性。客观性试题的内容是封闭性的，作答的范围就包含在题中，不能由应试者自由发挥。一般客观性试题的作答不用应试者进行过多深入的思考，而是在现有知识储备的基础上，对题目进行充分的理解后，在有限的范围内迅速作答。因此，客观性试题不能对应试者诸如思考、分析、解决问题的能力进行考查。

（2）知识涵盖广泛性。客观性试题一般用于测试应试者对知识的识记、理解和应用等，答题的方式比较简单，不用进行深入思考，答题时间短，因此试卷的容量比较大，可以涵盖更多的知识点，所测评的知识范围也更加广泛。

（3）命题的困难性。相对于主观性试题命题的直接和简便，客观性试题的命题相对比较困难。因为客观性试题题量大，并且题干设计的内容多，结构化和科学性要求高，需要遵循一定的原则和方法、掌握较高的命题技巧，如必须考虑试题结构上的一致性、选择题选项设计的全面性、干扰项设计的技巧等，这些都使客观性试题命题的过程变得复杂且需要技术。

（4）测评的相对可信性。客观性试题作答简单，涵盖的知识面广泛，题量大而全面，有利于提高测试信度。另外，客观性试题的答案是确定性的，可以利用科学的手段进行客观的判卷，试题的评阅不受评阅人主观偏差的影响，测试的信度相对较高。

（5）答案有限性。客观性试题的答案已经被限制在题目设计的有限范围内，没有应试者自由发挥的空间，答案比较简单趋同，便于进行量化的统计和分析。

2. 客观性试题的编制

客观性试题在编制的过程中也有需要注意的地方。下面将按照题型介绍客观性试题的编制。

(1) 选择题的编制。选择题是一种应用十分广泛的客观性试题，一般要求应试者从多个备选答案中选择一个或者多个，按照答案需要选择的个数以及个数是否确定可以将选择题分为多项选择题、单项选择题和非定项选择题。

1) 选择题的优点。选择题适用于各种不同层次学习结果的测量；可避免简答题常出现的题意不清的现象；评分者信度高；可以避免应试者依照习惯性的反应心态作答。

2) 选择题的缺点。选择题不适合组织和提出观念能力的测量；诱答选项的编拟较为困难。

看一看

选择题示例

示例一：

1. 经济学主要研究(　　)。

A. 与稀缺性和选择有关的问题　　B. 如何在证券市场上获利

C. 何时无法做出选择　　D. 用数学方法建立模型

示例二：

2. 被经济学界称为具有划时代意义的、经济学说史上第一部革命性的著作是(　　)。

A.《国富论》　　B.《赋税论》

C.《政治经济学及赋税原理》　　D.《政治经济学新原理》

3) 选择题的编制思路。首先，利用一句话的重点内容进行考查。可以将该句话的重点内容设置为空，并设置若干干扰选项，考查应试者对于这句话重点内容的理解。

其次，从一段重要的文字引出一道选择题。这样可以是一道多选题，将一段话的每句作为一个选项，同时可设置干扰项对重点段落进行考查。

最后，设置一些情境和选项，考查应试者的能力、素质和个人特性。

4) 选择题的编制注意事项。首先是内容选择。内容选择要注意三个原则：

第一，重要性原则。考查内容应当是需要重点考查的，体现考查的价值性。笔试是进行人员筛选的初级阶段，目的就是要在应试者中挑选出知识、能力或者个人性格符合岗位要求的人员，因此选择题的编制也要体现这一原则。

第二，知识、能力、技能、素质相关性原则。所考查的题目应当来自与工作相关的知识、能力、技能、素质等，这样才能真正达到考查的目的。

第三，与所考查内容相适应的原则。如果考查的内容信息比较少，考查的是单一的概念或者知识，那么就可以选择单项选择题；如果考查的内容比较综合，信息量多，就可以选择多项选择题；如果想要考查的是应试者深刻理解和正确辨析的能力，则可以选择不定项选择题。

其次是题干编制。

第一，试题最好只问一个问题，避免同时包含太多概念。包含的概念太多容易造成混乱和理解困难。题干慎用否定结构，如使用否定结构应在否定词下加着重号，将否定字眼标示清楚，以免应试者在紧张的情况下忽视。

第二，题干要把问题交代清楚，表述准确、简洁。只有在正确表情达意的基础上，才能让应试者明确考试考查的内容，这是应试者正确答题的基础。

第三，题干不能出现与答案无关的线索。题干或选项中应避免出现可能提供正确答案的线索。

最后是选项编制。

第一，每个试题的选项数目应一致，以3～5个为宜。单选一般是3～4个，多选一般是5个，这样可以使试题看起来比较规范和工整。

第二，正确答案出现的位置要随机，而且正确答案题号上的分布要相对平衡，以避免有些应试者猜题。

第三，题干与选项内容属于同一范畴。正确选项和错误选项都应当在逻辑上与题干一致。正确选项与错误选项长度、结构等尽量相近。

第四，选项具有迷惑性，即干扰项具有迷惑性，这样才能考查应试者对于一个概念的深刻理解，达到区分的目的。但干扰项（错误项）又不要错得太明显。

第五，应尽量避免以上皆是或以上皆非的选项。这是编制选择题最基本的要求，如果出现上述情况，那么该选择题的编制就是无效的。

第六，选项应相互独立，彼此之间没有逻辑上的关联，相同的部分应该放在题干中以避免重复累赘。

（2）填空题的编制。填空题是客观性试题另外一种重要的形式。填空题一般采用将一句话或者一个段落的重要内容省略，要求应试者正确填写出来的形式。填空题考查的是应试者的直接记忆性，主要用来考查记忆的内容，或者在个性测试中通过应试者的不同回答考查应试者的人格特征等。

填空题具有答案明确、评分客观、编制容易、考查直接的优点，同时存在考查范围比较窄、考查的能力层次有限的缺点，如有的题可能大部分内容只需要应试者进行理解、不需要完全准确地记忆，选择题在这一点上具有相对的优越性。

填空题编制的注意事项如下：

1）应保证题目的严谨性。填空题的题干与空格之间具有密切的关系，所组成的句子应逻辑严密。在一个题内不要留有过多的空白，否则，会失去意义上的连贯性，使应试者无法理解题意，一般留有一个或两个空白为宜；各题留出的空白的长度应相等，而不要有长有短，以免空白的长度对正确答案的字数产生暗示作用；需填充的内容尽可能放在试题的后面；避免题干为答案提供线索。

2）应保证答案尽可能唯一。一道填空题不能有太多的空白，特别是同类型知识的空白不要太多，要避免出现前后空格的答案可以互换的现象。答案必须确定无疑，不能同时有几种正确答案出现。

3）开放性的填空题，如个性测试中，通过不同文字进行投射测试、具体情境下按实际想法作答等，应保证所填内容与前后都能保持逻辑上的一致性。

4）应保证围绕关键或重要的知识命题。题干所空出的部分应为重要知识，并且和上下文有密切联系，不能空出无关紧要的内容。

5）应创设新情境，尽量避免直接引用书中的原句，这样既能考查应试者对知识的掌握程度，又能将知识与具体情境结合起来，考查应试者面对实际情况时知识的调用能力和解决实际问题的能力。

6）使用要适量。一般很少采用整套测试题全是填空题的形式，因为这样不利于考查应试者更深层次的能力，而且不同的知识适合不同形式的考查方式。一般应将选择题、填空题、判断题和简答题、论述题等结合起来，这样既能全面考查知识，又能全面考查能力，还能在形式上多样，让应试者保持做题的新鲜感。不过，有些结果如果需要量化，还是采用单一形式有利于统计。

（3）判断题的编制。判断题是一种以对或错来作答的试题，一般表现为出一句话，然后在后面的括号内打上“√”或“×”。判断题只有两种答案，对或者错，似乎很容易。但很多判断题看上去似是而非，让人捉摸不定。判断题的命题通常是一些比较重要的或有意义的概念、事实、原理或结论。判断题不用像选择题一样花大力气去编制干扰项，因此编制起来相对比较容易。

在编制判断题的过程中，必须注意以下一些事项，以保证较高的质量。

1）句意明确。语句的意思表示明确，避免使用模糊的限定词，如可能、大概、也许，避免歧义，不能模棱两可，答案必须确定无疑。

2）措辞严密。不能让应试者一眼就看出正确答案，应避免使用含有暗示作答的线索。

3）对错似真。错误内容与正确答案应有似真性，但不要出现语法上或逻辑上明显的错误，或其他非关键知识的错误。

4）信息充分。应提供足够而充分的信息让应试者能够做出正确判断。

5）考查关键内容。要对重点内容进行考查，而不是一些无关紧要的细枝末节，这样才可以真正起到考查的作用。考查也要有一定的深度，不要单纯是一些知识、概念的记忆和重复，而要侧重于考查应试者对知识的理解和应用能力。

6）考查单一。避免在同一个陈述主题中考查两个或两个以上的概念，一般一道判断题最好是考查一个知识点。

7）少用否定句，尤其是双重否定句。这样在逻辑上绕圈子不利于应试者发挥自己应有的水平，要考查的是对知识的理解和应用，而不是语句理解能力，除非所设计的试题考查的就是应试者的语言能力。

8）正确答案种类的平衡。不要一组题都错或者都对，应该对错相对平衡，这样可以避免猜题，也能够使结果显得更加合理和科学。

主观性试题和客观性试题考查应试者的能力各有侧重。一般而言，高层次职位的选拔多采用主观性试题，低层次职位的选拔评价多采用客观性试题。因此，在实际选拔时，往往要根据实际情况选择合适的方式，可以只选用一种形式，也可以两种都用，甚至可以将两者加以融合，以便更好地为选拔人才服务。

三、试题的审查、试测、修改和编排

在原始试题编制好以后，还要对试题进行审查、试测、修改和编排，以保证试题的科学性、正确性、规范性、高信度和高效度，这样才能最大限度地发挥试题的测试作用。

1. 试题的审查

试题的审查工作应由专门的审题小组负责，审题小组应由专业命题人员和对测试岗位熟悉的人员组成，因为专业命题人员对于命题的相关情况比较了解，而需要对所测岗位熟悉的人员参与是因为只有他们才了解职位的工作内容、能力技能需要、所需知识水平等信息。

试题的审查工作应分阶段进行。第一阶段主要从宏观上对试题的以下几项内容进行审查，如是否遵循了试题编制原则，试题的总体难度以及区分度分析，试题是否对需要考查的内容考查全面，是否有考查度不高的题可以删除，是否有重复试题，试题测试的目标层次、题量、题型组合是否合理。这一阶段涉及的内容比较广，需要一定的技术。第二阶段主要从微观上对试题内容的措辞、准确性，试题是否有逻辑、语法上的错误等方面进行审查。

2. 试题的试测

对编制好的试题进行试测，如找人员进行试做，这个过程可以发现很多细节上的问题，如试题是否存在歧义，题目是否明确、易于理解，试题的信度如何，效度怎么样，是否能够测出不同人员知识能力水平的差异。不过，这个过程比较耗费人力、物力，只有在大型、重要的笔试中才会进行。

3. 试题的修改

修改是指在前期试题审查和试测的基础上，对试题中存在的问题一一修改的过程。这个过程十分细致，首先需要对问题进行正确的把握，找出要修改的内容，所以在审查和试测的过程要对问题进行总结和记录。修改和审查、试测的过程可以不断循环，重复进行多轮，只有通过反复的修改，才能确保试题的科学性、规范性、严谨性和可用性。

4. 试题的编排

在对试题进行反复修改最终确定了最后用来考查的题目构成后，接下来就要对试题进行编排。编排的主要原则是先易后难、规范工整、形式美观，先客观后主观、先知识题后能力题、先基本概念后知识运用等，因为这样编排符合人们答题的思维跟进过程，如先易后难能够让应试者循序渐进地进入答题的状态，不至于在一开始就碰到难题被卡住，影响答题速度。

编制主观题时可以按照目标层次由低到高的顺序进行，答题量小的放在前面，答题量大的放在后面，如简答题一般放在论述题前面，这样先易后难，有利于调动应试者的答题情绪，更好地发挥应试者的水平。

编制客观性试题，如选择题时，要避免试题的答案存在某种规律，正确答案要随机分布，以避免猜题，判断题的对错结果也要随机分布，而不要留给应试者猜题的线索。

5.1.4 笔试的组织和实施

在试题编制等工作完成之后，就要进行笔试的组织和实施了，在实际工作中这两个程序也可以同时进行。笔试的组织和实施一般需要成立专门的笔试工作小组，有计划、有步骤地开展。

一、做好试卷的保密工作

为了确保选拔的公平性，试题编制完毕并且印刷好后要密封，并且由专门的人员对试卷保管工作负责。虽然企业中的人员招聘不如国家采取的选拔性考试如高考、硕士研究生入学考试那么严格，但是试题的保密工作也应该做好。企业要用这套试题进行人员招聘的初步筛选，如果保密工作没有做好，那么考试就失去了意义，试题的编制工作也就成了浪费人力、物力的工作。

二、制定笔试实施方案

笔试实施方案包括笔试目标、参加人员资格要求、笔试成绩使用、考试科目和内容、笔试时间地点安排、考试注意事项、考试违纪处理、考场监考条例等。

笔试实施方案是应试者参加笔试的依据，应制定得相对详细和具体，让应试者对整个笔试的流程和内容都有大致的了解，从而有的放矢地进行准备。

读一读

某省教师统一招聘笔试实施方案

为便于各地更好地开展基础教育阶段教师公开招聘工作，减轻各地组织考试压力，推进教师招聘工作科学化、制度化和规范化建设，经研究，决定从2010年起对各地招聘基础阶段教师进行笔试，具体方案如下。

一、笔试对象

有志于从事我省基础教育阶段教学工作，符合报考地教师公开招聘条件并报名参加公开招聘的人员。

二、笔试成绩使用

教师招聘笔试由省教育考试院提供笔试成绩证书，供各地教育局在教师招聘中使用。是否组织报考人员参加教师招聘笔试以及成绩使用办法（包括分数线的划定、成绩的有效年限、笔试成绩和面试成绩比例权重的确定等）由各地教育局自主确定并向社会公布。

教师招聘过程中的面试及其他程序，由各地教育局负责组织实施。

三、笔试科目和内容

1. 笔试科目

(1) 教育理论综合基础知识。根据中学、小学、幼儿园教师岗位的不同要求，分别命制试题。

(2) 学科专业知识（学科知识与教学）。分三个层次，由考生根据报考层次、学科选考一科。

高中、初中阶段：语文、数学、英语、政治、历史、地理、物理、化学、生物、信息技术（以上科目高中、初中相同）、科学、社会（后两科仅报考初中教师者选考）。

小学阶段：语文、数学、英语。

幼儿园阶段：学前教育。

2. 笔试内容

(1) 教育基础知识。包括教育学、心理学、教育政策法规等。

(2) 学科专业知识。包括所报考对应层次学科教学内容、高等师范教育对应学科内容（含教材教法）等。

3. 笔试题型

(1) 教育基础知识：选择题、填空题、简答题、讨论题。

(2) 学科专业知识：选择题、填空题、应用题、案例题。

4. 笔试时间和组织管理

笔试于每年6月中下旬举行，每科考试时间为2.5小时，具体笔试科目和时间安排见相关文件。笔试由省教育考试院和各级自考机构负责组织实施。报名办法、考场设置及收费标准均与自学考试相同，由省教育考试院统一发布公告。

参加2010年省教师招聘笔试的县（市、区），请于2010年4月1日前将相关情况报省教育考试院。

资料来源：浙江省教育考试院教师招聘笔试服务方案．[2011-01-20]．https：//wenku.baidu.com/view/435b5d170b4e767f5acfce1d.html.

三、考场管理

在明确考场要求和纪律的情况下，由监考人员进行考场管理，笔试工作小组要对监考人员进行简单的培训，以确保笔试工作的顺利有效进行。对监考人员的培训内容主要包括考试时间、考场规则、发卷收卷要求、监考纪律要求、考场布置细节、考试可带的工具以及考场突发情况的应对等。

5.2 心理测验技术

篇中案例

寻找优秀销售管理人员，个性测验助你一臂之力

80/20法则认为，在任何一组事物中，最重要的只占其中一小部分，约20%，其余80%的尽管是多数，却是次要的，即任何工程的80%的价值均源自20%的行为。在商业中，值得应用80/20法则的十个领域之一是销售管理领域，20%的人创造80%的业绩。企业都希望招到这20%的销售管理人员，可这些人具备什么样的特质，又该如何识别他们呢？

某啤酒公司为了解公司内部销售管理人员胜任不同管理岗位的情况，并将合适的人放到合适的岗位上，采用了智鼎公司推荐的通用胜任素质测验和个性测验对相关人员进行测评。

通用胜任素质测验依据智鼎公司的MAP模型，通过受测者对自己学习、工作或生活中的一些事实或观点的评价来考查受测者的24项胜任素质。

个性测验主要考查受测者的15种个性特质，探查受测者的性格轮廓，以量化的方式确定受测者与四种管理岗位类型的岗位匹配等级（非常匹配、比较匹配、匹配、比较不匹配、非常不匹配）。四种管理岗位类型如下：

（1）开拓型：乐于开拓与创新，力图在工作中实现进一步的飞跃；乐于开拓更广阔的发展空间，去做不同的事情以丰富自己的经历；往往能打破固有的工作僵局，产生新的方法或工作模式。

（2）稳健型：注重事实和原则，力求稳定局势，能够在保持常规工作模式的同时巩固现有工作成果；喜欢做有把握的事情；乐于长时间做一件事情并把它做好。

（3）专业型：亲力亲为去做事，关注具体事务本身，关注问题细节，在某一具体专业领域持续深入探索；对专业技术工作感兴趣，乐于钻研专业问题；在具体的理论和实践上对自身有较高的要求。

（4）综合型：发动下属及他人去共同开展工作，多起到引领与监督的作用，乐于激发下属的工作潜力，注重以激励的手段管理下属；了解多领域工作，并通过有效的综合管理手段实现工作目标。

通过对这批受测者的测评结果进行分析发现，针对某类管理岗位，能够胜任该岗位的受测者在个性特质上是有优势的。具体情况如下：

该企业针对开拓型管理岗位，确认了通用胜任素质测验中的7种关键胜任素质，分别为创新意识、学习能力、问题分析、客户意识、质量意识、指挥协调和情绪控制。将受测者中与该岗位非常匹配和比较匹配的分为第一组，其他的为第二组，发现第一组受测者在成就愿望、自主性、支配性、追求变化和竞争性等个性特质上的得分比第二组普遍偏高，将两组受测者的7种关键胜任素质得分进行平均数差异检验，发现在显著性水平为0.05的情况下，两组受测者的7种关键胜任素质的均值存在差异。这表明在个性特质上适合开拓型管理岗位的受测者在实际工作中比个性特质不适合的受测者更能胜任开拓型管理岗位。

该企业针对稳健型管理岗位，确认了通用胜任素质测验中的5种关键胜任素质，分别为问题分析、客户意识、质量意识、指挥协调和团队精神。将受测者中与该岗位非常匹配和比较匹配的分为第一组，其他的为第二组，发现第一组受测者在条理性、顺从性、持久性、情绪稳定性等个性特质上的得分比第二组普遍偏高，将两组受测者的5种关键胜任素质得分进行平均数差异检验，发现在显著性水平为0.05的情况下，两组受测者的5种关键胜任素质的均值存在显著差异。这表明在个性特质上适合稳健型管理岗位的受测者在实际工作中比个性特质不适合的受测者更能胜任稳健型管理岗位。

该企业针对专业型管理岗位，确认了通用胜任素质测验中的6种关键胜任素质，分别为学习能力、问题分析、质量意识、指挥协调、心理承受力和自我放松。将受测者中与该岗位非常匹配和比较匹配的分为第一组，其他的为第二组，发现第一组受测者在思考倾向、持久性、情绪稳定性、条理性和成就愿望等个性特质上的得分比第二组普遍偏高，将两组受测者的6种关键胜任素质得分进行平均数差异检验，发现在显著性水平为0.05的情况下，两组受测者的6种关键胜任素质的均值存在显著差异。这表明在个性特质上适合专业型管理岗位的受测者在实际工作中比个性特质不适合的受测者更能胜任专业型管理岗位。

该企业针对综合型管理岗位，确认了通用胜任素质测验中的3种关键胜任素质，分别为创新意识、成就导向、客户意识。将受测者中与该岗位非常匹配和比较匹配的分为第一组，其他的为第二组，发现第一组受测者在亲和力、人际敏感性、助人倾向和情绪稳定性等个性特质上的得分比第二组普遍偏高，将两组受测者的3种关键胜任素质得分进行平均数差异检验，发现在显著性水平为0.05的情况下，两组受测者的3种关键胜任素质的均值存在显著差异。这表明在个性特质上适合综合型管理岗位的受测者在实际工作中比个性特质不适合的受测者更能胜任综合型管理岗位。

可见，岗位不同，销售管理人员需要具备的个性特质也不同，在个性特质上有优势的销售管理人员更能胜任特定岗位，业绩也不错。

个性特质是一个人在生活工作过程中形成的对现实的稳定态度以及与之相应的行为方式，它属于“冰山模型”中冰山水面以下部分，不容易被发现和比较。但它往往决定人们的思考和行为方式，与人们的办事风格、工作效率等有密切关系，是左右个人行为和影响个人工作绩效的主要内在原因。可见，个性特质在人们的日常生活和工作中起着极其重要的作用。

综上所述，环境不同需要具备的个性特质不尽相同。在招聘销售管理人员时，需要结合岗位情况，了解不同岗位需要具备什么样的个性特质，在此基础上借助个性测验找到适合岗位的优秀销售管理人员。

资料来源：寻找优秀销售管理人员，个性测验助你一臂之力．［2012－12－12］．http：//www.docin.com/p-551781490.html.

心理测验（mental test）根据一定的法则和心理学原理，使用一定的操作程序将人的认知、行为、情感的心理活动予以量化。心理测验是心理测量的工具，心理测量在心理咨询中能帮助当事人了解自己的情绪、行为模式和人格特点。心理测验技术在人员测评中有以下几个方面的应用：

（1）对应试者的不同需求层次和成就动机等因素进行测定；

（2）对应试者的人格特征、个性类型和心理健康等进行测定；

（3）对应试者的职业兴趣、职业倾向和人职匹配程度等进行测定；

（4）对应试者的智力、能力倾向和发展潜能等进行测定。

根据心理测验技术在人员测评中的应用，心理测验主要包括智力测验、职业兴趣测验、能力倾向测验和人格测验。

心理测验的原理是个体的差异性、心理特征的可测性及心理品质的结构性。承认个体差异是心理测验的理论基础，有了个体差异才有测量的必要；心理特征的可测性说明了心理测验的现实可能性，即心理特征是可以通过测量来进行了解的；心理品质的结构性表明必须以心理学的理论为依据，从个性心理品质的结构入手，确定所要考查的内容及其表现形式，这样才能全面、准确地了解一个人的素质。

下面介绍几种重要的心理测验技术。

5.2.1 智力测验

智力测验是指对人们的感觉与思维能力，包括记忆、推理、观点、表达能力等方面的测验。这是一种通过测量来衡量人的智力水平的方法。所谓智力，指的是一个人认识问题、理解问题和解决问题的一般能力，包括观察力、记忆力、注意力、想象力、思维能力等因素。

智商是衡量一个人智力高低的量数，即在智力测量中的分数。智商有两种，一种是比率智商，即智力年龄÷实际年龄×100＝智商。如果某人智龄与实龄相等，他的智商即为100，标示其智力中等。另一种是离差智商，即一个人在同龄组中的相对位置，通过计算被试者偏离平均值多少个标准差来衡量。比如，两个年龄不同的成年人，一个人的智力测量得分高于同龄组分数的平均值，另一个人低于同龄组的平均值，那么前者的智商比后者高。

在现代典型的智力测验中，设定主体人口的平均智商为100。根据一定的统计原理，一半人口的智商介于90～109分之间，其中智商在90～99分和100～109分的人各占25％，110～119分的人占16.1％，120～129分的人占6.7％，其余2.2％的人智商在130分以上，另有25％的人智商在89分以下。另据我国科学家证实，不同民族、不同性别和不同血型的人智商并无明显的先天差异，而且智商并非完全由先天决定，后天的培养同样至关重要。

企业在招聘时最常用的测验是集体测验。测验内容不多，所花时间少，可以对众多人员进行测验。但是在挑选高级人才时，一般采用个人测验。企业在招聘中最常用的智力测验有以下几种。

一、韦氏成人智力测验

1. 测验的实施

（1）测验材料。韦氏成人智力测验首先由韦克斯勒（D. Wechsler）于1955年编制，以后于1981年和1997年经过两次修订。在企业人员测评中用到的主要是韦氏成人智力量表（WAIS-RC）。这是一种很长的个人测验，在招聘时主要用于高级人员的挑选工作。主持这种测验，要求主试者训练有素，经验丰富。

测验的全套材料包括：

1）手册一本；

2）记录表格一份（分城市和农村用两种）；

3）词汇卡一张（分城市和农村用两种）；

4）填图测验图卡和木块图测验图案，共一本（分城市用和农村用两种）；

5）图片排列测验图卡一本（分城市用和农村用两种）；

6）红白两色立方体一盒（九块）；

7）图形拼凑碎片四盒；

8）图形拼凑碎片摆放位置卡一张（同时做摆放碎片时遮住被试者视线的屏风用）；

9）数字符号计分键一张。

（2）适用范围。该测验适用于16岁以上的被试者，分城市用和农村用两式。凡长期生活、学习或工作在县属集镇以上的人口称为城镇人口，采用城市式；凡长期生活、学习或工作于农村的人口称为农村人口，采用农村式。

（3）施测步骤。首先填写好被试者的一般情况、测验时间、地点和主测人，然后按测验的标准程序进行测验。

在进行成人测验时，一般按先言语测验后操作测验的顺序进行，但在特殊情况下可适当改变，如遇言语障碍或情绪紧张、怕丢面子的被试者，不妨先做一两项操作测验，或从比较容易做好的项目开始。测验通常是一次做完，对于容易疲劳或动作缓慢的被试者也可分次完成。下面是各分测验的具体实施方法：

1）知识：包括29个一般性知识题，要求被试者用几句话或几个数字回答，问题由易到难排列。一般从第5题开始施测，如果第5题和第6题均失败便回头做第1～4题，连续5道题失败则不再继续下去。

2）领悟：包括14个按难易程度排列的问题，要求被试者回答在某一情境下最佳的生活方式和对日常成语的解释，或对某一事件说明为什么。一般从第3题开始施测，如果第3题、第4题或第5题中任何一题失败，便回头做第1题和第2题，连续4道题失败则不再继续下去。

3）算术：包括14个算术题，依难度大小排列。被试者只能用心算来解答，不得使用纸和笔。一般从第3题开始施测，如果第3题和第4题均得0分，便回头做第1题和第2题，连续4道题失败则停止该项测验。

4）相似性：包括13对名词，每对名词表示的事物都有共同性，要求被试者概括出两者在什么地方相似。题目按难度大小排列，被试者均从第1题开始，连续4道题失败则停止该项测验。

5）数字广度：包括顺背和倒背两个部分，顺背最多由12位数字组成，倒背最多由10位数字组成，每一部分由易到难排列。任何一项一试背得正确，便继续进行下一项，如果有错误便进行同项的二试，两试均失败则停止该项测验。两部分念出数字的速度均按每一秒钟一个数字，也不得将长数字分组念出，因为分组容易记忆。

6）词汇：包括40个词汇，按难度大小排列，要求被试者解释词意。言语能力较差的被试者从第1题开始；一般被试者从第4题开始，如果第4～8题内有一个得0分，便回头测第1～3题。被试者若连续5个词解释不出则不再继续。

7）数字符号：1～9诸数各有一规定符号，要求被试者按照这种对应方式，迅速在每个数字下的空格内以从左到右的顺序填上相应的符号，不得跳格。被试者从练习项目开始，正式测验限时90秒。

8）图画填充：由21张卡片组成，每张卡片上的图画有一处缺笔，要求被试者在20秒内指出这个部位及其名称，其中第1题、第2题失败时提示缺失的部位及名称，从第3题开始不再给予这样的帮助。

9）木块图：主试者呈现10张几何图案卡片，令被试者用4个或9个红白两色的立方体积木照样摆出来，在连续3题失败后停止此项测验，其中图案1或图案2两次试验均失败才算失败。

10）图片排列：测验材料为8组随机排列的图片，每组图片的内容有内在联系，要求被试者在规定的时间内排列成一个有意义的故事，其中第1题告知是“鸟巢”的故事，从第2题开始便不告知是何故事。如果第1题、第2题演示后仍失败，便停止此项测验，否则应完成全部测验。

11）图形拼凑：共有4套切割成若干块的图形板，主试者将零乱的拼板呈现给被试者，要求他们拼出一个完整的图形。

2. 测验的计分

（1）原始分的获得。在每个分测验中，题目都是按难易顺序排列的。算术、图片排列、木块图、图形拼凑、数字符号和图画填充有时间限制，其他测验不限时间，应让被试者有适当时间来回答。对于有时间限制的项目，以反应的速度和正确性作为评分的依据，超过规定时间即使通过也计0分，提前完成的按提前时间的长短计奖励分。不限时间的项目则按反应的质量给予不同的分数，有的项目通过计1分，未通过计0分，如知识测验；有的项目按回答的质量分别计0分、1分或2分，如领悟、相似性和词汇测验。

在测验指导手册中对每一个分测验的评分都有详细说明。有些分测验计分很客观，对错分明，容易计分。但有些言语测验如领悟、相似性、词汇三个分测验和知识分测验的部分测题，有各种各样的回答，有些回答没有列在指导手册提供的“标准答案举例”中，这就要求主试者根据评分原则做出主观判断。

（2）原始分换算量表分。一个分测验中的各项目得分相加，称为分测验的原始分（或称粗分）。缺一项分测验时，要计算加权分。

原始分按手册上相应用表可转化成平均数为10、标准差为3的量表分。分别将言语测验和操作测验的量表分相加，便可得到言语量表分和操作量表分。再将二者相加，便可得到全量表分。

最后，根据相应用表换算成言语智商、操作智商和总智商。由于测验成绩随年龄变化，各年龄组的智商是根据标准化样本单独计算的，查被试者的智商一定要查相应的年龄组。同时要将城市用和农村用的分清，不能用错表。

另外，在WAIS-RC的手册中，还附有各分测验的粗分转换成年龄量表分的表格。年龄量表分也是以10为平均数、3为标准差的量表分，但它不是与被试者总体比较，而是按年龄组的成绩分别计算的。年龄量表分主要用于临床诊断，其意义与用于计算智商的量表分有所不同。

3. 结果的解释

按照智商的高低，智力水平可分为如下若干等级（见表5-1和表5-2），作为临床诊断的依据。

表5-1　　智力等级分布表

智力等级	智商的范围	人群中的理论分布比率（%）
极超常	≥130	2.2
超常	120～129	6.7
高于平常	110～119	16.1
平常	90～109	50.0
低于平常	80～89	16.1
边界	70～79	6.7
智力缺陷	≤69	2.2

表5-2　　智力缺陷的分等和百分位数

智力缺陷等级	智商的分布	占智力缺陷的百分率（%）
轻度	50～69	85
中度	35～49	10
重度	20～34	3
极重度	0～19	2

二、奥蒂斯独立管理心理测验

该测验是挑选员工时最常用的一种测验。测验集体进行，所花时间短，适用于筛选不需要很高智力、级别较低的工作的求职者，如职员、流水线操作工、计算机制表操作员、低级别工头和监工等。对筛选级别较高的工作的求职者不太适用。

三、旺德利克人员测验

该测验是奥蒂斯测验的减缩形式，在企业挑选员工时普遍适用，因为这种测验只需 12 分钟，是一种非常经济的筛选手段。测验尽管很简单，但是对测试求职者能否胜任某些低级别工作，特别是文书类工作还是很有用的。

四、韦斯曼人员分类测验

这也是一种集体测验，大约 30 分钟做完。测验有语言部分分数、数字部分分数和总分，并且提供推销员、生产监工和培训生的常模。

测验的语言部分是一种类推形式。例如：

__________对夜晚的关系就像光亮对__________的关系一样。

每题中有若干选择答案供被试者选择后填入表格。数字部分由计算项目和理解分析文字项目组成。韦斯曼测验更适用于比上述两种测验较高级的一些人员的挑选。

5.2.2 职业兴趣测验

职业兴趣测试（vocational interest tests）是心理测试的一种方法，它可以表明一个人最感兴趣并最可能从中得到满足的工作是什么。该测试将个人兴趣与那些在某项工作中较成功的员工的兴趣进行比较，可用于了解一个人的兴趣方向以及兴趣序列。

兴趣似乎在很长时期内是稳定的，并与某些领域的成功有关。但是，兴趣不等于才能或能力，对这些特点的测试应与兴趣测试同时进行。此外，在兴趣测试问题的回答上很容易作假，虽然在员工选择中可能用到一些兴趣测试，但是它们主要用于评议和职业的指导方面。

一、霍兰德职业兴趣理论简介

约翰·霍兰德（John Holland）是美国约翰·霍普金斯大学心理学教授、著名的职业指导专家。他于 1959 年提出了具有广泛社会影响的职业兴趣理论。他认为人的人格类型、兴趣与职业密切相关，兴趣是人们活动的巨大动力，凡是具有职业兴趣的职业都可以提高人们的积极性，促使人们积极、愉快地从事该职业，而且职业兴趣与人格之间存在很高的相关性。人格可分为社会型、企业型、常规型、实际型、调研型和艺术型六种类型。

1. 社会型（S）

共同特征：喜欢与人交往，不断结交新的朋友，善于言谈，愿意教导别人；关心社会问题，渴望发挥自己的社会作用；寻求广泛的人际关系，比较看重社会义务和社会道德。

典型职业：喜欢要求与人打交道的工作，能够不断结交新的朋友，愿意从事提供信息、启迪、帮助、培训、开发或治疗等的工作，并具备相应的能力，如教育工作者（教师、教育行政人员）、社会工作者（咨询人员、公关人员）。

2. 企业型（E）

共同特征：追求权力、权威和物质财富，具有领导才能；喜欢竞争，敢冒风险，有野心，有抱负；为人务实，习惯以利益得失、权力、地位、金钱等来衡量做事的价值，做事有较强的目的性。

典型职业：喜欢要求具备经营、管理、劝服、监督和领导才能，实现机构、政治、社会及经济目标的工作，并具备相应的能力，如项目经理、销售人员、营销管理人员、政府官员、企业领导者、法官、律师。

3. 常规型（C）

共同特征：尊重权威和规章制度，喜欢按计划办事，细心、有条理，习惯接受他人的指挥和领导，自己不谋求领导职务；喜欢关注实际和细节情况，通常较为谨慎和保守，缺乏创造性，不喜欢冒险和竞争，富有自我牺牲精神。

典型职业：喜欢要求注意细节、精确度，有系统，有条理，记录、归档、根据特定要求或程序组织数据和文字信息的职业，并具备相应的能力，如秘书、办公室人员、记事员、会计、行政助理、图书管理员、出纳员、打字员、投资分析员。

4. 实际型（R）

共同特征：愿意使用工具从事操作性工作，动手能力强，做事手脚灵活，动作协调；偏好具体任务，不善言辞，做事保守，较为谦虚；缺乏社交能力，通常喜欢独立做事。

典型职业：喜欢使用工具、机器，需要基本操作技能的工作，对要求具备机械方面才能、体力或从事与物件、机器、工具、运动器材、植物、动物相关的职业有兴趣，并具备相应的能力，如技术性职业（计算机硬件人员、摄影师、制图员、机械装配工）、技能性职业（木匠、厨师、技工、修理工、农民、一般劳动者）。

5. 调研型（I）

共同特征：思想家而非实干家，抽象思维能力强，求知欲强，肯动脑，善思考，不愿动手；喜欢独立的和富有创造性的工作；知识渊博，有学识和才能，不善于领导他人；考虑问题理性，做事精确，喜欢逻辑分析和推理，不断探讨未知的领域。

典型职业：喜欢智力的、抽象的、分析的、独立的定向任务，要求具备智力或分析才能，并将其用于观察、估测、衡量、形成理论、最终解决问题的工作，如科学研究人员、教师、工程师、电脑编程人员、医生、系统分析员。

6. 艺术型（A）

共同特征：有创造力，乐于创造新颖、与众不同的成果，渴望表现自己的个性，实现自身的价值；做事理想化；追求完美，不重实际；具有一定的艺术才能和个性；善于表达，怀旧，心态较为复杂。

典型职业：喜欢的工作要求具备艺术修养、创造力、表达能力和直觉，以将其用于语言、行为、声音、颜色和形式的审美、思索和感受，并具备相应的能力，如艺术方面（演员、导演、艺术设计师、雕刻师、建筑师、摄影师、广告制作人）、音乐方面（歌唱家、作曲家、乐队指挥）、文学方面（小说家、诗人、剧作家）。

然而，大多数人并非只有一种兴趣（比如，一个人的兴趣中很可能同时包含社会型、实际型和调研型这三种）。霍兰德认为，这些兴趣越相似，相容性越强，一个人在选择职业时所面临的内在冲突和犹豫就会越少。为了帮助描述这种情况，霍兰德建议将这六种兴趣分别放在一个正六边形的每一角（见图 5-3）。

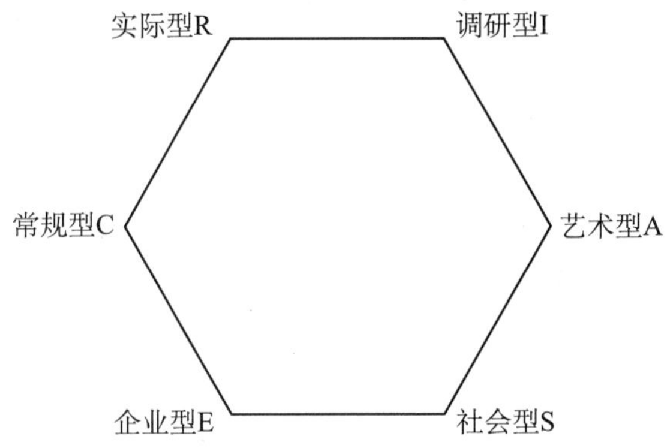

图 5-3　霍兰德职业兴趣理论

员工的工作满意度与流动倾向性取决于个体的人格特点与职业环境的匹配程度。当人格和职业相匹配时，会产生最高的满意度和最低的流动率。例如，社会型的个体应该从事社会型的工作，社会型的工作对实际型的人则可能不合适。这一模型的关键在于：个体之间在人格方面存在本质差异；个体具有不同的类型；当职业环境与人格类型协调一致时，会产生更高的工作满意度和更低的离职可能性。

二、斯特朗职业兴趣量表

1927 年，斯特朗编制完成了第一份正式的职业兴趣量表，这是最早的职业兴趣测验。他的方法是先编制涉及各种职业、学校科目、娱乐活动及人的类型的问卷，然后取两组被试者，一组代表专门从事某种工作的标准职业者，另一组代表一般人，让两组被试者接受测验，将不同的题目放在一起，构成职业兴趣量表。

斯特朗职业兴趣量表是国外比较流行的一种职业兴趣测验量表，它广泛地应用于人员测评，为个人职业选择提供了非常有用的讯息，为企业的人员选拔提供了非常有益的信息。

斯特朗兴趣调查表™是斯特朗编制的量表工具的最新版。该调查表包括 317 个题目，分为以下 8 个部分：

（1）职业。135 个职业名称，对其中每一个做出反应：喜欢（L），无所谓（I），不喜欢（D）。

（2）学校科目。39 个学校科目，对其中每一个做出反应：喜欢（L），无所谓（I），不喜欢（D）。

（3）活动。46个一般职业活动，对其中每一个做出反应：喜欢（L），无所谓（I），不喜欢（D）。

（4）休闲活动。29个娱乐活动或爱好，对其中每一个做出反应：喜欢（L），无所谓（I），不喜欢（D）。

（5）不同类型的人。20类人，对其中每一个做出反应：喜欢（L），无所谓（I），不喜欢（D）。

（6）两种活动之间的偏好。30对活动，对其中第一对活动指出偏爱左边的活动（L）、右边的活动（R），还是没有偏好（=）。

（7）你的个性。12种个性特点，根据其是否描述了自己，做出反应：是，不知道，否。

（8）对工作世界的偏好。6对观念、数据和事物，在每对中指出偏爱左边的题目（L）、右边的题目（R），还是没有偏好（=）。

尽管斯特朗兴趣调查表在题目、形式和施测程序上与以前的版本相比并没有本质的变化，但其内容进行了扩展，包含211个职业量表（其中男性和女性各自独立的量表各有102个，另外7个职业量表只有一种性别的版本）。

看一看

霍兰德密码

2002年3月，查理所在的公司召开部门经理会议，再次讨论困扰公司已久的顾客对一线员工的投诉问题。总经理要求人力资源部也介入调查，并在一个月内找出答案——是员工素质的问题，还是领导方法的问题，抑或是管理制度的问题？

这个让部门经理们束手无策的问题，对刚上任不到3个月的查理确实是一个不小的挑战。查理经过初步调查，有一个奇怪的感觉：公司销售部、售后服务部、咨询部共300多名一线员工中，得到上级主管好评的，大部分的顾客评分都较低；相反，顾客评分较高的一线员工，大部分的上级主管评分都较低。为什么上级喜爱的员工却受到顾客的抱怨呢？查理的公司原来实行的是主管考评的绩效管理制度。对直接服务顾客的一线员工，公司同时也一直在进行顾客满意度的跟踪调查：针对每个员工，公司每个月联系25位顾客，请他们就所接受服务的质量打分，调查持续了12个月，每个员工得到了300位顾客的评分。通过认真分析这些数据，人力资源部发现，上级主管考评与顾客评分之间实际上并无明显联系。

正当查理感到茫然无措时，通过人力资源管理咨询公司，他接触到了职业兴趣理论。这个由美国著名职业指导专家霍兰德提出的理论，其主要观点是：每个人的性格和天赋决定了其职业兴趣。霍兰德把人的职业兴趣和所有职业都归为六种类型：实际型、调研型、艺术型、社会型、企业型和常规型。劳动者找到了适宜的职业，其才能与积极性才得以发挥。

以往，该理论主要应用于招聘，人们在选择工作时，经常做职业兴趣测试来帮助了解自己适合做什么类型的工作。查理尝试着把这种理论应用到绩效管理中。在咨询公司的帮助下，采用职业兴趣测试工具（直觉测试）和性格测试工具对每个员工进行测试，再一对一地面谈，以掌握每个人的“霍兰德密码”和性格特点。

调查结果显示，得到顾客较高评分的121位员工中，社会型占96%，企业型占89%；而得到上级主管较高评分的130位员工中，常规型占98%。这个结果说明：社会型的员工和企业型的员工容易受到顾客的好评，而常规型的员工则容易受到上级主管的好评。按照霍兰德的职业兴趣理论不难理解：社会型的人有自己的主见和特长，喜欢从事为他人服务的工作；企业型的人善交际、口才好，能影响他人；而常规型的人尊重权威、习惯接受他人指挥和领导、工作踏实、忠诚可靠，上级主管当然喜欢。

同时，查理还发现了另一个有趣的现象：这300多名员工分别是由两个经理招聘与录用的：李经理挑选的员工中，调研型占99%，常规型占82%，社会型占56%；张经理挑选的员工中，社会型占93%，常规型占68%，调研型占16%。而李经理本人是调研型的，张经理本人是社会型的。很明显，负责招聘的主管人员倾向于聘用与自己同类型的人。查理这回胸有成竹了。他提出了建议调整招聘制度和绩效管理制度的报告：

(1) 决定摒弃主管考评制度，代之以比较客观的业绩评估——顾客满意度评分的绩效管理制度。

(2) 把职业兴趣为社会型或企业型作为招聘服务顾客的一线员工的标准。

(3) 同时，将招聘程序改为：首先通过人力资源部的测试，挑选出社会型或企业型的候选人。人力资源部将这些候选人推荐给部门经理，再由部门经理确定最后的人选。

进行了以上改革后，2002年下半年，该公司社会型和企业型一线员工的比例增加了26%，平均顾客评分大大提高。

资料来源：职业兴趣测试．[2018-07-12]．https://baike.baidu.com/item/%E8%81%8C%E4%B8%9A%E5%85%B4%E8%B6%A3%E6%B5%8B%E8%AF%95.

读一读

职业价值观

职业价值观是指人生目标和人生态度在职业选择方面的具体表现，也就是一个人对职业的认识和态度以及他对职业目标的追求和向往。理想、信念、世界观对于职业的影响集中体现在职业价值观上。

根据不同的划分标准，人们对职业价值观的种类划分也不同。美国心理学家罗克奇在《人类价值观的本质》一书中，提出14种价值观：成就感、审美追求、挑战、健康、收入与财富、独立性、爱、家庭与人际关系、道德感、欢乐、权力、安全感、自我成长和社会交往。我国学者阚雅玲将职业价值观分为如下12类。

(1) 收入与财富。工作能够明显有效地改变自己的财务状况，将薪酬作为选择工作的重要依据；工作的目的或动力主要来源于对收入和财富的追求，并以此改善生活质量，显示自己的身份和地位。

(2) 兴趣特长。以自己的兴趣和特长作为选择职业最重要的因素，能够扬长避短、趋利避害、选我所爱、爱我所选，可以从工作中得到乐趣和成就感；在很多时候，会拒绝做自己不喜欢、不擅长的工作。

（3）权力地位。有较高的权力欲望，希望能够影响或控制他人，使他人按照自己的意思去行动；认为有较高的权力地位会受到他人尊重，从中可以得到较强的成就感和满足感。

（4）自由独立。在工作中能够有弹性，不想受太多的约束，可以充分掌握自己的时间和行动，自由度高，不想与太多人发生工作关系，既不想治人也不想治于人。

（5）自我成长。工作能够给予受培训和锻炼的机会，使自己的经验与阅历在一定的时间内得以丰富和提高。

（6）自我实现。工作能够提供平台和机会，使自己的专业和能力得以全面运用和施展，实现自身价值。

（7）人际关系。将工作单位的人际关系看得非常重要，渴望能够在一个和谐、友好甚至被关爱的环境中工作。

（8）身心健康。工作能够免于危险、过度劳累，免于焦虑、紧张和恐惧，使自己的身心健康不受影响。

（9）环境舒适。工作环境舒适宜人。

（10）工作稳定。工作相对稳定，不必担心经常出现裁员和辞退现象，免于经常奔波找工作。

（11）社会需要。能够根据组织和社会的需要响应某一号召，为集体和社会做出贡献。

（12）追求新意。希望工作的内容经常变换，使工作和生活丰富多彩，不单调枯燥。

资料来源：职业价值观．[2018-07-12]．https：//baike.baidu.com/item/%E8%81%8C%E4%B8%9A%E4%BB%B7%E5%80%BC%E8%A7%82.

5.2.3 能力倾向测验

所谓能力倾向，是指一个人经过一定的训练或处于适当的环境下完成某项任务的可能性和水平，也可视为有效地进行某类特定活动所必须具备的潜在的特殊能力素质。个人的能力倾向有特点，人们之间的能力倾向有差异，能力倾向测验就是测量这些特点和差异的手段之一。它可以预测个体在一定职业领域中成功的可能性，也可以用来筛选出在该领域没有成功可能性的个体。

人的能力倾向是客观存在的，并且总是在一定的质和量的界限中表现出来。因而，对于人的能力倾向，不仅可以定性分析，而且可以定量分析。能力倾向具有预见性、潜在可能性、稳定性和恒常性，这决定了能力倾向测验的必要性和可能性。

能力倾向测验是一种高度标准化的素质测评方法，由智力测验发展而来，用于了解特殊能力差异，并且含有对今后工作绩效的预测性。就能力倾向测验的作用来看，它测量应试者目前的能力倾向，由此来推测其潜在能力及预测将来经过进一步的训练和实践锻炼后可能取得的成就。所以，能力倾向测验只能预测一个人将来在某方面的“可能”成就，并不能保证他在此方面的“必然”成就，因为一个人的能力倾向能否充分发挥，与其身体状况、兴趣、爱好、学习态度、工作动机、机会等条件都有关系。

能力倾向测验在国外已广泛应用于发现人才和员工考核等领域。

一、能力倾向测验的分类

能力倾向测验按内容分为一般能力倾向测验、特殊职业能力测验、创造力测验和心理运动机能测验等。

（1）一般能力倾向测验主要测量思维能力、想象能力、记忆能力、推理能力、分析能力、数学能力、空间关系能力、语言能力等，典型方法有一般能力倾向测验（GATB）、区分性能力倾向测验（DAT）。

（2）特殊职业能力测验主要测量独特于某一职业的能力，典型方法有明尼苏达办事员能力测验、斯奈伦视力测验、西肖音乐能力测验、梅尔美术判断测验、飞行能力测验。

（3）创造力测验主要测量各种创新思维能力，典型方法有南加利福尼亚大学测验、托兰斯创造思维测验、芝加哥大学创造力测验等。

（4）心理运动机能测验主要测量心理运动能力、身体能力，典型的方法有本纳特机械理解测验、克劳福小零件灵巧测验、明尼苏达操作速度测验、明尼苏达空间关系测验、明尼苏达秘书测验、明尼苏达集合测验、施旦贵斯机械性能测验、麦夸里机械能力测验、普渡钉板测验、奥卡挪手指灵活性测验等。

二、一般能力倾向测验

一般能力倾向测验由美国劳工部就业保险局于20世纪50年代出版、70年代修订，是职业咨询和安置中最有效的一套测验。GATB是在各种职业团体施测几十个测验后进行因素分析的基础上编制的，为美国各州就业办事机构所采用，并为其他国家制定能力倾向成套测验所借鉴。

后来，日本劳动省将GATB进行了日本版的标准化，制定成《一般职业适应性检查》（1969年修订版）。这套测验主要是实现对许多职业领域中工作所必需的几种能力倾向的测定，由15种测验项目构成，其中11种是纸笔测验，其余4种是操作测验，两种测验可以测定9种能力倾向。

这9种能力倾向对完成各种职业的工作都是必要的，现列举如下：

（1）G——智能。指一般的学习能力，包括对测验说明、指导语和诸原理的理解能力、推理判断的能力、迅速适应新环境的能力。

（2）V——言语能力。指理解言语的意义及与它关联的概念，并有效地掌握它的能力，包括对言语相互关系及文章和句子意义的理解能力，也包括表达信息和自己想法的能力。

（3）N——数理能力。指在正确快速计算的同时，能进行推理、解决应用问题的能力。

（4）Q——书写知觉。指对词、印刷物、各种票据之细微部分正确知觉的能力，包括能直观地比较辨别词和数字、发现错误或校正的能力。

（5）S——空间判断能力。指对立体图形以及平面图形与立体图形之间关系的理解、判断能力。

（6）P——形状知觉。指对实物或图解之细微部分正确知觉的能力，包括根据视觉能够对图形的形状和阴影部分的细微差异进行比较辨别的能力。

（7）K——运动协调。指正确、迅速地使眼和手相互协调并完成操作的能力，包括要求手能跟随着所能看到的东西正确、迅速地做出反应动作，并进行准确控制的能力。

（8）F——手指灵巧度。指快速、正确地活动手指，用手指很准确地操作细小东西的能力。

（9）M——手腕灵巧度。指随心所欲、灵巧地活动手及手腕的能力，包括拿着、放置、调换、翻转物体时手的精巧运动和腕的自由运动能力。

这种能力倾向测验可以说是从个人在完成各种职业所必需的能力中，提炼出各种职业对个人所要求的最有特征的 2～3 种，其中纸笔测验可集体进行。计分采用标准分数，各能力因素的原始分数转换为标准分数后便可绘制个人能力倾向剖析图，并与职业能力倾向类型相对照，被试者可以从测验结果中知道能够充分发挥个人能力特性的职业活动领域（见表 5－3）。

表 5－3　　GATB 的职业能力倾向类型分类

职业能力倾向类型	职业
1. G—V—N	人文系统的专业职业
2. G—V—Q	特别需要言语能力的事务职业
3. G—N—Q	自然科学系统的专门职业
4. G—N—Q	需要数理能力的一般事务职业
5. G—Q—K	机械事务职业
6. G—Q—M	机械装置的操纵、运转及警备、保安职业
7. G—Q	需要一般性判断的注意力的职业
8. G—S—P	美术作业职业
9. N—S—M	设计、制图作业及电气职业
10. Q—P—F	制版、描图职业
11. Q—P	检查分类职业
12. S—P—F	造型、手指作业职业
13. S—P—M	造型、手臂作业职业
14. P—M	手臂作业职业
15. K—F—M	看视作业、身体性作业职业

三、BEC 职业能力倾向测验

我国心理学工作者通过实验研究和调查研究，在能力倾向和各种不同的职业之间建立了联系，这样就可以根据被试者在职业能力测验的各个分测验中的得分，评价其在各种职业上的潜力。于是在我国便出现了种类颇多的职业能力倾向测验，其中一类是一般职业能力倾向测验，它用于职业定向，通常包括一组涉及各种职业活动的分测验。《BEC 职业能力测验》（I 型）是 1988 年由北京人才评价与考试中心（BEC）参照美国教育与工业测验服务中心编制的《职业能力安置量表》（CAPS）而开发的，是我国最早的成套职业能力倾向测验。该测验包括机械推理、空间关系、言语推理、数学能力、言语运用、字词知识、知觉速度和准确性、手指速度和灵活性等 8 个分测验。

四、托兰斯创造思维测验

托兰斯创造思维测验（TTCT）是由美国明尼苏达大学的托兰斯（E. P. Torrance）等人于 1966 年编制的，是目前应用最广泛的创造力测验，适用于各年龄阶段，主要考查流畅性、灵活性、独创性、精确性这几个变量。

托兰斯创造思维测验包括 12 个分测验，一般称为“活动”，以缓解被试者的紧张心理。它主要有三套测验，每套皆有两个复本。

（1）言语创造性思维测验。包括 7 项活动：前 3 项活动要求被试者根据所呈现的图画，列举出为了解该图而欲询问的问题、图中所描绘行为可能的原因及该行为可能的后果；活动 4 要求被试者对给定玩具提出改进意见；活动 5 要求被试者说出普通物体的特殊用途；活动 6 要求对同一物体提出不寻常的问题；活动 7 要求被试者推断一种不可能发生的事情一旦发生会出现什么后果。测验按流畅性、灵活性及独创性计分。

（2）图画创造性思维测验。包括 3 项活动：活动 1 要求被试者把一个边缘为曲线的颜色鲜明的纸片贴在一张空白纸上，贴的部分由他自己选择，然后以此为出发点，画一幅非同寻常的能说明一段有趣的振奋人心的故事的图画；活动 2 要求利用所给的少量不规则线条画物体的草图；活动 3 要求利用成对的短平行线（A 本）或圆（B 本）尽可能多地画出不同的图。此套测验皆根据基础图案绘图，可得到流畅性、灵活性、独创性和精确性 4 个分数。

（3）声音词语创造性思维测验。这是后发展起来的测验，两个分测验均用录音磁带实施。第一个活动为音响想象，要求被试者对熟悉及不熟悉的音响刺激进行想象；第二个活动为象声词想象，对 10 个诸如“嘎吱嘎吱”等模仿自然声响的象声词展开想象。两个活动皆为言语性反应，对刺激做自由想象，并写出联想到的有关物体或活动。根据反应的罕见性、独创性计分。

5.2.4 人格测验

人格主要指人所具有的与他人相区别的独特而稳定的思维方式和行为风格。它是一个人整体的精神面貌，是具有一定倾向性的、比较稳定的心理特征的总和。人格特点存在个体差异性，不同的人具有不同的人格特点。人格同能力一样，也是影响一个人的工作效率、工作业绩的重要因素，因此在企业招聘的过程中，运用人格测验将具有与组织匹配人格特点的人留在组织之内，能确保组织的高效良性运转和人员的相对稳定性。虽然一个人的人格从表面上很难把握，但由于人格具有差异性、倾向性和稳定性，因此可以通过一些科学的人格测评量表将一个人的人格特征测试出来。

人格测验是用测验方法对人格进行测量，测出个体在一定情境下经常表现出来的典型行为和人格品质，如动机、兴趣、爱好、情感、性格、气质、价值观等。几种常用的人格问卷介绍如下。

一、卡特尔 16 PF

卡特尔 16 PF（Cattell's 16 personality factor）又称卡特尔 16 PF 测验，是世界上最完善的心理测量工具之一。它由美国伊利诺伊州立大学人格及能力研究所雷蒙德·卡特尔教授编制。卡特尔采用系统观察法、科学实验法以及因素分析统计法，经过二三十年的研究确定了 16 种人格特质，并据此编制了测验量表。卡特尔认为，“根源特质”是人类潜在、稳定的人格特征，是人格测验应把握的实质。

1. 卡特尔 16 PF 的适用对象

卡特尔 16 PF 是评估 16 岁以上个体人格特征最普遍使用的工具，广泛适用于各类人员，对测评对象的职业、级别、年龄、性别、文化程度等方面均无限制。

2. 卡特尔 16 PF 的应用

卡特尔 16 PF 已应用于人力资源管理、职业规划、教育辅导、心理咨询等领域。卡特尔 16 PF 设计科学，可靠性强，不仅可以对个体的个性特征和能力水平进行客观评估，还能检测出个体的心理健康程度、创造力及适应新环境的能力。这对于个体调整生活状态、进行职业规划等方面具有重大的指导意义。

测一测

卡特尔 16 PF 问卷

本测验共有 187 道题目，都是有关个人的兴趣和态度等的问题。每个人对这些问题会有不同看法，回答也是不同的，因而对问题如何回答，并没有对错之分，只是表明你对这些问题的态度。请你尽量表达个人的意见，不要有所顾虑。

请注意：每一道测试题只能选择一个答案；不可漏掉任何测试题；尽量不选择 B 答案；本测验不计时间，但应凭自己的直觉反应作答，不要迟疑不决、拖延时间，一定要在 1 小时内完成整个测验；有些题目你可能从未思考过，或者感到不太容易回答，对于这样的题目，同样要求你做出一种倾向性的选择。

1. 我很明了本测试的说明：

(A) 是的　(B) 不一定　(C) 不是的

2. 我对本测试的每一个问题，都能做到诚实地回答：

(A) 是的　(B) 不一定　(C) 不同意

3. 如果有机会的话，我愿意：

(A) 到一个繁华的城市去旅行　(B) 介于 A，C 之间

(C) 游览清静的山区

4. 我有能力应对各种困难：

(A) 是的 (B) 不一定 (C) 不是的

5. 即使是关在铁笼里的猛兽，我见了也会感到惴惴不安：

(A) 是的 (B) 不一定 (C) 不是的

6. 我总是不敢大胆批评别人的言行：

(A) 是的 (B) 有时如此 (C) 不是的

7. 我的思想似乎：

(A) 比较先进 (B) 一般 (C) 比较保守

8. 我不擅长说笑话、讲有趣的事：

(A) 是的 (B) 介于A，C之间 (C) 不是的

9. 见到邻居或亲友争吵时，我总是：

(A) 任其自己解决 (B) 介于A，C之间 (C) 予以劝解

10. 在群众集会时，我：

(A) 谈吐自如 (B) 介于A，C之间 (C) 保持沉默

11. 我愿意做一个：

(A) 建筑工程师 (B) 不确定 (C) 社会科学研究者

12. 阅读时，我喜欢选读：

(A) 自然科学书籍 (B) 不确定 (C) 政治理论书籍

13. 我认为很多人都有些心理不正常，只是他们不愿承认：

(A) 是的 (B) 介于A，C之间 (C) 不是的

14. 我希望我的爱人擅长交际，无须具有文艺才能：

(A) 是的 (B) 不一定 (C) 不是的

15. 对于性情急躁、爱发脾气的人，我仍能以礼相待：

(A) 是的 (B) 介于A，C之间 (C) 不是的

16. 受人侍奉时我常常局促不安：

(A) 是的 (B) 介于A，C之间 (C) 不是的

17. 在从事体力或脑力劳动之后，我总是需要有比别人更多的休息时间，才能保持工作效率：

(A) 是的 (B) 介于A，C之间 (C) 不是的

18. 半夜醒来，我常常因种种不安而不能入睡：

(A) 常常如此 (B) 有时如此 (C) 极少如此

19. 事情进行得不顺利时，我常常急得涕泪交流：

(A) 常常如此 (B) 有时如此 (C) 极少如此

20. 我以为只要双方同意即可离婚，不用受传统观念的束缚：

(A) 是的 (B) 介于A，C之间 (C) 不是的

21. 我对人或物的兴趣都很容易改变：

(A) 是的 (B) 介于A，C之间 (C) 不是的

22. 工作中，我愿意：

（A）和别人合作　（B）不确定　（C）自己单独进行

23. 我常常无缘无故地自言自语：

（A）常常如此　（B）偶尔如此　（C）从不如此

24. 无论是工作、饮食还是外出游览，我总是：

（A）匆匆忙忙不能尽兴　（B）介于A，C之间　（C）从容不迫

25. 有时我怀疑别人是否对我的言行真正有兴趣：

（A）是的　（B）介于A，C之间　（C）不是的

26. 如果在工厂里工作，我愿做：

（A）技术科的工作　（B）介于A，C之间　（C）宣传科的工作

27. 在阅读时，我愿阅读：

（A）有关太空旅行的书籍　（B）不太确定　（C）有关家庭教育的书籍

28. 本题后面列有三个词语，哪个与其他两个词语不同类：

（A）狗　（B）石头　（C）牛

29. 如果能到一个新的环境，我要：

（A）把生活安排得和从前一样　（B）不确定

（C）把生活安排得和从前不一样

30. 在一生中，我总觉得能达到我所预期的目标：

（A）是的　（B）不一定　（C）不是的

31. 当我说谎时总觉得内心羞愧，不敢正视对方：

（A）是的　（B）不一定　（C）不是的

32. 假使手里拿着一把装有子弹的手枪，我必须把子弹拿出来才能安心：

（A）是的　（B）介于A，C之间　（C）不是的

33. 多数人认为我是一个说话风趣的人：

（A）是的　（B）不一定　（C）不是的

34. 如果人们知道我内心的成见，他们会大吃一惊：

（A）是的　（B）不一定　（C）不是的

35. 在公共场合，如果突然成为大家注意的中心，我会感到局促不安：

（A）是的　（B）介于A，C之间　（C）不是的

36. 我总喜欢参加规模庞大的晚会或集会：

（A）是的　（B）介于A，C之间　（C）不是的

37. 在学科中，我喜欢：

（A）音乐　（B）不一定　（C）手工劳动

38. 我常常怀疑那些出乎我意料地对我过于友善的人的动机是否诚实：

（A）是的　（B）介于A，C之间　（C）不是的

39. 我愿意把生活安排得像一个：

（A）艺术家　（B）不确定　（C）会计师

40. 我认为目前所需要的是：

(A) 多出现一些改造世界的理想家　(B) 不确定
(C) 多出现一些脚踏实地的实干家
41. 有时候我觉得自己需要剧烈的体力劳动：
(A) 是的　(B) 介于A，C之间　(C) 不是的
42. 我愿意跟有教养的人来往而不愿意同粗鲁的人交往：
(A) 是的　(B) 介于A，C之间　(C) 不是的
43. 在处理一些必须凭借智慧的事务中：
(A) 我的亲人表现得比一般人差　(B) 普通
(C) 我的亲人表现得超人一等
44. 领导者召见时，我：
(A) 觉得可以趁机提出建议　(B) 介于A，C之间
(C) 总怀疑自己做错事
45. 如果待遇优厚，我愿意做护理精神病人的工作：
(A) 是的　(B) 介于A，C之间　(C) 不是的
46. 读报时，我喜欢读：
(A) 当今世界的基本问题　(B) 介于A，C之间　(C) 地方新闻
47. 在接受困难任务时，我总是：
(A) 有独立完成的信心　(B) 不确定　(C) 希望有别人的帮助和指导
48. 在游览时，我宁愿观看一个画家的写生，也不愿听大家的辩论：
(A) 是的　(B) 不一定　(C) 不是的
49. 我的神经脆弱，稍有点刺激就会战栗：
(A) 时常如此　(B) 有时如此　(C) 从不如此
50. 早晨起来，我常常感到疲乏不堪：
(A) 是的　(B) 介于A，C之间　(C) 不是的
51. 如果待遇相同，我愿选做：
(A) 森林管理员　(B) 不一定　(C) 中小学教员
52. 每逢过年过节或亲友结婚时，我：
(A) 喜欢赠送礼品　(B) 不太确定　(C) 不愿相互送礼
53. 本题后列有三个数字，哪个数字与其他两个数字不同类：
(A) 5　(B) 2　(C) 7
54. 猫和鱼就像牛和：
(A) 牛奶　(B) 木材　(C) 盐
55. 我在小学时敬佩的老师，到现在仍然值得我敬佩：
(A) 是的　(B) 不一定　(C) 不是的
56. 我觉得自己确实有一些别人所不及的优良品质：
(A) 是的　(B) 不一定　(C) 不是的
57. 根据我的能力，即使让我做一些平凡的工作，我也会安心的：
(A) 是的　(B) 不太确定　(C) 不是的

58. 我喜欢看电影或参加其他娱乐活动的次数：
(A) 比一般人多　(B) 和一般人相同　(C) 比一般人少
59. 我喜欢从事需要精密技术的工作：
(A) 是的　(B) 介于A，C之间　(C) 不是的
60. 在有威望、有地位的人面前，我总是较为局促谨慎：
(A) 是的　(B) 介于A，C之间　(C) 不是的
61. 对于我来说在大众面前表演，是一件难事：
(A) 是的　(B) 介于A，C之间　(C) 不是的
62. 我愿意：
(A) 指挥几个人工作　(B) 不确定　(C) 和同志们一起工作
63. 即使做了一件让别人笑话的事，我也能坦然处之：
(A) 是的　(B) 介于A，C之间　(C) 不是的
64. 我认为没有人会幸灾乐祸地希望我遇到困难：
(A) 是的　(B) 不确定　(C) 不是的
65. 一个人应该考虑人生的真正意义：
(A) 是的　(B) 不确定　(C) 不是的
66. 我喜欢去处理被别人弄得一塌糊涂的工作；
(A) 是的　(B) 介于A，C之间　(C) 不是的
67. 当我非常高兴时，总有一种“好景不长”的感受：
(A) 是的　(B) 介于A，C之间　(C) 不是的
68. 在一般困难情境中，我总能保持乐观：
(A) 是的　(B) 不一定　(C) 不是的
69. 迁居是一件极不愉快的事：
(A) 是的　(B) 介于A，C之间　(C) 不是的
70. 在年轻的时候，当和父母的意见不同时我：
(A) 保留自己的意见　(B) 介于A，C之间　(C) 接受父母的意见
71. 我希望把我的家庭：
(A) 建设成适合自身活动和娱乐的地方　(B) 介于A，C之间
(C) 成为邻里交往活动的一部分
72. 解决问题时，我多借助：
(A) 个人独立思考　(B) 介于A，C之间　(C) 和别人互相讨论
73. 在需要当机立断时，我总是：
(A) 镇静地运用理智　(B) 介于A，C之间　(C) 常常紧张兴奋
74. 最近在一两件事情上，我觉得我是无辜受累的：
(A) 是的　(B) 介于A，C之间　(C) 不是的
75. 我善于控制自己的表情：
(A) 是的　(B) 介于A，C之间　(C) 不是的
76. 如果待遇相同，我愿做一个：

(A) 化学研究工作者 (B) 不确定 (C) 旅行社经理

77. 以“惊讶”与“新奇”搭配为例，“惧怕”应与( )搭配：

(A) 勇敢 (B) 焦虑 (C) 恐怖

78. 本题后面列有三个分数，哪一个分数与其他两个分数不同类：

(A) 3/7 (B) 3/9 (C) 3/11

79. 不知为什么，有些人总是回避或冷淡我：

(A) 是的 (B) 不一定 (C) 不是的

80. 我虽然好意待人，但常常得不到好报：

(A) 是的 (B) 不一定 (C) 不是的

81. 我不喜欢争强好胜的人：

(A) 是的 (B) 介于A，C之间 (C) 不是的

82. 和一般人相比，我的朋友的确太少：

(A) 是的 (B) 介于A，C之间 (C) 不是的

83. 不在万不得已的情况下，我总是回避参加应酬性的活动：

(A) 是的 (B) 不一定 (C) 不是的

84. 我认为对领导者逢迎得当比工作表现更重要：

(A) 是的 (B) 介于A，C之间 (C) 不是的

85. 参加竞赛时，我总是着重于竞赛的活动，而不计较其成败：

(A) 总是如此 (B) 一般如此 (C) 偶然如此

86. 按照个人的意愿，我希望做的工作是：

(A) 有固定而可靠的工资收入 (B) 介于A，C之间

(C) 工资高低应随工作表现随时调整

87. 我愿意阅读：

(A) 军事与政治的实事记载 (B) 不一定 (C) 富有情感的幻想的作品

88. 我认为有许多人之所以不敢犯罪，主要原因是怕被惩罚：

(A) 是的 (B) 介于A，C之间 (C) 不是的

89. 我的父母从来不严格要求我事事顺从：

(A) 是的 (B) 不一定 (C) 不是的

90. “百折不挠，再接再厉”的精神常常被人们忽略：

(A) 是的 (B) 不一定 (C) 不是的

91. 当有人对我发火时，我总是：

(A) 设法使他镇静下来 (B) 不太确定 (C) 自己也会发起火来

92. 我希望人们都要友好相处：

(A) 是的 (B) 不一定 (C) 不是的

93. 不论是在极高的屋顶上，还是在极深的隧道中，我很少感到胆怯不安：

(A) 是的 (B) 介于A，C之间 (C) 不是的

94. 只要没有过错，不管别人怎么说，我总能心安理得：

(A) 是的 (B) 不一定 (C) 不是的

95. 我认为凡是无法用理智来解决的问题，就不得不靠强权处理：

(A) 是的 (B) 介于A，C之间 (C) 不是的

96. 在年轻的时候，我和异性朋友交往：

(A) 较多 (B) 介于A，C之间 (C) 较少

97. 我在社团活动中是一个活跃分子：

(A) 是的 (B) 介于A，C之间 (C) 不是的

98. 在人声嘈杂中，我仍能不受干扰、专心工作：

(A) 是的 (B) 介于A，C之间 (C) 不是的

99. 在某些心境下，我常常因为困惑陷入空想而将工作搁置下来：

(A) 是的 (B) 介于A，C之间 (C) 不是的

100. 我很少用难堪的语言去伤害别人的感情：

(A) 是的 (B) 不太确定 (C) 不是的

101. 如果让我选择，我宁愿选做：

(A) 列车员 (B) 不确定 (C) 描图员

102. “理不胜词”的意思是：

(A) 理不如词 (B) 理多而词少 (C) 辞藻华丽而理不足

103. 以“铁锹”与“挖掘”搭配为例，“刀子”应与(　　)搭配：

(A) 琢磨 (B) 切割 (C) 铲除

104. 在大街上，我常常避开我不愿意打招呼的人：

(A) 极少如此 (B) 偶然如此 (C) 有时如此

105. 当我聚精会神地听音乐时，假使有人在旁边高谈阔论：

(A) 我仍能专心听音乐 (B) 介于A，C之间

(C) 不能专心而感到恼怒

106. 在课堂上，如果我的意见与老师不同，我常常：

(A) 保持沉默 (B) 不一定 (C) 表明自己的看法

107. 单独跟异性谈话时，我总显得不自然：

(A) 是的 (B) 介于A，C之间 (C) 不是的

108. 在待人接物方面，我的确不太成功：

(A) 是的 (B) 不完全这样 (C) 不是的

109. 每当做一件困难工作时，我总是：

(A) 预先做好准备 (B) 介于A，C之间

(C) 相信到时候总会有办法解决

110. 在我结交的朋友中，男女各占一半：

(A) 是的 (B) 介于A，C之间 (C) 不是的

111. 我在结交朋友方面：

(A) 结识很多的人 (B) 不一定 (C) 维持几个深交的朋友

112. 我愿意做一个社会科学家，而不愿做一个机械工程师：

(A) 是的 (B) 不太确定 (C) 不是的

113. 如果发现别人的缺点，我常常不顾一切地提出指责：
(A) 是的　(B) 介于A，C之间　(C) 不是的
114. 我喜欢设法影响和我一起工作的同事，使他们能协助我达成所计划的目的：
(A) 是的　(B) 介于A，C之间　(C) 不是的
115. 我喜欢做音乐，或跳舞，或新闻采访等工作：
(A) 是的　(B) 不一定　(C) 不是的
116. 当人们表扬我的时候，我总觉得羞愧窘促：
(A) 是的　(B) 介于A，C之间　(C) 不是的
117. 我认为一个国家最需要解决的问题是：
(A) 政治问题　(B) 不太确定　(C) 道德问题
118. 有时我会无故地产生一种面临大祸的恐惧：
(A) 是的　(B) 有时如此　(C) 不是的
119. 在童年时，我害怕黑暗的次数：
(A) 很多　(B) 不太多　(C) 几乎没有
120. 在闲暇的时候，我喜欢：
(A) 看一部历史性的探险小说　(B) 不一定
(C) 读一本科学性的幻想小说
121. 当人们批评我古怪不正常时，我：
(A) 非常气恼　(B) 有些气恼　(C) 无所谓
122. 当来到一个新城市里找地址时，我常常：
(A) 找人问路　(B) 介于A，C之间　(C) 参考地图
123. 当朋友声明她要在家休息时，我总是设法怂恿她同我一起到外面去玩：
(A) 是的　(B) 不一定　(C) 不是的
124. 在就寝时，我常常：
(A) 不易入睡　(B) 介于A，C之间　(C) 极易入睡
125. 有人烦扰时，我：
(A) 能不露声色　(B) 介于A，C之间　(C) 总要说给别人听以泄愤怒
126. 如果待遇相同，我愿做一个：
(A) 律师　(B) 不确定　(C) 航海员
127. “时间变成了永恒”这是比喻：
(A) 时间过得快　(B) 忘了时间　(C) 光阴一去不复返
128. 本题下面的哪一项应接在“×0000××00×××”的后面：
(A) ×0×　(B) 00×　(C) 0××
129. 不论到什么地方，我都能清楚地辨别方向：
(A) 是的　(B) 介于A，C之间　(C) 不是的
130. 我热爱所学的专业和所从事的工作：
(A) 是的　(B) 不一定　(C) 不是的
131. 如果急于想借朋友的东西，而朋友又不在家时，我认为不告而取也没有关系：

(A) 是的 (B) 介于A，C之间 (C) 不是的

132. 我喜欢给朋友讲述一些个人有趣的经历：

(A) 是的 (B) 介于A，C之间 (C) 不是的

133. 我宁愿做一个：

(A) 演员 (B) 不确定 (C) 建筑师

134. 业余时间，我总是做好安排，不使时间浪费：

(A) 是的 (B) 介于A，C之间 (C) 不是的

135. 在和别人交往中，我常常会无缘无故地产生一种自卑感：

(A) 是的 (B) 介于A，C之间 (C) 不是的

136. 和不熟识的人交谈对我来说：

(A) 毫不困难 (B) 介于A，C之间 (C) 是一件难事

137. 我所喜欢的音乐是：

(A) 轻松活泼的 (B) 介于A，C之间 (C) 富有感情的

138. 我爱想入非非：

(A) 是的 (B) 不一定 (C) 不是的

139. 我认为未来20年的世界局势定将好转：

(A) 是的 (B) 不一定 (C) 不是的

140. 在童年时，我喜欢阅读：

(A) 神话幻想故事 (B) 不确定 (C) 战争故事

141. 我向来对机械、汽车等有兴趣：

(A) 是的 (B) 介于A，C之间 (C) 不是的

142. 即使让我做一个缓刑释放的罪犯的管理人，我也会把工作做得很好：

(A) 是的 (B) 介于A，C之间 (C) 不是的

143. 我仅仅被认为是一个能够苦干而稍有成就的人而已：

(A) 是的 (B) 介于A，C之间 (C) 不是的

144. 即使在不顺利的情况下，我仍能保持精神振奋：

(A) 是的 (B) 介于A，C之间 (C) 不是的

145. 我认为节制生育是解决经济与和平问题的重要条件：

(A) 是的 (B) 不太确定 (C) 不是的

146. 在工作中，我喜欢独自筹划，不愿受别人干涉：

(A) 是的 (B) 介于A，C之间 (C) 不是的

147. 尽管有的人和我的意见不和，但我仍能跟他搞好关系：

(A) 是的 (B) 介于A，C之间 (C) 不是的

148. 在工作和学习上，我总是使自己不粗心大意、不忽略细节：

(A) 是的 (B) 介于A，C之间 (C) 不是的

149. 在和人争辩或险遭事故后，我常常表现出震颤、筋疲力尽、不能安心工作：

(A) 是的 (B) 介于A，C之间 (C) 不是的

150. 未经医生处方，我从不乱吃药：

(A) 是的　(B) 介于A，C之间　(C) 不是的

151. 根据个人的兴趣，我愿意参加：

(A) 摄影组织活动　(B) 不确定　(C) 文娱队活动

152. 以“星火”与“燎原”搭配为例，“姑息”应与(　　)搭配：

(A) 同情　(B) 养奸　(C) 纵容

153. “钟表”与“时间”的关系犹如“裁缝”与(　　)的关系：

(A) 服装　(B) 剪刀　(C) 布料

154. 生动的梦境常常干扰我的睡眠：

(A) 经常如此　(B) 偶然如此　(C) 从不如此

155. 我爱打抱不平：

(A) 是的　(B) 介于A，C之间　(C) 不是的

156. 如果要到一个新城市，我将要：

(A) 到处闲逛　(B) 不确定　(C) 避免去不安全的地方

157. 我爱穿朴素的衣服，不愿穿华丽的服装：

(A) 是的　(B) 不太确定　(C) 不是的

158. 我认为安静的娱乐远远胜过热闹的宴会：

(A) 是的　(B) 不太确定　(C) 不是的

159. 我明知自己有缺点，但不愿接受别人的批评：

(A) 偶然如此　(B) 极少如此　(C) 从不如此

160. 我总是把“是，非，善，恶”作为处理问题的原则：

(A) 是的　(B) 介于A，C之间　(C) 不是的

161. 当工作时，我不喜欢有许多人在旁边参观：

(A) 是的　(B) 介于A，C之间　(C) 不是的

162. 我认为，侮辱那些即使有错误但有文化教养的人，如医生、教师等也是不应该的：

(A) 是的　(B) 介于A，C之间　(C) 不是的

163. 在各种课程中，我喜欢：

(A) 语文　(B) 不确定　(C) 数学

164. 那些自以为是、道貌岸然的人使我生气：

(A) 是的　(B) 介于A，C之间　(C) 不是的

165. 和循规蹈矩的人交谈：

(A) 很有兴趣，并有所获的　(B) 介于A，C之间

(C) 他们的思想简单，使我太厌烦

166. 我喜欢：

(A) 有几个有时对我很苛求但富有感情的朋友　(B) 介于A，C之间

(C) 不受别人的干扰

167. 如果征求我的意见，我赞同：

(A) 切实制止精神病患者和智能低下的人生育　(B) 不确定

(C) 杀人犯必须判处死刑

168. 有时我会无缘无故地沮丧、痛哭：
(A) 是的 (B) 介于A，C之间 (C) 不是的
169. 当和立场相反的人争辩时，我主张：
(A) 尽量找出基本概念的差异 (B) 不一定 (C) 彼此让步
170. 我一向重感情而不重理智，因而我的观点常常动摇不定：
(A) 是的 (B) 不一定 (C) 不是的
171. 我的学习多依赖于：
(A) 阅读书刊 (B) 介于A，C之间 (C) 参加集体讨论
172. 我宁愿选择工资较高的工作，不在乎是否有保障，而不愿做工资低的固定工作：
(A) 是的 (B) 不一定 (C) 不是的
173. 在参加讨论时，我总是能把握自己的立场：
(A) 经常如此 (B) 一般如此 (C) 必要时才如此
174. 我常常被一些无所谓的小事烦扰：
(A) 是的 (B) 介于A，C之间 (C) 不是的
175. 我宁愿住在嘈杂的闹市区，而不愿住在僻静的地区：
(A) 是的 (B) 不太确定 (C) 不是的
176. 下列工作如果任我挑选的话，我愿做：
(A) 少先队辅导员 (B) 不太确定 (C) 修表工作者
177. 一人(　　)事，人人受累：
(A) 偾 (B) 愤 (C) 喷
178. 望子成龙的家长往往(　　)苗助长：
(A) 揠 (B) 堰 (C) 偃
179. 气候的变化并不影响我的情绪：
(A) 是的 (B) 介于A，C之间 (C) 不是的
180. 因为我对一切问题都有一些见解，所以大家都认为我是一个有头脑的人：
(A) 是的 (B) 介于A，C之间 (C) 不是的
181. 我讲话的声音：
(A) 洪亮 (B) 介于A，C之间 (C) 低沉
182. 一般人都认为我是一个活跃热情的人：
(A) 是的 (B) 介于A，C之间 (C) 不是的
183. 我喜欢做出差机会较多的工作：
(A) 是的 (B) 介于A，C之间 (C) 不是的
184. 我做事严格，力求把事情办得尽善尽美：
(A) 是的 (B) 介于A，C之间 (C) 不是的
185. 在取回或归还所借的东西时，我总是仔细检查，看是否保持原样：
(A) 是的 (B) 介于A，C之间 (C) 不是的
186. 我通常精力充沛，忙碌多事：
(A) 是的 (B) 不一定 (C) 不是的

187. 我确信我没有遗漏或漫不经心地回答上面的任何问题：

(A) 是的　(B) 不确定　(C) 不是的

卡特尔16 PF标准解释

16种人格因素是各自独立的，每一种因素的测量都能使你对自己某一方面的人格特征有清晰而独特的认识，更能对自己人格的各种因素的不同组合有综合性的了解，从而全面地评价自己的整体人格。每种因素分数高低的意义及重要性，有赖于其他各因素分数的高低，或全体因素的组合方式。所以，在评价各个因素分数的高低时，应参考其他方面的行为和生活状况，不应仅仅根据测验的结果武断地评价自己的人格。需要特别强调的是，现在所反映出的人格特点并不是不可改变的，个人的成长过程，学习的机会，动机、目的和生活环境的变化，还会随时随地改变一个人的人格因素与类型。因此，了解自己的人格特点有助于我们通过努力来改善、优化人格。

一、分数含义

16种人格因素和次级因素Y3的分数解释以标准分为准，次级因素X1，X2，X3，X4，Y1，Y2，Y4的分数解释以原始分为准。其中，各因素标准分的范围为1～10分，3分以下（含3分）属于低分，8分以上（含8分）属于高分，4～7分为中间状态。

二、16种人格因素

(1) 因素A（乐群性）。低分特征：缄默，孤独，冷漠。高分特征：外向，热情，乐群。

(2) 因素B（聪慧性）。低分特征：知识面比较窄，抽象思考能力比较弱。高分特征：富有才识，善于抽象思考，学习能力强，思考敏捷。

(3) 因素C（稳定性）。低分特征：情绪激动，易生烦恼，心神动摇不定，易受环境支配。高分特征：情绪稳定而成熟，能面对现实。

(4) 因素E（恃强性）。低分特征：谦逊，顺从，通融，恭顺。高分特征：好强固执，独立积极。

(5) 因素F（兴奋性）。低分特征：严肃，审慎，冷静，寡言。高分特征：轻松兴奋，随遇而安。

(6) 因素G（有恒性）。低分特征：苟且敷衍，缺乏奉公守法的精神。高分特征：有恒负责，做事尽职。

(7) 因素H（敢为性）。低分特征：畏怯退缩，缺乏自信心。高分特征：冒险敢为，少有顾忌。

(8) 因素I（敏感性）。低分特征：理智，着重现实，自食其力。高分特征：敏感，感情用事。

(9) 因素L（怀疑性）。低分特征：依赖随和，易与人相处。高分特征：怀疑，刚愎，固执己见。

(10) 因素M（幻想性）。低分特征：现实，墨守成规，力求妥善合理。高分特征：幻想，狂放不羁。

(11) 因素N（世故性）。低分特征：坦白，直率，天真。高分特征：精明能干，世故。

(12) 因素O（忧虑性）。低分特征：安详，沉着，有自信心。高分特征：忧虑抑郁，烦恼自扰。

(13) 因素Q1（实验性）。低分特征：保守，尊重传统观念与行为标准。高分特征：自由，批评激进，不拘泥于现实。

(14) 因素Q2（独立性）。低分特征：依赖，随群附众。高分特征：自立自强，当机立断。

(15) 因素Q3（自律性）。低分特征：矛盾冲突，不顾大体。高分特征：知己知彼，自律谨严。

(16) 因素Q4（紧张性）。低分特征：心平气和，闲散宁静。高分特征：紧张困扰，激动挣扎。

三、8种次级因素

次级人格因素是由以上有关的基本因素标准分，经过数量均衡，连同指定常数相加而成的（见如下各项中的公式）。另外，以下各因素分数的高低并不就等同于心理健康状态的好坏以及成就、创造力、成长能力的水平，它只是表明人格因素对这些方面的影响程度。事实上，除了人格因素，成就大小、创造力水平、心理健康状况等还受到其他诸多因素的影响。

(1) 适应与焦虑型。

$$X1=[(38+2\times L+3\times O+4\times Q4)-(2\times C+2\times H+2\times Q2)]\div 10$$

低分特征：生活适应顺利，通常感到心满意足，能做到所期望的及自认为重要的事情。如分数极低，则可能对困难的工作缺乏毅力，有事事知难而退、不肯奋斗努力的倾向。

高分特征：不一定有神经性疾病，因为它可能是情境性的，但也可能有一些调节不良的情况，即对生活上所要求的和自己意欲达成的事情常感到不满意。高度的焦虑可能会使工作受到破坏，影响身体健康。

(2) 内向与外向型。

$$X2=[(2\times A+3\times E+4\times F+5\times H)-(2\times Q2+11)]\div 10$$

低分特征：内倾，趋于胆小、自足，在与别人的接触中采取克制态度，有利于从事精细的工作。这种类型无所谓利弊，主要取决于在哪种情况下采取这种态度。

高分特征：外倾，开朗，善于交际，不受拘束，有利于从事贸易工作。

(3) 感情用事与安详机警型。

$$X3=[(77+2\times C+2\times E+2\times F+2\times N)-(4\times A+6\times I+2\times M)]\div 10$$

低分特征：情感丰富而感到困扰不安，它可能是缺乏信心、颓丧的类型，对生活中的细节较为含蓄敏感，性格温和，讲究生活艺术，采取行动前再三思考，顾虑较多。

高分特征：富有事业心，果断，刚毅，有进取精神，精力充沛，行动迅速，但常忽视生活上的细节，只对明显的事物注意，有时会考虑不周，不计后果，贸然行事。

(4) 怯懦与果断型。

$$X4=[(4\times E+3\times M+4\times Q1+4\times Q2)-(3\times A+2\times G)]\div 10$$

低分特征：依赖别人，纯洁，个性被动，受人驱使而不能独立，对支持他的人在行动上常适应其需求，为获取别人的欢心会事事迁就。

高分特征：果断，独立，露锋芒，有气魄，有攻击性的倾向，通常会主动寻找可以施展这种行为的环境或机会，以充分表现自己的独创能力，并从中取得利益。

(5) 心理健康因素。

$$Y1=C+F+(11-O)+(11-Q4)$$

心理健康状况几乎是一切职业及事业成功的基础。心理不健康者，其学习和工作效率都会因之降低。心理健康标准介于4～40之间，平均值为22分。低于12分者仅占总人数的10%，情绪不稳定的程度颇为显著。

(6) 专业有成就者的人格因素。

$$Y2=Q3\times 2+G\times 2+C\times 2+E+N+Q2+Q1$$

本次级因素意指人格中的某些因素可能对将来的专业成就所具有的影响，它并不代表将来专业成就所达到的水平。其总分介于10～100之间，平均值为55分，67分以上者成功的概率更大。

(7) 创造力强者的人格因素。

$$Y3=(11-A)\times 2+B\times 2+E+(11-F)\times 2+H+I\times 2+M+(11-N)+Q1+Q2\times 2$$

标准分高于7者属于创造力强者的范围，应会有所成就。

(8) 在新环境中有成长能力者的人格因素。

$$Y4=B+G+Q3+(11-F)$$

本次级因素总分介于4～40之间，平均值为22分，不足17分者仅占总人数的10%左右，从事专业或训练成功的可能性较小。25分以上者则有成功的希望。

四、计分方法

(1) 原始分。本项测验共包括对16种性格因素的测评，以下是各项性格因素所包括的测试题。将每项因素所包括的测试题得分加起来，就是该项性格因素的原始得分。

A：3，26，27，51，52，76，101，126，151，176。

B：28，53，54，77，78，102，103，127，128，152，153，177，178，187。

C：4，5，29，30，55，79，80，104，105，129，130，154，179。

E：6，7，31，32，56，57，81，106，131，155，156，180，181。

F：8，33，58，82，83，107，108，132，133，157，158，182，183。

G：9，34，59，84，109，134，159，160，184，185。

H：10，35，36，60，61，85，86，110，111，135，136，161，186。

I：11，12，37，62，87，112，137，138，162，163。

L：13，38，63，64，88，89，113，114，139，164。

M：14，15，39，40，65，90，91，115，116，140，141，165，166。

N：16，17，41，42，66，67，92，117，142，167。

O：18，19，43，44，68，69，93，94，118，119，143，144，168。

Q1：20，21，45，46，70，95，120，145，169，170。

Q2：22，47，71，72，96，97，121，122，146，171。

Q3：23，24，48，73，98，123，147，148，172，173。

Q4：25，49，50，74，75，99，100，124，125，149，150，174，175。

具体每题的计分方法如下：

1）下列题选以下对应的选项加1分，否则得0分：

28.B 53.B 54.B 77.C 78.B 102.C 103.B 127.C 128.B 152.B 153.C 177.A 178.A

2）下列题选B均加1分，选以下对应的选项加2分，否则得0分：

3.A 4.A 5.C 6.C 7.A 8.C 9.C 10.A 11.C 12.C 13.A 14.C 15.C 16.C 17.A 18.A 19.C 20.A 21.A 22.C 23.C 24.C 25.A 26.C 27.C 29.C 30.A 31.C 32.C 33.A 34.C 35.C 36.A 37.A 38.A 39.A 40.A 41.C 42.A 43.A 44.C 45.C 46.A 47.A 48.A 49.A 50.A 51.C 52.A 55.A 56.A 57.C 58.A 59.A 60.C 61.C 62.C 63.C 64.C 65.A 66.C 67.C 68.C 69.A 70.A 71.A 72.A 73.A 74.A 75.C 76.C 79.C 80.C 81.C 82.C 83.C 84.C 85.C 86.C 87.C 88.A 89.C 90.C 91.A 92.C 93.C 94.C 95.C 96.C 97.C 98.A 99.A 100.A 101.A 104.A 105.A 106.C 107.A 108.A 109.A 110.A 111.A 112.A 113.A 114.A 115.A 116.A 117.A 118.A 119.A 120.C 121.C 122.C 123.C 124.A 125.C 126.A 129.A 130.A 131.A 132.A 133.A 134.A 135.C 136.A 137.C 138.A 139.C 140.A 141.C 142.A 143.A 144.C 145.A 146.A 147.A 148.A 149.A 150.A 151.C 154.C 155.A 156.A 157.C 158.C 159.C 160.A 161.C 162.C 163.A 164.A 165.C 166.C 167.A 168.A 169.A 170.C 171.A 172.C 173.A 174.A 175.C 176.A 179.A 180.A 181.A 182.A 183.A 184.A 185.A 186.A

第1，2，187题不计分。

（2）标准分换算。在统计出各项性格因素的原始分之后，可对应表5-4换算成标准分。

表5-4

因素	1	2	3	4	5	6	7	8	9	10	因素平均分	因素标准差
A	0～1	2～3	4～5	6	7～8	9～11	12～13	14	15～16	17～20	9.06	3.40
B	0～3	4	5	6	7	8	9	10	11	12～13	7.65	1.60
C	0～5	6～7	8～9	10～11	12～13	14～16	17～18	19～20	21～22	23～26	14.08	4.11
E	0～2	3～4	5	6～7	8～9	10～12	13～14	15～16	17～18	19～26	9.82	3.50
F	0～3	4	5～6	7	8～9	10～12	13～14	15～16	17～18	19～26	10.69	3.84
G	0～5	6～7	8～9	10	11～12	13～14	15～16	17	18	19～20	1.69	2.85
H	0～1	2	3	4～6	7～8	9～11	12～14	15～16	17～19	20～26	8.76	4.95
I	0～5	6	7～8	9	10～11	12～13	14	15～16	17	18～19	11.42	2.87
L	0～3	4～5	6	7～8	9～10	11～12	13	14～15	16	17～20	10.25	3.05
M	0～5	6～7	8～9	10～11	12～13	14～15	16～17	18～19	20	21～26	13.27	3.39

续前表

因素	1	2	3	4	5	6	7	8	9	10	因素平均分	因素标准差
N	0～2	3	4	5～6	7～8	9～10	11	12～13	14	15～20	8.21	2.67
O	0～2	3～4	5～6	7～8	9～10	11～12	13～14	15～16	17～18	19～26	10.42	3.79
Q1	0～4	5	6～7	8	9～10	11～12	13	14	15	16～20	10.15	2.54
Q2	0～5	6～7	8	9～10	11～12	13～14	15	16～17	18	19～20	12.26	2.88
Q3	0～4	5～6	7～8	9～10	11～12	13～14	15	16～17	18	19～20	12.21	3.41
Q4	0～2	3～4	5～6	7～7	9～11	12～14	15～16	17～19	20～21	22～26	11.46	4.79
Y3 原始分		15～62	63～67	68～72	73～77	78～82	83～87	88～92	93～97	98～102	103～150	
标准分		1	2	3	4	5	6	7	8	9	10	

资料来源：卡特尔 16PF 人格特征量表.［2011-01-22］. https://wenku.baidu.com/view/cccc0618227916888486d712.html.

二、MBTI 个性测试

MBTI 是当今世界上应用最广泛的性格测试工具。它已经被翻译成近 20 种世界主要语言，每年的使用者多达 200 多万，其中不乏世界 500 强企业。MBTI 的全称为 Myers-Briggs type indicator，是一种迫选型、自我报告式的性格评估工具，用以衡量和描述人们在获取信息、做出决策、对待生活等方面的心理活动规律和性格类型。

MBTI 的第一张量表于 1942 年问世，之后不断修订、完善，至今已升级了 10 多个版本。MBTI 的设计中包含一整套严格的施测流程和使用规范。

第一步，调整测试的心态：施测师应帮助被试者放松心情，最大限度地摆脱工作、家庭等外部环境的压力，尽量展现真实的自我。

第二步，回答问卷：施测师应告知被试者按照自己的理解答题，不应与其他人讨论，施测师也不回答任何相关问题。

第三步，MBTI 内容基本介绍并定位：施测师将 MBTI 的测试目标、基本思路和主要内容告知被试者，并指导其按要求进行自我评估。

第四步，答卷计分并比较：施测师应指导被试者计分，并对分数进行解释和深入讨论其含义。

第五步，最后确认：施测师应引导被试者进入一个自我探索的过程，帮助其明确自己的性格类型。

测一测

MBTI 测试问卷内容

指导语：本问卷中的所有问题都取自人们的日常生活，您的回答只是表明您通常是如何看待和处理事物的。所有问题都无所谓对错，更无好坏之分。仔细阅读问卷，并选出一个答案，把您选择的序号写在答题纸上。您在答题时不必对每道题多加考虑，只要按您的感觉判断进行作答即可。

请注意：每道题都要作答，尽管有些题目不适合您！同时，测验中有测谎的题目，如果发现您没有诚实回答，整个问卷作废。

1. 我倾向于从何处得到力量：

(E) 别人。

(I) 我自己的想法。

2. 当参加一个社交聚会时，我倾向于：

(E) 在夜色很深时，一旦开始投入，也许我就是最晚离开的那一个。

(I) 在夜晚开始的时候，我就疲倦了并且想回家。

3. 下列哪一种听起来比较吸引人：

(E) 与恋人到有很多人且社交活动丰富的地方。

(I) 待在家中与恋人做一些特别的事情，例如观赏一部有趣的电影并享用我最爱的外带食物。

4. 在约会中，我通常：

(E) 整体来说很健谈。

(I) 较安静并有所保留，直到我觉得舒服。

5. 过去，我倾向于遇见恋人：

(E) 在宴会中、夜总会、工作上、休闲活动中、会议上或当朋友介绍我给他们的朋友时。

(I) 透过私人的方式，例如个人广告、录像约会或是由亲密的朋友和家人介绍。

6. 我倾向于拥有：

(E) 很多认识的人和很亲密的朋友。

(I) 一些很亲密的朋友和一些认识的人。

7. 过去，我爱的人倾向于对我说这些：

(E) 你难道不可以安静一点吗？

(I) 可以请你从你的世界中出来一下吗？

8. 我倾向于通过以下方式收集信息：

(N) 我对有可能发生之事的想象和期望。

(S) 我对目前状况的实际认知。

9. 我倾向于相信：

(N) 我的直觉。

(S) 我直接的观察和现成的经验。

10. 当置身于一段关系中时，我倾向于相信：

(N) 永远有进步的空间。

(S) 若还没有被破坏，就别修补它。

11. 当对一个约会觉得放心时，我倾向于谈论：

(N) 未来，关于改进或发明事物，以及生活的种种可能性。例如，我也许会谈论一个新的科学发明，或用一种更好的方法来表达我的感受。

(S) 实际的，具体的，关于“此时此地”的事物。例如，我也许会谈论品酒的好方法，或我即将要参加的新奇旅程。

12. 我是这种类型的人：

(N) 喜欢先看整个大局面。

(S) 喜欢先把握细节。

13. 我是这种类型的人：

(N) 与活在现实中相比，我更愿意选择活在我的想象里。

(S) 与活在我的想象里相比，我更愿意选择活在现实中。

14. 我通常：

(N) 偏向于想象一大堆关于即将来临的约会的事情。

(S) 偏向于拘谨地想象即将来临的约会，只期待让它自然地发生。

15. 我倾向于如此做决定：

(F) 首先依我的心意，然后依我的逻辑。

(T) 首先依我的逻辑，然后依我的心意。

16. 我倾向于比较能够察觉到：

(F) 当人们需要情感上的支持时。

(T) 当人们不合逻辑时。

17. 当和恋人分手时：

(F) 我通常让自己的情绪深陷其中，很久才能抽身而出。

(T) 虽然我觉得受伤，但一旦下定决心，我会直截了当地将过去恋人的影子甩开。

18. 当与一个人交往时，我倾向于评量：

(F) 情感上的兼容性：表达爱意和对另一半的需求很敏感。

(T) 智能上的兼容性：沟通重要的想法，客观地讨论和辩论事情。

19. 当不同意恋人的想法时：

(F) 我尽可能地避免伤害对方的感受；若是会对对方造成伤害的话，我就不会说。

(T) 我通常毫无保留地说话，并且对恋人直言直语，因为对的就是对的。

20. 认识我的人倾向于形容我为：

(F) 热情和敏感。

(T) 逻辑和明确。

21. 我把大部分和别人的相遇视为：

(F) 友善及重要的。

(T) 另有目的。

22. 若有时间和金钱，朋友邀请我到国外度假，并且在一天前才通知，我：

(J) 必须先检查我的时间表。

(P) 会立即收拾行装。

23. 在第一次约会中，若所约的人来迟了，我：

(J) 会很不高兴。

(P) 一点都不在乎，因为我自己也常常迟到。

24. 我偏好：

(J) 事先知道约会的行程：要去哪里、有谁参加、会在那里多久、该如何打扮。

(P) 让约会自然地发生，先前不做太多的计划。

25. 我选择的生活循环着：

(J) 日程表和组织。

(P) 自然发生和弹性。

26. 哪一项较为常见：

(J) 我准时出席而其他人迟到。

(P) 其他人都准时出席而我迟到。

27. 我喜欢这样的人：

(J) 下定决心并且最后做出肯定的结论。

(P) 开放我的选择并且持续收集信息。

28. 我是这种类型的人：

(J) 喜欢在一段时间里专注于一件事情直到完成。

(P) 享受同时做好几件事情。

测试答案

针对以上问题，把答案加总并且把每项选择的数目放在以下适合的横线上，然后把每一组得分较高的数目圈起来。

测试者的性格典型：

______	______	______	______
I	S	T	P
______	______	______	______
E	N	F	J

每一对中那些得分较高的字母代表测试者四种最强的偏好，当它们合并起来时，将决定测试者的性格典型，例如，记者型（ENFP）、公务员型（ISTJ），或是16种典型性格类型中的任何一类，完全看这四个字母的组合。

如果在所偏好的字母上的得分是4，表示这个偏好是中度的；得5分或6分表示渐强的偏好；而7分则代表非常强烈的偏好。例如，在（E）上得了7分，代表测试者是一个非常外向的人，喜欢花很多时间和其他人在一起，同时比一般人更享受说话的乐趣。

另一方面，若测试者在（E）上得了4分，则表示他对外向的偏好是适中的。这表示他大概比一般典型的内向型（I）外向和健谈，同时却比一个强烈的外向型（E）保守和内敛。

这样的区别在检视性格典型组合时会变得很重要。有些性格典型配对，会在某个偏向上是适中时呈现出最佳状态；然而在另一些配对中，偏好的强度并不重要。

16种性格类型

一、ISTJ型

严肃、少言，依靠精力集中、通过全面性和可靠性获得成功。注重实践，有秩序，实事求是，有逻辑性，现实，值得信赖。他们自己决定该做什么，不愿意听反对意见和被干扰，并坚定不移地朝着目标前进，不易分心。喜欢将工作、家庭和生活都安排得井井有条。重视传统和忠诚。

适合职业：首席信息系统执行官，天文学家，数据库管理人员，会计，房地产经纪人，侦探，行政管理人员，信用分析师。

二、ISFJ型

少言，友善，有责任感和良知。坚定地致力于完成他们的义务。可以使任何项目和群体更加稳定。忠诚、体贴、周到、刻苦、精确，他们的兴趣通常不是技术性的。有洞察力，能对必要的细节有耐心，关心他人的感受。努力把工作和家庭环境营造得有序而温馨。

适合职业：内科医生，营养师，图书/档案管理员，室内装潢设计师，客户服务专员，记账员，特殊教育教师，酒店管理。

三、INFJ型

沉静，坚强，责任心强，关心他人，富有创造力，坚持自己的价值观。全力投入自己的工作。因其坚持原则而受尊重。寻求思想、关系、物质等之间的意义和联系。希望了解什么能够激励人，有很强的洞察力。对于怎样更好地服务大众有清晰的远景，别人可能会尊重和追随他们。在目标的实现过程中有计划而且果断坚定。

适合职业：特殊教育教师，建筑设计师，培训经理/培训师，职业策划咨询顾问，心理咨询师，网站编辑，作家，仲裁人。

四、INTJ型

具有创造性的思想，并大力推动自己的主意和目标。目光远大，能很快洞察到外界事物间的规律并形成长期的远景计划。一旦决定做一件事就会开始规划直到完成为止。在吸引他们的领域，他们有很好的能力去组织工作并将其进行到底。不轻信，有批判性，独立，有决心，对于自己和他人的能力和表现要求都非常高。

适合职业：首席财务官，知识产权律师，设计工程师，精神分析师，心脏病专家，媒体策划人员，网络管理员，建筑师。

五、ISTP型

安静的观察者，若有问题发生，会马上行动。自制，以独有的好奇心和出人意料的有创意的幽默观察和分析生活。分析事物运作的原理，对于原因和结果感兴趣，能从大量的信息中很快找到症结所在，用逻辑的方式处理问题，重视效率。

适合职业：信息服务业经理，计算机程序员，警官，软件开发员，律师助理，消防员，私人侦探，药剂师。

六、ISFP型

羞怯，友善，敏感，和谐，谦虚。不喜欢争论和冲突，不将自己的观点和价值观强加于人。喜欢有自己的空间，喜欢按照自己的时间表工作。一般，无意于做领导工作，但对于自己的价值观和自己觉得重要的人非常忠诚，有责任心。享受眼前的乐趣，所以事情做完经常松懈而不愿让过度的紧迫来破坏这种享受。

适合职业：室内装潢设计师，按摩师，客户服务专员，服装设计师，厨师，护士，牙医，旅游管理人员。

七、INFP型

沉稳的观察者，理想主义，忠实，希望外部的生活和自己内心的价值观是统一的。有求知欲，很快能看到事情的可能性，能成为实现想法的催化剂。只要某种价值观不受到威胁，他们都善于适应、灵活、乐于接受。愿意谅解别人和了解充分发挥人潜力的方法。对财富和周围的事物不太关心。

适合职业：心理学家，人力资源管理人员，翻译人员，大学教师（人文学科），社会工作者，图书管理员，服装设计师，编辑/网站设计师。

八、INTP 型

安静，内向，灵活，适应力强。喜欢理论性和抽象的事物，热衷于思考而非社交活动。对于自己感兴趣的领域有超凡的注意力和深度解决问题的能力。谋求他们的某些特别爱好能得到运用的那些职业。多疑，有时会有点挑剔，喜欢分析。

适合职业：软件设计师，风险投资家，法律仲裁人，金融分析师，大学教师（经济学），音乐家，知识产权律师，网站设计师。

九、ESTP 型

擅长现场解决问题，注重当前，自然。喜欢行动，不喜多加解释。对任何进展都感到高兴。往往喜好机械的东西和运动，享受和他人在一起的时刻。善于应变，容忍，重实效，注重结果，觉得理论和抽象的解释非常无趣。最喜好能干好、能掌握、能分析、能合一的交际事务。学习新事物最有效的方式是通过亲身感受和练习，喜欢物质享受和时尚。

适合职业：企业家，股票经纪人，保险经纪人，土木工程师，旅游管理人员，职业运动员/教练，电子游戏开发员，房地产开发商。

十、ESFP 型

开朗，随和，友善，接受能力强。热爱生活、人类和物质上的享受。喜欢和别人一起将事情做成功。喜欢行动并力促事情发生。他们了解正在发生的事情并积极参与。在工作中讲究常识和实用性，并使工作显得有趣。在需要丰富的知识和实际能力的情况下表现最佳。灵活、自然、不做作，对于任何新的事物都能很快地适应，学习新事物最有效的方式是和他人一起尝试。

适合职业：幼教老师，公关专员，职业策划咨询师，旅游管理人员/导游，促销员，演员，海洋生物学家，销售人员。

十一、ENFP 型

热情洋溢，极富朝气，机敏，富于想象力，认为人生有很多可能性。能很快地将事情和信息联系起来，然后很自信地根据自己的判断解决问题。常常依据自己的能力去即席成事，而不是事先准备。几乎能够做他们感兴趣的任何事情，对任何困难都能迅速给出解决办法。总是需要得到别人的认可，也总是准备着给他人赏识和帮助。经常能对他们想做的任何事情找到令人信服的理由。灵活、自然、不做作，有很强的即兴发挥能力，言语流畅。

适合职业：广告客户管理人员，管理咨询顾问，演员，平面设计师，艺术指导，公司团队培训师，心理学家，人力资源管理人员。

十二、ENTP 型

敏捷、睿智，有发明天分，长于许多事情。有激励别人的能力，机警、直言不讳。可能出于逗趣而争论问题的任何一个方面。在解决新的具有挑战性的问题时机智而有策略，不喜欢例行公事，很少会用相同的方法做相同的事情，容易把兴趣从一点转向另一点。能够轻而易举地为他们的要求找到合乎逻辑的理由。善于找出理论上的可能性，然后再用战略的眼光分析，善于理解别人。

适合职业：企业家，投资银行家，广告创意总监，市场管理咨询顾问，文案，广播/电视主持人，演员，大学校长。

十三、ESTJ型

实际，现实主义，果断，迅速行动起来执行决定。由于有天生的商业或机械学头脑，因此对抽象理论不感兴趣。善于将项目和人组织起来将事情完成，并尽可能用最有效率的方法得到结果，在实施计划时强而有力。喜欢组织和参与活动，通常能做优秀的领导者。注重日常的细节，有一套非常清晰的逻辑标准，能系统性地遵循，并希望他人也同样遵循。

适合职业：公司首席执行官，军官，预算分析师，药剂师，房地产经纪人，保险经纪人，教师（贸易/工商类），物业管理人员。

十四、ESFJ型

热心，健谈，受欢迎，有责任心，天生的合作者、积极的委员会成员。要求和谐并可能长于创造和谐，并为此果断地执行。喜欢和他人一起精确并及时地完成任务。能体察到他人在日常生活中的所需并竭尽全力提供帮助。在得到鼓励和赞扬时工作最出色。主要的兴趣在于那些对人们的生活有直接和明显的影响的事情。

适合职业：房地产经纪人，零售商，护士，理货员/采购员，按摩师，运动教练，饮食业管理人员，旅游管理人员。

十五、ENFJ型

敏感，热情，为他人着想，有责任心。真正地关心他人的所想所愿。善于发现他人的潜能，并希望能帮助他们实现。处理事情时尽量适当考虑别人的感情。能成为个人或群体成长和进步的催化剂。能提出建议或轻松而机智地领导小组讨论。喜社交，受欢迎，有同情心。对表扬和批评敏感。

适合职业：广告客户管理人员，杂志编辑，公司培训师，电视制片人，市场专员，作家，社会工作者，人力资源管理人员。

十六、ENTJ型

直率、果断，有天生的领导能力。能很快看到公司/组织程序和政策中的不合理性和低效能性，发展并实施有效和全面的系统来解决问题。善于做长期的计划和目标的设定。擅长需要论据和机智谈吐的任何事情，如公开演讲。通常见多识广，博览群书，喜欢拓宽自己的知识面并将此分享给他人。在陈述自己的想法时强而有力。

适合职业：公司首席执行官，管理咨询顾问，政治家，房地产开发商，教育咨询顾问，投资顾问，法官。

资料来源：MBTI测试十六种性格分析——MBTI测试．［2018-06-30］．https：//wenku．baidu．com/view/726e0fc09ec3d5bbfd0a7477．html．

读一读

笔迹分析

笔迹分析（handwriting analysis）也称笔迹测验，其理论基础是笔迹学。笔迹学（graphology）一词首先由19世纪后期法国的麦肯（Jean Hippolyte Michon）提出来。

《现代汉语词典》中将笔迹定义为“每个人写的字所特有的形象”，《辞海》中把笔迹定义为“文字符号的书写形态”。目前，笔迹分析技术在公安系统大量使用，很多有关公安系统的书籍将笔迹定义为“是书写动作通过书写工具在书写面上留下的痕迹，是书写文字符号的表现形式，是书写动作的反映”。韩进认为，“笔迹是在自由书写意识支配下通过书写动作产生并能反映（表现）书写动作习惯的字迹和线条。它们能够反映书写者的个性素质。”也就是说，笔迹不是字迹，笔迹是人工书写字迹时动作习惯的反映，是一种习惯的风格。换言之，笔迹是人们书写行为留下的具有个人书写动作特点并能反映书写者内在素质的字迹和线条。没有个人书写动作的特点，不能反映书写者内在素质的字迹和线条，也就不是笔迹。

一般认为笔迹分析就是笔迹分析专家对人们书写后所留下的字迹，通过对其形状、力度、速度、结构、总局等诸多因素的分析和研究，推断出书写者的年龄、性别、健康状况、性格、品质、能力、智力、思维方式、文化水平等，为个人指导或组织决策提供鉴定意见。

2002年6月下旬，北京某国家机关进行了人才选拔测试，候选人8名。在能力测验结果中，有2名候选人在专业知识测试和民主测评的排名上有颠倒现象。赵庆梅等用笔迹分析对进取心和工作积极性进行了辅助分析，认为之所以出现2名候选人排名颠倒的情况，是因为其中一位候选人的能力潜力很好，但由于缺乏进取心和工作积极性而导致其成绩不理想，而另一位候选人虽然能力潜力一般却因为有强烈的进取心和积极的工作态度，使个人的能力得到了很好的发挥。

在笔迹分析技术的效度上，有学者对江中制药的82名医药销售人员做了探索性研究。结果认为，笔迹变量无论是在预测工作绩效还是在判别辞退与在职方面，其效度都比人格变量、职业能力变量要好。

资料来源：赵娜，李永鑫．人才测评中的笔迹分析技术．中国人力资源开发，2007（4）：37-40.

5.3 评价中心技术

5.3.1 评价中心概述

一、历史渊源和定义

评价中心技术（assessment center/development center）的最早起源可以追溯到1929年，当时德国心理学家建立了一套用于挑选军官的非常先进的评价

想一想

谁当总经理最合适

某通信集团公司拥有6家下属工厂，分别经营计算机软件开发、传呼机装配、手机制造等业务。为了达到二次创业的目的，董事会决定另外聘请总经理。现有甲、乙、丙三位优秀候选人，请你根据他们各自的特点，进行分析比较，提出任用意见。

下面是甲、乙、丙三位候选人的个人资料：

甲：学术带头人是高科技企业的当然领导者！男，36岁，计算机专业博士，工龄5年。毕业后一直在本公司从事技术研发工作，主持开发过多种公司主干产品，曾负责与某外资合作项目的建设，1998年被任命为一分公司总经理，业绩优良。现任公司副总经理，主管研发及企业战略工作。对通信技术发展趋势敏感，熟悉行业特性，能正确把握企业产品定位，做出果断决策；现在公司的主导产品由他主持开发；精通英、日两种外语，与外商谈判水平高；爱惜技术人才，为他们提供良好的发展空间。自信、坚韧，工作干劲大，精力充沛。但是个性内向，人际交往能力较欠缺，不喜欢应酬性的公关活动；在战略重点上，主张把资金投向技术开发而不是市场开拓，强调技术带动市场。

乙：只有把握市场的人才能成为市场经济条件下的领导者！男，32岁，毕业于某名牌大学电信专业，本科学历，在读MBA，1990—1992年在某大型国有企业从事技术研究工作，1993—1995年在某外资通信企业从事市场营销工作，1996年至今一直在本公司从事市场营销工作，业绩优良，现任公司副总经理。主管市场的乙有很强的品牌意识，重视广告与经营策略，注意市场研究与营销网络的建设；强调企业必须以市场为导向组织生产经营活动。他的企业策划能力、市场洞察能力、公关能力和指挥协调能力都很强。有良好的社会关系，既与许多客户保持良好的个人关系，又有许多同学与朋友在各省市与通信相关的部门担任领导职务。公司在其领导下营业额年年上升。个性热情，开朗，应变能力强，有魄力，开拓进取，雄心勃勃。但是自负，性情比较急躁，自我控制情感能力较差。

丙：优秀的管理人才是企业成功的关键！男，38岁，通信技术专业毕业，大专毕业后在一家中型国有电子企业工作10年，历任技术员、技术科长、车间主任、副厂长、厂长。在工作期间，利用业余时间进修学习，获得了上海交通大学MBA学位。1996年进入一家美国独资企业上海办事处任首席代表，全面主持工作，业绩优良。重视企业内部管理，注重组织机构的合理设置，在理顺企业内部关系、制定规章制度、企业文化建设等方面有丰富的经验；重视企业内部人才培养，上下关系都能搞好。主张通过管理创新推动技术创新和市场创新。办事沉稳，喜欢深思熟虑，三思而后行；待人谦和，彬彬有礼，说话办事通情达理，在群体中威望很高。但是为人求稳，开拓进取精神不是很强。

那到底这三个人谁适合做总经理呢，我们又该用什么样的方法去评价和判断？

资料来源：黎恒，丁晓岚．无领导小组讨论的实务操作——中层管理人才选拔案例．中国人力资源开发，2002（9）：39-41.

体系。在第二次世界大战期间，美国的战略情报局使用小组讨论和情境模拟练习来选拔情报人员，获得了成功。开创在工业组织中使用评价中心技术先河的是美国电话电报公司，该公司的评价工作从1956年一直持续到1960年，实践证明，它是十分有效的。此后，许多大公司，如通用电气、IBM、福特汽车公司等都采用了这项技术，并建立了相应的评价中心机构来评价管理人员。

评价中心是现代人员素质测评的一种重要方式，主要用于中高级管理人员的测评。它从多个角度对个体进行标准化评估，使用多种测评技术，通过多名评价者对人体在特定的测评情境中表现出的行为做出判断，然后将所有评价者的意见通过讨论或统计的方法进行汇总，从而得出对个体的综合评估。

二、测评原理

评价中心技术应用现代心理学、管理学、计算机科学等相关学科的研究成果，通过心理测验、能力、个性和情境测验对人员进行测量，并根据工作岗位要求及企业组织特性进行评价，从而实现对人的个性、动机和能力等较为准确的把握，做到人职匹配，确保人员达到最佳工作绩效。严格来讲，评价中心是一种程序，而不是一种具体的方法；是组织选拔管理人员的一项人事评价过程，而不是空间场所、地点。它由多个评价人员针对特定的目的与标准，使用多种主客观人事评价方法，对被试者的各种能力进行评价，为组织选拔、提升、鉴别、发展和训练个人服务。

三、主要特点

评价中心最大的特点是情境模拟性，一般的测试项目都会放在具体的情境中，通过设置一定的情境和要求，让被试者做出反应，以考查被试者的综合能力和素质。在评价中心中一般包含多个情境模拟测验，可以说评价中心既源于情境模拟，又不同于简单情境模拟，它是多种测评方法的有机结合。此外，评价中心还有以下几个特点。

1. 技术运用综合性

评价中心技术运用的综合性是由其自身特点决定的，因为评价中心技术本身是一种程序而不是一种具体的方法，这就决定了要完成这个程序需要多种方法作为支撑。

2. 评价过程动态性

与其他测评方法不同，评价中心测评技术体现了动态性，大多数测评方法都将被试者放在一个动态的互动过程当中，通过被试者与他人、被试者与被试者、被试者与具体工作、被试者与具体问题互动过程中的表现和反应来进行观察和分析，而不是对其进行静态抽象的分析。这是因为人的素质十分复杂，只有在实际的行动表现中才能做出正确的判断。

3. 测评内容的全面性

评价中心技术通过一系列的测评方法对被试者的多个侧面进行不同层面的测

量，如无领导小组讨论可以测量被试者的组织能力、领导能力，演讲可以测量被试者的表达能力，案例分析可以测量被试者理论联系实际、解决问题的能力，公文筐测验可以测量其分析判断能力、权衡决策能力等。通过评价中心的一套程序，就能对被试者各方面的素质都有大致的了解和把握，不过在不同的职位要求中可以对这些技术做恰当的选择。

四、优缺点

评价中心具有较高的信度和效度，得出的结论预测性较高，相对比较公平和公正，但与其他测评方法相比，评价中心组织过程复杂，需投入很大的人力、物力，且时间较长，操作难度大，对施测者的要求很高。

5.3.2 评价中心的主要工具

前面提到，评价中心技术是一种程序而不是一种具体的方法，它是由多种评价方法构成的一个组织选拔管理人员的人事评价过程。评价中心所采用的情境测验包括多种形式，主要有无领导小组讨论、公文筐测验、角色扮演、案例分析、管理游戏等。接下来，我们将对这些方法的具体内容和操作注意事项做详细介绍。

一、无领导小组讨论

1. 无领导小组讨论概述

无领导小组讨论是指一定数量的应聘者（最佳为5～8人）组成一个临时工作小组，在既定的背景下围绕给定的问题展开讨论，持续1小时左右，由一组评价者对他们在讨论过程中的言语和非言语行为表现进行观察和评价，评价者不参与讨论的过程。所谓无领导，就是主考人员只告诉他们讨论的规则、时间规定等，应聘者在讨论中都有一定的角色，但角色一般具有平等性，大家平等地参与问题的讨论，如何解决问题由他们自己决定。主考人员不参与应聘者的讨论，他们的工作只是观察和记录应聘者的行为表现。

2. 无领导小组讨论的评价要素

无领导小组讨论的目的主要是考查应聘者的组织协调能力、领导能力、人际交往能力、想象能力、对资料的利用能力、辩论说服能力等，同时也考查应聘者的自信心、进取心、责任感、灵活性以及团队精神等。

一般主试人评分依据的标准是：发言次数的多少；是否善于提出新的见解和方案，敢于发表不同的意见，支持或肯定别人的意见，坚持自己的正确意见；是否善于消除紧张气氛，说服别人，调节争议问题，创造一种使不大开口的人也想发言的气氛，把众人的意见引向一致；能否倾听他人的意见，是否尊重他人，是否侵犯他人的发言权；语言表达能力如何，分析问题、概括或总结不同意见的能力如何，发言是否主动，反应是否灵敏等。

3. 无领导小组讨论的试题设计

（1）设计原则。主要有如下三个原则。

1）角色平等性。在无领导小组讨论的题目中各种角色分配应该平等，如果角色之间有上下级的关系，那么在讨论中也就无法做到平等，讨论在真正意义上就不是无领导小组讨论了。

2）难易相当。无领导小组讨论应该选择难易相当的试题。太难了，讨论无从下手，应聘者无法完全把自己的水平发挥出来；太容易的话，难以在考评中对应聘者形成区分度，也无法对更高的能力层次进行考查。

3）具有可讨论性。试题应该具有可讨论性，这是无领导小组讨论试题的必然要求。如果不具有可讨论性，选择结果已经十分明确或者答案显而易见，大家的目标都是要最合理地解决问题，所以理所当然地能得出一致的结论，就不需要互动和冲突了。没有互动和冲突，也就无法在这个过程中展示应聘者各方面的能力，讨论也就没有意义了。

（2）题目类型。题目主要有如下几种。

1）开放式问题：答案的范围可以很广、很宽。主要考查应聘者思考问题时是否全面，是否有针对性，思路是否清晰，是否有新的观点和见解。例如，你认为什么样的领导者是好领导者？

2）两难问题：让应聘者在两种互有利弊的答案中选择其中的一种，主要考查应聘者的分析能力、语言表达能力以及说服能力等。例如，你认为以工作为取向的领导者是好领导者，还是以人为取向的领导者是好领导者？

3）多项选择问题：让应聘者在多种备选答案中选择有效的几种，或对备选答案的重要性进行排序。

4）操作性问题：给应聘者一些材料、工具或者道具，让他们利用这些材料，设计出一个或一些考官指定的物体来。例如，给应聘者一些材料，要求他们相互配合，构建一座塔或者一栋楼房的模型。

5）资源争夺问题：让处于同等地位的应聘者就有限的资源进行分配。

4. 无领导小组讨论的实施与操作步骤

无领导小组讨论一般安排30～60分钟，主要有以下四步。

（1）准备阶段。

1）安排场所和时间。场地一般选取环境较为宽松的小会议室，以圆桌为最佳，U形桌亦可，不可用方桌，椅子呈环绕型均匀摆在桌子周围。应聘者一般半圆形围坐或者U形围坐，供面试官观察。面试官和应聘者应该保持一定的距离，以减轻应聘者的心理压力。如果多组同时进行，则需要注意组与组之间保持适当的距离，互不影响。时间安排可表述为AM/PM ××：××—××：××。

2）准备讨论题目。按照企业对应聘者的能力素质要求，制定测评要素和评分表，选择适合的题目。

3）培训面试官。就操作流程、评价方法、测评要素、计分项、计分规则、总结报告等内容对面试官进行培训，通过讲授和分组演练的形式保证面试官在实施流程和评价标准上达成最大程度的一致。

4）其他设备和材料。准备白纸若干、笔、观察记录表、测评表、秒表等。

5）安排应聘者。第一，分组方法：对所有应聘者进行分组，每组人数一般控制在5～8人，视面试官能力高低而定。面试官面试技能熟练，每组可多分些人，但最多不能超过10人；面试官能力较低，每组应该少分些人，但最少不能少于5人，一般5～8人为最佳。按照场所大小和面试官多少，可多个小组同时进行，也可小组交替进行。第二，分组原则：根据院校、籍贯、工作经历按性别比例抽取候选人成组，尽量避免将相识的应聘者分配在一组。第三，通知应聘者：一切准备就绪后通知应聘者时间和地点。

（2）具体实施阶段。面试官向应聘者提供必要的资料、交代问题的背景和讨论的要求后，一定不要参与提问、讨论或者回答应聘者的问题，以免给应聘者暗示。整个讨论过程可用摄像机监测、录像。

实施过程主要分为五个阶段。第一阶段：面试官宣读规则和时间安排。第二阶段：面试官将题目发给各组，让应聘者自己阅读题目，独立思考，列出发言提纲，一般规定为5分钟左右。第三阶段：应聘者轮流发言阐述自己的观点。第四阶段：应聘者自由发言，不但阐述自己的观点，而且对别人的观点提出意见，最后达成一致意见。第五阶段：每组选派一名代表做总结发言，组员可以适当补充。每个阶段都要限制好时间。

（3）评价阶段。至少要有2个评价者，以相互检查评价结果，各面试官成绩加权平均为应聘者最终成绩；评价者应对照计分表所列条目仔细观察应聘者的各项表现；评价者一定要克服对应聘者的第一印象，不能带有民族、种族、性别、年龄、资历等方面的成见；评价者对应聘者的评价必须客观、公正，以事实为依据。

（4）总结阶段。在进行无领导小组讨论后，所有考官都要撰写评定报告，内容包括此次讨论的整体情况、所问的问题以及此问题的优缺点，主要说明每个应聘者的具体表现、自己的建议以及最终录用意见等。

5. 无领导小组讨论的评价方法

（1）ORCE方法。观察（observe）：对应聘者做出客观的、不受其目前工作和背景等影响的判断；记录（record）：用应聘者自己的语言来准确地记录，记录的方法包括用关键词写简短的记录和扮演摄影机的角色；归类（classify）：判断行为所表达的能力，回顾记录，如果需要的话，重新把行为和其他能力挂钩；评估（evaluate）：对每种能力撰写简短的总结，确定行为的层级，在能力基础上评测应聘者。

（2）观察要点。无领导小组讨论中，考官的观察重点是应聘者的行为表现，这是考官评价应聘者的一切信息来源。具体而言，考官在无领导小组讨论中的观察要点为：

1）参与程度：应聘者的发言顺序、发言时间长短、发言时机和发言次数。

2）观点表达：应聘者采用什么策略来提出自己的观点，是否坚持自己认为正确的提议，观点冲突时采取什么策略。

3）扮演角色：旁观者、协调者、激化者还是领导者？

4）人际影响力：谁推动了讨论的进程？谁起了主导作用？谁亲和力最强？

（3）评分方式。在观察的同时，考官还要根据应聘者的表现独立进行打分。一般而言，对于无领导小组讨论的计分有以下几种：各考官对每个应聘者的每一个测评要素进行打分；一个考官对其中一个应聘者的每一个测评要素进行打分；各个考官分别对每个应聘者的某几个特定测评要素打分。在具体实施时，考官可以根据自身的水平和特长等具体情况，有针对性地选择使用某一种计分方式。

6. 无领导小组讨论的注意事项

（1）评价者。评价者要注意如下事项。

1）前期准备工作要做足。前期准备工作非常关键，特别是题目的准备和评分标准的建立，评价者应对无领导小组讨论的实施流程和评分标准非常熟悉，达到熟练运用的程度。

2）注意对讨论过程的控制。评价者应对时间、讨论的进程和讨论的场面有效地进行控制，避免超时、过程混乱等现象的发生。

3）观察和评价置身事外。评价者应在应聘者的讨论过程中注重观察过程，从讨论的内容和互动的过程这两个方面入手，不可将重点放在观察内容上。这是观察的一个误区：观察者自己也去做题了，进入了应聘者的角色，和自己观点一致就获得较高程度的认同，得分也高。

4）摆脱主观评价。评价者应严格按照测评要素和计分项对应聘者的典型行为进行评价，避免主观臆断和第一印象的影响。

5）注意综合评价和总结。评价完成后，应将所有评价者的评价进行综合，一般是对分数进行加权取平均分，评价者在完成评价后要撰写评价报告和最终建议。

（2）应聘者。应聘者在无领导小组讨论中，应该注意的事项比较多，现列举如下。

1）了解无领导小组讨论的测评要点。根据无领导小组讨论题目类型的不同，所考查的应聘者的素质能力也相应不同，但通用的评分标准一般包括以下几个方面：表现出的参与有效发言次数的多少；应聘者是否有随时消除紧张气氛、说服别人、调解争议、创造一种使不大开口讲话的人也想发言的气氛的能力，并最终使众人达成一致意见；应聘者是否能提出自己的见解和方案，同时敢于发表不同意见，并支持或肯定别人的意见，在坚持自己的正确意见基础上根据别人的意见发表自己的观点；应聘者能否倾听他人意见，并互相尊重，在别人发言的时候不强行插话；应聘者语言表达、分析问题、概括或归纳总结不同方面意见的能力；应聘者反应的灵敏性、概括的准确性、发言的主动性等。

2）注重礼仪。讨论时，应聘者要注意基本礼仪，如仪态端庄、交流时尊重他人等。

3）注意技巧。应聘者在讨论过程中要注意技巧，积极发言，搞好人际关系，把握机会，善于总结归纳，注意讲话技巧，言简意赅等。

无领导小组讨论考查素质简介

一、主动性

主动性即在辨认出问题所在、障碍或机会的基础上，对现有的问题或将来的问题或机会采取行动。具体行为层级和应聘者的行为观察点如表5-5所示。

表5-5

层级	层级一	层级二	层级三	层级四
行为	对当前的问题（机会）有较清醒的认识并采取行动	对当前的问题（机会）有非常清醒的认识并考虑未来的危机	对当前的问题（机会）有十分清醒的认识并采取行动避免未来的危机	提前采取行动去避免未来的危机并且能够创造机会
观察点	主动发言	很积极地参与并帮助组员补充说明	很积极地参与并帮助组员小范围打开发言思路	一开始就起到了组织作用，奠定了正确的讨论框架，很好地牵引其他组员的思路

二、沟通能力

沟通能力即具有良好的听、说、问三种成比例出现的行为，听即有效倾听、设身处地地理解别人，说即表达清晰、具有说服力，问即通过语言或非语言的行为了解别人的意图。具体行为层级和应聘者行为的观察点如表5-6所示。

表5-6

层级	层级一	层级二	层级三	层级四
行为	听说问三种行为都有出现，表达一般	听说问三种行为都有出现，表达观点清晰明确	能够理解对方的观点并进行有效的听说问	能够在理解对方深层次的意图后进行有效的听说问
观察点	在讨论过程中有听说问（主要是听和说）行为出现	清楚并有效地阐述问题，调整说话风格以适合听众和主题，能够使用恰当的事实和数据支持自己的观点	能够设身处地地为他人着想，关注并且尊重他人的想法、感受和权益	能够理解非语言行为，把握他人情绪和行为背后深层次的真实想法

三、演绎思维

演绎思维即能对事物进行条理的分析，或用步步推进的方法对事物进行解剖，包括对问题、形势等系统地、结构性地加以理解，进而对不同特性或方面进行系统比较，理性地制定出先后对策，确定时间序列、因果关系。具体行为层级和应聘者行为的观察点如表5-7所示。

表5-7

层级	层级一	层级二	层级三	层级四
行为	拆分问题	可见基本关系	可见复杂关系	做出复杂的计划或分析
观察点	能在规定的时间内对问题进行具有一定正确性的分析	在规定的时间内对问题分析得有理有据，有一定结构	对问题的拆分和推导非常精确，速度较快，结构较完整	对问题的拆分和推导非常精确，速度较快，结构很系统

四、团队合作

团队合作是指愿意与他人合作，作为团队的一分子去共同完成一项任务，与那种喜欢独立、竞争工作的人相反，这一素质如能起有效作用，其愿望应该是真切的。具体行为层级和应聘者行为的观察点如表5-8所示。

表5-8

层级	层级一	层级二	层级三	层级四
行为	具有团队协作的意识，愿意配合团队其他成员的工作，遵循团队的规范和决议	在团队中主动建立和维持与其他成员之间的良好关系，对他人表现出明显的关心和热忱，乐意协助他人工作	在合作过程中，不固执地坚守个人立场，在必要的时候能够做出让步和妥协，甚至放下个人的利益来配合团队的行动	积极地推动团队不同成员相互理解、认同与配合，促使团队效率提高
观察点	能注意他人的观点	注视他人讲话，表示关怀	能够对自己的意见恰当妥协	能协调、牵引成员的不同意见，并达成一致

五、自信

自信即敢冒风险接受任务，或敢于提出与众不同的意见。具体行为层级和应聘者行为的观察点如表5-9所示。

表5-9

层级	层级一	层级二	层级三	层级四
行为	只是附和他人或者被动表达自己的意见，采用不积极的方法表达自己的看法	能够表达不同意见，能够接受一定风险内的挑战	敢于冒险，能够强烈地表达自己的观点或坚持自己的行为	敢冒风险接受任务，或敢于提出不同的意见
观察点	局促不安，紧张	泰然自若，态度积极	语言表述自然、稳定且伴有激情	强烈表达自己的观点并承担责任

资料来源：无领导小组讨论．［2018-07-12］．https：//baike.baidu.com/item/%E6%97%A0%E9%A2%86%E5%AF%BC%E5%B0%8F%E7%BB%84%E8%AE%A8%E8%AE%BA.

二、公文筐测验

1. 公文筐测验概述

公文筐测验是一种模拟管理者文件处理工作的活动，是评价中心中运用最多也是最重要的测量方法之一。在模拟活动前，评价机构事先编制好评分标准，并结合评价目的准备好要处理的公文。在测试时，被试者被假定为某部门的领导者或接替某个管理人员的工作，面对一堆等待处理的文件，文件包括各种文件和手稿，如电话记录、留言条、办公室的备忘录、公司正式文件、客户的投诉信、上级的指示、人事方面的信息等。这样的资料一般有10～25条，有来自上级的，也有来自下级的；有来自组织内部的，也有来自组织外部的；有日常琐事，也有重大的紧急事件。被试者要在规定的时间内做出决策。

这一测验不仅可以较好地反映被试者在管理方面的组织、计划、协调、领导等能力，还可反映其对环境的敏感性以及对信息的收集和利用能力。被试者不仅要根据自己的经验、知识、技能去处理各种问题，写出解决方案，而且会被考评问询，说出处理各种问题的原因。这样不仅能够考查被试者解决问题的能力，还能了解其处理问题的基本思路。

2. 公文筐测验的适应范围

公文筐测验是评价担任特定职务的管理人员在典型职业环境中获取、研究有关资料，得体处理各类信息，准确做出管理决策，有效开展指挥、协调和控制工作能力及其现场行为表现的综合性测验。由于公文筐测验可以将管理情境中可能遇到的各种典型问题抽取出来，以书面的形式让被试者来处理，因此它可以考查被试者多方面的管理能力，特别是计划能力、分析和判断问题的能力、给下属布置工作并进行指导和监督的能力、决策能力等。归纳起来，主要有以下两类。

(1) 与事有关的能力。公文筐的各种公文都会涉及组织中的各种事件，被试者收集和利用信息的（洞察问题）能力首先会体现其中。另外，有的事情需要被试者做出分析、综合、判断，有的事情需要做出决策，有的事情需要组织、计划、协调，有的事情还需要分派任务（授权），而且在纷繁复杂的事情中需要分清轻重缓急，这些能力都可以在公文筐测验中得到反映。同时，由于与其他测评方法相比，该方法提供给被试者的测验材料和作答都是以书面形式实现的，因此还能有效地测查被试者的文字与写作能力。

(2) 与人有关的能力。在公文中会提到各种各样的人物以及他们之间的关系，这些文件也是来自不同的人，设计得好的公文筐测验会把人物的特点勾勒得淋漓尽致。被试者除了要善于处理公文中的事情，还要对与文件有关的人非常敏感，而且很多情况下，事情处理是否得当就取决于是否能够正确理解人的意图、愿望、性格特点和人物之间的关系。因此，在公文筐测验中也能很好地测量与人打交道的能力，尽管这种能力是通过书面的形式间接表现出来的。

3. 公文筐测验的特点

公文筐测验把被试者置于模拟的工作情境中去完成一系列工作，与通常的纸笔测验相比，显得生动而不呆板，能较好地反映出被试者的真实能力与水平；与结构化面试、无领导小组讨论等其他测评技术相比，它提供给被试者的背景信息和测验材料以及被试者的作答都以书面形式完成，一方面考虑到被试者在日常工作中接触和处理大量文件的需要，另一方面也为每一位被试者提供了工作的前提条件和机会相等的情境。公文筐测验可以同时对大批量的被试者进行测试，这也是其他情境测验所无法比拟的。总结起来，公文筐测验具有以下优点和缺点。

（1）优点。公文筐测验兼具情境模拟技术和传统纸笔测验的优点。

1）综合性。公文筐测验是一套公文的组合，可以同时从多个维度评定一个人的管理能力，这些能力是知识、经验和智力相互作用和整合的结果，具有综合性。这些题目的设计也可以因不同的工作特征和所要评价能力的不同而不同，具有一定的灵活性。

2）实施简便。与无领导小组讨论等其他情境模拟测验相比，公文筐提供给被试者的背景信息、测验材料和要求的作业都以书面形式来完成和实现，比较简便，对实施者和场地的要求最低，既可以采取个别的方式施测，也可以采取团体的方式施测，只要评价者给予被试者相同的指导语就可以了。

3）高度仿真性。公文筐测验高度仿真和接近管理实践，这样非常有利于激发被试者的积极性和创造性，能够在很短的时间内全面、准确掌握被试者的能力、潜能以及个性心理特征，是不折不扣的“管理者实战演习”。两小时左右的公文筐测验对被试者综合素质状况、工作和经验积累、专业知识和相关知识的掌握与应用的考查十分有效。

4）普遍适应性。公文筐测验具有跨文化、跨地区、跨行业和跨企业规模的普遍适应性。据统计，欧美发达国家和日本在选拔、评价管理人员时最常用的技术就是评价中心，而评价中心中公文筐测验的使用频率高达95%。公文筐测验效度和信度极高（信度相关系数为0.92）且操作方便。近年来，公文筐测验在企业管理工作中的价值和作用也逐步得到我国管理理论界及企业界人士的高度重视。

5）信度高。从信度上看，公文筐测验采取纸笔的形式，一方面是考虑到被试者在日常工作中接触和处理大量文件的实际需要；另一方面也是为了统一操作和控制，给每个被试者提供相等的条件和机会，比较公平，不会因为情境的不同或者小组成员的差异等因素而影响测评结果。而且，对于被试者处理方式优劣的评价，不是个人单独做出，而是由几位评价者共同讨论做出。这有助于提高公文处理的信度。

6）有效性高。从效度上看，公文筐所采用的文件都取材于实际的管理活动，几乎类似于被试者所拟任职位上日常需要处理的文件，有时直接选取真实文件。同时，处理公文这样一项管理活动也是任何一个管理者在日常生活中经常遇到的事情。这样，被试者熟悉公文筐测验的目的所在，非常容易接受这种表面效度高的测评方式。

7）预测性高。公文筐测验中的成绩与实际工作中的表现有很大的相关性，对被试者未来的工作绩效有很好的预测能力，即该测验具有良好的预测效度。因此，只要被试者能够妥善处理公文筐测验中的各类文件，评价者就有理由认为被试者在一定程度上具备了胜任新职位所需要的素质。西方有研究者观察了51人的工作实际绩效后发现，工作绩效与公文筐测验之间的相关度高达0.42；还有人发现，公文筐测验的绩效与日后3年内晋升之间的相关度为0.32。

8）用途多样性。从用途上看，公文筐测验除了能够挑选出有潜力的管理人才，用于评价、选拔管理人员，还可以用于培训，训练他们的管理与合作能力，使选拔过程成为培训过程的开始，使参加测验的被试者提高其管理技巧、解决人际冲突和组织内部各部门间的摩擦的技巧，以及为人力资源计划和组织设计提供有用信息。西方有研究表明，公文筐测验的结果与培训成功间的相关度达到0.18～0.36。

（2）缺点。缺点主要如下。

1）编制的成本较高。公文筐测验需要专业人员包括测验专家、管理专家和行业专家相互配合，投入的人力、物力和费用都比较多。编制公文筐测验需要结合实际的拟任职位的特征和要求，收集不同的文件，并对文件进行典型化处理，将各个文件串联起来成套编制并标准化，这本身就是一个需要花费大量时间的过程。

2）评价的客观性难以保证。虽然公文筐测验采用纸笔的形式和较为标准的考试程序，但是它所包含的公文的题目基本上都采用开放的方式，要求被试者主观作答。由于被试者在经验、背景、管理理念、基本素质等方面存在个体差异，其处理公文的行为方式也不尽相同。一个经常与公文打交道的企业中层管理者，由于受到企业文化和企业做事风格的影响，在做此类的测验时就很容易按照工作习惯来处理，一些真实的能力被隐藏起来。这会影响到评价者对他的评价。

3）不同的评价者对此也会有不同的认识，尤其是专业人员和实际工作者的认识有较大的差异。鉴于此，公文筐测验结果的评价应有专家指导，否则会由于评价尺度把握不准而无法取得好的效果，而在具体实践中专家并不容易请到，这就使得公文筐测验很难大规模推广使用。西方一般只是在选拔高级管理人员和高级官员时才使用。

4）依然采用静态的形式。公文筐测验采用静态的纸笔考试，每个被试者都是自己独立完成测验，评价者与被试者之间没有互动和交流，所以评价者很难对被试者实际当中与他人交往的能力和人际协调能力直接进行判断和评价。

4. 公文筐测验的因素及权重

由于公文筐测验内容不尽相同，因此每次测验的维度也是根据实际情况确定的。总的来说，公文筐测验的评分维度主要有两个方面。

一是明确单个公文的考查要点，针对每个要点的答题情况进行评分，公文一可能考查的是被试者对情况的分析判断能力和决策能力，公文二可能考查的是协调能力，公文三可能考查的是授权意识，公文四可能考查的是商业敏感性等。

二是从所有公文的总体进行分析，看被试者是否能够充分认识到各个文件之间的关联，对所提供的背景信息能否充分地利用，对各个人物在组织中的角色是否有较为准确的认识，是否可以通过对一些数据的分析得出相应的结论；看被试者是否对时间有敏感性，能否较为迅速地发现被拖延的公文，在分清时间先后顺序的同时是否能够敏锐地发现时间冲突，并在此基础上分清事情的轻重缓急，合理安排自己的工作；看被试者整体的文字表达能力如何，是否能够用清晰、简洁的语言来传达信息或分配任务，以及对处理公文的一些基本格式和规则的了解程度如何。当然，每一份公文并不一定只考查一个要点或维度，也可以同时考查多个。

概括起来，公文筐测验可以考查素质的内容有计划、组织、预测、决策、沟通。这五种能力的个体水平和群体水平是企业管理团队核心能力的标尺，对于企业可持续发展能力的保持和提升具有重大意义，所以这五种能力的考查是公文筐测验关注的焦点。

5. 公文筐测验的操作与实施

公文筐测验的实施步骤包括测评前的准备、开始阶段、正式测评阶段和评价阶段，各个阶段都有一些特定的要求，任何环节出了问题，其他环节都难以弥补。所以在实施时，必须严格按照要求对所有被试者进行测评，以保证测量的标准化和公平性。

（1）测评前的准备。测评前的准备工作是公文筐测验能否顺利实施的关键。测评前的准备工作范围很广，包括指导语的设计、各种材料的准备、测试场地的安排等。只有将这些工作做得周到细致，才能确保实施质量。

首先，要有清楚、详细的指导语。指导语应说明被试者在公文筐测验中的任务与有关要求，文字应该通俗易懂，以保证每个被试者都能够准确无误地理解测验要求。典型的指导语应该是这样的：

> 这是一个公文筐测验，在这项测验中，你将作为一个特定的管理者，在2小时的时间里处理一系列文件、电话记录、办公室的备忘录等。这里为你准备了今天需要处理的全部资料，放在办公桌上的塑料公文袋里。在测验中你可以使用以下工具：一本答题纸、有关背景材料、公文袋中的测验材料、铅笔、计算器等。请不要在公文袋中的测验材料上写任何东西，所有的问题处理请都写在答题纸上。我们只对答题纸上的作答进行计分，在其他任何地方的答题将不予考虑。在测试期间，为了不影响你的成绩，请关闭手机。大家都听明白了吗？有问题的请举手。如果没有问题，就可以开始答题了。

其次，准备好测验材料。测验材料包括两类，即提供给被试者的背景材料和待处理的各种测验资料。背景材料一般包括被试者的特定身份、工作职能和组织机构等具体的情境设计，背景材料的多少随测验材料而定，其核心目的是为被试者处理公文筐测验中的各种问题提供背景情况，以保证被试者有足够的背景信息可以参照。各种测验资料包括信函、报告、备忘录等。这些材料事先放在桌子上的公文袋里。为了突出公文筐测验的逼真性，上述文件可以用多种方式来呈现，比如不同的文件用不同规格和大小的纸张来呈现；文件内容可以既有打印稿，又有手写稿；有些文件上甚至可以写上多位主管的批示，以表示文件已在多位主管中传阅过。

再次，准备好答题纸。答题纸专供被试者对材料写处理意见或回答指定的问题，是被试者唯一能够书写答案的地方，评分时只对答题纸上的内容进行评分。给每个被试者的测验材料和答题纸事先要编上序号，实施前要注意清点核对。答题纸一般由三部分内容组成：一是被试者的编号、姓名、应聘职位、文件序号；二是处理意见或处理措施、签名及处理时间；三是处理理由。值得注意的是，文件序号只是文件的标识顺序，通常由易到难，并不代表处理的顺序，应该允许被试者根据轻重缓急调整顺序，只要给所有被试者的文件顺序相同即可。在某些特殊的情况下，要被试者就某个问题写一个报告，此时得另加上几页空白答题纸。

此外，要事先编制好评分标准。根据各测验要素的定义，结合具体的测验试题，给出各要素的评分标准，必要时可以给出好、中、差三种情况的作答特征描述。

最后，事先安排一个尽可能与真实情境相似的环境。公文筐测验除了要求环境安静、通风采光好等条件，最好能够使测试环境与真实情境相似，至少应该保证每个被试者有一张桌子和必要的办公用具。由于要处理大量的公文，桌面要足够大。被试者之间的距离也应该远一些，以免相互干扰。为了保密和公平，最好所有的被试者在同一时间内完成公文筐测验。

（2）开始阶段。在公文筐测验正式实施前，主考官要把测验指导语从头到尾念一遍，并对测验要求做简要介绍，同时强调有关注意事项。当被试者对测验指导语完全理解后，每位被试者才可以开始阅读有关的背景材料，即被试者的身份和一个假定的时间与情境，通常包括工作职能说明、组织结构图、职位描述和部分工作计划等，阅读时间的长短随背景材料的多少而定，一般有10分钟就足够了。这里的关键是让被试者尽快进入情境，明确自己的角色，以便正式开始作答。被试者在这个阶段有任何不清楚的问题，都可以向主考官提问。

（3）正式测评阶段。这一阶段通常需要1～3小时。为了保证公平性，在正式测评前，被试者不得翻看测验材料。被试者对文件的处理意见或者答案都要写在答题纸上，除非评价中心测评的总体设计中另有设定。被试者一般需要独立工作，没有机会与外界进行其他方式的交流。被试者在这个阶段有任何问题，都不得向主考官提问。测评结束时，被试者必须同时停笔，但是可以提醒他们检查一下是否在每一页答题纸上都写上了被试者的编号。对于提前做完的被试者，不要让他们离开考场，因为下一个阶段主考官可能还会对被试者进行必要的追问。

（4）评价阶段。测试结束以后，主考官要对被试者的作答立即进行粗略的评价，只有这样，当主考官感到被试者的回答模糊不清时，才可能对被试者当面提问，在此并不获取新的信息。如果未能及时进行评价，那么也应该在现场翻看一下，以决定是否要对被试者进行必要的追问。主考官在评价被试者的实际回答时，不仅要看被试者的文件处理方式方法，还要结合被试者对每份文件处理办法背后的理由说明。有时，尽管两位被试者的处理办法相同，但不同的处理理由往往反映出其不同的能力水平。

5.3.3 评价中心的其他技术

一、角色扮演

角色扮演是指设计一种模拟的环境，要求多个被试者共同参加一项管理性质的活动，每个人扮演一定的角色，模拟实际工作中的一切具体活动。被试者要在对自己所扮演的角色有充分了解的基础上，根据自己的身份和技能、经验等在活动中做出一定的反应。角色扮演有时用于人际关系矛盾的处理，可以通过被试者的具体反应和行动对被试者进行考评。

看一看

一个10分钟的角色扮演实例

指导语：你将与其他两人共同合作，而且你们三个角色的行为是互相影响的，请快速阅读关于你所扮演角色的描述，然后认真考虑你怎样扮演这个角色。进入角色前，请不要和其他两个被试者讨论即席表演的事情。请运用想象使表演持续10分钟。

一、图书直销员（角色一）

你是个大三的学生，想多赚点钱自己养活自己，一直不让家里寄钱，这个月内你要尽可能多地卖出手头的图书，否则你将发生经济危机。你刚在党委办公室推销。党委办公室主任任凭你怎么样介绍书的内容都不想买，现在你恰好走进了人事科。

二、人事科主管（角色二）

你是人事科的主管，刚才你已注意到一位年轻人似乎正在隔壁的党委办公室推销图书，你现在正急于拟定一个人事考核计划，需要参考有关资料，你想买一些参考资料，但又怕上当受骗，你知道那个年轻人是从党委办公室主任那里走过来的，你一直非常忌讳别人觉得你没有主见。

三、党委办公室主任（角色三）

你认为推销图书的大学生不安心读书，想利用推销图书的办法多赚一些钱，使自己的生活过得好一点，推销图书的人总是想说服别人买他的书，而根本不考虑买书人的意愿与实际用途。因此你对大学生的推销行为感到恼火。你现在注意到这位大学生马上会利用你的同事想买书的心理，决定去人事科阻止那个推销员，但你又意识到你的行为过于明显会使人事科主管不高兴，认为你的好意是多余的，并让他产生无能的感觉。

角色扮演评分要点参考如下：（仅供评分人参考）

（1）角色一应：

1）避免党委办公室的情形再度发生，注意强求意识不要太浓。

2）对人事科主管尽量诚恳、有礼貌。

3）防止党委办公室主任的不良干扰。

（2）角色二应：

1）尽量检查鉴别书的内容与合适性。

2）尽量在党委办公室主任说话劝阻前做出决定。

3）党委办公室主任一旦开口，你又想买则应表明你的观点——该书不适合党委办公室是正确的，但对你还是有用的。

（3）角色三应：

1）装着不是故意来为难大学生的。

2）委婉表明你的意见。

3）注意不要惹恼大学生与人事科主管。

资料来源：角色扮演法．［2018－07－02］．https：//wenku.baidu.com/view/69052930a58da0116d174911.html.

二、案例分析

案例分析就是给出一个工作中会遇到的具体情境（或者根据工作情境改编而成），要求被试者运用自己的知识、经验、技能去整合、分析、判断，最终形成一个解决方案。案例分析以事实为基础，主要考查被试者整合所学知识以及知识运用的能力，也能在一定程度上考查其对于所申请岗位相关问题的处理能力。案例分析广泛运用于人员选拔和测评过程中。

三、管理游戏

管理游戏又称管理竞赛，是指几组管理游戏（management game），这是评价中心常用的测评技术之一，可以考查被试者的战略规划能力、团队协作能力和领导能力等。管理游戏一般比较接近真实生活，被试者容易产生兴趣，但其施测过程比较复杂，而且被试者的行为难以观察。研究显示，管理游戏只在25%的评价中心中使用，人们利用计算机来模拟真实的公司经营，并做出各自的决策来互相竞争。在管理游戏中，可以将被试者分为5～6个公司，每个公司都要在激烈的模拟市场竞争中与其他公司进行各种形式的博弈。每个公司设立一个明确的目标并得知自己可以做出几个决策。每个公司不能看到其他公司的决策情况，尽管这些决策会对它们的销售状况产生影响。

5.4 其他测评技术

5.4.1 工作取样

一、工作取样的概念

工作取样法是通过抽取足够多在实际工作或者模拟工作情境中所要求的工作任务作为样本，然后观察应试者在抽样工作任务中的行为表现和反应，按照其反应与实际工作要求的任职条件的一致性程度给出不同的分数。

如某公司的销售人员有15项工作任务，要通过工作取样的方式考查不同人员是否胜任销售工作，可以从这些工作任务中抽取一些比较关键的工作任务，如抽取其中关键的8项，然后对这几项工作任务设置不同的工作方法或者工作步骤，并且对不同的方法和步骤赋予不同的权重得分，根据应试者在测试中的反应，比对标准对应试者完成各项任务的行为和步骤给予评分，最后将应试者在各个工作任务中所得的分数加总，看其是否达到此岗位的任职资格要求。

二、工作取样法分类

工作取样法大致有行为操作表现、书面语言表现、思维口头表现与情境模拟表现等四种类型。每种类型在实践中都有相对应的操作形式，各自的效度系数也不尽相同，其中行为操作表现与书面语言表现最高，情境模拟表现最低。

三、工作取样法的优点

（1）效度高。工作取样的测评情境来源于实际工作或者是在实际工作的基础上改编而成，测评内容与实际工作职位要求具有一致性，这样应试者就能够通过测评对未来的工作内容和难度有大致的了解，判断自己是否适合这项工作，测试者也能够十分直接客观地判断应试者是否符合所应聘岗位的任职资格要求。

（2）工作取样法是以行为为基础的测评方法，因此能够调动应试者的参与积极性，有利于发挥其才能与实力，对于在招聘中进行应试人员的区分是十分有效的。

（3）工作取样法还可以应用于职位分析、职责任务分析与任职条件分析。

四、工作取样法的缺点

工作取样法的适用范围有限。对于一些脑力工作，如讲课就不能简单地按照工作的方法和步骤来进行测评，因为每个教师讲课的风格和方法差异很大，授课效果也无法按照方法和步骤来确定，因此就无法用工作取样法来测评。

5.4.2 履历分析

履历分析是一种定性的测评方法。履历表即工作经历的简表，是一种关于应试者背景情况的描述材料，一般由基本信息、教育经历、工作经历、职业技能与特长几个部分组成，反映应试者从过去到将来的基本情况。由于过去的相关经历和学习过程对将来的工作具有一定的影响，通过对履历进行分析，可以了解应试者的专业、学历、特长、技能、工作经历等基本内容，这些内容对人员测评决策具有一定的参考作用。

履历分析能够直接从应试者的过去经历中得到一些有关其是否适合当前工作的信息，十分简便、直截了当，而且操作方便，只需要根据情况对履历表的项目和内容进行设计，让应试者按要求填写即可。由于过去的经历对应试者适应目前工作也有一定的影响，因此履历分析在招聘甄选中具有广泛的运用。

但是，履历分析也有一定的局限性。因为过去并不代表现在和将来，也许一个经历平平的人在与他匹配的岗位上也会有很好的表现，所以从履历分析去判断一个人是否符合当前岗位也是十分片面的。

履历表的示例如表 5-10 所示。

表 5-10　　履历表

申请岗位：____________　　申请日期：　年　月　日

<table>
<tr><td colspan="7">基本信息</td></tr>
<tr><td>姓名</td><td></td><td>性别</td><td>□男 □女</td><td>出生年月</td><td>年　月</td><td rowspan="6">（照片）</td></tr>
<tr><td>民族</td><td></td><td>籍贯</td><td></td><td>婚姻状况</td><td>□已婚 □未婚</td></tr>
<tr><td>身高</td><td></td><td>体重</td><td></td><td>电子邮件</td><td></td></tr>
<tr><td>身份证号</td><td colspan="3"></td><td>移动电话</td><td></td></tr>
<tr><td>家庭地址</td><td colspan="3"></td><td>住宅电话</td><td></td></tr>
<tr><td>紧急联系人</td><td></td><td>关系</td><td></td><td>联系电话</td><td></td></tr>
<tr><td>学历</td><td></td><td>专业</td><td></td><td>毕业学校</td><td colspan="2"></td></tr>
</table>

<table>
<tr><td colspan="5">教育经历</td></tr>
<tr><td>起止时间</td><td>学校名称</td><td>学历</td><td>就学形式</td><td>专业</td></tr>
<tr><td></td><td></td><td></td><td></td><td></td></tr>
<tr><td></td><td></td><td></td><td></td><td></td></tr>
<tr><td></td><td></td><td></td><td></td><td></td></tr>
<tr><td colspan="5">工作经历</td></tr>
<tr><td>起止时间</td><td>工作单位</td><td>部门</td><td>职务</td><td>证明人及电话</td></tr>
<tr><td></td><td></td><td></td><td></td><td></td></tr>
<tr><td></td><td></td><td></td><td></td><td></td></tr>
<tr><td></td><td></td><td></td><td></td><td></td></tr>
<tr><td colspan="5">职业技能与特长</td></tr>
<tr><td>技能名称</td><td colspan="3">技能描述</td><td>工龄</td></tr>
<tr><td></td><td colspan="3"></td><td></td></tr>
<tr><td></td><td colspan="3"></td><td></td></tr>
<tr><td></td><td colspan="3"></td><td></td></tr>
<tr><td>郑重申明</td><td colspan="4">本人保证以上所填资料属实，否则一切后果愿意自负。</td></tr>
<tr><td colspan="5">说明：</td></tr>
</table>

5.4.3　搜寻事实

搜寻事实就是通过让应试者提问的方式来展现其思维过程，对其思维能力、沟通技巧等进行考查的一种情境模拟技术。与传统的让应试者针对问题进行回答和操作的方法不同，搜寻事实是让应试者在一定的情境中担任某种角色，并通过提问去获取更多的信息，通过分析应试者提问的内容、顺序对其思维过程进行研究，同时制定统一的评判标准，来考查应试者的思维能力和水平。

读一读

搜寻事实帮您轻松锁定候选人

面试室内坐着三个人，甲在提问，乙在回答，丙在观察和记录。

甲：“请问离职原因是什么?”

乙：“工作压力比较大，而且对公司的激励机制不满意。”

甲：“请介绍一下工作经历。”

乙：“2002年大学本科毕业后进入一家公司做销售工作，两年后由于营销业绩突出，被提拔到销售主管岗位。三年前由于家庭原因离开原公司来到本公司应聘为采购部副经理。”

…………

面试结束后，丙对甲说：“好，今天的面试结束，谢谢你的参与。”

甲：“谢谢，很高兴参加这次面试，希望能有机会加入贵公司。”

读到这里，我想你可能有些不解。明明是甲在向乙提问，怎么这会儿甲却成了应聘者呢?

以上就是我们采用的一种人才甄选技术——口头事实搜寻技术（oral fact finding exercises）。口头事实搜寻技术是使应聘者通过提问的方式来展现其思维过程，对其思维能力、沟通技巧等进行考查的一种情境模拟技术。

下面通过一个案例来介绍这种技术的甄选效果。

赵强是某公司新任人力资源经理，最近，公司销售部经理提出辞职，职位出现空缺。赵强结合之前的了解和调研，推荐了采购部副经理李某，但公司有关领导反馈说听到了一些不同的声音，认为赵强没有掌握足够的真实情况。

你的任务是：

现在担任一名决策顾问，通过向信息员询问来收集更多的信息，帮助赵经理决策是否任命李某为公司销售部经理。

以下为从真实案例中截取的每个候选人向信息员询问的前三个问题。

候选人A所提问题及顺序：

(1) 不同的声音具体是指什么?

(2) 李某本人对这次晋升的想法是什么?

(3) 其他与销售部门关系紧密的业务部门的反应如何?

候选人B所提问题及顺序：

(1) 人力资源经理推荐李某的原因是什么?

(2) 不同的声音是什么?

(3) 李某之前在采购部的业绩如何?

候选人C所提问题及顺序：

(1) 销售部经理是什么时间离职的?

(2) 目前除李某外还有其他人选吗?

(3) 人力资源经理推荐李某的原因是什么?

从以上三种回答可以明显看出，不同的候选人所提出的问题及其顺序是有明显差别的。

解析候选人 A：由于赵经理对推荐李某已经是经过了解和调研的，因此，如果不同声音不够客观真实或者不是关系到李某能否胜任销售经理的硬伤，那么李某的胜任素质应该是不会有大问题的。因此，候选人 A 所提出的问题首先抓住关键阻力——领导所听到的不同声音。之后内因是事物的主要矛盾，第二个问题紧接着考查李某本人的意愿，这是李某能够胜任销售部经理的前提，如果没有这个前提，即使李某的能力能够胜任，公司领导再极力推荐，李某上任后也不可能尽全力创造出业绩。接下来是与销售部相关的部门对李某晋升销售部经理的看法，考查李某上任后可能面对的工作中的阻力和机遇。候选人 A 的提问从解决主要矛盾，到对内部因素的考查，再到对外来工作业绩的预测，抓住了问题的关键且系统性较强。

解析候选人 B：候选人 B 首先关心赵经理的推荐理由，其实是对赵经理推荐意见的考查。这种考查相对赵经理推荐李某的阻力——“不同声音”来讲，自然不是首选，因此没有抓住主要矛盾。第三个问题考查李某以前的业绩，这个问题首先可能与第一个问题获得的信息重复，成为无效问题；其次，李某在采购部的业绩情况并不能成为胜任销售部经理的理由。总体来看，候选人 B 与候选人 A 在系统性上有差距，但还是从李某的胜任素质的角度来考查的。

解析候选人 C：候选人 C 则更关心原销售部经理离开的时间以及其他人选，这些问题基本上属于细枝末节类问题，关键性和系统性都不足。

从以上案例可以看出，对于口头事实搜寻技术而言，对应聘者所提问题的考查应该从问题的关键性和系统性来进行，基本可以分为以下三个水平：

等级一：能够询问问题但是问题相对零散，而且对于决策并不是最关键的问题。

等级二：能够询问相对关键的问题，避免细枝末节，但系统性不强。

等级三：询问目的性强且具体，前后问题呼应，能够用最少的时间和问题得到想要的答案并做出合理的判断。

由于口头事实搜寻技术加工的信息量较大，需要解决的问题相对较为复杂，在高层管理人员的甄选中效果尤其明显。

资料来源：“事实搜寻术”帮您轻松锁定人才．[2016-02-28]．https：//www.joyowo.com/zhaopinbeizhi/305062.html.

5.4.4 演讲

演讲又叫讲演或演说，是指在公众场所，以有声语言为主要手段，以体态语言为辅助手段，针对某个具体问题，鲜明、完整地发表自己的见解和主张，阐明事理或抒发情感，进行宣传鼓动的一种语言交际活动。

一、人员测评中演讲法的操作过程

给应试者一个题目，让其稍做准备（如 10 分钟左右），即席演讲一定的时间，在这个过程中，观察和了解应试者的应变能力、反应理解能力、语言表达能力、言谈举止、风度气质和思维方式等。一般在人员测评中，所出的题目要与应试者的专业挂钩，这样可以考查应试者的专业程度。演讲法在招聘管理人员、销售人员、培训师、采购人员、物流人员、公共关系人员等外向型职位时使用较多。

二、应试者容易发生的问题

（1）太紧张。听的时候没有抓住重点，在没有弄清楚问题之前就仓促作答，表达自然就问题多多。所以，应该在听的时候放松自己，记住关键。

（2）太粗心。抓不住或者抓不准模拟情境的关键，对细节的把握不够。

（3）一般化。缺乏创新思维，如回答时千篇一律，不外乎学习文件、开会传达、坚决贯彻三部曲，如何结合本单位的实际搞好这项工作考虑得不够。

（4）太啰唆。表达不精练，该说的没说，不该说的说得太多。

三、演讲法的评价标准

演讲法主要考查应试者的思维敏捷性、系统性、条理性、创造性、说服能力及自信心等，具体指标有：声音、口齿、感染力、声调；举止、目光等；段落是否有条理，论点和论据的关系、层次性、说服力；回答提问的情况等。

拓展阅读

卡特尔16 PF在保险行业销售人员选拔中的应用

有学者研究了卡特尔16 PF在保险行业销售人员选拔中的应用及对工作绩效的预测效度，发现：

（1）在保险行业销售人员选拔中，直接上级和人力资源管理部门人员的评价上，实验组和对照组在工作总绩效上差异显著。

（2）量的研究方面，在直接上级的评价绩效中，稳定性（C）和自律性（Q3）对任务绩效有显著预测作用，稳定性对工作奉献有显著预测作用，乐群性（A）和内向与外向（X2）对人际促进有显著预测作用。

（3）在人力资源管理部门人员评价的工作绩效各维度中，乐群性对人际促进有显著预测作用，世故性（N）对适应绩效有显著预测作用。

（4）在同级同事评价的各维度中，乐群性对任务绩效有显著预测作用，世故性对工作奉献和适应绩效有显著预测作用，稳定性对人际促进、适应绩效和总绩效均有显著预测作用。

（5）在工作绩效的四个维度中，卡特尔16 PF对适应绩效和人际促进的预测效度较高，对任务绩效和工作奉献的预测效度稍低。

从该研究中我们可以得到以下启示：

（1）企业在选拔销售人员时应该重视对人格特征的测评。在实际工作中，个体的行为风格往往不是一种特质而是多种人格特质共同作用的结果，因此在测评人格特质时，要重视综合人格因素的运用，这样可以增加对个体在今后工作中的表现预测的可靠性。

（2）在以后的保险行业销售人员选拔中，对于外向、热情、乐群、和蔼可亲、健谈的性格特点应予以肯定，可以适当地将该研究的成果应用到以后的销售人员选拔工作中。

（3）对已经进入工作岗位的销售人员，应结合其日常工作表现和测验结果，综合分析其人格特征对工作的影响，同时采取培训、讲座等方式帮助员工了解并改善自己的人格特征中不利于工作的因素，从而减少人格特征对工作的不利影响，提高工作绩效。

资料来源：牛丽娟．16 PF 在保险业销售人员选拔中的应用及对工作绩效的预测效度研究．大连：辽宁师范大学，2011.

小　结

本章详细介绍了人员测评与选拔的主要方法：笔试、心理测验、评价中心技术以及一些其他测评技术，以满足企业进行人员选拔，找到合适的人员填补公司岗位空缺的需要。准确地掌握和运用人员测评技术对于人员选拔工作具有重要的意义。

笔试是一种与面试对应的测试，是考核应试者学识水平的重要工具。这种方法可以有效地测量应试者的基本知识、专业知识、管理知识、综合分析能力和文字表达能力等素质及能力的差异，广泛运用于人员招聘的初级筛选阶段。笔试试题的编制要遵循一定的原则、清楚各种类型题目编制的注意事项，这样才能够编出高质量的笔试试题，达到人员初步甄选的目的。

心理测验根据一定的法则和心理学原理，使用一定的操作程序将人的认知、行为、情感的心理活动予以量化。心理测验是心理测量的工具，心理测量在心理咨询中能帮助当事人了解自己的情绪、行为模式和人格特点。心理测验主要包括智力测验、职业兴趣测验、能力倾向测验、人格测验。各种心理测验有不同的特点和测评重点，在人员选拔的过程中要根据岗位的需要综合运用。

智力测验是指对人们的感觉与思维能力，包括记忆、推理、观点、表达能力等方面的测验。这是一种通过测量来衡量人的智力水平的方法。本章详细介绍了韦氏成人智力测验。

职业兴趣测试是心理测试的一种方法，它可以表明一个人最感兴趣并最可能从中得到满足的工作是什么。该测试将个人兴趣与那些在某项工作中较成功的员工的兴趣进行比较，可用于了解一个人的兴趣方向及其兴趣序列。本章详细介绍了霍兰德职业兴趣理论。

能力倾向是指一个人经过一定的训练或处于适当的环境下完成某项任务的可能性和水平，也可视为有效地进行某类特定活动所必须具备的潜在的特殊能力素质。个人的能力倾向有特点，人们之间的能力倾向有差异，能力倾向测验就是测量这些特点和差异的手段之一。它可以预测个体在一定职业领域中成功的可能性，也可以用来筛选出在该领域没有成功可能性的个体。

人格测验是用测验方法对人格进行测量，测出个体在一定情境下经常表现出来的典型行为和人格品质，如动机、兴趣、爱好、情感、性格、气质、价值观等。

评价中心技术应用现代心理学、管理学、计算机科学等相关学科的研究成果，通过心理测验、能力、个性和情境测验对人员进行测量，并根据工作岗位要求及企业组织特性进行评价，从而实现对人员的个性、动机和能力等较为准确的把握，做到人职匹配，确保人员达到最佳工作绩效。严格来讲，评价中心是一种程序，而不是一种具体的方法；是组织选拔管理人员的一项人事评价过程，而不是空间场所、地点。它由多个评价人员针对特定的目的与标准，使用多种主客观人事评价方法，对被试者的各种能力进行评价，为组织选拔、提升、鉴别、发展和训练个人服务。评价中心所采用的情境测验包括多种形式，主要有无领导小组讨论、公文筐测验、角色扮演、案例分析、管理游戏等。无领导小组讨论和公文筐测验是最常用的评价中心技术。

无领导小组讨论是指一组一定数量的应聘者（最佳为5～8人）组成一个临时工作小组，在既定的背景下围绕给定的问题展开讨论，持续1小时左右，由一组评价者对他们在讨论过程中的言语和非言语行为表现进行观察和评价，评价者不参与讨论的过程。

公文筐测验中，在模拟活动前评价机构事先编制好评分标准，并结合评价目的准备好要处理的公文。在测试时，被试者被假定为某部门的领导者或接替某个管理人员的工作，面对一堆等待处理的文件，文件包括各种文件和手稿，如电话记录、留言条、办公室的备忘录、公司正式文件、客户的投诉信、上级的指示、人事方面的信息等。这样的资料一般有10～25条，有来自上级的，也有来自下级的；有来自组织内部的，也有来自组织外部的；有日常琐事，也有重大的紧急事件。被试者要在规定的时间内做出决策。

角色扮演是指设计一个模拟的环境，要求多个被试者共同参加一个管理性质的活动，每个人扮演一定的角色，模拟实际工作中的一切具体活动。被试者在对自己所担任的角色有充分了解的基础上，根据自己的身份和技能、经验等在活动中做出一定的反应。角色扮演有时用于人际关系矛盾的处理，可以通过被试者的具体反应和行动对被试者进行考评。

除了以上主要的测评技术，还有工作取样、履历分析、搜寻事实、演讲等其他技术，这些技术是对前述方法和技术的补充和扩展，在人员选拔过程中也能起到其应有的作用。

工作取样法是通过抽取足够多在实际工作或者模拟工作情境中所要求的工作任务作为样本，然后观察应试者在抽样工作任务中的行为表现和反应，按照其反应与实际工作要求的任职条件的一致性程度给出不同的分数。

履历分析是一种定性的测评方法。履历表即工作经历的简表，是一种关于应试者背景情况的描述材料，一般由基本信息、教育经历、工作经历、职业技能与特长几个部分组成，反映应试者从过去到将来的基本情况。由于过去的相关经历和学习过程对将来的工作具有一定的影响，通过对履历进行分析，可以了解应试者的专业、学历、特长、技能、工作经历等基本内容，这些内容对人员测评决策具有一定的参考作用。

搜寻事实就是通过让应试者进行提问的方式来展现其思维过程，对其思维能力、沟通技巧等进行考查的一种情境模拟技术。与传统的让应试者针对问题进行回答和操作的方法不同，搜寻事实是让应试者在一定的情境中担任某种角色，并通过提问去获取更多的信息，通过分析应试者提问的内容、顺序对其思维过程进行研究，同时制定统一的评判标准，来考查应试者的思维能力和水平。

演讲又叫讲演或演说，是指在公众场所，以有声语言为主要手段，以体态语言为辅助手段，针对某个具体问题，鲜明、完整地发表自己的见解和主张，阐明事理或抒发情感，进行宣传鼓动的一种语言交际活动。

▶ 思考题

1. 谈谈人员测评与选拔的方法有哪些，它们各有哪些优点和缺点。
2. 笔试试题编制的过程中，客观性试题和主观性试题各有哪些注意事项？
3. 心理测验技术主要包括哪些测试？各种测试在人员甄选中如何运用？
4. 试述评价中心技术的主要工具及其使用要点。
5. 简述其他测评技术在人员甄选中会起到什么样的作用。
6. 简述无领导小组讨论的评价注意事项。
7. 简述公文筐测验的操作注意事项与实施步骤。

▶ 参考文献

1. 谌新民．选人战略：人力资源选拔系统．广东：南方日报出版社，2003.
2. 况志华，张红卫．人员素质测评．上海：上海交通大学出版社，2006.
3. 赵永乐，沈宗军，刘宇瑛，周希舫．招聘与面试．上海：上海交通大学出版社，2006.
4. 廖泉文．招聘与录用．北京：中国人民大学出版社，2004.
5. 萧鸣政．人员测评与选拔．上海：复旦大学出版社，2005.
6. 唐宁玉．人事测评理论与方法．2版．大连：东北财经大学出版社，2006.
7. 牛丽娟．16 PF在保险业销售人员选拔中的应用及对工作绩效的预测效度研究．大连：辽宁师范大学，2011.
8. 李德伟．人力资源招聘与甄选技术．北京：科学技术文献出版社，2006.
9. 吴志明，孙健敏，武欣．人事测评理论与实证研究．北京：机械工业出版社，2009.
10. 罗伯特·D. 盖特伍德，休伯特·S. 菲尔德．人力资源甄选：第5版．北京：清华大学出版社，2005.
11. 彭剑锋．人力资源概论．2版．上海：复旦大学出版社，2011.
12. 苏进，刘建华．人员选拔与聘用管理．北京：中国人民大学出版社，2007.

附　录

四川省2011年统筹公选副厅级领导干部简章

为进一步深化干部人事制度改革，拓宽选人用人渠道，完善选人用人方法，促进优秀人才脱颖而出，中共四川省委决定，面向全省公开选拔一批副厅级领导干部。

一、公选职位

本次公开选拔的副厅级领导职位共9个，具体如下：

1. 省级部门（单位）职位4个

（1）省委政研室副主任1名。

（2）省社科院副院长1名。

（3）省工商联副主席1名。

（4）省地税局总经济师1名。

2. 高等院校职位5个

（1）四川教育学院副院长1名。

（2）四川师范大学副校长1名。

（3）内江师范学院副院长1名。

（4）西南科技大学副校长1名。

（5）四川科技职工大学副校长1名。

二、报名资格条件

1. 基本资格条件

（1）符合《党政领导干部选拔任用工作条例》规定的基本条件和任职资格。

（2）现任党政机关正县（处）级及以上领导职务；事业单位相当于正县（处）级及以上领导职务（副省级城市干部职级按中组部有关规定认定）；在川中管企业、省委管理的国有或国有控股企业中层正职及以上职务（省国资委管理的国有或国有控股企业领导班子成员及以上职务）；市（州）委管理的国有或国有控股企业正职。担任以上职务必须任职3年以上（2008年9月1日前任职，四川科技职工大学副校长职位任职年限可放宽到2年以上）。

（3）同级职务报考的不受任职时间限制。

（4）大学本科以上学历。

（5）报考高等院校职位的，应有高校工作经历，熟悉高校教学、科研、管理工作，全日制国民教育大学本科（学士）及以上学历学位，正高级专业技术职称（四川科技职工大学副校长职位可放宽到副高级专业技术职称）。

（6）年龄要求：50周岁以下（1961年9月1日后出生）。

（7）身体健康。

2. 部分岗位具体要求

以下职位报考人员在具备基本资格条件的前提下，还应符合所报职位的具体要求：

（1）省委政研室副主任职位：中共正式党员，从事政策研究工作3年以上，有较强的文稿撰写能力。

（2）省社科院副院长职位：具有硕士以上学位，正高级专业技术职称，有社科研究专业工作经历，在核心期刊发表有研究成果，主持或参与过省部级以上社科类课题研究。

（3）省地税局总经济师职位（面向全省地税系统）：具有经济学类、工商管理类专业的学历；有税收征收管理实践经历；有1年以上市（州）或县（市、区）税务工作经历。

三、公选的方法和步骤

本次公开选拔副厅级领导干部采用“3＋3”模式进行，即综合采用“综合素质测试”“领导能力测试”“结构化面试”三种方法确定考查对象，坚持学历是基础、经历是重点、能力是关键，综合采用“履历评价”“实绩评价”“德才评价”三种方法评价考查对象。

1. 综合素质测试

主要对报考者知识储备、知识结构以及运用有关基本理论、基本知识和基本方法分析解决实际问题的综合素质进行测试。

2. 领导能力测试

主要通过报考者对案例所提问题解决方案是否科学，测试报考者的分析判断能力、决策应变能力、综合协调能力和解决实际问题的能力。

综合素质测试和领导能力测试采用纸笔书面答题的方式，安排在同日进行。根据两种测试成绩折算笔试成绩（综合素质和领导能力测评各占50%）。按照每个职位1∶5的比例，从高分到低分确定面试人选。

3. 结构化面试

主要通过结构性试题和考官随机性提问，与考生双向沟通，测试报考者认知水平、应变能力、逻辑思维能力、分析判断能力和语言表达能力。

根据总成绩（笔试成绩占40%，面试成绩占60%），按照每个职位1∶2的比例，从高分到低分确定考查人选。统一组织体检，合格者确定为考查对象，如有不合格者，依次递补。考查对象确定后，组织对其进行考查。考查包括履历评价、实绩评价、德才评价。

4. 履历评价

对考查对象受教育程度、工作经历、任职情况以及有关工作表现、受奖惩情况等进行全面分析，评价考查对象的能力素质与拟任职务的关联度、适应度。

5. 实绩评价

按照有关规定程序，对考查对象履行职责、工作实绩等方面情况进行全面考查。

6. 德才评价

对考查对象进行德才素质和工作能力民主测评，体现德才兼备、以德为先的原则，树立以德修身、以德服众、以德领才、以德润才、德才兼备的导向。注重对考查对象德才表现、实际工作能力和发展潜力等方面情况的分析评价。

考查中，若职位出现没有合适人选的情况，可在参加面试人员中依次递补，确定人选重新组织考查。

考查结束后，根据履历评价、实绩评价、德才评价等情况，研究提出人选使用建议，按程序报省委审定。对任用的人员，实行一年的试用期。

四、报名和资格审查

本次公开选拔的报名、资格审查、准考证打印均通过四川人事考试网进行。

1. 报名时间

报名开始时间：2011年8月19日8：30。

报名截止时间：2011年9月1日24：00。

2. 报名方式

各类报名人员均通过四川人事考试网（网址：http：//www.scpta.gov.cn）向四川省统筹公选领导干部工作领导小组办公室（以下简称省公选办）报名，报考人员每人限报一个职位，在网上填写个人信息和上传照片（近期免冠正面证件照，文件大小在16～30KB，jpg格式）。

3. 资格初审及审查结果查询

时间：2011年8月19日8：30—9月2日17：00。

根据报考人员填报的信息，进行网上资格初审。未通过资格初审的，可以改报符合条件的其他职位。对资格初审存在异议的，可向省公选办申请复核。

经资格审查合格的报考者人数与选拔职位的比例原则上不低于8∶1。不足规定人数要求的，可在征得报考者同意后进行调剂，仍不足规定人数的取消该职位考试。

4. 准考证打印

通过资格审查的报考人员于2011年9月4日8：30—9月6日17：00，登录报名网站，打印准考证。

5. 资格复审

资格初审合格人员在笔试前一天到省公选办指定地点接受资格复审，对复审合格人员准考证加盖公章。资格复审时必须提供身份证、学历学位证、专业技术职务资格证、工作证或单位证明、任职时间证明、报考职位要求的其他证明材料的原件及所有证件复印件，以及报名登记表（贴本人近期免冠正面2寸彩色证件照）。

6. 注意事项

（1）报考人员不能用新旧两个身份证同时报名。

（2）资格审查通过后原则上不能再改报其他职位，须改报其他职位的，应书面向省公选办提出申请，经同意后方可改报。

（3）笔试、面试具体时间和地点另行通知。

（4）报考人员需如实填写个人信息，因虚假信息导致的后果由报考人员承担，省公选办将向报考人员所在单位通报。

五、其他事项

本简章及本简章未尽事宜由省公选办负责解释。

省公选办办公地点：四川省委组织部办公楼一楼（成都市商业街16号）。

咨询电话：028-××

监督电话：028-××

咨询时间：报名期间每天8：30—18：00

资料来源：四川省2011年统筹公选副厅级领导干部简章．[2011－08－19]．http：//file.scpta.gov.cn/2011818/2011818202448_n_7839.html.

第6章 面试

学习目标

- 了解面试的特点
- 掌握面试的类型
- 掌握面试的评价要素和权重确定
- 掌握面试官的面试技巧
- 了解应聘者在面试中的技巧

引例

人力资源经理助理的招聘过程①

张君在东部沿海的一个大城市工作，她在一家规模不大的外资企业担任人力资源经理已经快两年了。在这之前，张君在外企摸爬滚打了五六年，这使她积累了比较丰富的管理经验。因此，公司晋升她为人力资源经理助理。做助理期间，张君帮助企业其他部门招用了很多员工，部门领导普遍反映她水平高、招的人好用，张君也一直引以为豪。很快，随着人力资源经理离开公司，她直接接手了人力资源经理的工作。

张君很喜欢人力资源经理的工作，她自己也觉得在这个岗位上游刃有余。不过，最近的一件事情却让她心里有些怪怪的。事情还要从一年前说起。

大约一年前，张经理一个人到古城A市去旅行。旅行中，她发现当地人特别纯朴善

① 本案例由中国人民大学劳动人事学院徐世勇教授提供。

良。做了很多人事工作，张经理已经习惯人与人之间的复杂关系，那样的一个环境使她重新感受到人与人之间的美好。因此，尽管是一个人出远门，并且当地也没有朋友，她一点都不觉得陌生。

回到公司以后，同事告诉她自己的助理跳槽走了。她尽管觉得有些不快，可是由于刚刚旅游回来，心情很愉快，因此也没有当成一回事，对自己说：人往高处走，再找一个合适的吧。

在招聘人力资源经理助理之前，张经理根据公司内部关于人力资源经理助理的任职资格条件，列出了几条要求：(1) 有责任心；(2) 工作细致认真，并且有耐心；(3) 具有较强的亲和力和沟通能力；(4) 具有两年以上相关工作经验；(5) 英语听、说、读、写能力过硬。

面试了几个人以后，张经理没有找到合适的。正在失望的时候，有个年轻的姑娘进来面试。简单看了一下她的简历：A 市人，刚刚毕业一年，没有相关工作经验。尽管条件不符，但张经理还是让她进来了。

这个小姑娘姓王，从外貌来看，还算比较漂亮，说话略带有一点 A 市的口音。张经理突然觉得小王很亲切，认为她满足第三条，即具有较强的亲和力和沟通能力。但最糟糕的是，小王没有相关工作经验，张经理想了想：这没有什么关系，只要认真，有责任心，经验很快就会积累起来。小王的英语也差一些，张经理用英语提问，她几乎听不懂，更不要说用英语回答了。张经理觉得，尽管这是个外资企业，但平常听说英语的机会并不多，只要能够阅读简单的材料就可以了。因此，张经理让小王用英文写了一份材料，主要是介绍自己的家乡。小王按照要求写了份英文材料，张经理看了看，认为可以就放入招聘档案了。

此时，张经理觉得自己好像有些过于宽松了，于是就对小王提出了一个问题，打算看看她的反应能力："你的穿着太普通了，甚至有些过时啊。"小王有些不好意思地说："我刚刚来到这里，经济上也不好。另外，我也不是一个很时尚的人，即使有了较高的收入，我也跟不上时尚。"这个回答让张经理想起了以前的自己。于是点了点头，也就不再问了。

很快，小王就上班了。尽管她对业务并不熟悉，但她踏实、肯干，不懂的地方也喜欢请教。张经理很喜欢小王，只要有时间就跟她讲业务上的知识，并不厌其烦地告诉她做人力资源管理工作应有的注意事项。这在之前是从来没有过的事情。小王的进步很快，很快就胜任了自己的工作。公司的其他人也说小王很聪明，张经理认为自己选对了人，发自内心地长舒了一口气。

最近，张经理学习了面试的一些理论和技巧。这让她想起了对小王的招聘过程。她不禁问自己："当初自己的招聘程序是对的吗？如果不对的话，现在小王做得也很好。这如何解释呢？"张经理陷入了困惑。

6.1 概 述

面试选拔人才的方式由来已久，自古孔子便有"听其言而观其行"来选招弟子的做法。到现代，众多专家学者对面试颇有研究，就面试给出了不同的定义。

麦克丹尼尔（McDaniel）将面试定义为一种通过应聘者的口头回答来预测将来绩效的考核方式。萧鸣政认为：面试是经过精心设计，在特定的场景下，以面对面的交谈与观察为主要手段，由表及里测评应聘者有关素质的一种方式。吴志明提出，所谓面试，就是主试官（考官、评分员）通过与应聘者面对面的交流，或将后者置于一定情境中进行观察，从而了解、考查应聘者是否满足应聘职位条件的一种人员招聘与录用技术。廖泉文认为，面试是通过主试者与被试者面对面的观察、交流等双向沟通的方式，了解应征人员的素质状况、能力特征以及应聘动机的一种人员考试技术。马欣川指出，面试是一种事先经过精心设计的，考官与应聘者之间面对面地观察、直接交谈或置应聘者于某种特定的情境之中进行观察，从而对应聘者的知识、工作能力、工作经验、性格、态度和待人接物的方式等素质进行考查的人员选拔活动。

综上所述，人员招聘面试是主考官通过与应聘者进行直接交流或者将应聘者置于特定情境中进行观察，了解应聘者的个性特征，考核应聘者的能力素质，从而评价应聘者在特定岗位上的适应能力和潜在发展能力，为企业招聘到符合企业发展要求的合格人才的人员甄选过程。

6.1.1 面试的目的

一、了解应聘者的求职动机

面试中需要了解的最基本信息就是应聘者的求职动机。面试官在听应聘者回答提问的过程中，要了解应聘者的言语动机，这样更有利于判断其言语的真实性。同时，面试官对其动机的判断不能仅仅停留在应聘者的语言上，而是需要通过追问、情境设置等面谈技巧了解其真实动机。例如，应聘者往往会说应聘这个职位是为了更好地发展，这是一个很抽象的答案，面试官需要通过对应聘者所处情况做出的分析、判断等细节进行追问以了解真实原因。更广泛地讲，面试官还可以通过对应聘者所讲述的以往行为进行分析来更加全面地判断应聘者的工作期望。

二、获取在笔试中难以获得的信息

在笔试选拔阶段，企业能考查到的主要是应聘者的书面表达能力、公共基础知识的掌握程度、部分专业能力等有限的信息，应聘者的性格、仪表、经验和综合能力是否与招聘岗位所需要的素质相符合，应聘者的价值观是否与企业的价值观相匹配，则需要企业招聘者在与应聘者进行的面对面的交流与沟通中，通过交谈与观察才能够掌握。例如，某企业根据职位说明书对人力资源总监这一岗位所需能力提炼出的素质指标为计划组织协调能力、人际沟通能力、解决复杂问题能力、团队领导能力、激励能力等，这些素质信息在笔试中很难获取，但在面试中可以利用情境模拟或者行为描述的方法逐一或综合考查。

三、评估应聘者的综合能力，为企业招聘优秀人才

面试的最终目的是招聘者从空缺职位的需要出发，实现对应聘者素质的有效测评，选拔出企业发展所需要的高素质人才。如果站在一个更高的角度来看待面试流程，你会发现其真正目的是寻找空缺，这个空缺存在于应聘者的背景与他能从新工作中期望得到的东西之间。例如，如果应聘者没有管理大型团队的经历，或没有处理过可拿来对比的项目，或不曾拥有企业的这个岗位将能给他提供的眼界，这些空缺都可以作为他接受你的入职邀请的理由。如果这种差距很大，这个应聘者显然并不适合这个岗位；如果这种差距不够大，那么这就不算一次大的职业飞跃，他很可能拒绝你。

6.1.2 面试的特点

一、面试是一个双向交流的、直接的过程

面试是主考官和应聘者之间的一种双向沟通过程，包含言语、表情、举止等多方面的信息交流。在面试过程中，双方的接触、交谈、观察都是相互的，主考官可以通过观察和谈话来评价应聘者；应聘者也可以通过主考官的行为来判断主考官的价值判断标准、态度偏好、对自己面试表现的满意度等，调节自己在面试中的行为表现。同时，应聘者也可借此机会了解自己应聘的单位及职位的情况，从而决定自己是否可以接受这一工作。所以，面试不仅是主考官对应聘者的一种考查，也是主客体之间的一种沟通、情感交流及能力的较量。主考官应通过面试，从应聘者那里获取尽可能多的有价值信息。应聘者也应抓住面试机会，获取应聘单位及职位等方面自己关心的信息。面试的这种直接性提高了主考官与应聘者之间相互沟通的效果与面试的真实性。

二、面试的内容灵活、针对性强

面试的内容对于不同的应聘者来说是相对变化的、灵活的，具体表现在以下几个方面。

（1）面试的内容因应聘者的个人经历、背景等情况的不同而无法固定。例如，两位应聘者同时应聘档案管理岗位，一位有多年从事档案工作的经历，一位是应届档案管理专业的大学本科毕业生。在面试中，对前者应侧重于询问其多年来从事档案管理方面的实践经验，对后者则应侧重于了解其对该专业基础知识掌握的情况以及在校期间的学习情况。

（2）面试的内容因工作岗位不同而无法固定。不同工作岗位，其工作内容、职责范围、任职资格要求等都有所不同，例如国家质量监督检验检疫总局的有关技术监督岗位、国家人力资源和社会保障部的考录岗位，无论其工作性质、工作对象还是任职资格要求，都有很大差别，因此，其面试的内容和形式都有所不同，面试的题目及考查角度也应各有侧重。

（3）面试内容因应聘者在面试过程中的表现不同而无法固定。面试的题目一般应事先拟定，以供提问时参照。但这并不意味着必须按事先拟定好的题目逐一提问，毫无变化，而是要根据应聘者回答问题的情况，来决定下一个问题问什么、怎么问。如果应聘者回答问题时引发出与拟定的题目不同的问题，主考官还可顺势追问，而不必拘泥于预定的题目。

总之，面试内容既应事先拟定，以便提问时有的放矢，又要因人因岗而异，灵活掌握；既能让应聘者充分展示自己的才华，又不能完全让应聘者天马行空地自由发挥，最好是在半控制、半开放的情况下灵活把握。

三、面试是强调过程的素质测评

笔试完全以答案为依据来评判应聘者的成绩，只要应聘者的答案与标准答案一致，不论应聘者是真的回答对了还是猜对了，也不论应聘者的解答方法是否巧妙、熟练，花费的时间是多是少，都要给分。面试则是依据应聘者在面试过程中的全部表现对其素质状况做出评定。它不仅分析应聘者的回答是否正确，更重要的是看应聘者在回答问题的过程中所反映出的思维的灵活性、逻辑性和应变能力等。因此，对应聘者面试结果的评判不把观点正确与否作为第一位的指标，而是看应聘者回答问题的过程，考查其整体素质。

四、判断的直觉性过于依赖主考官

与笔试具有明确的客观标准不同，面试的评价标准往往带有较强的主观性。主考官的评价往往受个人主观印象、情感、知识和经验等许多因素的影响，不同的考官对同一位应聘者的评价往往会有差异，而且各有各的评价依据。所以，面试评价的主观性是面试的一大弱点。但另一方面，由于人的素质评价是一项十分复杂的工作，考官可以把自己长期积累的经验运用到面试评价中。在这个意义上，面试的这种主观性又有其独特的价值。

6.1.3 面试的类型

面试的类型有多种，划分的依据不同，面试的分类也不尽相同。

一、面试标准化程度

根据标准化程度，面试可分为结构化面试、非结构化面试和半结构化面试。

1. 结构化面试

结构化面试又称标准化面试，是指依照所需岗位胜任素质确定面试的维度，在每个测评维度上预先编制好面试题目并给出相应的权重和评分标准，严格遵循特定程序，对应聘者进行客观评价。招聘者在对员工进行面试的时候，一方面努力保证基于应聘者所申请岗位胜任素质进行评估，另一方面力求采用系统化、结构化的方法来评价应聘者在这些胜任素质上的行为表现水平，以确保选拔的公平性和科学性。结构化面试在两方面兼而有之，因此成为当今最受青睐的面试方法。具体分析，结构化面试的特征如下。

（1）根据职位分析的素质要求设计面试问题。结构化面试实施的前期需要进行深入的职位分析，以明确在特定岗位工作中哪些事例体现良好的绩效、哪些事例反映较差的绩效，由执行人员对这些具体事例进行评价并建立题库。结构化面试测评的要素涉及知识、能力、品质、动机和个人特质因素等，尤其是有关职责和技能方面的具体问题，更能够保证甄选的成功率。

（2）结构化面试问题的内容及其提问顺序都是事先确定的。结构化面试的题目对同一职位的所有应聘者是一致的，面试指导语、面试时间、面试问题提问顺序、面试实施条件务必一致，以确保所有应聘者在几乎同等的条件下接受面试，从而保证面试过程的公平、公正以及面试结果的可比性等。

（3）采用标准化的评分程序。从素质模型中提炼出一套系统化的具体标尺，每个问题都有确定的评分标准，针对每一个问题的评分标准建立系统化的评分程序，能够保证评分的一致性。总之，结构化面试更加注重根据职位分析得出的与工作相关的素质，面试官知道应该提出哪些问题和为什么要提出这些问题，避免了主观上的归因错误，每个应聘者都得到更客观的评价，降低了出现偏见和不公平的可能性，能够可靠、有效地在最短的时间内选聘到真正能够满足工作要求的应聘者。

2. 非结构化面试

非结构化面试是指在面试中事先没有规定的框架结构，也不使用有确定答案的固定问题，而是面试官通过与应聘者进行开放式、任意式的谈话，深入地了解应聘者某些方面特征的面试。非结构化面试的随意性较大，不像结构化面试那样对测评目标做专业的分析后准确地确定测评要素，在每个测评维度上预先编制好测评题目并制定相应的评分标准，然后通过客观的评价程序，对应聘者进行定量分析。因此，非结构化面试不具备统一的评价标准，面试官完全凭借经验和主观判断来主导面试过程，没有标准化的面试问题，没有标准化的面试流程，也没有标准化的候选人比较与评估体系。这种情况下，面试官很容易受到首因效应、近因效应、晕轮效应和类我效应等心理学效应的影响，而且不同的面试官使用不同的评价标准，其测评结论自然不具有可比性，这影响了非结构化面试的效度，也很难把应聘者的评价结果进行横向比较。

3. 半结构化面试

半结构化面试是介于非结构化面试和结构化面试之间的一种形式。它是在结构化面试的基础上，主考官和其他考官就应聘者答题中涉及的有关问题或有疑问的地方进一步追问，问题的数量由面试总时间决定，形式更加灵活，有利于应聘者充分展示真实才能，也有利于比较全面深入地考查应聘者的素质状况。在试题的设计上，半结构化面试对构成要素中部分内容做了统一的要求，另一部分内容则不做统一的规定。也就是在预先设计好的试题（结构化面试）的基础上，由主考官和其他考官针对应聘者所应聘的岗位向其又提出一些随机性的问题，并且可以在规定的时间内进行追问。

半结构化面试与结构化面试的区别在于：半结构化面试中考官的数量比较多，一般有 5～8 人，考官构成也比较多元化，而且提问随意性较大，涉及面更宽，提问时间比较长（一般为 30～40 分钟），所以该方法对考官的选择与考官本身的素质提出了更高的要求，如主考官主持的准则、考官如何发现应聘者的破绽进行发问与追问、如何控制面试进程、如何结束面试以及考官本人的知识素质等。不过，它结合了结构化和非结构化的特点，对应聘者的评价更加全面准确。

二、面试实施方式

根据实施方式，面试可分为单独面试与小组面试。

1. 单独面试

在这种形式下，由人力资源部工作人员与其他专业部门人员组成的面试组对各个应聘者逐一进行面试。面试组一般由 3～5 名考官组成，其中设定 1 名主考官，其他考官协助该主考官进行问题的展开提问。单独面试是一种一对多的面试形式，招聘方可以从多个角度对应聘者进行考查，提高判断的准确性。

2. 小组面试

小组面试是指同时对多名应聘者进行集体面试的形式。小组面试一般采用情境模拟和角色扮演的方式，让应聘者在特定时间内就情境中的某个问题进行陈述和讨论，招聘方有多名考官在一旁进行一对一或者多对一的观察。小组面试便于考官全面考查应聘者的领导能力、语言表达能力、逻辑思维能力、辩论能力、说服能力、组织协调能力、倾听能力和合作能力。此外，由于小组面试涉及应聘者相互之间的交流和沟通，便于考官对应聘者进行横向比较，挑选出佼佼者。

但是，小组面试在实际实施过程中存在很大困难，如题目难设计、情境中角色划分随意、成本高、评价要素难以设定、对评价者要求高等，而且小组内部比较容易选拔出优秀者，但是不同小组的应聘者难以进行比较。

三、面试题目内容

根据题目内容，面试可分为情境面试和行为面试。

1. 情境面试

在情境面试中，面试题目主要是特定的情境性问题，即设置一系列工作中可能遇到的场景，要求应聘者回答“这种情况下你会怎么做”，看应聘者在特定情境中的反应，以此鉴别求职者与工作相关的行为意向。情境面试是测评应聘者如何在未来假设情境中行为的能力，它的理论来源于动机理论中的目标设置理论。这一理论认为，一个人的未来行为会在很大程度上受到他的目标或行为意向的影响，个体为自己设置的目标或意图是未来行为很好的预测指标。情境面试的理论假设认为，应聘者对他们将来会怎么做的回答与他们将来真实的行为之间有非常大的相关性。

情境面试具有三个显著的特点：第一，面试问题是在职位分析基础上构建的，都是与工作相关的行为性问题。第二，对每一位应聘者都询问同样的问题。第三，对照处理应聘者的回答。面试前就已确定职位的胜任素质权重和评价量表，面试后对每一问题的回答进行数量化评定。情境面试的环节依次是职位分析，开发问题，确定预期得分点，检查问题，面试实施，评分决策。情境面试在操作上可以减少由于考官获得和解释应聘者相关信息的能力不同而导致的误差，还可以提高考官在做最终录用决策时的一致性水平。

想一想

百货公司总经理情境面试

某企业集团聘请招聘专家为其下属百货公司选拔总经理。在最后阶段，招聘专家对一路过关的4位候选者使用了情境面试的方法。4位候选者被安排同时观看一段录像，录像的内容如下：

画面呈现一座小城市，画外音告知这是一个中等发达程度的小县城。镜头聚焦于一家百货商场，时间显示当时是上午9时30分。这时，商场的正门入口处出现了一位身高1.8米左右、穿皮夹克的年轻小伙子。他走进商场，径直走向日用品柜台。柜台里是一位30岁出头的女售货员。小伙子向女售货员说："拿盒牙膏。"女售货员问："什么牌子?""中华牌。"小伙子答道。女售货员说："三块八毛钱。"小伙子掏出钱包，取出一张100元的人民币，女售货员找给他96元2角。然后，小伙子将钱和牙膏收好，走出了商场。

画面重新回到了百货商场正门，时间显示是上午10时整。这时，一位身高1.65米左右、穿笔挺西装的小伙子出现在门口，并径直向日用品柜台走去。"同志，要点什么?"女售货员问道。"一支牙刷。"小伙子答道。"什么牌子?"女售货员接着问。小伙子用手指了其中的一种。女售货员说："两块八毛钱。"小伙子掏出钱包，取出一张10元的人民币递给了女售货员。女售货员给小伙子一支牙刷并找回7元2角。然而，小伙子突然说："同志，你找错钱了，我给你的是100元!""你给我的明明是10元呀!"女售货员吃惊地说道。"我给你的就是100元，赶快给我找钱，我还有事情要做!"小伙子提高了嗓门，语气也相当严厉。女售货员急了，声音也提高了八度："你这人怎么不讲理呢？你明明给的是10元，为什么偏要说是100元呢？你想坑人啊?"这时，日用品柜台边已经聚拢了十几位买东西的顾客看热闹。这位小伙子似乎实在难以容忍了，向整个人群说道："大伙都瞧瞧，这是什么服务态度！你们经理呢？我要找你们经理。"

说来也巧，百货商场的总经理正好从楼上下来，看到这边有人围观，便走了过来。总经理看上去是一位二十八九岁的年轻人。"怎么回事?"总经理问道。女售货员看到总经理来了，像来了救兵一样，马上委屈地向总经理告状："经理，这个人太不讲理了，他明明给我的是一张10元，硬说是一张100元。"经理见她着急的样子，立即安慰她说：

“张姐，别着急，慢慢讲，他买了什么？你有没有收100元一张的人民币？”这位被总经理称为“张姐”的女售货员心情似乎平静了些。“他买的是牙膏，嗷……不，他买的是牙刷。对了，我想起来了，今天，我没收几张100元的人民币，有一位高个儿给了我100元，他买的是牙膏。这个人给我的就是10元。”总经理听了张姐的话，眉头有些舒展，转身走向人群中那位身高1.65米左右的小伙子，很有礼貌地说道：“很不好意思出现了这种事情。您能告诉我事情的真实情况吗？”小伙子也似乎恢复了平静，同样有礼貌地坚持自己给女售货员的是一张100元，是女售货员将钱找错了。这时总经理环视了一下人群，然后将视线定格在这位小伙子身上，继续有礼貌地说：“这位先生，根据我对这位售货员的了解，她不是说谎和不负责任的人，但是我同样相信您也不是那种找碴的人。所以为了更好地将事情弄清楚，我可否问您一个问题？”“什么问题？”小伙子问道。“您说您拿的是一张100元，请问您有证据吗？”总经理问道。小伙子的眼睛一亮，马上提高了嗓门说：“证据？还要什么证据？不过我想起来了，昨天我算账的时候，顺手在这张钱的主席像一面的右上角用圆珠笔写了2888四个数字。你们可以找一下。”总经理立即吩咐张姐在收银柜中寻找，果真找到了一张主席像一面用圆珠笔写2888的100元纸币。这时，小伙子来了精神，冲着人群高喊：“那就是我刚才给的100元，那个2888就是我写的。不信，可以验笔迹。”

人群开始骚动，顾客明显表示出对商场的不满。镜头在人群、小伙子、张姐和总经理之间切换……这时录像结束，并在屏幕上弹出两个问题：

1. 假如您是该百货商场的总经理，将如何应对当时的局面？

2. 作为总经理，您将如何善后？

4位候选者被要求准备10分钟，然后分别向专家组陈述自己的答案，时间不超过5分钟。假如你是候选人之一，你将如何陈述自己的答案？

资料来源：百货公司总经理情景面试．[2018-06-30]．https：//wenku.baidu.com/view/986647ed81c758f5f61f67bf.html.

2. 行为面试

行为面试的基本假设源于行为一致性原则，即过去的行为是对未来行为的最好预测。设置招聘情境就意味着我们对未来工作人员的最好预测方式是了解他们过去在工作中是如何表现的。一般来讲，行为面试的问题都是基于关键胜任素质的行为性问题，因此，必须对胜任素质的行为要求进行职位分析来决定所需的胜任素质并确定胜任素质的权重，然后开发面试试题、实施面试，最后评分决策。在行为面试中，应聘者在讲述事例时考官应关注这四个方面的问题。

（1）情形：即事例发生时的背景情况，应聘者遇到的问题有哪些。这一部分的讲述不需要太详细，但是一定要突出问题，为后面所采取的行为做铺垫。

（2）目标：在做这件事情时预想的目标和结果是什么。这部分的说明可以让考官对应聘者所做的事情有个总体印象和定位。

（3）行为：这一部分是核心，主要内容是应聘者在做这件事情时采取了哪些行为。在讲述时，最好按照一定的逻辑顺序，如按时间顺序来讲解采取的方法、步骤、对突发情况的应对策略等，使考官有一个详细、清晰的了解。

（4）结果：这件事情的结果如何，包括是否完成了预想的目标，此外还有哪些收获等。从应聘者的回答中，考官可以看出应聘者是不是一个善于总结经验的人。

对应聘者在某个胜任素质上评分的依据是：行为描述的情境与工作所面临的情境的相关程度，应聘者的行为目标，应聘者的行为有效性，对一个具体的胜任素质的行为描述结果如何。其中，行为的有效性尤为重要。在对应聘者的成绩进行讨论之前，每个考官都应该对各应聘者在每个胜任素质上的得分做出自己的评价，然后将所有考官的评分加总，这样就可得到每个应聘者在每个胜任素质上的得分。一旦对每个应聘者的每个胜任素质都形成了一致意见或平均等级，最后的甄选决策就水到渠成了。

行为面试和情境面试的不同点表现在以下三个方面：（1）从定义上看，行为面试假设过去的行为是未来行为的最好预测指标，主要通过应聘者对过去某种行为的追问和表述，来捕捉其某些能力或其他个性特征。情境面试的基本原理是目标设置理论，假设对未来的意图和设想是未来行为的有效预测指标，主要通过应聘者对某种假设情境的设想、联想、假设和分析，来捕捉其某些能力或其他个性特征。（2）从适用条件来看，行为面试适合末尾打分，情境面试适合逐题打分。（3）从面试的时间来看，行为面试时间较长，情境面试时间较短等。①

想一想

行为面试示例

某企业招聘一名高级客户服务代表，对该职位的关键职责描述如下：

（1）根据生产工艺以及生产能力检查客户的产品需求，必要时提供有关成本的其他建议；

（2）指导客户服务代表带领新员工工作、成长和发展；

（3）跟踪重要客户以及处理较复杂的订单。

根据以上三项职责要求，我们分析该岗位的职责要求如下：

（1）具有敏锐的观察客户需求的能力以及良好的人际沟通能力和技巧；

（2）具有指导下属的意识和能力；

（3）具有系统分析能力、人际关系处理技巧和影响力。

如果现在你是该公司人力资源部工作人员，请根据该岗位的每项职责要求设计行为面试题目。例如，针对第（1）项职责要求可以提问：请你讲述一次你向公司提出控制成本建议的经历。

资料来源：如何做好一场行为性面试．[2011-10-16]．http：//www.docin.com/p-274148425.html.

① 白璐．浅析结构化面试．经济研究导刊，2010（23）：209-210.

四、其他面试类型

1. 压力面试

由于同行竞争日趋激烈，企业越来越倾向于寻找能接受挑战、承担责任、抵抗压力的素质人才，于是压力面试便成为很多企业青睐的一种面试形式。所谓压力面试，是指面试官有意制造紧张氛围，以了解应聘者将如何面对工作压力。面试官通过提出生硬的、不礼貌的问题故意使应聘者感到不舒服，针对某一事项或问题一连串地发问，打破砂锅问到底，直至应聘者无法回答。该面试的目的在于确定应聘者对压力的承受能力、在压力面前的应变能力和人际沟通能力。

（1）压力面试的优势。从压力面试的含义可以看出，压力面试是面试官有意制造紧张的面试考场氛围，通过面试官生硬的、不礼貌的甚至冒犯的问题，故意让应聘者感到很突然，并承受很大的心理压力，从而测试应聘者的心理承受能力、临场应变能力和应对突发状况的能力。从心理学的角度我们知道，当一个人面对突发事件或者高压力、束手无策、惊慌失措的情况时，会表现出比较本能、潜在的反应。因此，压力面试相对于非压力面试，能更好地测量出应聘者比较本能的深层特质，如包括分析能力、人际交往能力、情绪控制能力、思维能力在内的多种能力水平，使组织能够更有针对性地挑选出具有特殊心理素质和能力的人才来满足招聘岗位的特殊要求。

（2）压力面试的劣势。压力面试因为其特殊的面试环境、试题以及面试技巧的专业性，容易造成面试官对应聘者的能力把握不够全面、准确，面试局面不易掌控等问题。由于压力面试的特殊性，面试试题难以设计，对面试官控场能力的要求也比较高，如果企业过度使用压力面试或者压力面试试题的设计不合理，往往会导致无法合理、有效地衡量应聘者的相关素质；如果面试官控制不当，很容易造成场面无法掌控的情形，导致应聘者出现漫骂、歇斯底里的过激反应等尴尬场面。有时，压力面试也会因为面试氛围过于紧张，使合适的人才由于一时没有反应过来而被淘汰，从而使企业错失人才。

但值得注意的是，压力面试并不是一种单独存在的面试类型。现今，由于几乎每一个工作岗位，如销售、人事、财务、管理层等，都不同程度地承受各种压力，因此，企业在面试过程中，可以把压力面试作为面试的一部分。但是，面试的目的是招聘到符合岗位要求的人员，也就是说，招聘方式必须能够考评应聘者与岗位需求相关的所有素质，而仅仅使用压力面试往往很难达到考查应聘者全面素质的要求，因此，压力面试往往是穿插在行为面试和情境面试当中的。

看一看

华为的压力面试

看到华为招聘销售员的广告之后，刚毕业的小余便提交了申请书，也顺利地通过笔试关，进入了面试环节。

当天，面试在一个大礼堂进行，几十个学生被分成四人一组，每个小组有一个面试官。面试过程很“残酷”，只要不入面试官的法眼，或答不上面试官的提问，面试官就会说“你可以走了”，也就是被当场淘汰。

那天和小余分到一组的是另外三个男生。小余刚走到面试官面前还没来得及坐下，面试官只瞄了他一眼就冷冷地说：“你可以走了，我觉得你不合适!”

小余当时很震惊，说实话也觉得很没面子。可是倔强的他并没走，嘴上没说，心里却满是不服气，想到：你根本不认识我，凭什么看一眼就认为我不合适，凭什么就让我走？不过，当时小余并没有吭声，因为他也觉得当面“质问”面试官，既没礼貌也显得自己很没风度。他想，等面试结束后再与面试官理论也不迟。

另外三个男生都坐下了，小余并不管他们是怎么想的，也坐下了。面试官并没赶小余走，只是当他不存在而已，然后开始对着其中一个男生发问：“你最得意的一件事情是什么?”可能是因为紧张，那个男生竟不知如何作答，支支吾吾地说自己还没有工作，也没有做出什么特别的成就，所以也没什么得意的事。小余一看，心里十分着急，觉得他的回答有点偏题，虽然自己被考官“请出去了”，但热心肠的他可不愿意看着“盟友”在第一道坎上就被淘汰。于是在边上悄悄地提醒他：“你可以说一件在学校里做过的自己感到最满意的事情……”面试官看了小余一眼，小余也不以为然：你不至于给我加上一条作弊的罪名吧，这种时候应该帮人一把的！反正我已经是“不合适的人”了——这应该就叫“无欲则刚”吧。

不过，接下来的形势不容乐观，三个男生相继被淘汰了，最后就剩下小余一个，面试官还没跟他对上话呢。不过，现在看上去是面试官有话要说了，于是，小余还是不动声色。终于面试官开口了：“那三个人应该是你的竞争者，可我刚刚看你一直在帮助他们，你为什么要帮助他们？他们答不上来不是对你更好？如果他们都淘汰了，岂不是你的机会就来了?”小余说：“我不认为他们是我的竞争对手，如果都能通过面试，将来大家可能还是同事，有困难自然是要帮一下的。”对于小余的回答，面试官不置可否，却又拾起了先前那个话题：“我刚刚已经对你说，你不合适，可以走了。可你为什么不走呢?”

“机会来了，该是我说话的时候了。”小余得意地想到，于是他把“不满”全部“宣泄”出来：“我觉得您并不了解我，所以我要留在这里给您一个了解我的机会。第一，我非常仰慕华为。因为被华为的企业文化和用人理念吸引，所以我很郑重地投了简历，也很高兴能参加这次面试。可是，我完全没有想到我遭遇到如此当头一棒。第二，我还想对您说一句，我认为您的态度对一个应聘者来说很不友善。今天我是应聘者，但是明天我可能是你们的员工，更可能是华为的潜在客户。可是，您今天这种不友善的态度给我留下了深刻的印象，今天我可能成不了员工，明天我也可能不再愿意成为华为的客户。第三，您的不友善今天影响了我对华为的看法，明天还有可能影响到我所有的朋友对华为的看法，您知道，您可能赶走了不少潜在客户!”面试官笑了，对小余的表现非常满意，因为从一开始面试官就给他出了一道压力面试试题：如何面对挫折。

对于销售员来说，在未来的工作中面对的会是无穷无尽的拒绝和白眼，别人的态度可能比这位面试官更差。如果连面试时还算礼貌的冷脸都无法面对，将来如何面对困难呢？另外，面试官对小余在面试中愿意帮助别人也表示认同，这恰恰显示了他的团队合作精神。此时，小余恍然大悟，对面试官的态度表示赞同，也为自己顺利通过了面试感到高兴。

资料来源：当我遭遇面试官的冷脸……．[2017－03－02]．https：//www.yjbys.com/qiuzhizhinan/show-37804.html.

2. 远程面试

远程面试是指招聘者在进行简历筛选后，借助现代通信工具，如电话、网络视频等设施或软件，与符合企业招聘岗位要求的应聘者进行交谈，初步了解应聘者的过程。远程面试一般用于初步面试筛选，为真正面对面的考查做精减工作，以提高招聘效率。

（1）电话面试。电话面试的作用和问题类似于谈话之前的交流，可采用中文或英文，不同的企业会采用不同的方式。一般面试官通过电话与应聘者直接交流，时间10～30分钟，有自我介绍和常规问题询问，根据简历对应聘者的基本能力和经历进行了解，判断其是否具备招聘职位所需要的相关能力，并以此判断是否给予下一轮面试的机会。

（2）视频面试。视频面试是指招聘者与应聘者在约定的时间，利用连通互联网的电脑，通过视频摄像头和耳麦进行语音、视频、文字方式的即时沟通交流的招聘面试。在网络招聘竞争日益激烈和人才大批量随时流动、追求效率的现代社会，视频面试已经成为部分企业招聘的一种重要方式。

3. 系列式面试

系列式面试是指企业在做出录用决定前，由多位考官对应聘者进行面试，每位考官从自己的角度观察应聘者，提出不同的问题，并形成对应聘者的独立评价意见。在系列式面试中，每位考官依据标准评价表对候选人进行评定，然后企业对每位考官的评定结果进行综合比较分析，最后做出录用决策。

6.2　面试的前期准备

6.2.1　面试的评价要素与权重确定

一、面试的评价要素

1. 举止仪表

举止仪表主要指应聘者的体格外貌、穿着举止和精神状态。在组织中，对一般人员的测评，举止仪表并不是重要内容，但对于公关人员、营销人员、秘书、管理人员等，对举止仪表的要求则相对重要。一般认为，仪表端庄、衣着整洁、举止文明的人在工作生活中做事有规律，注意自我约束，责任心强。

2. 语言表达能力

语言表达能力即应聘者通过口头语言顺畅、准确地表达自己的思想、观点、意见、建议，以使他人能够理解、明白、认知的能力。语言表达能力在外向型工作职位中非常重要，因为要与形形色色、不同类型的对象进行交流。测评语言表达能力主要是通过考查应聘者语言表达的逻辑性、准确性，言语的感染力，语言的音质、音色、音量、音调和说话态度等因素。

3. 工作实践经验

工作实践经验包括应聘者曾经做过的工作或担任过的职务、取得的成就、工作的满意度、工作的收获、人际关系情况、薪资情况等。主要通过了解应聘者的有关背景和工作经历来查询其过去工作的有关情况，以考查其所具有的工作经历和实践经验是否适合工作的需要。通过考查工作经验，考官还可以考查应聘者的社会阅历、为人处世的经验及遇到突发事件的应变能力，并从侧面考查应聘者的工作能力等。

4. 专业知识与技能

专业知识是指一定范围内相对稳定的系统化的知识；专业技能是指在工作实践中灵活运用专业知识的能力。考官需从专业的角度了解应聘者掌握专业知识的深度和广度、技能的高低与专业上的特长，作为专业知识笔试的补充，这是人员测评的一个重要方面。面试对专业知识和技能的考查更具有灵活性和深度，所提问题也更接近岗位或工作对专业能力的要求。

5. 求职动机与职位匹配度

动机是一个人工作的原动力，只有在工作中不断追求最大限度地发挥自己才能、实现自我价值，人才会努力奋斗、以工作为乐，才能取得最好的成绩。求职动机与职位的匹配性是指一个人在从事某项工作时个人的职业价值观、职业兴趣、职业能力及性格特点等方面与工作岗位的契合程度，与将来工作发展趋势的匹配程度。一个人的兴趣、特长、个性特点、工作态度、知识结构与所从事的岗位是否符合，往往会决定一个人在某个岗位上所能取得的成就的大小。

6. 人际交往能力

面试中，考官可以通过询问应聘者经常参与哪些社交活动、喜欢同哪种类型的人打交道、是喜欢集体活动还是喜欢单独活动、采用哪种为人处世的方式等情况，了解应聘者的人际交往能力。当然，也可以通过设置一些需要协调各方面关系的问题。例如，可以让应聘者回答“如果工作中，你的上级非常器重你，经常给你分配一些属于别人职权范围内的工作，因此，同事对你颇有微词，你将如何处理”等问题，了解应聘者的人际交往能力。

7. 逻辑思维能力

逻辑思维能力是指正确、合理地进行思考的能力，也就是对事物进行观察、分析、判断、推理等的综合能力。这是一种使用科学的逻辑方法准确、有条理地表达自己思维过程的能力。面试前，人力资源部需要精心设计准确贴切的题目。当考官进行提问时，应从应聘者的回答中了解其思路是否清晰，能否应用逻辑方法分析问题、清楚表述自己的答案。

8. 应变能力

应变能力是现代人应当具备的基本能力之一。在当今社会中，每人每天都要面对比过去成倍增长的信息，迅速地分析这些信息是人们把握时代脉搏、跟上时代潮流的关键，在企业中工作的员工更是如此。在面试中，应注意应聘者对考官所提问题的理解是否准确贴切，回答是否迅速、到位等；对于突发问题的反应是否机智敏捷、回答恰当；对于意外事情的处理是否得当、妥善，这些均可以考查应聘者的应变能力。

9. 自我调节与自我控制能力

自我调节与自我控制能力对于一些从事特定工作的人（如企业中的管理人员）显得尤为重要。一方面，在遇到上级批评指责、工作有压力或者个人利益受到冲击时，自我调节与自我控制能力良好的人能够克制、容忍、理智地对待，不至于因情绪波动而影响工作；另一方面，自我调节与自我控制良好的人在工作时也会有足够的耐心和韧性。

10. 组织协调能力

组织协调能力是指根据工作任务，对资源进行分配，同时控制、激励和协调群体活动过程，使之相互融合，从而实现组织目标的能力。一般认为组织协调能力应包括组织能力、授权能力、冲突处理能力、激励下属能力。

11. 责任感与进取心

责任感和进取心强的人一般都能确定事业上的奋斗目标，并为之积极不懈地努力，表现在工作上即兢兢业业，锐意进取，努力做好工作，百折不挠，工作中常有改革创新。责任感与进取心的考查可以从奋斗目标、理想抱负、工作意愿、工作要求、工作成就、薪资变动、工作业绩和奖励情况等方面进行。

12. 综合分析能力

综合分析能力考查应聘者是否关心行业形势，能否准确判断是非、把握事物的本质，对事物的认识是否全面、深刻，思维是否流畅、清晰，解决问题时是否考虑周全。在面试中表现为应聘者能否抓住考官所提出问题的本质、要点，充分、全面、透彻且有条理地加以分析和回答。综合分析能力的考查可以贯穿面试的整个过程。

13. 兴趣爱好

了解应聘者业余时间的安排、经常从事的娱乐活动、个人的兴趣爱好和生活方式等，可以从侧面分析了解一个人的情趣，对录用后的工作安排也会有所帮助。一般认为应聘者有与工作相关的兴趣爱好，工作中更容易做出一定成绩。

二、面试评价要素的权重确定

面试评价要素的权重确定要以人员测评的目的为依据。人员测评的目的大致有两个：一是选聘录用新员工；二是组织内部考评选拔人才，为个人事业发展和晋升打基础。前者由于可能对应聘者的情况知之甚少，因此测评的要素相对要更多一些；而后者由于对应聘者的情况已有所了解，因此就可以将重点放在工作态度及各项能力上，做到重点突出。

此外，评价要素及权重还要依据具体工作岗位的职位说明书来确定。不同的工作岗位职责不同，任职资格就不同，因而面试中的评价要素及其侧重点也有所不同。例如，如果要招聘的是销售人员，那么语言表达能力就是评价要素中的重点；如果要招聘的是技术人员，那么专业知识和技能就是重点，而语言表达能力则不是。办公室主任的评价要素及权重分配如表 6-1 所示。

表 6-1　　办公室主任面试评价要素及权重

姓名	基本信息		口头语言表达能力	工作动机及灵活应变能力	专业背景与岗位认知	情绪控制力	责任感与归属意识	管理能力			
	个人仪表	岗位认知						领导与指挥	计划与控制	决策	授权与激励
	5%	5%	10%	15%	10%	5%	10%	10%	10%	10%	10%

由于面试主要是通过考官对应聘者的观察、分析、判断来测评的，很少有标准答案，因此评价往往带有一定的主观性。要使面试评价尽量具有更大的客观性，在设计面试评价要素时就应特别注意各个要素的评价标准及等级的制定。评价等级的划分一般有定性和定量两种方式。定性方式是按“优、良、中、差”“好、较好、一般”等进行划分的（示例见表 6-2）。定量方式则是采用赋值的形式进行的，如 5 分制的 5 分、4 分、3 分、2 分、1 分等。为了精确地量化，还需要对每个等级标准进行描述，以统一不同考官对该等级的理解。在标准的用词上，要尽量体现等距原则，讲究各个层级的递进性和连续性（示例见表 6-3）。

表 6-2　　协调能力的评价等级及标准

等级	标准
好	能顾全大局，恰到好处地处理矛盾与冲突
较好	能采用一些冲突处理技巧，基本上能处理矛盾与冲突
差	不能处理矛盾与冲突，致使工作无法正常完成

表 6-3　　决策能力的评价等级及标准

等级	标准
5	对突发情况反应灵敏
4	对突发情况反应较快
3	对突发情况反应一般
2	对突发情况反应较慢
1	对突发情况反应迟钝

6.2.2 面试试题设计

一、面试试题设计的原则

面试的内容与题目设计是面试设计者要考虑的重要问题。面试的试题设计一般遵循以下原则。

1. 针对性原则

面试总是为特定的岗位选人，所以面试试题设计通常要紧密围绕所应聘岗位的职位说明书提出的能力要求。应聘者的能力包括三种，即一般能力（逻辑思维能力、语言表达能力、临场反应能力等）、领导能力（计划能力、决策能力、预测能力等）和个性特征（气质风度、情绪稳定性、自我认识和处事风格等）。对于这三种能力，每个人的侧重是不同的，而不同的岗位所需要的能力也是不同的，因此设计出来的题目不能泛泛而谈，要考虑招聘岗位员工所需要的能力，并针对该岗位需要的能力设计问题；问题设计出来后，通过应聘者的回答要能反映这三个方面的能力，以便找出与职位相符的应聘者。此外，还应针对应聘者的来源和背景情况，选择适合的问题。例如，若应聘者是没有工作经验的应届毕业生，则可以询问其在大学中参加实践活动的情况；若应聘者是有工作经验的求职者，则可以询问其过去的工作经历方面的问题。

2. 代表性原则

设计面试内容时，需要考虑内容不能过于简单，也不能过于烦琐，应在某一方面或某一环节上具有一定的代表性，足以测试应聘者的某一特定素质。例如，企业如果需要招聘一名有经验的人力资源经理，不妨这样提问：请讲一个你自己做过的最难或者最让你记忆犹新的决策。因为一个真正有管理经验的人，稍加思索就会把一个他做过的、比较难的决策讲出来，考官则可以从他讲的那些细节中判断其所言是否属实，进而可以确定他是否真的有管理经验。

3. 可行性原则

可行性原则即从实际出发的原则。从当前实际看，有的地方不难招到高素质人才，因而竞争激烈；有的地方却不然。因此，内容深浅难易要顾及应聘者的情况，不宜一味求新求异求难。如果录用缺乏实际工作经验的应届毕业生，应着重一般素质（尤其是发展潜力）的测评；如果应聘者有一定工作经验，可着重进行特殊素质的测评。因此，对不同类型的应聘者在项目的权重分配上应有所区别。

4. 灵活性原则

灵活性原则是指设计者在编制试题的过程中，题目的形式和内容都要采用比较灵活的做法。一是为面试提问留有余地，也给应聘者的思维留有空间以调动其积极性；二是可以铺垫面试所需的活跃气氛，使面试根据时间进展的情况、测试目标完成的情况、应聘者的表现情况，有张有弛、有节奏、有力度地进行，这有利于调节应聘者的紧张心理，使其发挥正常的水准。

5. 顺序性原则

题目出现的顺序应当遵循以下原则：第一，先易后难原则。面试中首先出现的问题应该是难度最低的，然后再提高难度。在面试过程中，应聘者免不了会有些紧张，如果刚开始的题目就有一定的难度则会加大应聘者的压力，使其更紧张，不利于后面题目的回答；也可能应聘者认为考官提问的题目过于困难，自己根本不会，干脆放弃后面题目的回答。相反，如果从简单的开始，应聘者见题目简单，就会放松心情、从容作答，这样考官就可以从应聘者的回答中获取需要的信息。第二，先一般后专业原则。同样的原理，应聘者在紧张的环境下对专业知识的回答可能会由于过于紧张而出错，而一般问题则不容易出现这样的问题。第三，先共性后个性原则。一个人在陌生的环境中会对外界提高警惕，如果面试过程中考官一开始就涉及应聘者的个性问题会提高其警惕度，那么得到的回答可能是不真实的；相反，如果先从共性问题入手，使应聘者慢慢融入新的环境、放松警惕，则更容易得到真实的意思表达。

二、面试试题的类型

1. 背景性问题

背景性问题一般在面试开始阶段作为导入性的题目对应聘者进行提问，其主要目的一方面是营造良好的沟通气氛，缓和应聘者的紧张情绪，另一方面是帮助考官对应聘者有基本的认识和大致的了解，为双方之间的进一步交流和沟通收集有价值的话题。这类面试题目的设计相对比较容易，但题目的可替换性相对比较小，一般只能围绕应聘者的个人背景进行。例如，谈谈你过去的工作经历，说说你的工作经历对你参加这次面试有什么帮助。

2. 智能性问题

智能性问题主要考查应聘者的综合分析能力、言语表达能力和逻辑推理能力。一般是由考官提出一些值得思考并富有争议性的现实问题和社会问题，让应聘者阐述自己的观点和看法。这类问题没有明确的标准答案，应聘者可以自由发挥，因此考官考查的重点不是应聘者的答案是否正确，而在于应聘者能否抓住看似复杂的问题的实质和症结所在，并有逻辑、深层次、有针对性地展开论述，做到论点鲜明、论据充分、论证严密，最终可以自圆其说、令人信服。例如，有人认为“企业用人应以才为先”，也有人认为“企业用人应以德为先”，你认为企业用人应注重什么？为什么？

3. 工作知识问题

工作知识问题主要询问应聘者对所应聘岗位相关知识的了解和掌握情况，对于那些对专业知识要求较强的技术类工作岗位来说尤为重要。提出这类问题需要设计者与具体部门的工作人员进行沟通。如果在工作中对专业技术要求很高，则提问应该有一定的深度；如果工作中只需要了解基础专业知识，则设计问题时只提问该专业领域的普遍理论知识即可。例如，招聘营销专员时可以询问“请谈谈营销理论中的4P理论”。

4. 情境性问题

情境性问题描述了一个与工作相关的假定情境，让应聘者“身处”这样的情境中，讲述自己将会有怎样的想法和做法，是一类语言模拟的情境试题。这类问题可以根据所招聘岗位在工作中解决不同问题所需要的各种能力而设计不一样的情境，主要考查应聘者的组织协调能力、决策能力、随机应变能力等。例如，一个风雪交加的晚上，一家特快专递公司要送一个非常重要的包裹给客户，送包裹的员工快到客户家时才发现，这位客户住在山顶上，大雪已经封死了上山的必经之路，而约定包裹送达的最后期限马上就要到了！于是这位员工当机立断，在没有请示公司的情况下自己做主雇了一架直升机，并且用信用卡支付了所有费用，把包裹送到了。客户感动万分，马上告诉了当地媒体，于是这家公司声名大振。如果你是该公司的经理，会如何处理此事？

5. 行为性问题

行为性问题是让应聘者确认在过去某种情境、任务或背景中他们实际做了什么，从而获得应聘者过去行为中与一种或数种能力要素相关的信息。这类问题的目的是通过关注应聘者过去的行为预测应聘者将来的表现。在行为性问题的实际使用过程中，由于所有已经发生的事件都是由应聘者进行描述，而作为考官对应聘者过去行为的真实情况进行了解比较困难，应聘者就可能对以往的工作成果夸大其词。因此，在使用行为性问题进行提问时，考官一定要注意提问的技巧，遵循STAR原则，对应聘者以往的工作细节进行追问，以便了解特定情况下应聘者的行为、表现出来的能力以及取得的成果。例如，请讲述一下你认为自己组织最成功的一次活动，并说说体会。在了解信息的基础上，可以追问更多细节，例如：你是怎么组织的？他人对这项活动是如何评价的？你自己如何看待？

6. 压力性问题

压力性问题通常是故意给应聘者施加一定的压力，观察其在压力情境下的反应，主要考查应聘者的应变能力、忍耐性和情绪控制能力。设计压力性问题时，还需要与面试官进行充分沟通，在考场营造出特定的压力氛围。例如，你只是应届毕业生，没有工作经验，怎么能胜任我们的岗位？

7. 意愿性问题

意愿性问题主要考查应聘者的工作动机是否与岗位相匹配，涉及应聘者的世界观、人生观、价值取向、求职动机与职位要求的匹配性以及生活态度等多个方面。另外，薪资、福利待遇、工作安排等问题均属此类。这类问题也不强调有标准答案，主要旨在了解应聘者过去和现在对工作的态度、更换工作与求职的原因、对未来的追求与抱负。例如，询问应聘者离开原工作单位的原因或设计一个两难情境让应聘者选择，并询问其选择动机。考官提问这类问题时，有的是直接询问应聘者的动机和个人志趣，有的是通过应聘者的表现来衡量其是否适合做所招聘岗位的工作，但多数考官是采用投射和迫选两项技术来实现的。这里所说的投射就是询问一些看起来不相关的问题，这类问题的提问策略也就是采用旁敲侧击的方式，让应聘者在选择时表现出自己真实的目的。迫选则是通过两项具有相等价值的问题，迫使应聘者必须从中选择其一，这样做的好处是答案限定，应聘者只能在这个范围中回答，从而避免了应聘者按照社会期望的价值取向来回答，对应聘者的评价更为真实。例如，现在办事情，要么使用手中权力，要么请客送礼。如果你办事，首先想到的是请客送礼还是利用权力？

6.2.3 面试实施前的其他准备工作

一、面试官的选择

面试选拔的成败在很大程度上取决于面试过程中考官的素质高低。高素质的考官可以很好地驾驭面试的整个情境，并根据应聘者的具体表现给出恰当评价。这里强调的考官的必备素质有：一是良好的个人品格和修养。因为考官代表着招聘企业，是企业文化的象征、企业精神的代表，他们必须给人以正直、公正和修养良好的感觉，才能在面试过程中树立企业的良好形象，给应聘者值得信赖的感觉，从而有助于创造良好和谐的面试气氛，使应聘者更有可能向考官坦露真实观点和看法。二是具备相关专业知识。因为面试的一个重点就是专业技能和知识水平的测评，如果考官或面试小组对专业和工作一知半解，就不能在面试中提出合适的问题并评判应聘者的回答，从而就不能测评应聘者的工作能力和知识水平。三是了解职位要求和人员测评技术。通过对招聘企业的状况和职位进行较为深入的了解，掌握面试中的工作技巧，可以明确企业需要具有哪些素质的人员、如何测评应聘者某方面的素质，从而帮助企业招聘到合适的人才，提高面试质量。四是具有丰富的社会和工作经验。在面试评价过程中，定性评价往往多于定量评价，因此要求考官具备丰富的社会工作经验，从而借助这些经验的直觉判断来正确把握应聘者的特征。

二、面试评分标准的确定

在制定面试评分表之前，招聘者要组织召开头脑风暴会议或者小组讨论会，根据岗位通用胜任素质列出足够多的可能的回答，在制定评分标准时要注意给每个可能的回答都设计相应的分数或者等级，并且提前设计好如果应聘者的回答是事先没有想到的，那么该怎样结合其回答评分或评测等级，尽可能杜绝因为标准不明确或者不统一而产生的评分误差。在面试时，提供给考官的不仅是面试评分表，还要配合提供岗位胜任素质、对应的行为描述以及评价等级和计分方式，这样面试评分表就有了具体的评分标准，能够在很大程度上减少考官的主观印象对面试决策的影响，极大地提高面试的信度和效度。在面试前一定要对考官进行培训，重点让他们熟悉具体的关键行为和评分权重，从而选拔符合职位特征、能胜任岗位的应聘者。面试评分表详见表6－4。

表6－4　　面试评分表

<table>
<tr><td>姓名</td><td></td><td>性别</td><td colspan="2"></td><td colspan="2">年龄</td><td></td><td colspan="2">编号</td><td colspan="2"></td></tr>
<tr><td>应聘岗位</td><td colspan="4"></td><td colspan="2">所属部门</td><td colspan="5"></td></tr>
<tr><td colspan="2" rowspan="2">评价要素</td><td colspan="10">评价等级</td></tr>
<tr><td colspan="2">1差</td><td colspan="2">2较差</td><td colspan="2">3一般</td><td colspan="2">4较好</td><td colspan="2">5好</td></tr>
<tr><td colspan="2">个人修养</td><td colspan="2"></td><td colspan="2"></td><td colspan="2"></td><td colspan="2"></td><td colspan="2"></td></tr>
<tr><td colspan="2">求职动机</td><td colspan="2"></td><td colspan="2"></td><td colspan="2"></td><td colspan="2"></td><td colspan="2"></td></tr>
<tr><td colspan="2">语言表达能力</td><td colspan="2"></td><td colspan="2"></td><td colspan="2"></td><td colspan="2"></td><td colspan="2"></td></tr>
<tr><td colspan="2">应变能力</td><td colspan="2"></td><td colspan="2"></td><td colspan="2"></td><td colspan="2"></td><td colspan="2"></td></tr>
<tr><td colspan="2">社交能力</td><td colspan="2"></td><td colspan="2"></td><td colspan="2"></td><td colspan="2"></td><td colspan="2"></td></tr>
<tr><td colspan="2">自我认识能力</td><td colspan="2"></td><td colspan="2"></td><td colspan="2"></td><td colspan="2"></td><td colspan="2"></td></tr>
<tr><td colspan="2">性格特点</td><td colspan="2"></td><td colspan="2"></td><td colspan="2"></td><td colspan="2"></td><td colspan="2"></td></tr>
<tr><td colspan="2">健康状况</td><td colspan="2"></td><td colspan="2"></td><td colspan="2"></td><td colspan="2"></td><td colspan="2"></td></tr>
<tr><td colspan="2">进取心</td><td colspan="2"></td><td colspan="2"></td><td colspan="2"></td><td colspan="2"></td><td colspan="2"></td></tr>
<tr><td colspan="2">相关专业知识</td><td colspan="2"></td><td colspan="2"></td><td colspan="2"></td><td colspan="2"></td><td colspan="2"></td></tr>
<tr><td colspan="2">总体评价</td><td colspan="2"></td><td colspan="2"></td><td colspan="2"></td><td colspan="2"></td><td colspan="2"></td></tr>
<tr><td colspan="2">评价</td><td colspan="4">建议录用</td><td colspan="3">有条件录用</td><td colspan="3">建议不录用</td></tr>
<tr><td colspan="2">用人部门意见：

签名：</td><td colspan="6">人事部门意见：

签名：</td><td colspan="4">总经理意见：

签名：</td></tr>
</table>

面试试题编制完成后，还要通过审核和实践来检验试题的信度、效度以及评分者的信度。题目设计完成后，可以请相关部门的负责人员审评并提出意见；同时也要请相关人力资源管理专家审核，并反馈意见；有条件的可以在企业中进行一次模拟招聘，通过模拟招聘的方式发现题目设计中的不足并加以完善。组织模拟招聘不仅可以通过实践检验试题的信度、效度，还可以对考官进行培训。在结构化面试中考官的主观性直接决定了应聘者的得分，而每个考官的专业素养、评分标准、个人偏好等各不相同，在面试过程中容易出现晕轮效应、首因效应等心理效应，可能会对选拔优秀人才产生极大的影响。因此，通过模拟招聘可以统一考官的评分标准、清晰界定测评要素、优化问题结构及检验结构化面试的可靠性。

三、面试考场的设置

面试过程是主考官与应聘者之间一场以知识、智慧、素质、经验、阅历和能力为武器的挑战和对弈。如何在面试考场布置时尽可能营造平等和对应聘者尊重的氛围，如何针对不同的面试职位及目的设计不同的考场环境，都是值得注意的问题。但是，在招聘过程中很少有组织能真正注意到这样的问题，都认为只要是一间比较安静的办公室或房间就可以了，这种对应聘者心理状况的疏忽恰恰表现出组织在招聘时的不专业，同时也会失去强化招聘效果的辅助作用。

企业在招聘员工时，考场布置既要严肃又要有人情味，既要紧张又要不失温馨。因此，面试考场的环境非常重要，舒适整洁的环境、适宜的光线和温度、令人心情愉快的色彩等，都有助于营造一个宽松的面试环境，尽可能缓解应聘者的压力，烘托一种平等、温馨、和谐的氛围，体现出企业对人才的重视。

在布置面试考场时应遵循以下两个原则：第一，平等、尊重原则。在对考官和应聘者席位进行布置时保证同一规格和档次。第二，不同的职位对面试考场的设计要求不同。这主要是指针对不同职位的招聘，面试的手段和方式并不一样，相应的考场布置也应有所区别。如果进行压力面试，考场可以特意布置得庄严而有压力感，以配合试题来测试应聘者的心理承受能力及情绪稳定程度。而大部分岗位不需要采用压力面试，招聘方应力图创造一种宽松亲切的氛围，使应聘者能够在最小压力的情况下回答问题，尽可能展示才华。

在布置考场时还应考虑两个问题。第一，面试考场的大小。从心理学角度分析，狭小的空间容易产生被逼迫的感觉，尤其是需要激烈讨论问题时适合采用小一点的空间，这样便于交谈的时间更长和交流的内容更深，即压力面试可以选择相对较小的房间。相反，非压力面试则适宜选择比较宽敞的空间。第二，在面试中经常采取的座位排列形式有以下几种。

（1）圆桌会议形式。多名考官（与应聘者正相对的是主考官）面对一名应聘者，这种安排能使应聘者感觉自在，同时气氛较为正式严肃。

（2）主考官与应聘者成一定角度而坐。如坐在长方形桌子相邻的两边。这样的角度避免了目光直视，可以缓解应聘者的紧张情绪，让应聘者在最佳心理状态下接受面试。这样不仅避免了心理冲突，也有利于主考官对应聘者进行观察。

（3）主考官与应聘者在距离较近的桌子两端面对面而坐。由于距离很近，主考官与应聘者面面相对，目光直视，容易给应聘者造成心理压力，使其紧张不安，甚至可能因情绪紧张而影响水平的发挥。当然，如果考查应聘者的情绪控制能力或承受能力，这不失为一种很好的形式。

（4）主考官与应聘者在距离较远的桌子两端面对面而坐。这种形式双方距离太远，不利于进行交流，同时空间距离太远增大了心理距离，不利于双方更好地进行合作。

(5) 主考官与应聘者坐在桌子同一侧。这种形式下，主考官与应聘者之间距离近，显得不够庄重，而且不利于主考官对应聘者的表情、姿势进行观察。

从以上分析可以看出，如果采用压力面试，一般而言第 (3) 种座位排列方式最为合适；而采用非压力面试，前两种则是最佳选择。

四、关于应聘者的安排

在面试前，首先要确定参加面试的应聘者人选。企业应借助媒体、网络等发布招聘信息，知道的人越多，选择的余地就越大，这样也能在一定程度上弥补面试技术的不足。在收到面试候选人的信息后，根据招聘需求进行初步筛选，并最终确定面试人选，及时通知应聘者具体的面试时间和面试地点，让应聘者有时间做充分的面试准备。在面试进行前，招聘方应该合理安排应聘者的面试程序，使面试工作有条不紊地进行，给应聘者提供饮用水等必备物品，并在面试等待区营造一种缓解面试压力的气氛，让应聘者对企业的标准化、规范化留下好的印象。

想一想

这样的面试存在什么问题

位于 CBD 核心区的某公司招聘部门经理，A 作为候选人之一被通知第二天 9：30—10：00 到公司面试，并携带身份证、学历证明原件和个人简历。

面试当天 A 于 9：25 赶到公司，在前台处被要求在《公司面试人员登记表》(含当天所有面试人员姓名) 上签上姓名和到达时间，A 粗略一看面试人数不下 20 人。工作人员引导 A 到公司会议室等待，会议室另有 6 人在等待，桌子上放着企业内刊，电视里播放着关于企业的相关新闻录像。A 等待时间大概为 35 分钟，期间不时有工作人员来喊人面试。

A 在进入面试官办公室前，工作人员告诉此次面试官是公司副总。在公司副总接完电话后，A 进入副总办公室，向桌子后边的副总问好后，就在她对面的椅子上坐下。副总提的问题是 A 所在公司有多少人，有没有薪资体系，是北京人吗，家住在哪里，爱人在哪里工作，工资要求是多少。然后说今天是初试，合适再通知，时间不到 5 分钟，面试结束。

要求所带资料中，提供的个人简历被面试官当作笔记本在上面做记录，A 所带的身份证、毕业证自始至终没人查看。在等待期间，一位男士忘带简历，工作人员拿来白纸和笔要求现场写简历，男士转身离去。

以上内容来源于某公司的真实招聘场景，我们不妨分析一下：该公司在面试安排、面试程序上存在什么问题？

资料来源：这样的面试存在什么问题．[2012 - 07 - 10]．http：//blog. sina. com. cn/s/blog _ a92240590101497y. html.

6.3 面试的实施与操作技巧

6.3.1 面试的实施

在实施阶段，考官应灵活地控制面试进程，尽可能多地获得有关应聘者素质与能力的真实信息，保证面试目的的实现。这一阶段包括以下环节。

一、建立关系阶段

在这一阶段，考官可以从与工作无关的问题开始发问，如询问交通、天气、地理环境、语言习惯、地方风俗等，其目的是通过简单的问候寒暄，缓解应聘者的紧张情绪，创造宽松友好的环境。也可以让应聘者进行自由的自我介绍或者询问应聘者一些比较熟悉的问题，如询问应聘者学习、工作经历中的一段内容等。在该阶段常提问一些比较封闭性的问题，如“今天天气很冷吧?”“你原来从事过人力资源管理工作吗?”

二、导入阶段

在导入阶段，考官会比较自然、亲切地提问一些应聘者一般有所准备的、比较熟悉的题目，如让应聘者介绍一下自己的工作经历、自己过去所从事的工作等，以进一步缓解应聘者的紧张情绪，为面试的进一步开展做准备。在本阶段，常常提问一些开放性的问题，使应聘者有较大的自由度，如“请你介绍一些你自己过去的工作。”“你认为你的优点是什么?”

三、核心阶段

在面试的核心阶段，考官通常要求应聘者讲述一些关于所应聘岗位胜任素质的事例，考官将基于这些描述做出基本的判断，对应聘者的各项核心胜任素质做出评价，为最终的录用决策提供重要的依据。通常，考官在本阶段提问时会按照题目难度由易到难的原则进行提问，并适时进行追问。以行为性问题为例，请应聘者列举一件工作或学习中自己参与的印象最深刻的事情，具体的提问方式可以采用 STAR 原则。如果应聘者提到了某项胜任素质，就根据他的重视程度进行等级评分，没有提到的胜任素质则不计分。本阶段中，通常使用一个开放性的问题引出一个话题，然后再将该话题聚焦在一个关键的行为事件上，接下来可以不断使用探索性的问题进行追问或者设置情境性问题让应聘者阐述自己的观点。如“在工作中的某件事上，当你的意见与你的直接上级的意见有分歧时，你是怎么处理的?”“如果我们录用了你，你能为我们做什么?”

四、确认阶段

在这一阶段，考官应避免使用一些封闭性的问题进一步核实核心阶段获得的信息，因为封闭性的问题会对应聘者的回答产生导向性，应聘者会倾向于给出考官希望听到的答案。所以，本阶段通常采用开放性问题，如“刚才我们已经讨论了几个具体的实例，那么现在你能不能清楚地概括一下组织招聘工作的程序是怎样的?”“刚才你提到帮助人力资源总监制定有关的人力资源政策，能不能讲一讲你具体做了哪些工作?”

五、结束阶段

在面试的前四个阶段，应聘者一直处于被动地位，所以，在面试结束之前，考官完成所有预计的提问之后，应该给应聘者一个机会。不管录用与否，均应在友好的气氛中结束面试。如果对某一对象是否录用存在分歧意见，不必急于下结论，还可安排第二次面试。在面试结束前，考官一般提问1～2个可以让应聘者自由发挥的问题，其目的是查漏补缺。如“请问你还有什么需要补充的吗?”“请问你还有什么问题吗?”

6.3.2 面试官的面试技巧以及常犯的错误

一、面试官的面试技巧

1. 面试中的观察技巧

(1) 坚持观察的综合性、目的性和客观性原则。考官应该从多方面去把握应聘者的内在素质，从整体行为反应中抓住一些带有典型意义的行为反应，即关键行为，系统地测评某种素质，而不能仅凭某一个行为反应就下断言。不但要从一般的问题考查应聘者的素质，而且应该创造条件在激发、扰动的状态下考查应聘者的素质。

(2) 避免以貌取人或者光环效应。孔子也常要“听其言而观其行”，再对前来求教的弟子进行一番取舍。例如，宰予“利口辩辞”，孔子很高兴地收下了；澹台子羽，孔子见其状貌甚恶，以为材薄，虽收留门下，但让其“退而修行，行不由径”，即把他列为“旁听”弟子。后来子羽在楚国办学成就很大，名扬诸侯，孔子自我检讨说“以貌取人，失之子羽”。

(3) 注意面部信息。面试过程中，应聘者的面部表情会有许多变化，考官必须能观察到这种表情的变化，并判断其心理。例如，应聘者面部涨得通红、鼻尖出汗，目光不敢与考官对视，便反映其自信心不足，心情紧张；应聘者长时间盯着地面或盯着自己的双脚，默不作声，反映其内心的矛盾或正在思考；当考官提出某一难以回答或窘迫的问题时，应聘者可能目光暗淡，双眉紧皱，带着明显的焦急或压抑的神色。总之，考官可以借助应聘者面部表情的观察与分析，判断应聘者的自信心、反应力、思维敏捷性、性格特征、情绪和态度等素质特征。

（4）注意身体语言。在面试过程中，应聘者的身体、四肢等在信息交流过程中也发挥着重要作用。比如，手势具有说明、强调、解释或指出某一问题、插入谈话等作用，很难与口头语言分开。而且，具有不同心理素质的人，其身体语言的表现形式各不相同。一个情绪低沉的人可能两肩微垂，双手持续地做着某个单调的动作，身体移动的速度相对较慢。而一个性格急躁的应聘者常常会无休止地快速运动手脚，双手还可能不断颤抖。一个缺乏自信和创新精神的人会始终使他自己的双手处于与身体紧密接触的部位，头部下垂。一个人紧张或焦躁不安时，往往会出现膝盖或脚尖有节奏地抖动，手指不停地转动手里的东西，摆弄衣服，乱摸头发等。这些心理素质和非语言动作都是考官值得注意的。

2. 面试中的提问技巧

（1）渐进引导。在面试中，考官与应聘者之间能否建立某种亲切感，往往对面试的效果具有决定性的意义。在面试导入阶段，考官如果采用自然、亲切的聊天式提问，和应聘者建立一定的亲切感，容易使应聘者从紧张情绪中解脱出来，在考官面前感到自在，进而充分表现出自己的最好状态，更容易让考官获知其真正的能力素质。

（2）及时追问。如果应聘者回答问题不完全、不正确，考官应该适时地进行追问。追问的方式一般有两种：第一，探询式追问。这种追问的问法一般是"怎么办""为什么""请再往下说""真是这样么""那你做了什么"，或者一些示意的动作等。沉默也是探询式追问的方式之一，但时间掌握很重要。一般而言，如果鼓励对方继续谈下去，最有效的方法是在对方的谈话中断时，保持3～6秒的沉默，这样对方会很自然地说下去。第二，反射式追问。即把对方所说的话再重复一遍，以此考验对方的反应及其真实意图。当对方回答得不完全或值得怀疑时，就要用反射式追问，鼓励应聘者加以说明或引申，以确定其真实的想法。

（3）选择适当的提问方式。面试中的提问方式可以分为四种：一是开放式提问，即对提出的问题应聘者不能使用简单的是或者不是来回答，而必须另加解释才能回答圆满。这类问题可以使考官从应聘者处获得大量的信息。二是探询式提问，这种提问方式可以帮助考官深入了解应聘者某方面的情况，获得进一步的信息，因此探询式提问可以用于对初始问题的追问。三是封闭式提问，这是一种能够得到明确回答的提问方式，它能够帮助考官掌握主动权，并在考官需要核实信息时得到准确的答复。四是假设式提问，在这种提问中，主考官为应聘者假设一种情况，让应聘者在这种情况下做出反应、回答提出的问题，进而考查应聘者的应变能力、解决问题能力和思维能力。

3. 面试中的倾听技巧

（1）排除干扰。面试时，招聘方的面试场地应该是一个封闭的、相对安静的环境，尽可能避免在面试过程中有人随便进出面试场地、有电话铃声响起或者其他会引起考官转移注意力的干扰，否则会给应聘者不受重视的感觉，加重应聘者的紧张情绪、影响其发挥，也会使考官遗漏一些有可能非常重要的信息。

（2）客观倾听。面试中不要首先对应聘者做出评判，然后带着自己的看法和观点倾听，因为这样会导致倾听过程中的选择性知觉，从而使收集到的信息有失偏颇。在倾听过程中，应将重点放在客观的事实和信息上，避免个人偏见影响倾听，以便在客观倾听的基础上对应聘者做出全面、客观的评价。

（3）调节应聘者的状态。在倾听应聘者回答问题的过程中，考官要善于把握与调节应聘者的情绪，使其处于良好的状态，正常发挥。当应聘者在回答问题的过程中突然出现紧张、激动状态时，考官可以通过反复陈述对方的话、慢慢记录等方式，先稳定其情绪，待其冷静后再进入正题。当应聘者情绪过于低沉或者高度紧张时，考官可以采用夸奖的技巧。当发现应聘者一见面就处于紧张状态时，可以采用示弱接近术、亲切称呼术和请教悦心术等技巧。

1）示弱接近术即在应聘者面前装着不懂。例如，“你是这方面的高材生（专家），我们是门外汉……不太懂”，从而使应聘者缓解心理上的戒备。

2）亲切称呼术即称呼“小李”“老张”之类的简称，或者直呼其名不带姓。这种称呼会让应聘者听起来亲切得多，正常情况下心里会感到比较愉快。

3）请教悦心术是指面试时考官可以适时地使用请教的口气同应聘者交谈，这有利于唤起应聘者的优越感，使其放松。例如，“据说你非常擅长……能够给我们讲讲吗?”“我曾经遇到过这么一个问题：……你专门学过，我想请教一下你。”

（4）适时加以总结。应聘者并不是总能一次性对问题做出完整的回答，在很多情况下，考官必须追问，才能获得更多的信息，并且将所有分散的信息加以拼凑，获得完整、有效的信息。为了准确地做到这一点，考官需要适时停下来做一些阶段性总结，这样也可以向应聘者传达考官很重视他的回答这一信号。

4. 面试中的记录技巧

（1）认真记录。笔记是面试的永久性记录，是帮助考官评估应聘者工作适应能力的凭证之一。所以在面试进行过程中，考官应该认真进行面试记录，以备在面试工作结束后，为每位应聘者做的面试记录与职位说明书放在一起进行比较，根据记录内容将应聘者的相关技术、技能与职位说明书中描述的拟聘职位的要求与职责加以比较，为最后的录用决策提供信息支持。

（2）记录客观事实。考官记下的所有评论都应当是客观的，不能使用主观性的言辞。例如，说某位应聘者有魅力就是一种主观描述，而如果记录“应聘者的外表与其在公司所担任职位相符”就比较客观。另外，考官不应该记录没有充分的与工作相关的事实依据的意见，如“我认为……”“我觉得……”等。

（3）学会记录。考官在记录时，要使用一定的缩写词语或者符号，以保证倾听和记录的速度，用简短的话把应聘者回答的案例、故事记录下来。而且应该让应聘者知道你在记录，但不能让其看见你到底记录了哪些内容，也不可让其看见你在记录时左涂右改，犹豫不决。在一位应聘者面试结束、下一位应聘者进入面试考场之前，迅速整理记录，但不能当场对任何一位应聘者下结论。

二、面试官常犯的错误

1. 首因效应

首因即常说的“第一印象”，是指两个素不相识的人第一次见面所形成的印象。首因效应即考官根据开始几分钟或面试之前从职位申请表格、录用测试等资料中得到的印象，对应聘者做出是否录用的判断。第一印象一旦形成，就会影响考官在短时间内的评判，从而很容易造成认知上的偏差。如果第一印象很好，考官就会有意无意地证明应聘者确实不错；相反，考官就会努力证明应聘者确实不行。

2. 晕轮效应

晕轮效应是指以事物某一方面的突出特点掩盖了其他方面的全部特点。在面试活动中，晕轮效应的具体表现是，应聘者在测试过程中表现出来的某一突出的特点容易引起考官的注意，而使其他素质的表征信息被忽视。如应聘者的语言表达能力很强，给考官留下良好的印象，有的考官由于受到晕轮效应的影响，武断地认为该应聘者的一切都好；相反，有的应聘者稍不注意，在某个问题的回答上有反常或异常的表现，或有令人反感的回答，给考官的印象自然不好，有的考官则据此认为该应聘者的一切均差。这种心理效应以点带面，用主观臆想的联系代替应聘者自身素质真实客观的联系，应该防止和避免。

3. 类我效应

面试过程中，考官往往容易将与自己性格、爱好等相似的应聘者的优点放大，以至于忽略其缺点，从而不能做出对应聘者全面、客观的评价。

4. 定型化效应

定型化效应即“刻板印象”，是指根据个体属于哪一类社会团体或阶层，并以这一社会团体或阶层的典型行为方式来判断个体。在考官的头脑中，也存在关于某一类人的固定印象，这种固定印象使考官评价应聘者时常常不自觉地按应聘者的年龄、性别、专业等特点进行归类，并根据头脑中已有的关于这一类人的固定印象来判断应聘者的个性，从而造成判断的不准确。

5. 对比效应

面试过程中，应聘者总是按照一定顺序进行面试的，而这样的顺序有时会影响考官的正确评价，考官往往以之前一个或几个应聘者来评估正在接受面试的应聘者。例如，可能由于前面连续出现的几个应聘者的能力都一般，突然出现一个能力较强的应聘者，考官就很容易打出非常高的分数，也许这个应聘者的水平并没有那么高，只是和前面的应聘者对比使得考官认为其水平很高，从而得出不恰当的评论，认为该应聘者特别优秀。

6. 近因效应

近因效应是指人们对新接触到的东西记忆比较深刻，在面试中往往最后给人留下的印象会得到强化。考官在面试中应全面、整体地把握应聘者在面试中的表现，不要因为应聘者最后表现好而忽略其在前面的面试中暴露的缺点，也不要因为应聘者最后表现不好而否定其在前面表现出来的优点。

7. 负面效应

考官对应聘者的印象容易由好变坏，但不容易由坏变好；对待同样程度的优点、缺点，往往强调缺点而忽视优点。与负面效应相对应的是类我效应，考官往往会因为应聘者与其有相似的兴趣、偏好或经历，从而容易对应聘者产生好感，影响正确判断。

6.3.3 有效评估应聘者

面试结束后，考官应该及时扩展面试时的简单记录，还原应聘者在面试中的回答与陈述，整理完整自己的面试笔记，然后将自己已经得到的关键信息与面试确定的评价要素进行比照，总结在面试确定的多个维度中每位应聘者的表现，客观地打分，为录用决策提供重要的参考。

面试结束并不意味着确定招聘应聘者与否，而是开启了新一轮的接触。对企业来说，根据诸多事实来评判应聘者合适与否很重要；同样，对应聘者来说，也需要根据诸多事实来评估不同的工作机会，看到底哪一个最适合自己。这些事实包括学习与成长的机会、薪酬、招聘经理及其团队所表现出的素质、工作匹配度、文化匹配度、工作与生活的平衡。你可以给对方发一张基于诸多事实来做决定的表格，让他自己就上面所列的项目，给你公司以及别的同样向他伸出橄榄枝的公司打分，甚至包括他自己当前所在的公司。在面试流程中，公司要在应聘者做出最终决定之前就让他了解所有这些具体信息。如果公司提供的职位在长期而言对他意味着一次不错的职业飞跃，只要不把薪酬作为第一考虑因素，通常他就会选择你。

6.3.4 应聘者在面试中的技巧

一、印象管理的技巧

印象管理是一种试图通过控制他人所得信息，从而影响他人对自己产生某种印象的活动，在人际交往中普遍使用。印象管理可以有意而为之，也可以在不经意的情况下产生。狭义的印象管理是指在特定情境下所采用的具体印象管理策略，而广义的印象管理就是指印象管理风格，它不仅包括灵活多变的策略，还包括稳定选择某种印象管理技巧的倾向。适宜的印象管理是人际交往的有效手段，只要试图影响别人对我们的看法，我们就是在进行印象管理。印象管理可以分为以下几类。

1. 获得性印象管理

即试图使别人积极看待自己的努力，其目的是传递一种特定的形象。其中，应聘者的获得性印象管理行为又可分为他人聚焦型和自我聚焦型两大类。

他人聚焦型印象管理策略一般将目标指向印象管理的接受者、评价者，如面试中的考官，通过逢迎、讨好等行为来获取人际间的彼此吸引。例如，抬举考官，遵从意见等。自我聚焦型印象管理策略则将目标指向行为者自身，应聘者通过一系列的策略行为将人际交流的主题界定在能使自己显得优秀的方面，从而使自己显得更有能力、具备更多的积极特质。例如，自我宣传，享有权利，增强效应，克服障碍等。

2. 保护性印象管理

保护性印象管理指尽可能弱化自己的不足或者避免使别人消极看待自己的防御性措施，其动机是避免社会赞许的显著丢失或避免积累社会不赞许。在面试中，当应聘者被置于尴尬、危机境地时，他们会通过各种补救措施将造成的消极影响减至最低，从而达到减少、否认、中和已留下的消极印象的目的。例如，合理化理由（包括借口和辩解），事先申明，自我设障，道歉等。

3. 非言语印象管理

在实际的面试互动情境中，应聘者除了使用各种言语印象管理行为来影响考官评价，很多非言语行为，如面部表情、触摸、身体位置、姿态等，也能够有效地影响面试双方之间的相互印象。面试时，个别应聘者由于某些不拘小节的不良习惯，破坏了自己的形象，会使面试的效果大打折扣，导致求职失败。例如，双手玩弄领带，抚弄头发，掰关节，玩弄考官递过来的名片，脚不停晃动，哈腰弓背，眼神游离躲闪，脸部表情呆滞等。

二、了解必要的信息

应聘者在面试前应适当了解招聘单位的背景资料，如企业文化、价值观、企业领导者、企业发展状况、主营业务等；更应仔细分析企业招聘岗位的素质要求，以便在面试中能够有所针对地突出自己在这些方面的优势和特长，获得更好的结果。要了解企业面试小组中考官的一些相关信息，因为正如我们在前面所说，考官也会受多种效应的影响，应聘者如果事先了解考官的一些信息，在面试过程中可以“投其所好”，适当地表现出自己在某些方面的特质，提高面试的成功率。

三、掌握面试的基本技巧

应聘者在进入面试场地后，应目视前方，略带笑容，视线以正视主考官为主，兼顾左右两侧所有考官；回答问题时，语速不能太快，条理要清晰，且对问题的回答时间不宜太长，一道题一定要在3分钟之内回答完。除了计划、组织、协调类试题的细节列举和人际沟通交往类试题的沟通技巧举例稍做展开，其他题目简单谈几句把意思表达清楚即可，不要每一点都详细展开。回答问题时应观察考官，以做到适时结束陈述。

拓展阅读

瑞士酒店行业结构化面试研究

许多研究发现，结构化面试要比非结构化面试更加具有预测效度。一项研究检验了瑞士酒店行业是否采用结构化面试来选择候选人。

对150位候选人进行的调查表明，面试是相对非结构化的。比如，超过一半的面试官没有在面试前进行职位分析，超过2/3的面试官没有询问结构化问题，90%的面试官没有对候选人的表现打分。

不过，规模相对较大的酒店会比规模相对较小的酒店更多地采用结构化面试，连锁酒店会比独立运行的酒店更多地采用结构化面试，四星级酒店和五星级酒店并不比三星级酒店采用更结构化的面试。连锁酒店和独立酒店有两个显著的差异：对候选人的评价和面试评价。在连锁酒店，以相对正式的评分说明来评价候选人比较常见。具体数据如表6-5所示。

表6-5　依据酒店规模、所有权和星级调查的结构化面试所占比重

项目	酒店规模（员工数量）			所有权		星级		
	0～20	21～50	>50	独立	连锁	三星	四星	五星
面试时间	0.82	0.94	0.92	0.89	0.90	0.80	0.91	1.00
职位分析	0.19	0.23	0.31	0.24	0.27	0.21	0.26	0.30
面试试题	0.52	0.54	0.69	0.57	0.68	0.51	0.62	0.75
相同问题	0.41	0.38	0.38	0.37	0.53	0.47	0.27	0.40
面试次数	0.69	0.63	0.77	0.68	0.79	0.65	0.75	0.70
面试官数量	0.33	0.54	0.65	0.47	0.68	0.45	0.55	0.55
来自候选人的问题	0.02	0.00	0.00	0.01	0.00	0.01	0.00	0.00
记录	0.93	0.92	0.96	0.93	0.95	0.92	0.95	0.95
候选人评价	0.06	0.13	0.17	0.09	0.26	0.11	0.13	0.10
面试培训	0.17	0.27	0.25	0.20	0.42	0.21	0.22	0.30

在结构化面试中，通过面试培训和交流，能够帮助面试官提高面试技能，增强面试效度。

面试官应该在面试过程中提高结构化程度：（1）基于正确的职位分析，准备好要问的面试试题，对候选人提问相同的问题，因为候选人过去的行为和事件能够有效地预测候选人未来的行为。（2）面试官不能仅依靠对人选的印象做出决定，还应该依据评价标准和打分情况综合考虑。

资料来源：Fernandez S，Pougnet S. Is there structure in the selection interview? evidence from hotels in Switzerland. Journal of Human Resources in Hospitality & Tourism，2017（6）：80-97.

小　结

本章主要讲述了面试以及面试前的准备与实施。面试的目的是了解应聘者的求职动机；获取在笔试中难以取得的信息；评估应聘者的综合能力，为企业招聘优秀人才。面试作为一种甄选人才的手段，具有四个方面的特点：一是面试是一个双向交流的、直接的过程；二是面试的内容灵活、针对性强；三是面试是强调过程的素质测评；四是判断的直觉性过于依赖主考官。根据划分依据不同，面试可分为不同的类型：根据标准化程度，面试可分为结构化面试、非结构化面试和半结构化面试；根据实施方式，面试可分为单独面试与小组面试；根据题目内容，面试可分为情境面试和行为面试；另外还有压力面试、远程面试和系列式面试等其他类型。

在面试的前期准备工作中，需要确定面试的评价要素和权重。面试的评价要素包括举止仪表、语言表达能力、工作实践经验、专业知识与技能、求职动机与职位匹配度、人际交往能力、逻辑思维能力、应变能力、自我调节与自我控制能力、组织协调能力、责任感与进取心、综合分析能力、兴趣爱好等，招聘者需要根据职位说明书确定不同要素所在的维度、在面试评分中所占的权重及评分等级。在面试试题设计中，应使其具有针对性、代表性、可行性、灵活性以及一定的顺序性，以便于成功甄别应聘者。面试试题有多种类型，包括背景性问题、智能性问题、工作知识问题、情境性问题、行为性问题、压力性问题和意愿性问题，招聘者可以根据不同的岗位素质要求选择多种面试问题。除了设计面试试题，招聘者还需要做多项其他准备工作，如选择面试官、确定面试的评分标准、布置面试考场和安排应聘者等。

进入面试实施阶段后，考官需要通过五个阶段对应聘者进行面试，即建立关系阶段、导入阶段、核心阶段、确认阶段和结束阶段。在面试过程中，考官应注意面试中观察、提问、倾听和记录等面试技巧，避免陷入首因效应、晕轮效应、类我效应、定型化效应、对比效应、近因效应、负面效应等面试误区。最后，在面试的结束阶段，应该对应聘者进行有效评估，为录用决策准备信息基础。

本章最后介绍了应聘者在面试中的技巧，着重介绍了印象管理技巧及其他面试技巧。

▶ 思考题

1. 观看《杜拉拉升职记》这部电影中杜拉拉到世界 500 强企业面试时的情境，对照现实中专业的人力资源管理面试流程，谈谈在这次面试中，企业方有哪些不妥之处。

2. 假如你是某公司的招聘主要负责人，现在你们公司正在招聘一名人力资源部经理，有 5 名候选人已经通过简历筛选、笔试等测评，明天进入面试环节，请根据你所学课程拟定一份面试计划。

▶ 参考文献

1. 王丽娟．员工招聘与配置．上海：复旦大学出版社，2006.
2. 徐世勇．人员素质测评．北京：中国人民大学出版社，2017.
3. 孙武．结构化面试研究．厦门：厦门大学，2008.
4. 10 步招到最佳人才．中小企业管理与科技，2011（8）：34－36.
5. 杨波．压力面试的实施策略．人力资源管理，2011（5）：82－83.
6. 吴晨钰．毕业生印象管理策略及其在求职面试中的应用．现代交际，2011（6）：26－27.
7. 段红英．结构化面试制胜的三个环节．人力资源开发，2011（9）：28－29.
8. 鲍金勇．电话面试的特点和应对策略．科技导报，2011，29（27）：84.

9. 谷峰．非结构化面试的标准化评估．科技通报，2011，27（2）：166－170.

10. 童婵娟，江志宇，童婵媛．基于胜任特征的结构化面试试题设计．商业时代，2011（23）：100－101.

11. 王胜军．基于行为的结构化面试法．[2010－05－31]．http：//www. chinavalue. net/management/blog/2010－5－31/373051. aspx.

12. 陈慧霞，邓亮．结构化面试在企业招聘中的应用研究——以销售人员为例．现代商贸工业，2011（14）：112－113.

13. 胡卫东．结构化面试在员工招聘中的应用．企业改革与管理，2011（8）：58－60.

14. 陈京水，凌文辁．基于胜任力的结构化面试．企业管理，2011（10）：88－89.

15. 刘红霞．警惕：面试官的七大败笔．人力资源，2011（9）：44－46.

16. 刘节，萧鸣政．企业面试中存在的常见问题及对策浅析．人力资源开发，2006（12）：25－27.

17. 谢晟．浅析面试在企业招聘中的作用．经济师，2011（1）：242－243.

18. 刘树信．什么是半结构化面试．决策，2010（8）：86－87.

19. Fernandez S，Pougnet S. Is there structure in the selection interview? evidence from hotels in Switzerland. Journal of Human Resources in Hospitality & Tourism，2017（6）：80－97.

第7章

背景调查与体检

学习目标

- 了解企业开展员工背景调查的重要意义
- 掌握背景调查的内容及方法
- 掌握背景调查的实施程序
- 了解如何避免因背景调查引起的纠纷

引例　小学文化伪装“清华高材生”成企业高管，为何屡屡得手？

2015 年 11 月，萧山某大型企业要招高管，猎头公司推荐了一个：清华大学工商管理硕士，拥有建造师执业资格证书、北京户口和国内大型能源集团离职证明的任某。经过第一轮高管面试以及第二轮董事长亲自面试后，任某被正式录用，薪水是税后每月 7 万元。

任某入职时提交的都是证件复印件，企业多次要求其提交原件，但任某一直没交。一段时间后，同事们发现其能力一般。企业开始起疑心，遂进行调查，发现任某学历、资历等均系造假。双方摊牌后，任某自动离职。因企业已经发了几万元工资，于是报警。被抓后，萧山公安在其犯罪定性上反复斟酌，但因证据不足，任某被取保候审。此后，任某消失，警方将其列为网上追逃对象。

然而，再次被抓时，任某又做了两任高管。原来任某离开萧山后，又故伎重施。2016 年 3 月，他成功应聘入职深圳某大型企业高管，2016 年 4 月 20 日离职；2016 年 5 月，他又应聘入职天津某投资集团公司高管，2016 年 6 月 8 日离职。

他承认，自己的学历证书甚至北京户口均系造假，真实文化水平仅为小学毕业。为了有利于找工作，便找人伪造了清华大学、西安交通大学等知名高等院校的硕士学历证书和毕业证书，以及执业资格证书等。北京户口属于“加分项”，所以也在伪造之列。随后，任某将这些有光鲜证件打底的“简历”发到各大求职网站，还真有不少猎头公司来找他，于是便发生了上述那一幕。

为何此类现象频频发生？究其原因，一方面是我国当前尚未建立起职场诚信共享机制，因此给造假分子提供了可乘之机，另一方面也与猎头公司和企业人力资源管理部门招聘流程不规范有关。现在猎头公司推荐的“高级人才”，都是先面试入职再提交相应的资料证件，任某就利用这一个月的时间赚取相应的工资。他每次入职到离职，一般只有一个多月的时间。

资料来源：小学文化拿到月薪7万　这名“高管”装得太像了．[2017-11-06]．http：//qjwb.zjol.com.cn/html/2017-11/06/content_3588281.htm? div=-1.

7.1　背景调查的概述

背景调查又称为参考调查，是指用人单位通过各种正常的、符合法律法规的方法和途径，搜索相关信息来核实外部求职者提供的个人资料真伪的行为。这是用人单位精选人才、保证招聘质量、降低用工风险的有效方法。通过背景调查，企业可以证实求职者的真实身份、教育背景、职业生涯状况、原薪资额度、离职原因、家庭情况、有无犯罪记录，以及确认企业根据面试等方式形成的关于求职者能力、性格、品质等的评价。虽然背景调查要耗费公司的人力和物力，但好的背景调查不仅能够使公司的招聘风险大大降低，而且能够有效地预防欺诈，降低招聘成本。特别是一些中小企业，公司人员相对较少，如果在招聘方面失策，可能对整个公司的发展甚至生存都是毁灭性的打击。

7.1.1　员工背景调查的重要意义

在我国早期，劳动力资源实行的是计划方式的配置，大多数人从学习到就业一般衔接比较紧密，都是从学校完成学业后直接到所分配的单位工作，也很少出现职业变动和因求职而制作虚假简历的现象。改革开放以后，随着社会主义市场经济的发展，我国逐步实现劳动力资源的市场化配置，各地人才市场基本都建立起来，出现了全国性的人才合理、有序流动的局面。但由于经济市场不断壮大、科学技术不断发展，人才在市场上整体处于供大于求的状况，用人单位招聘门槛越来越高，对求职者的学历、工作经验、个人特长等要求水涨船高，求职者面临极大压力，相当部分求职者在求职时对自己进行包装，求职简历越做越精美，工作经历越来越丰富，其实“夸张”却存于其中。那些文凭低、工作经验不足的求职者为迎合用人单位的需要，纷纷弄虚作假，致使假文凭、假职称证书泛滥。入职前背景调查服务提供商首优咨询（First Advantage，FADV）的一项调查显示，在中国的求职者中，有10%左右的职位申请人的实际情况与其简历存在出入。在这10%的人当中，99%都是在就职经历或者教育经历方面做手脚。防患于未然，背景调查是拒假于门外的有力武器，放弃背景调查意味着公司失去了基本的免疫力。

一、开展员工背景调查的必要性

（1）严峻的就业形势导致求职者利用虚假信息误导用人单位的情况十分严重。当前，我国就业形势依然严峻，具体原因如下：第一，我国人口多、劳动力总量供过于求的矛盾继续扩大；第二，我国经济进入增速换挡期，新增的就业岗位有所减少；第三，经济结构处于深度调整期，面临结构性失业增长的压力。其中最突出的问题便是我国就业的结构性失衡，具体表现在：以高校毕业生为主的青年就业形势严峻；劳动技能结构矛盾较为突出；产业结构调整对就业带来较大挑战；提高就业质量的压力仍然较大。① 严峻的就业形势导致就业市场成为买方市场，招聘单位往往握有充分的发言权，一般求职者处于相当弱势的地位，这种情况在发达地区和大中城市表现得尤其明显。这样的就业现实也使得个别劳动者在没有竞争优势或者处于竞争劣势时采用提供虚假个人信息这样的手段争取就业机会。

（2）我国就业人口多、流动性大，新的个人诚信体系无法在短期内建立，导致劳动者个人信息的真伪难辨。我国目前劳动者个人档案的保管部门是用人单位的人力资源管理部门、人才交流中心和其他专门的或者兼职的档案管理机构。用人单位的人力资源管理部门对自己员工的资料补充较好，每年的考评结果都会入档。但是人才交流中心或者其他档案管理机构在人才资料管理上就会有一些懈怠，普遍存在资料更新不及时的问题。由于就业人口众多、人才流动频繁、流动区域广阔，很多劳动者在流动期间的资料往往得不到补充，完整性较差，甚至部分高校毕业生直接进入企业工作数年、更换多个单位后个人档案未做任何补充，仍停留在学校的记录层面。个人档案的滞后和不完善给了个别劳动者虚构个人信息的空间。改革开放40年来，我国旧的、欠流动社会的个人诚信体系已经完全被打破，新的流动型、开放型社会的个人诚信体系尚未建立。由于缺乏相对完善的个人诚信体系的支持，劳动者的个人信息很难通过有公信力的平台来查验真伪，导致劳动者进行个人信息造假的风险低、成本小。这就使一些劳动者敢于编造虚假信息来误导、欺骗用人单位。用人单位的高薪诚聘等策略在某种程度上激发了一些劳动者的造假欲望，应聘者为赢得竞争，在对高薪职务的角逐中极力掩藏自身的不利信息，突出、夸大和编造优势信息，迎合用人单位的需要。

（3）用人单位忽视背景调查会增加用工风险，还可能给用人单位造成各种损失。用人单位如果不查看或者不核实劳动者的户籍信息，有可能出现以下问题：劳动者没有达到法定年龄（16岁或者18岁）就业，导致用人单位涉嫌非法使用

---

① 韩君．新常态下我国就业形势及政策取向．改革与战略，2017（4）：134-136.

童工或者未成年工；用人单位使用在逃犯罪嫌疑人或者犯罪分子，有关人员可能要承担民事甚至刑事责任；虚假的教育背景信息和工作经历信息会使用人单位错过学有所成、经验丰富的人才。不仅如此，用人单位还有因为忽视背景调查而被要求承担赔偿责任和其他责任的风险。这样的案例在实践中不胜枚举，试举一例：王某是A公司的工程师，被A公司派往国外培训6个月后技术水平显著提高，但回国时间不长就忍不住高薪诱惑，应聘至B公司。A公司要求王某离职时缴纳违约金10万元。王某无奈，不辞而别离开A公司到了B公司。王某的离去给A公司造成了25万元的损失。A公司要求B公司承担连带赔偿责任。B公司尽管随即解除了与王某的劳动关系，最终还是被要求承担连带赔偿责任。用工风险的增加意味着用工成本可能随之增加。招聘失败会导致招聘广告、人才市场展位费、招聘人员工资和交通费等直接费用的损失。尽管劳动者弄虚作假，最后导致劳动合同无效，用人单位仍然需要依法支付该劳动者实际付出劳动应得的工资报酬。如果在招聘中出现重大疏忽，用人单位还可能要遭受各种损失。

（4）忽视背景调查给用人单位造成损失后，用人单位缺乏事后救济手段。对于应聘者提供虚假个人信息的情形，用人单位有两种应对方案：一是事前预防；二是事后补救。事后补救一般是不得已而为之，方法不多且补救效果差。劳动者以欺诈手段使用人单位在违背真实意思的情况下订立或者变更劳动合同，导致劳动合同被确认无效的，《劳动合同法》规定由过错方承担损害赔偿责任。但是实践中，仲裁庭和法院对劳动者欺诈的认定是非常谨慎的。而且，用人单位通常很难证明因劳动者的欺诈行为导致劳动合同无效对用人单位造成了多少损失。有时，即使用人单位能够证明劳动者对用人单位造成了损失，该损失可能也是无法弥补的。例如，某公司误用了另外一家公司的技术密探，导致商业秘密的泄露。尽管该公司后来获得了一定的赔偿，该技术密探也受到了刑事处罚，但是商业秘密泄露的损失已经很难弥补了。相比而言，背景调查作为应对劳动者提供虚假个人信息的事前预防的基本方法，是用人单位未雨绸缪的明智之举，也是用人单位真正节省用工成本、降低用工风险的最有效方法。

二、开展员工背景调查的目的

（1）预测应聘者在本企业未来可能取得的工作业绩。求职者的申请表和简历是其自己表述的经历和业绩，这对企业招聘行为本身来说只能起到参考作用。企业要深入了解求职者真实的工作能力，进行背景调查是一种非常有效的方法。企业通过背景调查，可以获得第三方对求职者业绩优良与否的看法，据此推测求职者将来在工作中的表现及成就。

（2）发现一些与工作有关而求职者可能隐瞒的背景信息。在求职过程中，求职者可能篡改个人的就业经历和教育背景，略去一些他认为会影响其就业机会的不良背景信息，如职业道德、团队精神、心理卫生、行为操守等方面的负面信息，而这些东西很有可能就是一种潜在的威胁，不知道哪一天就会对企业的资金安全、科技成果安全或者团队工作效率带来极为不利的影响，甚至造成难以挽回的损失。

（3）核实求职者所提供资料的真伪。受趋利避害思想的影响，求职者为了增加其被录用的机会，提交给企业的信息往往是不准确的，实施背景调查就可以弥补这方面的不足。作为一种比较成熟的招聘技术，尤其是当今获取信息渠道丰富多样化的时代，通过背景调查来核实求职者提供材料的真伪，可以将不合格的求职者识别出来，提前淘汰，防患于未然。

读一读

男子简历造假应聘公司高层险得逞

A 房产公司是上海一家知名房产公司，其业务遍布苏浙沪地区，公司的发展现已进入全盛期。近来为了上市，公司高层酝酿聘请一位有投融资经验，最好有海外从业背景的财务总监。事有凑巧，正在 A 房产公司千方百计物色人才时，公司的一位员工推荐了“非常符合公司要求”的人才。

刘逊，37 岁，年富力强，投递的简历显示，他在美国常春藤院校商学院获得硕士和博士学位，毕业以后从业 8 年，其中有 5 年海外工作经历，3 年国内 500 强企业工作经历，而且海外工作经历“恰好”包括在美国掌控投融资上市企业。

A 房产公司的高管看到他的简历后都为之一振，认为将其纳入麾下肯定会为企业融资和上市起到如虎添翼的作用。A 房产公司为刘逊开出年薪百万元，而一般房产公司的财务总监只有五六十万元。

由于是内部员工推荐，公司高层立即对其进行了面试。面试过程中，刘逊显得气度不凡，具有远见卓识，其想法和观点也与公司的发展思路不谋而合，得到了公司高层的肯定。随后刘逊成功通过了董事、董事长面试，进入到最后的签约阶段。

但就在即将签约的前两天，公司首席执行官不放心，想到应该对刘逊进行一下背景调查。在经过刘逊签字授权后，A 房产公司委托第三方对其进行了背景调查。调查结果出来后让所有人都感到震惊和后怕。

原来，刘逊所谓在美国掌控投融资上市企业的时期，却有国内某企业缴纳社保费的记录，而他所说的国内 500 强企业工作履历，显示的却是在另外一家不知名的公司做项目管理工作。此外，存在国内同期大学学历信息，以及无法提供教育部留学服务中心国外学历学位认证证书，也使所谓的美国常春藤院校商学院学历露出破绽。

如果 A 房产公司没有对刘逊进行背景调查，直接与其签约，其结果很可能不是对上市如虎添翼而是使之折戟沉沙。可以说，背景调查成功避免了公司的一次危机。

资料来源：男子简历造假应聘公司高层险些得逞．［2017－11－16］．http：//newspaper. jfdaily. com/xwcb/html/2017－11/16/content _ 49226. htm.

7.1.2 背景调查的适用范围

对于企业而言，并不是对全体员工都要做细致入微的背景调查。企业需要考虑自身财力和人力安排，资金充裕的大公司完全可以进行全员背景调查。在企业中，对不同岗位所进行的背景调查的范围和深度也是不同的。企业人力资源部可以根据岗位重要性将员工划分成几个类别，以此决定对不同员工进行调查的范围和深度：最基层的员工可以仅仅做身份证识别和犯罪记录核实，比如一线的操作工人、保安、保洁人员等；初级专业职位，例如文员、助理一类，需要加上教育背景和工作经历的核实，教育背景仅核实最高学位，工作经历仅了解最近一两段工作经历，也只需确认工作起始时间和是否正常离职即可，不需要了解详细的工作绩效；高级专业职位，包括核心技术人员、高层管理者，则需要全面彻底的调查，包括各种专业资格证书的核实、海外经历核实、是否陷入各种法律纠纷、是否在媒体中有负面报道、在前任雇主那里的详细工作表现和真实的离职原因，另外，还要进行更长时间范围内的工作经历核实，一般最长可以追溯到候选人 10 年以内的工作经历，教育背景也可以核实从本科开始所取得的所有学位。另一方面企业要考虑自身所处的行业性质。对于一些特殊性质的职位，例如法律、财务相关工作，无论职位高低，都需要进行全面严谨的调查。

读一读

“内鬼”频频泄露客户信息，谁该为失控的数据负责

女职员龚某供职于北京某科技公司，在运营规划管理部负责跨区域判罚、框架违规判罚等工作。由于工作需要，她拥有登录某科技公司内部系统的账号、密码以及 Token 令牌，可以查看工作范围内的相关数据信息。

2016 年 6—9 月，卫某利用龚某提供的内部账号和密码，多次违规登录内部系统，违规查询、下载该计算机信息系统中存储的公司客户数据。其商业合作伙伴薛某则负责通过 QQ 群寻找买家，将非法获取的客户数据卖出去，共计获利 3.7 万元。后来公司发现异常，报了警，三人先后落网。原来，案发前龚某与前同事卫某一直保持联系。两人商量售卖公司的客户数据赚钱：龚某提供账号和密码，卫某负责数据的下载和售卖，事成之后钱财各分一半。

公司“内鬼”伙同他人侵入公司网络牟利的案件并非个例，一些大型互联网公司也存在类似问题。

2017 年 1—3 月，吴某受网名为“阿布小组”的网友（另案处理）指使，通过网络联系上在乐视云计算有限公司担任工程师的阎某，并向其提供木马程序。出于牟利目的，阎某先后三次将上述木马程序布置在乐视云计算有限公司位于全国的 207 台服务器上。乐视云计算有限公司经排查发现问题后报警。检察机关以阎某、吴某涉嫌非法控制计算机信息系统罪对二人提起公诉。

最高人民检察院第九批指导性案例之一的“勾结前同事下载客户数据售卖换钱”案件的承办人介绍，在互联网科技公司内，网络信息专业人员掌握公司信息系统的漏洞，一旦这些专业人员产生犯罪故意，就会出现“内鬼”类黑客案件，且这类案件发生在公司内部，具有隐秘性，不易被发现，其危害性往往更大。

资料来源：“内鬼”频频泄露客户信息，谁该为失控的数据负责．[2017-11-15]．http：//www.thepaper.cn/newsDetail_forward_1865360.

然而，对于中小企业来说，如果对拟聘用的所有人员均进行背景调查，需要花费大量的时间、人力、资金，不太现实，因此，中小企业在进行员工背景调查时，要根据情况区别处理，一般情况下，只需针对企业核心“命门”岗位细致调查即可，主要有：

（1）涉及资金管理的岗位，如会计、出纳、投资等岗位，出于资金安全考虑，一般企业都会对这些岗位的拟录用人员进行背景调查，主要是期望了解这些拟录用应聘者的工作能力、是否有犯罪记录和诚信状况。

（2）涉及公司核心技术秘密的岗位，如研发部的工程师、技术人员等，企业的核心技术秘密涉及企业的生存问题，如可口可乐的核心配方和产品样品等，一旦被卖给竞争对手，企业就会出现生存危机，因此，企业在招聘涉及核心技术秘密岗位的拟录用人才时，会非常慎重，花费一定的资金对拟录用者进行犯罪记录、诚信状况等背景调查。

（3）部分中高层管理岗位，如运营总监、销售总监、战略管理副总经理等，这些岗位主要涉及企业的运营战略，企业在战略周期中的运营方向、核心客户资源等都掌握在这些岗位人员手上。如果这部分人员产生动荡，会给整个企业的资金链或者运营带来极大的负面效应。大多数企业都会对中高层岗位拟聘用者进行背景调查，甚至不惜花费资金聘请外部调查机构。

看一看

我国企业的背景调查

金融和互联网金融企业是目前对职场失信行为最敏感的行业，而外资企业尤其是外资跨国公司对此最留意。知了背调首席执行官王玉认为，美国等发达国家的企业会对九成以上入职员工进行调查，国内大概是在10年前有知名公司发生了造假事件后才开始进行背景调查的，目前国内有知名度的背景调查公司不超过10家。

要求进行背景调查的企业以金融、互联网金融、大型外企居多，部分金融、互联网金融企业对所有入职员工进行背景调查。另外，房产、制造、生物医药、IT等行业也已开始进行背景调查，但以中高层、财务、研发、销售等岗位为主。

人民网、智联招聘与知了背调开展的一项调查显示，最容易出现职场失信行为的岗位依次是销售、市场、管理、财务、技术研发和行政人事。接受调查的88.74%的人力资源从业人员认为，最常出现失信行为的岗位是销售；53.31%的人力资源从业人员认为，最常出现失信行为的岗位是市场。该调查还显示，职场失信行为主要出现在8个方面：在职时间作假（76.82%）、隐瞒多次跳槽经历（75.17%）、出现调查结果对应聘者不利的评价（52.98%）、证明人作伪证（41.72%）、教育背景作假（39.07%）、调查结果存在不良记录（20.53%）、隐瞒个人工商登记情况（15.89%）和身份信息作假（15.56%）。

企业高管层决定公司的战略和管理，中层管理者把控部门具体业务，中高层管理者的优劣决定了公司的未来，对他们开展背景调查是任何一家企业都应该重视的。

资料来源：男子简历造假应聘公司高层险些得逞．［2017－11－16］．http：//newspaper.jfdaily.com/xwcb/html/2017－11/16/content_49226.htm.

7.1.3 员工背景调查的内容及方法

员工背景调查的内容主要包括身份识别、犯罪记录调查、教育背景调查、工作经历调查、信用状况调查五大类。其中，身份识别指核实候选人身份证明的真假；犯罪记录调查，顾名思义是指调查求职者是否曾有违法犯罪等不良行为发生；教育背景调查主要是指求职者提供的毕业证书及学位证书是否真实；工作经历调查包括调查工作经历是否真实，即何时何地任何职、是否正常离职等和工作具体表现；信用状况调查是指对求职者在社会上的个人信用道德意识和信用自觉性的调查。

背景调查的信息来源主要有：求职者人事档案的管理部门；求职者原来的雇主、同事和客户，其中求职者的原直接上级和同事是最了解他工作表现的人；求职者推荐的私人性质的证明人；资信评估公司和调查公司以及公共记录等。

根据以上调查内容及信息来源，企业在对求职者进行背景调查时可以采用如下方法。

一、档案查询

目前，我国已经建立了一套系统、严格的人事档案管理制度，档案中的个人基本资料、教育与就业等情况的记录比较翔实，可以作为了解应聘者基本背景信息的主要渠道。然而，现实中也存在一些档案管理部门的工作跟不上时代的要求：首先是对查询档案的审批权限比较严格，企业在短时间内未必可以获得所有被调查人员的审批权限；其次是档案材料内容存在陈旧、雷同、空洞、单一等缺陷，企业不一定能够找到自己所需要了解的信息。

二、电话调查

人力资源管理部门需要培训电话调查员，然后与被访问者（包括其原单位的人力资源部工作人员、主管上级和同事）进行事先沟通，说明意图，取得对方的理解和支持，约定好通话的日期和时间。通话成功后，调查员应根据拟定好的调查问卷内容（调查内容一般包括拟聘用者的工作经验、工作业绩、离职原因、入职和离职时间等），逐一询问，同时快速记录被访问者的回答。实践中由于被访问者声音的语调、停顿等的变化很可能会暴露其一些真实想法，此时调查员要特别注意，保持高度的敏锐感。通过电话进行背景调查，简便易行、省时价廉，是大多数企业对求职者进行背景调查的首选方法。电话调查效率虽高，但如果调查员操作不当，容易侵犯被调查者的隐私，引起被访问企业的警觉（尤其是竞争对手），使被调查者的工作陷于被动。不少被访问企业由于不愿员工流动或者与被调查者本身有矛盾，在电话采访中不可避免地会对跳槽员工的工作能力和态度给予极低的评价，甚至会趁机“捅上一刀”。这样一来，不仅被调查者可能因此失去工作的机会，招聘企业也可能因为这些不客观的评价而失去真正的人才。

读一读

外行的背景调查

软件工程师梁安平是一家国内大型网站的技术主管，上级找他谈话，打算给他升职，这时他也接到了另一家大公司伸来的橄榄枝，不仅升一级，而且薪水比现在高出80%！他不可能不动心。于是他一边上班，一边和新公司接洽，对方的人力资源部提出为了解他在工作中的表现和能力，要做一次背景调查。梁安平答应了，但他也考虑到这有可能“打草惊蛇”，于是强烈要求对方一定要低调进行，绝不能让现在的公司知道。对方答应了。可是没多久，现在的公司就知道了梁安平要跳槽的事。公司马上“雪藏”了他，新公司最后也没有聘用他。梁安平的职业生涯因为这次背景调查遭受了重创。

原来，给梁安平做背景调查的人很外行，他用手机打电话到梁安平公司的人力资源部，称自己是英国领事馆的签证官，梁安平要出国旅游，所以需要核实一些情况。可是人力资源部的人经过这么多年挖人与反挖人的历练，都已经成了“人精”，一看对方是用手机打来的，就想到了“挖人”。结果几个回合下来，做背景调查的人反被人家的人力资源部套出了老底。

资料来源：郝婧羽．小心！别吃了背景调查的亏．羊城晚报，2009-11-04（B16）。

三、发函调查

发函调查包括填写调查问卷和证明人写评论信两种方式。招聘企业调查员通过邮局将问卷或者恳请对求职者给予评论的书面材料寄给证明人或推荐人，待其填答问卷或写完评论信之后寄回企业人力资源部。调查问卷的优点是填答方便，省时省力，资料易于做统计分析，缺点是资料失去了自发性和表现力。而证明人写评论信恰好可以弥补这个缺点，这种方式就是请求对方按照既定的问题或者自由发挥写一封对求职者的评论信，尽管大部分回信都是正面的评论，而且主观性强，企业仍可从中窥出求职者过往业绩的真实信息。例如，若评论篇幅较长，或者评论中与求职者智力有关的褒扬比关于礼貌、团结等的夸赞用词多，都可能说明求职者过去的工作业绩确实较好。总体上说，发函调查法系统性强，效率较高，但最大的缺点是回复率较低。

四、访谈调查

访谈是一种可靠程度高但是成本也高的背景调查方法，而且访谈的效果受访谈者个人访谈能力技巧的影响较大。企业的人力资源管理部门应该先选择和培训一组访问员，由他们携带调查问卷分赴各个调查点，按照调查方案的要求对所选择的被访问者进行访问，并记录被访问者的回答与反应。这种方法涉及与被访问者的正面接触，往往能得到一些很有价值的信息，如对求职者品质的评论，因此它的主要优点是调查资料的质量较好，而且调查的回答率较高，缺点是时间长，费用高，对访问员的个人素质要求较高。

五、网络调查

时代发展到今天，互联网已经成为人们获取信息的重要渠道。对于企业招聘中的背景调查，网络同样不可或缺。人力资源管理部门通常采用登录互联网的方式查询求职者的学历和证书等个人网上信息。例如，核实身份证信息，人力资源管理部门可以通过权威网站（如 http：//www. ipl38. com，http：//www. nciic. com. cn）查询；验证学历证书，可通过中国高等教育学生信息网（http：//www. chsi. com. cn）等权威网站查询。部分高校也已将学校历年毕业生的名单挂在校园网站上，供有需要的人员随时查询。另外，对于中高层职位的求职者的信息查询，互联网同样非常重要，因为这类应聘人员一般具有令人尊敬的从业经历，或在某知名企业从事过高端职位，或曾代表企业出席某些行业会议或合同签字会，频繁的社会活动必然会在网络中留下某些痕迹。招聘企业的人力资源管理人员只需在百度、谷歌等搜索引擎中输入该应聘者的姓名，很多意想不到的信息就会唾手可得。此外，网络调查对知识型、科技型应聘人员特别适用，这些应聘人员一般在求职简历上或多或少地总会有一些发表论文的索引，同样，只要在中国期刊网站或者百度搜索引擎中输入应聘者的姓名，就可以查证他们发表的相关文章是否属实。

读一读

高管入职后获股权激励　被发现履历造假遭解聘

朱先生是一家科技型企业的法定代表人。2014 年，公司正处于初创期，迫切希望能引进具有丰富经验的高级管理人才。经介绍，朱先生认识了王某。面谈中，朱先生得知王某毕业于北京大学，曾在多家企业担任重要岗位。朱先生当即决定聘请其担任副总裁，负责公司的运营管理、业务开拓、公关管理等，并将名下 5%的公司股份赠予王某作为股权激励。不料，王某上任后不久，朱先生就发现其入职时所称的工作经历有诸多不实，还隐瞒了在北京大学就读期间曾因学术不端问题而受到处分导致没有获得学位这一事实。为此，朱先生诉至法院，要求撤销股权赠予。

资料来源：高管入职后获股权激励　被发现履历造假遭解聘．[2016－12－18]．http：//sh. sina. com. cn/news/s/2016－12－08/detail-ifxypipu7287095. shtml.

六、利用行业人力资源联盟

各个行业发展到成熟阶段后，企业之间的竞争更多体现在人才的竞争上，尤其是决定企业命运的核心技术或营销岗位。事实上，企业之间人才的流动更多是在相互竞争的企业之间进行的。与企业之间市场方面的竞争相比，同行业内不同企业的人力资源管理部门相互之间对于人才的竞争更激烈。但随着行业发展的日益成熟，不同企业的人力资源管理部门也会走向合作，相互交流行业经验和管理心得，甚至互相交换人才数据库等。因此，基于共同发展和良性发展的理念，很多同行业的企业也会建立人力资源联盟，相互承诺不恶性挖墙脚，互相接受流动人员的背景调查等，使员工的背景调查可信性更高、更易于操作。很多国外同行业的公司很早就建立了行业内的人力资源联盟，人力资源联盟主要致力于行业内人才的培训、招聘、员工数据库收集等，企业对拟录用核心岗位员工进行背景调查时，可以充分利用人力资源联盟的数据库优势，并且调查得到的数据资料比较真实和客观。

七、委托调查机构调查

企业自身进行员工背景调查，往往费时费力，而且由于很多员工来自竞争企业，在实施员工背景调查时无法获得其人力资源部的配合和支持，另外，企业的人力资源部由于调查手法单一、技术不专业，无法保证调查结果的真实性和有效性。所以，对于一些重要的核心岗位员工的背景调查，很多企业采取委托外部调查机构核查的方式。调查机构利用自身的数据库，与法院、公安机关、学校以及部分企业之间的战略联盟优势，而且与被调查的企业之间不存在排异现象，能迅速调查清楚被调查者的背景信息，保证员工背景调查报告客观、可信。如清华大学作为国内数一数二的名牌大学，在高端人才引进方面就采用委托外部调查公司进行员工调查的方法，对应聘人员的学术情况进行调查，主要包括简历、代表性的论文著作，做出客观、公正的评价，这样确保了引进的人才是真正的高端人才，对提升学校的学术地位、占领学术制高点无疑会产生较好的效果。

但是，委托调查公司进行员工背景调查也存在很多不足。首先，委托调查公司进行员工背景调查需要花费较高的费用，给企业带来较大的经济成本压力；其次，企业委托调查公司进行员工背景调查的拟录用人员均是企业的核心岗位和重要人员，而对于非核心岗位的拟录用人员，基于成本压力，一般不会进行委托，调查对象的适用范围不是特别广；最后，我国的员工背景调查市场尚处于初级阶段，各种信用制度尚未建立，员工背景数据库还不健全，而且各种调查公司鱼龙混杂，再加上企业对员工背景调查认识不足，在国内委托调查公司进行员工背景调查可信度仍然不高。

八、从资信评估公司购买

资信公司数据库收录的个人资料一般为三大类：一是个人的基本资料；二是个人的银行信用；三是个人的社会信用和特别记录，包括涉及税务、司法以及曾经受到公安处罚等方面的信息。科技型企业中某些工作对员工有一些特殊的要求，如对某些关键技术岗位上的科技人员要求职业操守优良、无不良社会记录，而财务工作者要求个人信用良好等。由于国情，一般企业接触不到求职者的社会信用以及某些特别记录，而这正是资信评估公司的强项。理论上，资产信用是个人信用的主体，而我国个人收入的分配以按劳分配为主体，由此推导，个人信用良好的求职者其劳动能力也可能较强。因此，个人信用也具备预测功能。但目前我国能提供个人信用查询服务的只有中贸远大、上海资信、鹏元资信等不多的几家公司。

以上八种员工背景调查方式都可以帮助企业得到想要的信息，但是在做员工背景调查时，要注意保护被调查者的隐私和尊重被调查者，同时尽可能多地听取多方意见，确保调查结果合理、合法、客观和有效。事实上，企业内外部调查相结合是现阶段企业背景调查的最优方式。针对背景调查现状，用人企业对新进员工进行背景调查，应根据企业的规模、实力以及招聘岗位本身的职责水平决定背景调查的强度，责任较大的岗位要求进行准确、详细的调查，因此可通过职位分析确定调查内容，对不同工作岗位要根据其性质确定调查重点，进而确定合适的调查方法。

7.2 背景调查的实施

7.2.1 背景调查的实施过程

一、背景调查内容设计

背景调查的内容应以简明、实用为原则。内容简明是为了控制背景调查的工作量，降低调查成本，缩短调查时间，以免延误上岗时间，影响业务开展；再者，优秀人才往往存在多家公司互相争夺的情况，长时间的调查会给竞争对手制造机会。内容实用指调查的项目必须与工作岗位需求高度相关，避免查非所用，用者未查。

调查的内容可以分为两类：一是通用项目，如毕业学位的真实性、任职资格证书的有效性以及是否有犯罪记录；二是与职位说明书要求相关的工作经验、技能和业绩，不必把所有岗位的求职者的背景调查都做得面面俱到。

二、背景调查的实施程序

企业在进行背景调查时，一定要注意保护求职者的个人隐私。即使最终调查的结果证明该名求职者不适合本企业的职位，也没有必要侵犯其个人隐私。

1. 创造良好的背景调查小环境

目前，我国对员工背景调查没有完善的诚信体系支持，法律规范、制度规范以及社会舆论都不能提供强有力的支持。不健全的诚信体系使企业较难获得求职者的真实信息。既然大环境不利于背景调查有效进行，用人单位就更应当创造良好的背景调查小环境。用人单位可以从以下方面着手：第一，建立、健全企业背景调查制度，严把招聘关；第二，在劳动者信息告知书或者劳动合同等文件中明确劳动者提供真实信息的义务；第三，以书面形式明确劳动者提供虚假信息的法律后果。

2. 事先征得求职者的同意

企业在背景调查前应当和求职者协商，让求职者以书面形式签署背景调查授权书（样本见表7-1），同意企业在正式录用其之前进行背景调查。有的企业让劳动者在个人情况登记表中填写背景调查授权声明书，并要求劳动者以书面的形式签名同意企业对其进行背景调查，同时建议劳动者能够提供3～5名证明人或推荐人的名单及其联系方式。企业人力资源管理部门将劳动者的书面签名资料与该劳动者的其他申请材料一起存档。当然，即使有劳动者的授权，企业在进行背景调查时，也应当采用适当的方式，以免触犯劳动法及其他相关法律的规定。

表7-1　　背景调查授权书

背景调查授权书（样本）
本人同意并自愿接受××公司所做的背景调查，并提供相关人员电话。如果××公司发现本人在简历及面试过程中提供任何虚假信息，本人认可该公司有保留录用资格及辞退的权力。 特此说明。 被调查者（签名）： 申请职位： 年　月　日 说明：相关人员包括直系上级、同事、人力资源经理。

资料来源：王丹．背景调查——企业安全用人的防火墙．人力资源，2008（6）：52-55.

3. 调查与工作有关的情况

在现实招聘过程中，企业没有必要也不可能对求职者的方方面面甚至细枝末节都进行背景调查。一般情况下，企业应根据招聘岗位的工作性质来安排调查内容。如果求职者所应聘的岗位职责重大，背景调查的重点应放在其过往的工作经历及业绩上；如果应聘的岗位经常接触到企业的商业秘密或重要科技成果，调查重点应放在其个人的信用记录是否良好上；如果应聘的岗位涉及财务系统，则调查重点应放在其品德、信用记录和家庭状况上。总之，企业须谨记，背景调查内容一定要和工作高度相关，并且要以书面形式记录，以证明企业将要做出的录用或拒绝录用决定是有依据的。

4. 选择适当的调查方式

单一的调查方法难以获得真实全面的求职者信息，企业应采用多样化的调查方式、联系多位证明人，将被蒙蔽的可能性降到最小。在合理计量其经济成本的条件下，企业应选择最少两种以上的调查方式。

5. 选择和培训调查员

调查员一般是企业人力资源管理人员，也可由企业负责人指定人员。调查员合适人选确定后，企业要对其进行必要的业务培训，可以实行内部培训，也可以聘请相关专家或专业人力资源培训机构进行培训，通过业务培训使调查员熟练掌握背景调查的技术要求及其技巧和方法。

6. 核对信息

现在企业对求职者进行背景调查遇到的最大难题就在于难以获得求职者真实的评价信息。由于种种原因，用人单位之间往往不愿意互相配合。最明显一点就是，由于目前就业形势比较紧张，求职者的前任雇主或公司评价者往往会从正面的角度对他们以前的同事进行评价，并不太愿意对其缺点进行真实的说明，因为他们担心自己的一番话会让别人失去工作机会。与此同时，即使求职者的前任公司评价者很客观，愿意提供真实的看法，可有些求职者往往不愿意让原公司知道跳槽的动机，在新单位决定录用之前不愿与原公司摊牌，怀有很多实际的顾虑，因此仍然会千方百计想办法弄虚作假，如提供虚假的公司电话、让自己的朋友冒充前任公司评价者等。再者，也有一些雇主或有关人员故意诬陷求职者，对其进行恶意诽谤。如此一来，企业很难获得客观、公正的求职者信息。

所以，当企业将背景调查中得到的信息与求职者提交的材料进行核对时，如发现有不符的地方，一定要在负面信息被使用之前，再使用其他调查方式证实其准确无误，并且确信这一负面信息与应聘岗位的工作密切相关。

7.2.2 背景调查中存在的问题

大部分背景调查是在用人单位有录用意向但候选人尚未入职之前进行的，称为入职前背景调查。在这个时段进行背景调查所针对的候选人比较少，可以节约招聘成本，而且一旦发现有造假的情况，用人单位可以灵活处理因而法律负担较小。但是，这个间隙时间比较短，不一定能够完成背景调查，候选人还有可能因为等待时间长而转向其他公司，导致用人单位可能失去优秀的人才。另外一种做法是在员工入职后、试用期之内进行，称为入职后背景调查。一般来说，企业试用期为1～3个月，这段时间完全能够进行充分的背景调查，也不用担心失去优秀的员工，但是由于已经与员工签订劳动合同，而且员工已经实际到公司工作，一旦发现有造假情况，公司辞退该员工要冒比较大的法律风险，并且如果该员工存在职业道德上的问题，会给公司带来很大的损失。对于大部分职位，企业可以采取入职前背景调查，防患于未然；对于企业紧急招聘的职位，可以入职后再补上背景调查，但需要做好相应的防范，以免引起法律纠纷。

目前，由于难以得到求职者原单位的配合以及准确性等问题，用人单位对求职者的选择基本上还是采取个人材料结合测评的方法，背景调查极少采用。背景调查在实际操作中存在如下问题。

一、调查过程中获得的信息难以真实有效

1. 员工对背景调查缺乏正确客观的认识

在我国，员工背景调查作为新兴事物还没有全面地被认识和了解。员工背景调查刚在我国出现时，专业的员工背景调查公司的客户多是外资企业。主要存在的问题是用人单位及员工对背景调查工作不了解或认识不全面，甚至对员工背景调查存在一定的认识误区，于是就出现对在该单位工作过的员工的背景调查工作

不配合，不愿提供意见，或者提供一些很宽泛模糊或者虚假的意见，这些信息甚至完全是无效信息。此外，由于目前的就业形势严峻，证明人为了避免因为客观地评价员工而使其失去宝贵的工作机会，通常会从正面的角度评价员工，比如拥有良好的业绩、积极的工作态度等，而对于缺点及需要改进之处等一般不做过多评价。

2. 人才跳槽频繁、流动性大、信息更新不及时

优秀人才通常不满足于现状，在同一家公司晋升到一定职位时，如果认为公司已经不能提供更大的发展空间和预期的薪资，通常就会考虑跳槽，直接的表现就是工作稳定性不佳，有些岗位的员工甚至会每半年更换一次工作。这样频繁的职位变动也为员工背景调查工作的开展带来了更大的难度，而且大部分员工的个人档案由国有单位或人才中心保管，而人才中心保管的员工档案容易发生档案变更不及时的情况。

3. 很多企业对已离职员工人事信息保管制度不完善

有些企业的人事系统对于在职在编员工的员工档案保管完善，但是对于过去在该单位工作、现已离职的员工信息，保留不完全或不做保留，这样对于核实员工过去的工作履历不能提供客观的人事信息，有些仅凭人事专员的回忆，如果原来负责相应工作的人员离职或对该员工没有印象，就会造成员工背景调查中最重要的客观信息缺失。

二、因员工背景调查可能侵犯当事人的隐私权而引发争议

在核实工作履历的过程中，可能会遇到前雇主或有关人员对于跳槽人员进行恶意毁谤等行为。如果调查范围较窄，这一错误的调查结果作为员工背景调查的最终结论，不仅会影响到被调查者的入职，严重的甚至会触犯法律。对于员工背景调查中的薪资情况、在原单位的违规违纪行为及劳动争议等内容的核实，就涉及员工的隐私问题。掌握好尺度并且提前对候选人做好说明，都是员工背景调查工作中应注意的问题。在美国，遭拒绝的应聘者有权要求查阅雇主所收集的背景资料，若发现对于自己有不实的诋毁之处，可以依法控诉雇主及提供资料的个人或单位。

三、缺乏完善透明的调查渠道

目前我国尚未建立完善健全的诚信查询系统，所以对于员工诚信的监管力度不够；对于个人的信用记录、犯罪记录等信息的查询要花费更多的财力、物力。而在国外，会对员工建立职业记录，求职者若向企业提供虚假信息，录用后被发现，不仅将受到处罚甚至辞退，而且将被记入职业记录，对个人职业生涯造成巨大影响。

四、调查费用较高

在我国，审查一名可能雇用或曾经雇用的员工的背景，基于核实项目的不

同，所需的费用也不尽相同。这是因为我国尚未建立完备的员工信息系统，核实各项信息需要通过不同的渠道进行，这就使得进行员工调查的成本大大提高。

7.2.3 基于国情的背景调查策略

虽然目前国内很多企业在招聘时，开始或者已经建立了背景调查这一流程，但是由于经验、方法等原因，这一环节还存在很多亟待改善的地方。以下是基于我国背景调查现状的一些策略。

一、建立企业信息共享机制

国际上最大的入职前背景调查服务提供商 FADV 公司认为，在中国开展背景调查费用比美国要高，因为美国的犯罪记录、信用状况等信息的数据库比较完善，检索起来要容易得多。一方面是企业无法掌握求职者的真实信息，招聘存在风险；另一方面是即使进行背景调查，也会显得非常困难。背景调查困难的原因除了我国尚未建立起完善的个人信息数据库，同时还来自企业独自开展背景调查时其他公司或者机构不配合。不配合的原因在于与受访企业存在竞争关系，或者对方觉得自己没有义务也没有时间提供信息。导致这一困境的根源在于企业间缺乏横向沟通和合作关系。随着背景调查的广泛开展，越来越多的企业在招聘时需要来自其他企业的信息支持。但是，大多数企业在进行市场调查时都是各自为战，只是为了获得求职者的信息才会与其他企业进行沟通和联系，很自然，别的企业也不会乐意合作。解决这一问题的方法在于建立企业信息共享机制，即建立企业间的信息联盟机制，联盟内的企业秉着坦诚合作的态度，相互支持和配合其他企业的背景调查。凡是加入这一信息共享机制的企业，既需要为其他企业提供信息支持，也同时享有从其他企业获得信息反馈的权利。建立这一企业信息共享机制，既可以依托所在地区的知名企业，也可以由当地的人力资源学会牵头。

二、差异化的背景调查工作

背景调查方法的采用应该建立在工作岗位的基础之上，而不能不加区别地对所有职位都用某种方法进行调查。一般而言，工作职位的层级越高，工作所赋予的职责越大，对背景调查的要求就更为详尽和全面。企业在制定背景调查的工作规范流程时，应该树立差异化管理的思想。对于一般员工，可以采用方便快捷且成本较低的电话调查法；对于高管，由于其涉及整个公司的发展，应该采取更为全面且信息更为准确的面谈法。许多国外大企业针对高管进行背景调查的方法通常是：人力资源部通过各种渠道与求职者过去所在企业的同事、上级甚至下属取得联系，并尽量与他们面谈，就求职者的工作绩效、管理风格以及个人信息等方面进行交流。显然，这种方法从多个层面入手，不同层面之间又互相补充、印证，因此对高管的调查结果就会比较全面、准确，从而降低招聘风险。

三、基于胜任素质和职位分析的背景调查

在胜任素质模型和职位分析的基础上开展背景调查是差异管理思想的体现和运用。很多企业建立了岗位人员的胜任素质模型以及职位说明书，但是在进行背景调查时，往往忽略了岗位本身所要求的核心素质和任职条件，而背景调查的内容又是千篇一律、无关痛痒的内容。因此在进行背景调查时，应该根据该岗位的胜任素质模型和职位说明书来确定所要调查的核心和重点内容。也就是在罗列所要调查的内容时，重点考虑空缺职位所需要的技能和资格条件，尤其是理想任职资格条件中的一些关键胜任素质因素，还包括与任职者工作绩效有直接因果关系的素质、个性、工作风格等因素。只有这样，才能确定合理有效的背景调查的内容。

四、基于招聘测评的背景调查工作

背景调查与招聘测评的分离是很多企业招聘环节中的一个常见问题。无论采用何种人员测评方法，都应该成为背景调查的基础。这是因为在测评环节中，人力资源部在与求职者的面谈中已经获取了很多求职者提供的信息，这些信息对最终确定招聘决策非常重要，但是也存在风险。虽然面试官可以通过自己的经验以及相关技能对应聘者提供的信息进行判断，但仍然可能存在误差。而建立在测评基础上的背景调查，可以将这些信息通过第三方进行再次检验，如果与前面的信息有出入，那么就应该深入调查原因：到底是求职者提供了不真实的信息，还是受访者的问题。将背景调查看作人员测评的后续过程能够更好地为企业招聘降低风险，同时是对在测评中某些方面考查不足的一次补充。反过来，人员测评的结果为确定和编制有效的背景调查提供了具有重要价值的信息和方向。

五、背景调查外包

很多企业明白背景调查对于招聘的重要性，也开展了这一工作。但一些企业受精力和行业竞争限制，往往无法自己展开背景调查。在这种情况下，如果资金允许，可以通过背景调查外包的形式解决这一问题。目前，国内很多企业通过专业化的背景调查公司对其入职员工进行背景调查。FADV 公司亚太区副总裁认为，很多中国本土企业已经发现，花几百元到上千元来核实员工的任职资格是值得的，因为不进行核实有可能会让企业付出更高的代价，所以他相信越来越多的企业将通过外包这一形式进行背景调查。当然，背景调查外包会给企业带来一定费用，但好的背景调查能够有效降低企业的招聘风险，实际上反而降低了招聘成本。

7.2.4 确定背景调查结果的可靠性

背景调查的可靠性对于保证招聘结果的可靠性很重要，而结果的可靠性来源于过程的可靠性。在过程中应注意以下几点。

首先，调查前选择可靠的调查渠道，这里所说的“可靠”是指那些权威的信息来源。比如对于工作起止时间、职位等客观信息，人力资源部这样有权保留员工信息的部门是可信渠道之一；而对于工作具体表现，直接主管则更可靠一些，因为直接主管是对员工进行绩效考核的主体。

其次，确保接受调查的人的身份是可靠的。在选择了可靠的调查渠道后，如何认定我们所接触的人真的是候选人的前主管或者前公司人力资源部工作人员呢？公司总机和办公邮箱是关键，因为一个公司的总机是公开的、可以信赖的、相对来说不会变的，办公邮箱也是这样。所以如果一个人是通过总机或者公司邮箱联系上的，那么这个人的身份就是可以信赖的。

再次，确保接受调查的人提供可靠的信息。选择了可靠的渠道，确定了该渠道中某个人的身份之后，如何确保他所说的话是相对客观公正的呢？这里用“相对”这个词，是因为人都是感情动物，在评价的时候难免有主观色彩，我们只能尽量控制这种主观的程度，而无法完全消除。要做到这点，需尽量弄清楚并记录接受调查的人的姓名（至少是姓）、办公电话以及职位。如果一个人被别人知道了自己的姓名、性别、职位和办公电话，那么他自然而然就不太可能会说谎，因为他是可以被定位的，同时这些信息也方便我们再次打电话进行二次调查。另外，如果通过邮件、信件、传真联系此人，应妥善保留这些书面证据。如果通过电话核实出负面信息，那么必须找证明人要一份书面证明。

最后，一旦出现虚假的情况，人力资源部应该高度重视，除了索要书面证明，还要进行各种特殊情况的排除。例如，候选人可能将实习的时间并入工作时间而造成工作起止时间有出入；职位名称方面，候选人可能写的是对外的职位名称，而前雇主提供的则是对内的职位名称；薪酬方面，候选人写的可能是税后工资，而前雇主提供的可能是税前工资。在排除了这些可能的特殊情况后，再从其他渠道进行二次调查。例如，如果前雇主人力资源部提供的工作时间有很大出入时，可以找前主管核实，而如果某位主管对候选人评价非常不好，可以找另外一位主管核实。还需要注意的一点是，在判断一名员工是否弄虚造假时，需要将他填写在背景调查表上的信息与实际核实到的情况进行对比，所以必须防止该候选人在招聘的前几个环节使用一个版本的简历，而等到背景核实时因为心虚又使用另一个版本的简历。这种情况屡见不鲜，尤其在招聘人员和调查人员不同或者将该项业务外包给第三方时。因此为了避免这种情况，人力资源部可以自行或者委托第三方将背景调查表上的信息与应聘的简历进行对比，一旦有出入则要求候选人做出解释。

7.2.5 避免因背景调查引起的各种纠纷

企业必须充分认识到，背景调查并非万能，失败在所难免，企业应当准备好各种应对策略。一是企业应当将背景调查同其他个人信息核实手段相结合，以提高信息甄别的可靠程度。二是企业应当要求劳动者在录用前填写个人信息披露单，留下有效联系方式，并向其明确不真实披露信息的法律后果。三是企业应当及时留存各种有效证据，这样发生纠纷时就会有备无患。这里特别需要提醒企业注意的是，劳动者在用人单位留存的复印件一定要有劳动者的签字确认，否则作为证据材料时纯粹复印件的证明力是有问题的。四是一旦企业没有及时发现劳动者提供的虚假信息，企业应当依法处理有关问题，尤其是要审慎处理劳动关系。企业还应该总结、吸取教训，完善相关制度，防止类似事情再次发生。

背景调查的纠纷主要是由于劳动者对背景调查的过程和结果不满造成的各种劳动关系纠纷。由于我国目前的法律没有明确地界定企业进行背景调查的权利和义务，不满的劳动者很有可能诉诸法律。这种情况违背了背景调查的初衷，无论是对于公司的声誉，还是对于公司正常的运营，都是极为有害的。

首先，企业要在背景调查前做好两手准备。一方面，要获得应聘者的理解和支持，把调查的目的、调查的内容、调查人员范围都向被调查人做出解释说明，最好是在面试中就告知候选人，让他们有思想准备，这样后续的调查也能获得他们的配合和支持。另一方面，要求候选人填写背景调查信息表。在该表中，除了要求候选人提供各种需要调查的信息，还应包括候选人亲笔签署的授权书和声明书。授权书的大体内容是授权用人单位及其第三方代表来调查表格中的各项信息，并免除因此产生的一切责任。

其次，在背景调查过程中应保持严谨和客观的态度，妥善处理背景调查的负面结果。对于疑似负面的信息，要排除各种特殊情况，并多渠道求证，不能轻易地下结论，要相信大部分员工都是诚实的，何况是过五关斩六将的候选人。但是，一旦确定这些负面信息属实，则需采取相应措施，情节较轻者从轻处理，如培训、调整工作岗位等，情况严重的要果断地拒绝聘用，或与之解除劳动关系。值得一提的是，由于很多候选人是骑驴找马，所以可能尚未与目前的公司解除劳动关系。在背景调查表的每段工作经历后面，需要候选人注明“是否可以与该雇主联系，如果现在不行，何时可以”。否则，人力资源部冒失地打电话过去，会产生一些不必要的麻烦。

最后，要完善背景调查的各种制度和流程，保留各种书面资料。这些资料包括：(1) 背景调查信息表的存档，尤其是里面的授权书和声明书；(2) 书面形式记录的调查内容，包括证明人拒绝核实等情况都应一并记录，将其归档；(3) 为员工建立并完善背景调查档案，并保证这些档案的安全，确保只有相应的工作人员才能查看或者处理这些信息资料。

想一想

背景调查谁在说谎

当看到与公司失之交臂的求职者在竞争对手那里表现优异时，上海精致化工有限公司人力资源部经理周洁感到非常沮丧。

当初淘汰这个求职者的理由是此人的背景调查出现完全相反的结果。“我们希望通过背景调查找到最合适的人，但是最合适的人却因为背景调查被淘汰了。”

一、条件绝佳的候选人

上海精致化工有限公司拥有员工近千人，加工的化工产品以出口为主。

2004年年底，公司高层会议决定高薪招聘一名市场总监，负责公司整体市场策略的推广及产品运营。出于成本考虑，人力资源部决定自行招聘，没有委托猎头公司。

一个多月后，人力资源部筛选了7位候选人来参加面试，而其中的一个候选人陈亮吸引了高管人员及人力资源部的关注。

陈亮本科毕业后在山西太原的一个国有企业工作了5年，尤其是后期担任了3年时间的市场部经理。之后到上海化工行业的一个民营企业做了2年的市场部经理，刚从那里离职。从学历、履历上分析，完全符合公司的需求。

无论是做行业分析、市场推广方案，还是经历情境面试、无领导小组讨论面试，陈亮过五关斩六将，在综合评价中遥遥领先于排名第二的候选人。

“当时，我们对陈亮的表现非常欣喜，都为公司有机会录用到如此优秀的人才而高兴。”

周洁回忆说：“但我们还是非常谨慎地提出，要最后决定录用他，还要做最后一件事情：背景调查。只要过了这一关，就录用他。”

背景调查的重任，由周洁亲自担当。

二、调查结果黑白分明

周洁把需要做背景调查的信息告诉了陈亮，取得了其本人的签字认可后，上门拜访了陈亮刚离职的上海民营企业的人力资源部经理、陈亮的上级及两位同事，得到的评价是：该员工具有较强的营销策略、品牌规划能力，拥有良好的客户资源，创新能力强；具有出色的人际交往及沟通能力和团队合作精神；品行与职业道德俱优。

收到这样的反馈，周洁非常开心，接着委托一家咨询公司了解陈亮在太原某国有企业供职期间的详细情况。

但是，从咨询公司返回的信息让周洁大吃一惊。“他们调查了陈亮任职期间的人事部、上级后，这些人表示陈亮在公司任职期间业绩非常一般，尽管公司将其作为重点培养对象，但他缺乏积极的上进心与热情。”周洁说，“更让我们意外的是，他们对陈亮的评价是严重违反职业道德，在离职时带走了公司的客户资源，导致公司的一些客户流失。”

最让周洁沮丧的是“违反职业道德”这六个字。对一个总监级别的职位来说，职业道德犹如一道不可逾越的障碍，任何公司都不能承受带走客户资源的做法。

这时的周洁，用她自己的话形容，就是感觉“被人狠狠扇了一记耳光”。

不甘心的周洁再次与陈亮刚离职的民营企业的人力资源部经理面谈了一个多小时，得到的答复是陈亮任职期间并没有表现得如这份报告上说的那样差，至于自己的企业当初录用陈亮时没有做背景调查，是因为“公司太缺人才，没考虑那么多”。

三、徘徊在真假信息之间

面对摆在案头的两份截然相反的背景调查结果，周洁很为难：该相信哪一份呢？如果认定陈亮的良好职业记录而录用他，万一他将来带走客户资源、违反职业道德，对公司造成损失的责任是谁也承担不起的。如果据此不录用他，陈亮的面试综合评价又让公司无法割舍录用他的渴望。

周洁决定与陈亮做一次深入的面谈，了解情况后再说。陈亮告诉周洁，在离开国有企业时，因档案调动及报酬问题与原雇主闹得非常僵，在自己强行离开后，直接上级与人事部均对他非常不满，在公司员工大会上对他的离职做出了一些非常不利的评价，造成大部分员工都认为陈亮的确做过不利于公司的事情。

陈亮还解释说，自己离开那里时已经是市场部经理，多年的工作积累了一些媒介关系、客户关系，这些圈子里的人有些已经成为经常联系的朋友。而到上海工作时，仍然从事市场推广这一职业，既然从事同一职业，就必然会继续使用这些关系，这就是“带走客户资源、违反职业道德”这一评价的缘由。至于继续使用这些关系是否属于“带走客户资源、违反职业道德”，陈亮表示，他个人也不知道该如何评价。

如果要他做到不违反职业道德，唯有一条路：不再从事市场推广这个职业。但显然不可能，因为“我已经喜欢上这一职业，我的交际圈子也已经决定我只能从事这一职业”。

背景调查报告上言之凿凿的信息，加上陈亮的否定，使周洁更感为难。“我们公司以前发生过聘用员工不到一个月后就带着客户资料离职到竞争对手那边的情况，所以我们对此可以说有切肤之痛。我必须考虑他在离开我们公司时是否会把公司的这些关系全部带到竞争对手那边。”

四、失之交臂

虽然陈亮一直希望上海精致化工相信原公司对他个人的评价是恶意的，但他却没法提供佐证。

最后，周洁只能对他说抱歉：“毕竟人力资源部还是要对公司的安全负责。”

陈亮很快到另一家化工公司就任市场总监，而精致化工则录用了在综合面试中排名第二的候选人。从他到竞争对手的表现判断，周洁发现，自己的分析是错误的。

“当背景调查出现完全相反的结果时，人力资源管理人员如何进行分析与权衡，无疑非常重要。我们的最大失误就在于完全相信了咨询公司提供的调查结果而没有予以深究。所以，任何情况下，公司都不能只依赖背景调查报告，而应该进一步调查事情的真相。”

分析上述案例，你认为该公司人力资源部经理周洁在对陈亮进行背景调查时遇到了哪些问题？周洁犯了什么样的错误？能否向她提出相应的改善策略？

资料来源：钟孟光．背景调查谁在说谎？．管理@人，2005（7）：80－81.

7.3 体　检

员工入职体检是指企业安排拟录用人员在指定的医疗机构统一或者自行进行体格检查，以保证入职员工的身体和心理状况适合从事相应岗位的工作，在集体生活中不会造成传染病流行，不会由于其个人身体或者心理原因而对企业以及企业中的其他人员造成严重影响。入职体检一般包括身体检查和心理检查，它不仅是对企业负责，也是对企业的每一位员工负责。

7.3.1 入职体检的意义

（1）入职体检可以确定求职者是否符合职位的身体要求，发现在对求职者进行工作安排时应当予以考虑的体格局限。

（2）通过入职体检还可建立求职者健康记录，以服务于未来保险或员工赔偿要求的目的。

（3）通过确定健康状况，入职体检还可以降低缺勤率和事故，帮助员工发现原本不知道的疾病。

7.3.2 入职体检的时间

企业最好是让拟录用员工进行体检，将体检结果作为录用决策的一个环节。一些企业为了方便，通常是同时发放录用通知书和体检通知书，这样做虽然注重了效率，但遇到体检不合格者却会给企业带来一些不良影响。例如，某企业通过笔试、面试以及合理的背景调查后，向应聘者李某发出了入职通知书和体检通知书，李某也按通知书载明的事项，向企业提交了个人档案、工资卡账号及原单位的离职证明等。然而，在预定上班前两天，企业人力资源部收到医疗机构的体检

看一看

尊重乙肝病毒携带者的就业机会

好不容易通过公司面试，拿到报到通知书时小琳却傻了眼——体检项目一栏竟列出了乙肝两对半。小琳说，经过层层筛选，她终于拿到了某知名企业的录用报到通知书。“10月20日下午面试完，当场就宣布结果，我被录用了。”打开报到通知书后，小琳却有了疑问：“现在国家规定入职体检不能查乙肝，为什么公司报到通知书列出的体检项目还包括乙肝两对半？”在体检报告一栏下有一个小括号，注明体检项目包括常规体检、乙肝两对半和心电图，并且是必检项。

对于乙肝病毒携带者的就业机会，国家早已在2008年出台了相关法律法规予以保护。《中华人民共和国就业促进法》第三十条和《就业服务与就业管理规定》第十九条均规定：“用人单位招用人员，不得以是传染病病原携带者为由拒绝录用。”《就业服务与就业管理规定》第十九条还明确指出：“用人单位招用人员，除国家法律、行政法规和国务院卫生行政部门规定禁止乙肝病原携带者从事的工作外，不得强行将乙肝病毒血清学指标作为体检标准。”

2011年2月12日，卫生部也下发了《卫生部办公厅关于进一步规范乙肝项目检测的通知》，各级各类医疗机构在就业体检中，无论受检者是否自愿，一律不得提供乙肝项目检测服务。

资料来源：入职体检要求查乙肝被指违规　企业称表格出错．[2011-11-03]．http：//fj.qq.com/a/20111103/000116.htm.

结果，发现李某的身体状况并不适合其所聘岗位，不得已只能电话通知李某不录用的消息。但李某认为该企业侵犯了她的合法权益，于是向法院起诉要求赔偿其体检费、交通费、误工费、精神损害补偿费等共计2万元。虽然法院最后只判决该企业向其支付体检费320元及部分交通费，驳回了其他诉讼请求，但企业在整个诉讼过程中不仅耗时耗力，也影响了形象。

不同职位对健康的要求有所不同，一些对健康状况有特殊要求的职位在招聘时尤其要对应聘者进行严格的体检，否则有可能给企业带来许多麻烦。

拓展阅读

人力资源从业人员与猎头公司：合作有术

通过猎头公司来招聘已成为重要招聘渠道之一。对于很多初次寻找猎头公司合作的人力资源从业人员而言会比较迷茫，不知道如何找到适合自己的猎头公司。这时，不妨从以下几个步骤入手。

一、通过三个判断来选择合作公司

一是两者的匹配度。人力资源从业人员要鉴别出该猎头公司擅长的行业与本公司所属行业的匹配度，判断猎头公司的人才资源是否庞大。匹配的行业猎头公司可以缩短合作时间，甚至给出建设性的意见。

二是公司规模。市场上的猎头公司规模相差很大，从几个人到几百人、几千人都有。员工数量主要用来判断公司的承载能力、面对突发状况的兼容力。有一定规模的猎头公司能在一定程度上保障合作的顺利进行。

三是公司运营时间。运营时间不是成立时间，有些公司可能注册了，但一直处于空挂状态，并没有任何经验的积累。

二、通过沟通来选择合适的猎头顾问

一般来说通过第一次沟通就能判断出他是不是人力资源从业人员需要的猎头顾问。比如当你提出自己公司的产品时，他能否快速地告知你公司的产品有哪些，公司的上中下游都是什么，产品的营销渠道有哪些，目前此类产品的市场行情如何等。

此外，还可以通过正式的评估报告来判断。评估报告除了要体现上述内容，还要体现此类岗位的定位、薪水等方面的内容。

三、签订合同并正式合作

签订合同时不得不涉及的一个问题便是首付。对于猎头公司而言，无首付的签单要容易些，但在大量的职位和客户面前，本能地都会先解决容易的项目。无首付对于人力资源从业人员而言，容易造成签单搁置的后果。所以一份严谨的合同和一家有首付的猎头公司，未必不是好的选择。

签完合同，合作才刚刚开始。人力资源从业人员必须要求猎头顾问与用人部门做寻访前的沟通，以核实确认公司的基础信息，准确地了解所要寻找的人选专业能力要求。此外，要了解用人部门的用人习惯，以及该岗位直属上级的领导风格。

关于简历，人力资源从业人员可以要求猎头公司给出一份完整的简历报告，内容包括职业背景、性格分析、人选综合条件与企业的匹配度。

关于面试，人力资源从业人员需要知道的是，对猎头顾问而言，至少需要40分钟以上的沟通（可以分为几次电话），才能更加准确地判断职业经理人的职业需求、性格特点等。有条件时最好进行视频面试。

四、后续合作

一是猎头顾问陪同面试。距离过远的话，有条件的可以视频旁听。对于猎头顾问而言，这可以进一步了解企业和用人部门的一些隐性要求；对于人力资源从业人员而言，猎头顾问是一个编外的面试官。

二是面试反馈。专业的人力资源从业人员不管面试后合适与否，都会主动与人选电话沟通，并对积极参与面试表示感谢。但不是所有人力资源从业人员都这么细致，作为猎头顾问需要善始善终。

三是录用通知书发出后，人力资源从业人员与猎头顾问还需要协助候选人愉快地离职。

在其他方面，一个比较负责任的猎头顾问需要在前三个月定期与人力资源从业人员保持联系，关注人选对团队的融入，对公司产品、企业文化氛围、上级等的看法，以便更好协助人力资源从业人员做好招聘工作。

资料来源：刘鹊飞．HR vs 猎头，合作有术．人力资源，2017（3）：80-82.

小　结

背景调查又称为参考调查，是指用人单位通过各种正常的、符合法律法规的方法和途径，搜索相关信息来核实外部求职者提供的个人资料真伪的行为。企业为录用到优秀人才，降低录用风险，必须对拟录用人员进行背景调查。在企业中，对不同岗位所进行的背景调查的范围和深度也是不一样的。一方面企业需要考虑自身财力和人力安排：资金充裕的大公司完全可以全员进行背景调查，中小企业只需针对企业核心岗位做细致调查即可；另一方面企业也要考虑自身所处的行业性质，对于一些特殊性质的职位，例如法律、财务相关工作，无论职位高低，都需要进行最全面严谨的调查。

员工背景调查的内容主要包括身份识别、犯罪记录调查、教育背景调查、工作经历调查、信用状况调查五大类。背景调查的方法有档案查询、电话调查、发函调查、访谈调查、网络调查、利用行业人力资源联盟、委托调查机构调查、从资信评估公司购买等八种，企业可以根据自己需要调查的内容选择一种或多种调查方法。

背景调查的实施程序包括创造良好的背景调查小环境、事先征得求职者的同意、调查与工作有关的情况、选择适当的调查方式、选择和培训调查员、核对信息。

背景调查中会存在调查过程中不易获得真实有效的信息、因员工背景调查可能侵犯当事人的隐私权而引发争议、缺乏完善透明的调查渠道、调查费用较高等问题。因此需要企业在实施过程中确定背景调查结果的可靠性：第一，调查前选择可靠的调查渠道；第二，确保接受调查的人的身份是可靠的；第三，确保接受调查的人提供可靠的信息；第四，一旦出现虚假的情况，人力资源部应该高度重视，除了索要书面证明，还要进行各种特殊情况的排除。另一方面需要避免因背景调查引起的各种纠纷：首先，企业要在背景调查前做好两手准备，既要获得应聘者的理解和支持，也应要求候选人填写背景调查信息表；其次，在背景调查过程中要保持严谨和客观的态度，妥善处理背景调查的负面结果；最后，要完善背景调查的各种制度和流程，保留各种书面资料。

员工入职体检是指企业安排拟录用人员在指定的医疗机构统一或者自行进行体格检查，以保证入职员工的身体和心理状况适合从事相应岗位的工作，在集体生活中不会造成传染病流行，不会由于其个人身体原因而对企业以及企业中的其他人员造成严重影响。不同职位对健康的要求有所不同，一些对健康状况有特殊要求的职位在招聘时尤其要对应聘者进行严格的体检，否则有可能给企业带来许多麻烦。

思考题

1. 假如你是某企业的人力资源部经理，现在该企业急需一名销售部经理，经过多次测评和今天的最终面试，企业张总认为戚某非常适合该岗位，让你通知戚某明天就来上班。但是，你认为销售部经理这么重要的岗位需要做深入的背景调查，而张总却认为背景调查只是在浪费时间。此时，你将怎样说服张总对戚某进行背景调查，维护企业利益呢？

2. 经过了初试、笔试和面试，某公司最终确定了一名合适的人力资源经理助理人选，公司内部相关领导者也已经审阅，人力资源部及时通知陈某已被录用。但就在这时，陈某却说自己只是中专文凭，而在简历上写的是大专，并且面试时也没有说明。但是，陈某在选拔过程中表现出较高的综合素质和全面的人力资源专业知识，也有丰富的工作经验。她强调，最后说出是中专文凭，是因为不想欺骗公司，也不愿做假，希望公司不会因为文凭将她舍弃。如果现在决定权在你手里，你会录用她吗？

3. 简述背景调查的内容、方法以及主要的实施程序。

参考文献

1. 王丽娟．员工招聘与配置．上海：复旦大学出版社，2006.

2. 方振邦，钟含坷．如何开展员工背景调查．人力资源管理，2011（3）：55－57.

3. 王丹．背景调查：企业安全用人的防火墙．人力资源，2008（6）：52－55.

4. 黄海莹．背景调查：企业招聘不可忽略的最后一关．人力资源，2008（11）：32－33.

5. 余琛．背景调查，是不能忘记的．人力资源，2005（23）：50－51.

6. 陈关聚．背景调查——招聘不应忽略的最后一关．中国人力资源开发，2001（7）：36－37.

7. 王东江．背景调查——招聘工作的最后一步．辽宁经济，2007（7）：57.

9. 刘磊，张向杰，周开畅，韩琴芳．背景调查不可忽视．中国劳动，2006（12）：43－45.

10. 钟孟光．背景调查谁在说谎？．管理@人，2005（7）：80－81.

11. 杨贵芳．背景调查在企业招聘中的应用．现代商业，2011（24）：92－93.

12. 冯晶．给企业招聘加装“防火墙”——利用背景调查把好雇员诚信关．人力资源管理，2010（11）：28－29.

13. 李锡元，张灿．工作背景调查操作实务．人力资源管理，2009（5）：30－32.

14. 李丰涛．国内背景调查之面面观与问题探讨．人力资源管理，2009（1）：34－36.

15. 张若凡．互联网在员工背景调查中的运用．电子商务，2011（10）：41，43.

16. 陈正茂，刘中俐．基于背景调查在企业员工招聘应用中存在问题的对策研究．经济师，2010（8）：20－21.

17. 姚莉萍，毛海强，罗洁．浅论科技型企业招聘中的背景调查．武汉冶金管理干部学院学报，2005，15（4）：19－20.

18. 王少波，李晓晖．谈员工背景调查面临的主要问题及改进思路．商业时代，2011（7）：87－88.

19. 向志虹．员工背景调查现状及其提升途径初探．商场现代化，2008（32）：279－280.

20. 毛海强，姚莉萍．员工招聘中背景调查的技巧．人才开发，2005（8）：24－25.

21. 周长伟．员工招聘中的背景调查．中国劳动，2003（1）：31－32.

22. 孙武．招聘的最后一关：背景调查．人力资源，2005（11）：34－35.

23. 景素奇．职业背景调查，兜出经理人的底儿．中外管理，2008（7）：96－98.

24. 张幼林，秦元元．背景调查法在人力资源甄选中的开发与运用．中国人才，2008（11）：71－73.

25. 黄海莹．背景调查　企业招聘的“暗器”．中国新时代，2008（5）：99－100.

26. 燕飞静．让背景调查为招聘把好关．人力资源，2010（12）：77－79.

27. 林伟庆．中高级人才背景调查．中国人力资源开发，2003（12）：73－74.

28. 吴圣奎，张宪芳．开展员工背景调查的必要性和方法．华北电力大学学报（社会科学版），2009（4）：42－45，51.

29. 刘鹊飞．HR vs 猎头，合作有术．人力资源，2017（3）：80－82.

30. 韩君．新常态下我国就业形势及政策取向．改革与战略，2017（4）：134－136.

第8章 录用与招聘的评估

学习目标

- 掌握录用决策的影响因素及注意事项
- 了解新员工培训的一般流程及培训内容
- 掌握招聘评估的内容和方法

引例

录用条件的实际含义

王某于2015年5月25日入职某传媒公司，担任高级工程师，2015年11月20日，公司认为王某不符合录用条件，向王某发出解除劳动关系通知书，解除的理由为："经直属部门在试用期内对您进行全面考核，考核结果为不能胜任高级工程师岗位工作。该考核结果已于11月20日书面通知到您本人且与您进行了面谈，鉴于您收到通知书后拒绝书面签收，特发此函再次告知。"不久，王某向北京市海淀区劳动人事争议仲裁委员会提起仲裁，主张其不存在试用期不符合录用条件或不能胜任工作的情形，要求公司支付违法解除劳动合同赔偿金。

本案经仲裁委、法院庭审，最终由于该公司提供的现有证据不足以证明王某存在试用期不符合录用条件或不能胜任工作的情形，判决该公司解除与王某劳动合同的行为缺乏事实基础及法律依据，构成违法解除劳动合同。

资料来源：历菲．"试用期"案评（三篇）．人力资源，2017（5）：55－57.

8.1 录　用

利用各种评价方法进行测试后，我们又回到企业招聘的最初目的——为企业获取合格的人员，所以，接下来就是人员录用这一关键程序了。在人员录用过程中涉及劳动力买卖的问题，这时，招聘者的录用决策和待遇协商工作显得尤为重要，因为这直接关系着企业的人力资源录用成本以及今后的发展。企业与劳动者双方通过签订劳动合同来完成录用工作。

8.1.1 录用决策

录用决策主要是根据企业在招聘中对于应聘者的各种选拔评价结果，通过综合分析和筛选，对照预先设定的岗位录用要求，选择最合适的人员予以录用的过程。

一、录用决策的影响因素

1. 企业自身因素

企业的战略与发展目标决定了企业的发展方向、规模、速度等各个方面，也因此确定了企业在不同发展阶段对于人力资源管理的具体目标，进而影响招聘与录用人员的条件和类型。

企业的职位空缺类别也直接影响录用过程的繁简程度和录用决策。如果招聘一名保洁工人，一般行政经理或者主管就可以决定，同时面试也只需要一次，最多不超过两次；而如果招聘一名大客户经理，则要经过多轮面试，同时需要由公司的高层来决定是否录用。

2. 应聘者的信息

每一位应聘者在求职之前都做了充分的应聘准备工作，例如整理大量的学习和工作经历、获得的各项荣誉，了解所应聘单位的具体信息等。所以企业在做出录用决策前，不仅需要关注应聘者在应聘过程中的现实表现信息，还应收集应聘者的全部历史信息。这就包括应聘者个人基本信息、学习和工作经历、学习成绩、工作经历中的领导者和同事评价、应聘过程中的各种测试结果和表现等。在核实应聘者的信息无误后，企业招聘者应该对应聘者的职业道德、能力、潜力等方面做出科学的分析，以选择有职业道德操守的合适录用者，进而挖掘其潜力，为企业健康、快速、高效地发展做出贡献。

3. 录用决策者的个人因素

企业的招聘与录用工作一般由人力资源管理部门具体负责，它需要根据各部门的要求进行多次考核筛选，向用人部门主管提供候选人员名单及录用建议，最终由用人部门主管做出决策，确定录用人员。但一些小型企业并没有设立专门的人力资源管理部门，大多直接把录用决策权交给用人部门主管，由其独立完成招聘与录用的一系列过程，这就会导致招聘者在做出录用决策时带有强烈的主观判断色彩，从而影响录用人员的质量。在有些企业中，授予员工在录用决策中一定的发言权，让整个工作团队共同筛选、集体讨论、民主评议，做出最终的录用决策，这样无疑减少了录用决策中的个人片面影响。

4. 劳动力市场的影响

劳动力市场的高质量劳动力是否充足，直接影响企业招聘过程的简单与否。如果市场上劳动力充足，企业的招聘筛选工作不必过于繁杂，录用决策也很简单。如果市场上劳动力不充足，企业要想选出合适的应聘者，则需要进行大量的筛选工作，录用决策也相对比较困难。

二、录用决策的一般程序

1. 确定录用决策小组成员

录用决策小组一般应由那些直接负责考查应聘者工作表现的人、将来会与应聘者共事的人（如部门的同事或主管）组成，但人数要做相应限制。在进行录用决策时，可以根据事先确定的录用标准和企业实际情况灵活掌握，确定适合企业相应岗位的优秀人才。

2. 分析候选人的相关信息

在确定候选人名单后，企业招聘人员需要对候选人进行背景调查，核实候选人所提供信息的真实性，了解候选人的能力及发展潜能。同时，结合招聘过程中候选人在语言和非语言等方面的表述评价，审视部门现状和未来发展目标，考虑企业现有的薪酬水平和应聘者的待遇要求，对候选人的各项信息进行审度、评估。

3. 确定拟录用人员名单

经录用决策小组综合考虑候选人各方面的信息后，按照各部门职位空缺类别对候选人进行排序，确定最终拟录用人员名单，同时列出备选人员名单，以便在候选人不能录用时有候补人员跟进。接下来的工作是将名单交给人力资源管理部门，由人力资源管理部门通知应聘者录用决定。

三、录用决策的注意事项

1. 原则一致

在制定录用决策时，决策者要坚持一致的原则，这就要求与录用有关的决策人员在场，无关人员回避，同时避免“外部游说”活动的影响。

2. 目标明确

世界上没有十全十美的人，主试者必须通过测试来分辨在岗位上工作时，哪些能力是不可缺少的，哪些能力是可有可无的，哪些能力是毫无关系的。只有抓住主要问题、抓住主要问题的主要方面，才能录用到合适的人才。

3. 能岗匹配

合适的是最好的，但最好的不一定是最合适的。在招聘时可能会有能力超出岗位要求很多的应聘者，在决定是否要录用这样的应聘者时必须慎重考虑，因为这样的员工在投入工作后，可能会因为工作没有挑战性而很快离职。此外，也要慎用频繁跳槽的应聘者，因为他或许还不知道自己真正想要什么，很快就会去寻找下一个目标。

8.1.2 对应聘者的通知

通知应聘者是录用工作中的重要组成部分，一般由人力资源管理部门完成。通知书包括两种：一种是录用通知书；另一种是辞谢通知书。

一、录用通知书

为了给企业争取到合格的录用者，录用通知书必须及时发出。在现今的劳动力市场上，应聘者常常会同时参与多家企业的应聘考核，如果不及时发出录用通知书，可能会使企业与合适人才失之交臂，从而影响企业的发展速度。

录用通知书有信函通知书和电话通知书两种形式，向被录用者发送录用通知书时要以相同的方式，一般以信函通知书较为稳妥。在录用通知书中，要向被录用者清楚说明其被聘用岗位、所属部门、报到时间、报到地点、报到时所需准备资料及报到流程，最好通过附录提供抵达报到地点的详细路线和其他有关说明。

在录用通知书的措辞中，不要忘记欢迎新员工加入企业以及他的到来对企业发展的重要意义等信息。这样做可以表明企业重视人才，是吸引人才的一种手段。

二、辞谢通知书

许多招聘企业常常把注意力都放在被录用者的录用工作上，而忽视对未被录用的应聘者的辞谢程序。其实，应聘者很有可能是企业商品的忠实消费者或潜在用户，这样看来，恰到好处的辞谢方式不仅会对今后的招聘工作产生有利影响，还可以树立企业在市场中的良好形象。

对于未被录用的应聘者，也应该公平对待，同样以统一的方式通知，最好也是采取书面形式。在辞谢信的措辞中，应该做到简洁、坦诚、礼貌，又不缺乏对应聘者的鼓励性言语。信中要对应聘者能够关注本企业表示感谢，告诉应聘者未被录用只是企业暂时的情况，并表达建立长期联系的意愿，把未能录用的原因归结于企业目前没有合适的岗位，而不能归结于应聘者的能力和经验等方面。

看一看

××公司录用通知书（样本）

__________先生/女士：

您好！欢迎您加入我们公司××（部门）任××职位。

经与您协商，您的入职日期定于________年____月____日。入职当日请您携带本函附件所列的相关文件到人力资源部报到。您所提供的相关资料应保证真实可靠，该资料公司验证无误后方可与您签署劳动合同，劳动合同的签署表明您与公司正式劳动关系的确立。

您的职责与待遇如下：

1. 待遇说明：您的税前全额工资为________元整。您的工资由固定工资（占全额工资的80%）和绩效工资（占全额工资的20%）构成。公司在您的试用期之后将开始对您进行月度工资考核，具体考核办法另定。公司将在您的月工资中按《劳动法》规定代扣您的个人所得税。

2. 您有义务对您的薪资内容保密，不将其告知公司内第三方。

3. 聘用解除。公司试用期为三个月，试用期间，无论您还是公司都可在任何时间、以任何理由解除聘用关系，但需要提前三日通知对方。

4. 如您接受本聘书，请您于________年____月____日之前回电子邮件确定。

我们非常高兴您能加盟××公司。入职前，若有任何问题，请随时向人力资源部提出（电话：××）。

××公司人力资源部

××年××月××日

资料来源：苏进，刘建华．人员选拔与聘用管理．北京：中国人民大学出版社，2007.

看一看

辞谢通知书（样本）

尊敬的____________先生/女士：

我公司公开招聘人才一事，非常感谢您前来应征，也很感谢您对我公司所表现出的兴趣。您的学历、资历、技能给我们留下了深刻的印象，如果我们能十分幸运地吸引许多像您这样的合格的求职者，就会使我们的筛选过程变得十分艰难。但遗憾的是本次招聘名额有限，我们不得不回绝许多优秀的应聘者。因此，我们非常遗憾此次不能录用您。

________先生/女士，您的资历给我们留下了深刻的印象，我们希望您将来还会考虑来我们公司工作。

××有限公司（章）

××年××月××日

资料来源：苏进，刘建华．人员选拔与聘用管理．北京：中国人民大学出版社，2007.

三、询问拒聘者

当然，即使企业在不断努力吸引人才，也不乏被录用者接到录用通知书而不前来报到的情况发生。对于这些企业看中的优秀人才，人力资源管理部门甚至是最高层领导者应该主动打电话询问，并表示积极的争取态度。如果对方有特殊要求，企业应该进一步协商谈判，必要时做出适当的让步与妥协。但如果在招聘过程中出现很多候选人拒聘，企业就应该考虑自身的原因，与拒聘者交谈或许可以获得一些有用信息，从而适当调整自己的招聘条件，吸纳优秀人才。

8.1.3 详细协商待遇条件

在接到录用通知书后，大部分被录用者会欣然接受企业提供的各方面待遇条件，进而很快融入企业，成为企业中的一员；有些候选人则会仔细考虑企业的待遇条件，并将它与市场价格、其他企业提出的条件进行比较。对于这样的情况，企业如果想吸引优秀人才，就必须在进行人员录用工作时，根据待录用员工在应聘中表现出来的综合素质、专业能力等因素结合企业的薪酬策略，拟定出给应聘者提供的薪酬标准区间，尤其是企业中的重要职位，以便为企业进一步协商争取优秀人才留有空间。

一、协商待遇的技巧

1. 了解市场价格

招聘者可以通过互联网或当地的经济发展部门获取相关信息，搞清楚自己提供的岗位在市场上的平均价格。如果招聘者给出的薪酬高于市场价格，与应聘者在待遇方面达成共识一般不成问题；如果招聘者给出的价格低于市场平均价格，那么招聘者需要做好以下三件事中的至少一件：降低招聘标准；提高薪资待遇；增加非货币化的额外津贴。

2. 了解候选人原来的薪酬

了解候选人原来的薪酬结构、标准、发放方式等，有助于招聘者做出正确的薪资判断。如果候选人原来的薪酬水平低于招聘者预定的最高薪酬标准，这段差距便是谈判的空间；如果候选人原来的薪酬水平高于招聘者预定的最高薪酬标准，招聘者可以更多地强调企业在非薪酬因素上的优势，对于事业心强的应聘者而言，事业发展机会无疑会起到更好的宣传效果。

3. 了解候选人对待遇的期望值

候选人往往会综合考虑自己的专业水平和从业经验能在某一岗位上发挥怎样的作用而给自己设定一定的薪酬标准，这就是候选人对薪酬的期望值。如果招聘者预定的最高薪酬标准低于候选人的期望值，招聘者一定要非常谨慎，充分考虑是否值得为他的专长和经验付出代价，不能一味迎合候选人的期望，要知道企业中并不是只有招聘到的新员工，更有其他已经为企业做出很多贡献的老员工。

4. 确定企业在该岗位上的薪酬区间

对于一个岗位来说，薪酬往往是一个范围，人力资源管理部门应根据候选人在甄选过程中表现出的综合素质、工作经历、学历等因素，还要结合企业员工在岗位上所能达到的绩效水平、候选人原来的薪酬水平、劳动力市场供求状况等信息，确定合理的薪酬标准区间，以便招聘者在与候选人协商时清楚自己的协商范围有多大。

5. 该放手时则放手

如果招聘者经过多番努力，应聘者仍然不接受招聘者所能提出的最高待遇条件，那么此时不应再浪费精力，而应继续寻找更合适的应聘者。

二、协商待遇时应避免的现象

1. 亮出自己的底牌

在进行人员招聘时，招聘者切忌亮出自己在薪酬方面的底牌，最好是在必要的时候给出薪酬范围的下限和中间值。这样不仅可以帮助企业筛选掉对薪酬期望值过高的应聘者，还可以给自己在待遇协商时留有充足的余地，在遇到特别优秀的人才时，还可以有上调薪酬争取人才的空间。

2. 随意调整薪酬标准区间

如果人力资源管理部门已经根据实际情况确定合理的薪酬标准区间，招聘者不可以为了挽留优秀人才，一味地迎合应聘者的期望值，这样不仅会加大企业的人力资源成本，还会带来很多负面影响。

3. 言不符实

主要有两种现象：一种是提出过多的货币化或非货币化的奖励；另一种是使应聘者少负很多责任。不管是哪种情况，都会使雇员的工作动力和挑战精神随之减弱。它所导致的另一个问题是雇主会因为雇员得到了那么多优厚的待遇而对其寄予不切实际的期望。此外，其他员工可能会嫉妒新员工。

8.1.4 办理录用手续

一、接收报到

新员工携带录用通知书报到当日，应及时到人力资源管理部门填写员工录用表并提交相关资料，如身份证、学历学位证、健康体检报告、工作所必备的各种资格证书及其他所需材料的原件，供人力资源管理部门审核。

二、签订劳动合同

劳动合同是指劳动者与用人单位之间确立劳动关系，明确双方权利和义务的协议。企业在与被录用者办理录用手续时，需要通过签订劳动合同来保护各自的权利和规范各自的义务。

劳动合同分为固定期限劳动合同、无固定期限劳动合同和以完成一定工作任务为期限的劳动合同。固定期限劳动合同是指用人单位与劳动者约定合同终止时间的劳动合同；无固定期限劳动合同是指用人单位与劳动者约定无确定终止时间的劳动合同；以完成一定工作任务为期限的劳动合同是指用人单位与劳动者约定以某项工作的完成为合同期限的劳动合同。

看一看

劳动合同（范本）

用人单位（甲方）：____________________

地址（住所）：____________________

法定代表人（主要负责人）：____________________

员工姓名（乙方）：____________________

身份证住址：____________________

身份证号码：____________________

根据《劳动法》《劳动合同法》等有关劳动法律、法规的规定，甲乙双方按照“合法、公平、平等自愿、协商一致、诚实信用”的原则，签订本劳动合同，确立劳动关系。

第一条　劳动合同期限

（一）甲、乙双方商定，采取下列第（　　）种形式确定劳动合同期：

1. 有固定期限：从____年____月____日起至____年____月____日止。

2. 无固定期限：从____年____月____日起至法定终止条件出现时止。

3. 以完成一定的工作任务为期限：从____年____月____日至工作任务完成时止。

（二）试用期的约定，采取下列第（　　）种形式：

1. 无试用期。

2. 试用期为_____个月（天），从_____年_____月_____日起至_____年_____月_____日止。

第二条　工作内容和工作地点

（一）乙方的工作岗位（部门、工种或职务）为：__________

（二）乙方的工作任务或职责是：__________

（三）乙方工作地点是：__________

如甲方派乙方到外地或外单位工作，应签订补充协议。

（四）甲方根据生产经营需要和乙方的能力表现，可以合理调整乙方的工作岗位（包括部门、工种或职务）。

第三条　工作时间和休息休假

（一）甲乙双方同意按以下第（　　）种方式确定乙方的工作时间：

1. 标准工时制，即每日工作八小时，每周工作四十小时，每周至少休息一天。

2. 不定时工作制，即经劳动行政部门审批，乙方所在岗位实行不定时工作制。

3. 综合计算工时工作制，即经劳动行政部门审批，乙方所在岗位实行以___为周期，总工时____小时的综合计算工时工作制。

（二）甲方因生产（工作）需要，经与工会和乙方协商后可以延长工作时间。除了《劳动法》第四十二条规定的情形，一般每日不得超过一小时，因特殊原因最长每日不得超过三小时，每月不得超过三十六小时。

（三）休息日和法定节假日，甲方依法安排乙方休息休假，因工作需要安排乙方加班的，依法安排补休或支付加班费。

第四条　劳动报酬

（一）乙方正常工作时间的工资按下列第（　　）种形式执行，不得低于当地最低工资标准。

1. 乙方试用期工资______元/月（日）；试用期满工资______元/月（日）。

2. 其他形式：________________________________

（二）工资必须以法定货币支付，不得以实物及有价证券替代货币支付。

（三）甲方可以根据企业的经营状况和乙方的能力表现，及工作岗位的调整情况，合理调整乙方的工资。

（四）甲方每月______日发放乙方上一个月的工资。如遇节假日或休息日，则提前到最近的工作日支付。

（五）甲方依法安排乙方延长工作时间的，应按《劳动法》第四十四条的规定支付延长工作时间的工资报酬。

（六）因乙方过错造成甲方停工，甲方不支付乙方停工期间的工资，并可根据造成的损失，按有关规定相应处理。

（七）非因乙方原因造成甲方停工、停产，未超过一个工资支付周期（最长三十日）的，甲方应当按照正常工作时间支付工资。超过一个工资支付周期的，可以根据乙方提供的劳动，按照双方新约定的标准支付工资；甲方没有安排乙方工作的，应当按照不低于当地最低工资标准的百分之八十支付乙方生活费，生活费发放至企业复工、复产或者解除劳动关系。

（八）乙方因病或者非因工负伤停止工作进行治疗，在国家规定的医疗期内，甲方应当依照国家有关规定支付病伤假期工资。甲方支付的病伤假期工资不得低于当地最低工资标准的百分之八十。

（九）乙方依法享受法定休假日、年休假、探亲假、婚假、丧假、产假、看护假、计划生育假等假期期间，甲方应当视同其正常劳动并支付正常工作时间的工资。

第五条　社会保险和福利待遇

（一）劳动合同期内，甲方应依法为乙方办理参加养老、医疗、失业、工伤、生育等社会保险的手续，社会保险费按规定的比例，由甲乙双方负责。

（二）乙方患病或非因工负伤，甲方应按国家和地方的规定给予医疗期和医疗待遇，按医疗保险及其他相关规定报销医疗费用，并在规定的医疗期内支付病假工资或疾病救济费。

（三）乙方患职业病、因工负伤或者因工死亡的，甲方应按《工伤保险条例》的规定办理。

第六条　劳动保护、劳动条件和职业危害防护

（一）甲方按国家有关劳动保护规定提供符合国家卫生标准的劳动作业场所，切实保护乙方在生产工作中的安全和健康。如乙方工作过程中可能产生职业病危害，甲方应按《职业病防治法》的规定保护乙方的健康及其相关权益。

（二）甲方根据乙方从事的工作岗位，按国家有关规定，发给乙方必要的劳动保护用品，并按劳动保护规定免费安排乙方进行体检。

（三）乙方有权拒绝甲方的违章指挥、强令冒险作业，对甲方及其管理人员漠视乙方安全和健康的行为，有权要求改正并向有关部门检举、控告。

第七条　劳动纪律

（一）乙方应自觉遵守法律、法规、规章和企业依法制定的各项规章制度，严格遵守安全操作规程，服从管理，按时完成工作任务。

（二）乙方应保守甲方的商业秘密和与知识产权相关的保密事项。

第八条　履行和变更

（一）甲乙双方应当按照劳动合同的约定，全面履行各自的义务。

（二）甲乙双方协商一致，可以变更劳动合同约定的内容。变更劳动合同，应当采用书面形式。

第九条　解除、终止和续订

（一）双方协商一致，可以解除劳动合同。由甲方提出协商解除劳动合同的，应依法支付乙方经济补偿金；由乙方提出协商解除劳动合同的，甲方无须支付乙方经济补偿金。

（二）乙方提前三十日以书面形式通知甲方，可以解除劳动合同。乙方在试用期内提前三日通知甲方，可以解除劳动合同。

（三）甲方有下列情形之一的，乙方可以解除劳动合同，并有权要求甲方支付解除劳动合同的经济补偿金：

1. 未按照劳动合同约定提供劳动保护或者劳动条件的；
2. 未及时足额支付劳动报酬的；
3. 未依法为乙方缴纳社会保险费的；
4. 甲方的规章制度违反法律、法规的规定，损害乙方权益的；
5. 因甲方过错致使劳动合同无效的；
6. 法律、行政法规规定乙方可以解除劳动合同的其他情形。

（四）乙方有下列情形之一的，甲方可以解除劳动合同，且无须支付乙方解除劳动合同的经济补偿金：

1. 在试用期间被证明不符合录用条件的；
2. 严重违反甲方的规章制度的；
3. 严重失职，营私舞弊，给甲方造成重大损害的；
4. 乙方同时与其他用人单位建立劳动关系，对完成甲方的工作任务造成严重影响，或者经甲方提出，拒不改正的；
5. 因乙方过错致使劳动合同无效的；
6. 被依法追究刑事责任的。

（五）有下列情形之一的，甲方提前三十日以书面形式通知乙方或者额外支付乙方一个月工资后，可以解除劳动合同，但应支付乙方解除劳动合同的经济补偿金：

1. 乙方因患病或者非因工负伤，在规定的医疗期满后不能从事原工作，也不能从事由甲方另行安排的工作的；

2. 乙方不能胜任工作，经过培训或者调整工作岗位，仍不能胜任工作的；

3. 劳动合同订立时所依据的客观情况发生重大变化，致使劳动合同无法履行，经甲方与乙方协商，未能就变更劳动合同内容达成协议的。

（六）有下列情形之一，甲方可按《劳动合同法》第四十一条的规定解除劳动合同，但应支付乙方解除劳动合同的经济补偿金：

1. 依照企业破产法规定进行重整的；

2. 生产经营发生严重困难的；

3. 企业转产、重大技术革新或者经营方式调整，经变更劳动合同后，仍需裁减人员的；

4. 其他因劳动合同订立时所依据的客观经济情况发生重大变化，致使劳动合同无法履行的。

（七）乙方有下列情形之一的，甲方不得依照本劳动合同第九条第（五）、（六）项的规定解除劳动合同：

1. 从事接触职业病危害作业未进行离岗前职业健康检查，或者疑似职业病在诊断或者医学观察期间的；

2. 患职业病或者因工负伤并被确认丧失或者部分丧失劳动能力的；

3. 患病或者非因工负伤，在规定的医疗期内的；

4. 女职工在孕期、产期、哺乳期的；

5. 在甲方连续工作满十五年，且距法定退休年龄不足五年的；

6. 法律、行政法规规定的其他情形。

（八）有下列情形之一的，劳动合同终止：

1. 劳动合同期满的；

2. 乙方开始依法享受基本养老保险待遇的；

3. 乙方死亡，或者被人民法院宣告死亡或者宣告失踪的；

4. 甲方被依法宣告破产的；

5. 甲方被吊销营业执照、责令关闭、撤销或者甲方决定提前解散的；

6. 法律、行政法规规定的其他情形。

甲方依本项第1目规定终止固定期限劳动合同的，应支付乙方终止劳动合同的经济补偿金，但甲方维持或者提高劳动合同约定条件续订劳动合同，乙方不同意续订的情形除外；

甲方依照本项第4目、第5目规定终止劳动合同的，应支付乙方终止劳动合同的经济补偿金。

（九）劳动合同期满，有第九条第（七）项规定情形之一的，劳动合同应当续延至相应的情形消失时终止。但是，第（七）项第2目规定乙方丧失或者部分丧失劳动能力的劳动合同的终止，按照国家有关工伤保险的规定执行。

（十）经济补偿按乙方在本单位工作的年限，每满一年支付一个月工资的标准向乙方支付。六个月以上不满一年的，按一年计算；不满六个月的，向乙方支付半个月工资的经济补偿。乙方月工资高于甲方所在地设区的市级人民政府公布的本地区上年度职工月平均工资三倍的，向乙方支付经济补偿的标准按职工月平均工资三倍的数额支付，向乙方支付经济补偿的年限最高不超过十二年。

本条所称月工资是指乙方在劳动合同解除或者终止前十二个月的平均工资。

（十一）劳动合同期满而甲方需续延劳动合同的，应在劳动合同期满前三十日内将《续订劳动合同意向通知书》送达乙方，经双方协商同意续延劳动合同的，应在劳动合同期满前三十日内重新订立劳动合同；重新订立的劳动合同，自前份劳动合同期满次日起生效。

第十条　违约责任

（一）乙方违反培训协议中的服务期约定，应当按照约定向甲方支付违约金。

（二）乙方违反双方签订的竞业限制协议的，应当按照约定向甲方支付违约金。

（三）乙方试用期满后解除劳动合同而未提前三十天通知的，或者试用期内解除劳动合同而未提前三天通知的，或自动离职的，以乙方日工资为标准，每延迟一日支付一日工资的赔偿金。

给甲方造成其他损失的，应当承担赔偿责任，赔偿金额包括但不限于甲方招收录用乙方所支付的费用、培训费用、对生产经营和工作造成的直接经济损失。

（四）劳动合同依法被确认无效，给对方造成损害的，有过错的一方应当承担赔偿责任。

（五）甲方违约解除或者终止劳动合同的，应当依照本劳动合同第九条第（十）项规定的经济补偿标准的二倍向乙方支付赔偿金。

（六）任何一方的其他违约行为给对方造成经济损失的，按法律规定赔偿对方经济损失。

第十一条　争议处理

双方履行本劳动合同如发生争议，可先协商解决；不愿协商或协商不成的，可以向甲方所在地劳动争议仲裁委员会申请仲裁；对仲裁裁决不服的，可以向人民法院起诉。

第十二条　其他约定

（一）双方在此之前签订的所有劳动合同，凡与本劳动合同不一致的，应以本劳动合同为准，双方专门针对培训、商业秘密保护、竞业限制、购房等个别事项签订的协议除外。

（二）乙方保证与甲方签订本劳动合同时，已与其他用人单位解除或终止了劳动关系，并提供相关单位的解除或终止劳动关系证明，否则，甲方有权解除本劳动合同。由于乙方的过错，导致甲方被乙方原工作单位追诉的，乙方应赔偿甲方因此受到的全部损失。

（三）乙方因故辞职，应按照甲方的有关规章制度办理完工作交接手续后方可离职，否则甲方有权不予办理解除劳动合同的有关手续（包括出具解除劳动合同证明、办理档案和社保关系的转移等手续）。

（四）甲乙双方另行签订的培训协议、保密协议、竞业限制协议等与劳动合同相关的协议是本劳动合同的组成部分。

（五）甲方在企业内公开发布的各项规章制度对双方均具有约束力，除非该制度违反了国家法律、法规或与本协议相冲突，否则视为本劳动合同的有效附件。

（六）劳动合同未尽事宜或劳动合同条款与劳动法规有抵触的，按现行劳动法规执行。

（七）本劳动合同一式两份，甲、乙双方各执一份。经甲、乙双方签章生效，涂改或冒签无效。

甲方：（盖章） 乙方：（签名或盖章）

20　年　月　日 20　年　月　日

资料来源：根据百度文库（http：//wenku.baidu.com）相关资料改编。

劳动合同的内容一般包含两部分：一部分是必备条款的内容；另一部分是约定条款的内容。

1. 必备条款

劳动合同的法定条款是法律规定的劳动合同的必备条款。《劳动合同法》第十七条规定劳动合同应当具备以下条款：

（1）用人单位的名称、住所和法定代表人或者主要负责人。

（2）劳动者的姓名、住址和居民身份证或者其他有效身份证件号码。

（3）劳动合同期限。固定期限劳动合同要有明确的起始和终止时间。无固定期限劳动合同只有明确的起始时间，但没有明确的终止时间。以完成一定任务为期限的劳动合同则以一定工作任务的完成为劳动合同终止的条件。

（4）工作内容和工作地点。工作内容是指工作岗位和工作任务或职责，这是劳动合同的核心条款之一，劳动合同中的工作内容条款应当明确具体，便于遵照执行。工作地点是劳动合同的履行地，它关系到劳动者的工作环境、生活环境，以及劳动者的就业选择。劳动者有权在与用人单位建立劳动关系时知悉自己的工作地点。

（5）工作时间和休息休假。工作时间是指劳动者为履行劳动合同义务从事生产和工作的时间。工作时间的种类包括标准工作时间、不定时工作时间、综合计算工作时间、弹性工作时间等。休息是劳动者的一项基本权利。休息时间是指劳动者免于履行劳动给付义务而自行支配的时间，如周末休息。休假则是劳动者带薪休息，免于上班劳动，并且有工资保障的休息时间，如法定节日休假、探亲休假、年休假、婚假和丧假等。

（6）劳动报酬。劳动报酬是指用人单位根据劳动者劳动的数量和质量，以货币形式支付给劳动者的工资。劳动报酬是劳动者提供劳动的直接目的，也是劳动者的主要生活来源。协商约定劳动者的工资额、工资调整的权限、发放时间、报酬的构成和变更，对劳动关系双方具有重要意义。劳动报酬一般可包括计时工资、计件工资、奖金、津贴和补贴、延长工作时间的工作报酬以及特殊情况下支付的工资等。

（7）社会保险。社会保险是指国家通过立法建立的、以保障劳动者在丧失劳动机会或劳动能力时的基本生活为目标的物质帮助制度，主要包括基本养老保险、基本医疗保险、工伤保险、失业保险和生育保险。

读一读

“五险一金”的法律常识你知道多少

一、“五险一金”的内容

1. 养老保险

养老保险指社会基本养老保险，是国家和社会根据一定的法律和法规，为解决劳动者在达到国家规定的解除劳动义务的劳动年龄界限，或因年老丧失劳动能力退出劳动岗位后的基本生活而建立的一种社会保险制度。

2. 医疗保险

医疗保险指基本医疗保险，是为了补偿劳动者因疾病风险造成的经济损失而建立的一种社会保险制度。

3. 失业保险

失业保险指国家通过立法强制实行的，由用人单位、职工个人缴费及国家财政补贴等渠道筹集资金建立失业保险基金，对因失业而暂时中断生活来源的劳动者提供物质帮助以保障其基本生活，并通过专业训练、职业介绍等手段为其再就业创造条件的一种社会保险制度。

4. 工伤保险

工伤保险指劳动者在工作中或在规定的特殊情况下，遭受意外伤害或患职业病导致暂时或永久丧失劳动能力以及死亡时，劳动者或其遗属从国家和社会获得物质帮助的一种社会保险制度。

5. 生育保险

生育保险指国家通过立法，在怀孕和分娩的女性劳动者暂时中断劳动时，由国家和社会提供医疗服务、生育津贴和产假，国家或社会对生育的职工给予必要的经济补偿和医疗保健的一种社会保险制度。

6. 住房公积金

住房公积金指国家机关、国有企业、城镇集体企业、外商投资企业、城镇私营企业及其他城镇企业、事业单位、民办非企业单位、社会团体及其在职职工缴存的长期住房储金。

2016年3月，“十三五”规划纲要提出，将生育保险和基本医疗保险合并实施，未来可能变为“四险一金”。

二、“五险一金”的待遇

1. 养老保险待遇

（1）按月领取按规定计发的基本养老金，直至劳动者死亡。

（2）亲属可获取丧葬费、一次性抚恤费，符合供养条件的直系亲属还可以获取生活困难补助费（按月发放，直至供养直系亲属死亡）。

2. 医疗保险待遇

参加医疗保险的劳动者在门诊就医、购药的，其医疗费用从个人医疗账户中支付。个人医疗账户资金用完后，由参保人自付。住院医疗费用在起付标准以下的，由劳动者个人负担；起付标准以上部分由劳动者和统筹基金按一定比例共同负担。

3. 失业保险待遇

失业保险经办机构应给付符合条件的失业劳动者基本生活费用：失业人员失业前用人单位和本人累计缴费满1年不足5年的，领取失业保险金的期限最长为12个月；累计缴费满5年不足10年的，领取失业保险金的期限最长为18个月；累计缴费10年以上的，领取失业保险金的期限最长为24个月。重新就业后再次失业的，缴费时间重新计算，领取失业保险金的期限与前次失业应当领取而尚未领取的失业保险金的期限合并计算，最长不超过24个月。

4. 工伤保险待遇

参加工伤保险的劳动者发生工伤，可以从工伤保险基金中支付以下费用：

（1）治疗工伤的医疗费用和康复费用。

（2）住院伙食补助费。

（3）到统筹地区以外就医的交通食宿费。

（4）安装配置伤残辅助器具所需费用。

（5）生活不能自理的，经劳动能力鉴定委员会确认的生活护理费。

（6）一次性伤残补助金和一至四级伤残职工按月领取的伤残津贴。

（7）终止或者解除劳动合同时，应当享受的一次性医疗补助金。

（8）因工死亡的，其遗属领取的丧葬补助金、供养亲属抚恤金和因工死亡补助金。

（9）劳动能力鉴定费。

5. 生育保险待遇

参加生育保险的职工享有：

（1）生育津贴。按照女职工本人生育当月的缴费基数除以30再乘以产假天数。生育津贴低于本人工资标准的，差额部分由用人单位补足。

（2）报销生育医疗费用，包括女职工因怀孕、生育发生的医疗检查费、接生费、手术费、住院费和药品费。

（3）报销计划生育手术医疗费用。

6. 住房公积金待遇

劳动者有下列情形之一的，可以提取住房公积金账户内的存储余额：

（1）购买、建造、翻建、大修自住住房的。

（2）离休、退休的。

（3）完全丧失劳动能力，并与单位终止劳动关系的。

（4）出境定居的。

（5）偿还购房贷款本息的。

（6）房租超出家庭工资收入的规定比例的。

缴存住房公积金的劳动者，在购买、建造、翻建、大修自住住房时，还可以向住房公积金管理中心申请住房公积金贷款。

三、“五险一金”的缴纳

用人单位和劳动者共同缴纳上述保险费，一般以职工所在省份上年度职工社会平均工资（简称省社平工资）的60%～300%为缴费基数，按月缴纳。不同省市具体标准不尽相同，一般范围如表8-1所示。

表8-1　“五险一金”的缴纳标准

缴纳项目	个人缴费比例（%）	单位缴费比例（%）
养老保险	8	20
医疗保险	2	6～10
失业保险	0.5～1	1.5
工伤保险		0.5～1.2
生育保险		0.8
公积金	10～12	10～12

资料来源：颜东岳．“五险一金”法律常识你知道多少．劳动保障世界，2010（23）：49；2017年五险一金最新政策：交多少、缴纳比例及缴纳基数．[2017-01-16]．https://www.yidianzixun.com/article/0FTF18J3.

（8）劳动保护、劳动条件和职业危害防护。劳动保护是指预防劳动过程中的安全事故，保障劳动者安全的各种措施。劳动条件主要是指用人单位为使劳动者顺利完成劳动合同约定的工作任务，为劳动者提供必要的物质和技术条件，如必要的劳动工具、机械设备、工作场地、技术资料、工具书以及其他一些必不可少的物质、技术条件和其他工作条件。职业危害是指劳动者在职业活动中，因接触职业性有害因素如粉尘、放射性物质和其他有毒、有害物质等对健康引起的危害。企业应当按照有关法律法规，采取切实有效的措施，达到职业危害防护的要求标准。

（9）法律、法规规定应当纳入劳动合同的其他事项。即按照《劳动合同法》以外的其他法律、行政法规的规定，应当在劳动合同中说明的内容。

2. 约定条款

除了上述法律规定的九项必备条款，用人单位和劳动者可以约定试用期、培训、保守秘密、补充保险和福利待遇等其他事项。

《劳动合同法》第十九条规定，劳动合同期限三个月以上不满一年的，试用期不得超过一个月；劳动合同期限一年以上不满三年的，试用期不得超过二个月；三年以上固定期限和无固定期限的劳动合同，试用期不得超过六个月。同一用人单位与同一劳动者只能约定一次试用期。以完成一定工作任务为期限的劳动合同或者劳动合同期限不满三个月的，不得约定试用期。试用期包含在劳动合同期限内。劳动合同仅约定试用期的，试用期不成立，该期限为劳动合同期限。

第二十条规定，劳动者在试用期的工资不得低于本单位相同岗位最低档工资或者劳动合同约定工资的百分之八十，并不得低于用人单位所在地的最低工资标准。

第二十一条规定，在试用期中，除劳动者有该法第三十九条和第四十条第一项、第二项规定的情形外，用人单位不得解除劳动合同。用人单位在试用期解除劳动合同的，应当向劳动者说明理由。

读一读

试用期、见习期、学徒期、实习期的区别

一、试用期并非劳动合同必备条款

在《劳动合同法》中没有关于试用期的定义。原劳动部办公厅《对〈关于劳动用工管理有关问题的请示〉的复函》（劳动部劳办发〔1996〕5号，以下简称《复函》）中关于试用期的定义为：试用期是用人单位和劳动者建立劳动关系后为相互了解、选择而约定的不超过六个月的考查期。由此可以看出，劳动合同中的试用期一般是指在劳动合同期限之内，劳资双方为互相了解和考查而确定的一段时间。

根据《劳动合同法》第十七条第二款的规定，试用期不是劳动合同的必备条款，属于劳资双方协商确定的条款，是合同中约定自治的内容。具体包括以下两层含义：其一，用人单位和员工对在劳动合同中是否设立试用期条款的自主性和自愿性。即试用期条款的设立与否，完全取决于双方是否事先约定。其二，试用期条款的设定必须基于劳资双方平等自愿基础上的协商一致，形成双方的合意才能认定存在试用期条款。尽管试用期不是劳动合同的必备条款，但是用人单位在招聘员工时，大多会给新员工设置一段试用期，以考查员工的能力和素质。

二、试用期、见习期、学徒期、实习期各不相同

与试用期有关的概念还有见习期、学徒期和实习期。在实践中，很多用人单位对试用期与见习期、学徒期、实习期的关系不是很清楚。

1. 见习期、学徒期是计划经济的产物

见习期是计划经济分配体制下，针对大中专毕业生新分配到用人单位工作，需要进行业务适应及考核的一种制度。根据《复函》的相关规定，用人单位招收应届毕业生后，原则上都要安排见习，期限为一年。见习期满如合格，则对该员工办理转正手续，为其评定专业职称，聘任相应职务，确定工作岗位。见习期满，达不到见习要求的，可延长见习期半年到一年，或者降低工资标准；表现特别不好的，可予以辞退，由学校重新分配。可见，见习期是计划经济的产物，但在本质上是一种试用期。目前，见习期已渐渐退出企业劳动用工领域，但在正式宣布废除前，仍有适用的领域，比如国家机关和事业单位录用新员工，现在还存在一年的见习期。

根据《复函》的相关规定，学徒期是针对某些工作岗位的新招工人，为了让其熟悉业务、提高工作技能的一种培训、学习期限。学徒期制度也是计划经济分配体制的产物，至今在一些技术岗位上仍然沿用，并按照技术等级标准规定的期限执行。学徒期限一般根据工作岗位、技术等级要求来确定。虽然学徒期是新进员工学习、接受培训的期限，但该期限应包含在劳动合同期内，而且在劳动合同中可以同时约定试用期和学徒期。在学徒期内，用人单位应当按照劳动合同的约定为学徒工安排工作岗位，并支付劳动报酬及缴纳社会保险金。目前学徒期的适用范围也比较狭窄。

2. 实习期并非就业概念

实习期是针对在校学生而言的概念，是指学生在校期间，到单位的具体岗位上参与实践工作的过程。在法律上区别是否为实习的唯一标准就是学生身份，即以学生身份到用人单位工作的包括假期的勤工俭学等，属于实习，不视为就业。毕业之后以失业或待业人员身份到用人单位工作的，则已具备劳动者的身份，视为就业，产生试用期、学徒期等概念。

通过上述分析可见，见习期、学徒期虽然是针对员工而言的，但并不是法律上的概念，均是原劳动部给地方的复函中规定的概念，而且这些规定年代久远，目前适用的余地不大。实习期是针对在校大学生（非员工）而言，同样不属于法律上的概念。试用期则是法律明确规定的概念，无论是《劳动法》还是《劳动合同法》均有关于试用期的规定。所以，现代企业用工，对于新招用的员工，通常都会约定试用期。

资料来源：石先广．不要轻易拿试用期说事儿．HR经理人，2011（3）：71-77.

《劳动合同法》第二十二条规定，用人单位为劳动者提供专项培训费用，对其进行专业技术培训的，可以与该劳动者订立协议，约定服务期。劳动者违反服务期约定的，应当按照约定向用人单位支付违约金。违约金的数额不得超过用人单位提供的培训费用。用人单位要求劳动者支付的违约金不得超过服务期尚未履行部分所应分摊的培训费用。用人单位与劳动者约定服务期的，不影响按照正常的工资调整机制提高劳动者在服务期期间的劳动报酬。

《劳动合同法》第十六条规定，劳动合同由用人单位与劳动者协商一致，并经用人单位与劳动者在劳动合同文本上签字或者盖章生效。

三、其他事宜

其他事宜包括办理各类保险、转入档案、转入党组织关系等事宜。签订劳动合同书确定了企业和新员工的法定雇佣关系，为体现企业对员工的关怀，同时为保障劳动力买卖双方的共同利益，企业应及时为新员工办理法定的“五险”，即养老保险、医疗保险、失业保险、工伤保险和生育保险；通知新员工转入人事档案及党组织关系并及时接收，建立员工在本企业的信息档案。

看一看

试用期间未签劳动合同怎么办

2010年4月23日，阿红应征到广西某物流公司工作。入职后阿红填写了员工入职书，其上载明了阿红的岗位及工资等。2010年8月29日，刚干满4个月的阿红收到了公司发出的辞退通知书。离开公司后，阿红向南宁市仲裁委申请仲裁，要求某物流公司支付她2010年5月23日至2010年8月23日未签订劳动合同双倍工资差额。阿红认为，根据《劳动合同法》的相关规定，用人单位未与劳动者订立书面劳动合同的，应当向劳动者每月支付两倍的工资。仲裁委支持了阿红的请求。

某物流公司不服裁决，将阿红告上了区法院。该公司认为，阿红填写了一份员工入职书，该入职书属于一份不定期的劳动合同，因此不应该再支付双倍工资给阿红。法院认为，员工入职书仅是双方当事人履行《劳动合同法》规定的义务，并不具有法律规定的劳动合同的必要条款，不具备劳动合同的性质，并非劳动合同。根据《劳动合同法》第八十二条的规定，用人单位自用工之日起超过一个月不满一年，未与劳动者订立书面劳动合同的，应当向劳动者每月支付双倍的工资。阿红在某物流公司工作期间，物流公司未与阿红签订劳动合同。法院判决，某物流公司应向阿红支付双倍工资差额。

资料来源：试用期未签合同单位一样赔偿双倍工资．［2011－11－04］．http：//www.guiguanrc.com/news/46730.html.

8.2 新员工培训与上岗

8.2.1 新员工的培训

工欲善其事，必先利其器。对于刚刚被录用的新员工而言，当他们进入一个新企业时，面对全新的企业文化、价值观、同事和工作环境，多多少少都会有些不知所措。企业要想让新员工认同企业文化，迅速地融入团队，适应工作，并且使新员工的潜力和价值更快、更大程度地发挥出来，就必须组织新员工进行系统培训。

新员工培训又称为入职培训，是指企业为招聘到的新员工提供师资、信息、技能平台，鼓励员工学习，开发员工潜能，使员工逐步熟悉企业环境，了解并接受企业核心价值理念，认同企业文化，明确自己即将从事的工作职责、程序和基本技能，帮助新员工尽快进入岗位角色的一项系统性工作。

一、新员工培训的意义

企业通过培训向新员工介绍企业的发展历史、发展战略、经营特点及企业文化和管理制度，使其明确企业的发展目标，了解企业对自己的期望，激励和引导新员工树立起正确的使命感和荣辱观，在熟悉相关业务流程、掌握相关工作技能、认同企业文化的基础上，遵循各项规章制度，做好自身职业规划，实现自我管理，尽快进入岗位角色。培训管理者还可以结合员工自身发展空间，给员工提供富有挑战性的工作，充分挖掘新生力量的潜能，用实际行动来留住新员工。

看一看

华为的员工培训

华为的员工培训特色主要体现在华为大学和全员导师制两方面。

华为大学具有完善的培训体系，可为其员工和客户提供各种各样方便而有效的培训课程。同时，华为大学拥有强大的师资力量，内部专职和兼职讲师 1 700 余名，其中既有高级培训师，又有经历丰富的专家和技术人员。华为大学的培养模式也有其独特之处。首先，任正非要求华为大学采取收费学习模式，旨在激发学生主动学习，将以往的被动培养变成自我培养。其次，华为大学注重案例教学。案例学习包括 4 个阶段：阶段一为启发式学习，学习者读教材并考试；阶段二为演讲，演讲内容是学习者自己的亲身经历，且其经历必须有 3 个证明人；阶段三为大辩论，学习者可针对公司文化提出反对观点；阶段四为论文和答辩，要求学习者写出自己真实的行为实践而非理论。

全员导师制即“一对一”的帮扶前进模式。除了新员工，所有华为人都会有导师。为了保障导师制更好地推行和执行，华为出台了 4 项制度。(1) 导师激励制。华为采取物质激励方式提高导师的积极性，每个月下发 300 元的导师费用于师徒沟通感情，被评为“优秀导师”还可另外获得 500 元的奖励。(2) 能上能下制。华为内部实行轮岗制，这使得某个岗位的资深员工不论其工龄长短、履历深浅、成就高低，在被分配到新的岗位后都会成为“新员工”，也就会被分配导师。(3) 责任连带制。华为规定，如果徒弟在工作中出现问题，则导师不能被提拔，甚至会被降职。此举旨在督促导师全心全意、兢兢业业地培养和帮扶徒弟。(4) 晋升激励制。华为明确说明，职位晋升的前提和必要条件之一是担任过导师。

资料来源：蒋石梅，等．知识型员工管理模式——华为案例研究．技术经济，2017，36 (5)：43-50.

二、新员工培训的一般流程

新员工培训是各部门通力协同作战的过程，只有周密的协作才能完成这一系统的培训任务。在新员工培训的过程中，一般有三大流程，即前期准备工作、中期督导工作和后期评估工作。

1. 前期准备工作

在进行系统培训之前，企业应根据实际情况确定培训的组织者，由培训的组织者周密组织、细致安排，与各部门协调做好准备工作，迎接新员工前来培训。该阶段的工作一般包括以下内容。

（1）制定培训计划。组织者通过统计入职培训人员数量，调查培训需求，设计培训课程，确定培训时间、场地和讲师，拟定培训经费，制定切实可行的培训计划。

（2）申请培训费用。费用中应包含交通费、住宿费、师资费等因培训所产生的实际花费。

（3）与讲师协调沟通。与讲师沟通培训学员情况、授课时间地点、授课方式与内容以及培训中的注意事项等。

（4）准备培训资料。组织者应当把培训前、培训中、培训后所有涉及的资料编列清单、分类准备，保证培训开始前能够及时提供给讲师和学员。

（5）场地和设备准备。协调培训场地，保证在培训期间场地不被占用而影响培训进程，场地的布置应考虑培训方式、学员特点和讲师要求等因素；培训设备主要包括电脑、投影仪、麦克风、写字板等教学设备，应该在培训开始前全部准备就绪。

（6）后勤准备。主要包括讲师和学员的住宿、用餐、交通以及意外事故处理等方面的准备。

2. 中期督导工作

培训班启动后，组织者要同步跟进教学进程，保证培训工作顺利进行，同时观察每位学员的培训过程，记录培训所产生的影响，为完善今后的培训工作积累经验。

（1）观察。观察学员身体情况和心态的变化，保证对每个人可控，避免发生意外；观察学员对讲师的教学反应，为以后类似的培训积累经验。

（2）记录。记录每个学员每天的学习进展、在培训过程中发生的变化以及遇到的问题等。

（3）监督。监督培训工作的推进和培训的质量、查漏补缺，保证培训的顺利开展。

（4）检验。在培训结束时，通过考试或操作等方法，检验学员的学习成果。

3. 后期评估工作

在新员工培训结束后，企业组织者应采用一定的形式，把培训的效果用定性或定量的方式表示出来。一般采用由美国培训与发展协会的前会长多纳德·柯克帕瑞克提出的柯氏四级培训评估模型（Kirkpatrick model），这个模型将培训的效果分为以下四个层次：

第一层次：反应评估，即评估受训人员的满意程度。它是指受训人员对培训项目的印象如何，包括对讲师和培训科目、设施、方法、内容、自己收获的大小等方面的看法。反应评估主要是在培训项目结束时，通过问卷调查来收集受训人员对于培训项目的效果和有用性的看法。这个层次的评估可以作为改进培训内容、培训方式、教学进度等方面的建议或综合评估的参考，但不能作为评估的结果。

第二层次：学习评估，即测定受训人员的学习获得程度。学习评估是目前最常见也是最常用的一种评价方式，它测量受训人员对原理、技能、态度等培训内容的理解和掌握程度。学习评估可以采用笔试、实地操作和工作模拟等方法。培训组织者可以通过书面考试、操作测试等方法，来了解受训人员在培训前后知识以及技能的掌握方面有多大程度的提高。

第三层次：行为评估，即考查受训人员的知识运用程度。它是指在培训结束后的一段时间里，由受训人员的上级、同事、下属或者客户观察他们的行为在培训前后是否发生变化，是否在工作中运用了培训中学到的知识。这个层次的评估可以包括受训人员的主观感觉、下属和同事对其培训前后行为变化的对比，以及受训人员本人的自评。这通常需要借助一系列的评估表来考查受训人员培训后在实际工作中行为的变化，以判断所学知识、技能对实际工作的影响。行为评估是考查培训效果最重要的指标。

第四层次：成果评估，即计算培训带来的经济效益。效果的评估即判断培训是否能给企业的经营成果带来具体、直接的贡献，这一层次的评估上升到了组织的高度。成果评估可以通过一系列指标来衡量，如事故率、生产率、员工离职率、次品率、员工士气以及客户满意度等。通过对这些指标的分析，管理层能够了解培训所带来的收益。

企业在对新员工培训进行评估时，要向第三、四层次的评估发展，因为只有最终的行为改变和绩效提升才能直观地说明培训的价值所在。组织者应在培训评估完成后，及时撰写培训评估报告，内容包括培训项目概况、培训结果、评估结果及改进建议，以便不断地展现效果、总结经验和持续改进。

三、新员工培训的步骤

1. 岗前集中培训

这一般是由企业内部培养的资深讲师在特定的地点对刚办理完报到手续的新员工进行集体授课式培训，目的是使员工了解企业文化和经营理念，熟悉即将工作的环境和团队。可采用发送企业相关资料和到各部门实地参观并相互介绍等方式进行。

2. 上岗分散培训

这是新员工进一步了解工作的具体程序、工作的职责，接触或强化工作方法和工作技能的深入培训。根据岗位工作需要的不同，可以是老员工对新员工传帮带式的培训，也可以是员工观摩学习式的培训，目的是加快新员工在新团队中的融合速度，提高新老员工之间的契合度。

四、新员工培训的内容

1. 认知培训

向员工介绍企业的创立过程、企业的发展历程、企业的经营理念、企业的文化、企业的核心价值观、企业的战略目标及企业的核心竞争力，营造良好的企业文化环境，凝聚员工向心力，让员工主动与企业协调发展；提供企业的组织结构图，让员工了解企业文化，清楚自己在企业中所处的位置，明确在工作中的直接上级和下级，以及今后工作中各部门之间的协调方式。

2. 态度培训

向员工发放企业规章制度手册和员工手册并细致讲解，通过培训不断强化新员工的责任意识和团队意识，使员工树立企业主人翁的责任感、团结“家人”的团队意识。企业要用正确的理念去引导、良好的企业文化去熏陶、合理的制度去激励员工，使他们建立强大的自信心，用正确的态度看待自己和企业。要根据他们的特长安排工作，这样才能创造良好的绩效，达到企业和员工共同成长的效果。

3. 职业培训

职业培训主要是针对刚走出校门的学生成功转变成为一名职业化的工作人员而设计的培训内容，当然也适用于所有新员工的学习。其内容主要包括社交礼仪、人际关系、沟通与谈判、科学的工作方法、职业生涯规划、压力管理与情绪控制、团队合作技能等。职业培训的目标是：让员工了解角色转变的心态和能力要求，树立正面的职业心态；更好地了解自己，建立自己的职业生涯规划；了解什么是真正的团队，并成为团队的一分子；掌握与上级、同事建立良好合作关系的方法与技巧；掌握提高自己专业形象的方法，为自己的职业成长奠定基础。

4. 技能培训

技能培训主要是结合新员工即将上任的工作岗位而进行的专业技能培训，现在很多企业采用的“师徒制”就是技能培训的表现形式之一，专业技能是为了满足工作的需要所必备的一种能力。技能培训有两种模式：一是集中培训，即把岗位技能要求相同或相似的新员工集中起来进行培训，这样可以扩大技能的传播范围，并且节约培训成本；二是分散式培训，即由技能熟练的老员工对相应岗位的新员工进行指导，并确定指导责任制，一名老员工可以指导一名或多名新员工。在实际工作中，常常是将这两种模式结合运用。

8.2.2 正式录用员工

新员工加入企业开始工作后，人力资源管理部门的工作并没有完全结束。新员工的加入只是对企业空缺岗位的填补，究竟员工在其所处的岗位上是否真正合适，还需要在试用期间进行考核评估。用人单位在与劳动者签订劳动合同时已经约定试用期，约定试用期的目的是：一方面维护用人单位的利益，为每个工作岗位找到合适的劳动者，试用期就是供用人单位考查劳动者是否适合其工作岗位的一项制度，给企业考查劳动者是否与录用要求相一致的时间，避免用人单位遭受不必要的损失；另一方面维护新招收员工的利益，使被录用的员工有时间了解用人单位的工作内容、劳动条件、劳动报酬等是否符合劳动合同的规定。在劳动合同中规定试用期，既是订立劳动合同双方当事人的权利与义务，也为劳动合同其他条款的履行提供了保障。

试用期间，人力资源管理部门针对新员工进行的主要工作有：对员工跟踪观察；与员工工作所在部门持续沟通；考核员工在试用期的表现；转正前的各项准备工作。当员工试用期即将结束时，人力资源管理部门需要与员工及员工所在的部门进行充分沟通，了解员工对企业的文化和经营理念的认可度，了解员工试用期间在工作中表现出的能力和素质是否符合其所处的岗位，并做出公正、客观的书面考核评价，坚持公平、择优的原则进行转正录用，办理相关手续。如果在试用期内通过科学的方法对员工进行了考核，发现员工不符合岗位的录用能力和条件，企业应当在试用期内依法通知员工解除劳动合同、办理离职手续。

想一想

试用期考核不合格可以辞退员工吗

李先生被一家石化公司录用了，双方订立了劳动合同，劳动合同中约定试用期为3个月。就在试用期满的前一天，公司人事部小王口头通知李先生没有通过试用期，以后不用来上班了。李先生想知道自己哪里存在问题，小王没有正面回答。这样，李先生也没有办理离职手续，继续上班。直到试用期满5天后，公司见他还来上班，便以试用期没有通过为由，正式做出了解除李先生劳动合同的决定。李先生找到公司人事部张经理，张经理告诉他，试用期内公司的领导一直在考查李先生，经过考查，领导认为李先生不合格，因此对李先生做出解聘的决定。李先生感到愤愤不平，再说这份工作来之不易，于是申请了劳动仲裁。仲裁的结果是，李先生留在该石化公司继续工作。

本案例中，劳动仲裁的结果是否正确？该石化公司犯有哪些错误？

资料来源：石先广．不要轻易拿试用期说事儿．HR经理人，2011（3）：71－77.

8.3 招聘工作的评估

8.3.1 招聘评估

很多企业陷入了成为同行的“黄埔军校”的苦恼——辛辛苦苦将员工招进来，花大量时间和精力培训，等到能用的时候却留不住人才。之所以产生这些招聘困扰，往往是因为企业认为人员到位就万事大吉了，而忽略了招聘后期工作的重要性，对招聘缺乏系统评估和调整。由此可见，在一次招聘任务完成后，对招聘工作成果和方法是否有效做出科学、客观的评估，是进一步提高以后招聘工作效率的一项必不可少的工作。

8.3.2 招聘评估的作用

招聘评估的作用具体体现在以下几方面。

（1）有利于企业节省开支。招聘评估通过成本与效益核算能够使招聘人员清楚地知道费用的支出情况，区分哪些为应该支出部分，哪些是不应该支出部分，对于其中非应支部分在今后的招聘中予以消除，从而有利于降低今后的招聘费用，为组织节省开支。

（2）有利于招聘方法的改进。通过招聘信度与效度的评估，可以了解招聘过程中所使用方法的正确性与有效性，从而不断积累招聘工作的经验与改正不足，改进招聘方法。

（3）有利于提高招聘工作质量。通过招聘数量评估分析是否满足了原定的招聘要求，有利于找出各招聘环节中的薄弱之处；通过招聘质量评估既有利于招聘方法的改进，又能够为员工培训、绩效评估提供必要的信息，及时总结有利经验、查找不足，有利于提高今后招聘工作的质量。

8.3.3 招聘评估的内容及方法

一、招聘成本评估

招聘成本评估是指对招聘过程中产生的各种费用进行调查、核实并对照预算进行评价的过程。招聘工作的总成本包括获得成本、新员工培训成本、离职成本与重置成本。

1. 获得成本

获得成本是指为了使企业录用到合适的人员到具体的岗位上工作而发生的一系列过程所产生的费用，其中包括为了吸引和确定企业所需要的内外部人力资源而发生的招募成本；对应聘人员进行鉴别选择以做出录用或不录用决定所支付的选拔成本；把合适的人员录用到企业中所产生的录用成本；安置已被录用的员工到具体的工作岗位所发生的安置成本。其计算公式为：

获得成本＝招募成本＋选拔成本＋录用成本＋安置成本

（1）招募成本主要包括招募人员的直接劳务费用、直接业务费用（如招聘洽谈会议费、差旅费、代理费、广告费、宣传资料费、办公费、水电费）、间接管理费用（如行政管理费、临时场地及设备使用费等）。招募成本既包括在企业内部或者外部招聘人员的费用，又包括吸引未来可能成为企业员工的人选的费用，如为吸引高校研究生与本科生所预先支付的委托代培费。招募成本的计算公式为：

招募成本＝直接劳务费＋直接业务费＋间接管理费＋预付费用

（2）选拔成本因应聘人员所需从事的工作不同而异，一般来说，选择外部人员比选择内部人员的成本高；选择技术人员比选择操作人员的成本高；选择管理人员比选择一般人员的成本高。总之，选择人员的职位越高，选拔成本越高。在一般情况下，选拔成本的计算公式为：

选拔成本＝选拔者面谈的时间损失费＋汇总申请资料费＋考试费
＋测试评审费＋体检费

（3）录用成本是指经过招聘选拔后，把合适的人员录用到企业所发生的费用，包括录用手续费、调动补偿费、搬迁费和旅途补助费等由录用引起的有关费用。录用成本的计算公式为：

录用成本＝录用手续费＋调动补偿费＋搬迁费＋旅途补助费

（4）安置成本由为安排新员工的工作所必须发生的各种行政管理费用、为新员工提供工作所需要的装备条件以及录用部门因安置人员所损失的时间成本而发生的费用构成。其计算公式为：

安置成本＝安置行政管理费＋必要装备费用＋安置人员时间损失成本

2. 新员工培训成本

新员工培训成本是企业对上岗前的新员工在企业文化、规章制度、基本知识、基本技能等方面进行培训所发生的费用。新员工培训成本由受训者的工资、受训者离岗的人工损失费用、培训管理费用、资料费用和培训设备折旧费用等构成。

3. 离职成本与重置成本

招聘的成本还包括因招聘不慎使员工离职而给企业带来的损失（即离职成本）以及重新组织招聘所产生的费用（即重置成本）。

员工离职成本可以分为直接成本和间接成本两部分。直接成本是那些通过检验记录及准确估计时间和资源可以量化的成本，比如支付给员工的离职费用。间接成本主要包括员工离职前后对企业造成的潜在的货币或非货币化的损失，如员工离职前因个人工作效率低下引起的集体效率不高、员工离开影响企业内部员工的工作士气等。

评估招聘成本之前，准确地说，应该是再进行招聘之前，需要制定招聘预算，招聘成本的评估有利于对下次招聘制度可估量的预算。每年的招聘预算应该是全年人力资源开发与管理的总预算的一部分。招聘预算主要包括招聘广告预算、招聘测试预算、体格检查预算、招聘差旅费及其他预算，其中招聘广告预算占据相当大的比例，一般来说按 4∶3∶2∶1 的比例分配预算较为合理。

二、录用人员评估

录用人员评估是指根据招聘计划对录用人员的数量和质量进行评价的过程。

1. 数量的评估

录用员工数量的评估是对招聘工作有效性检验的一个重要方面。通过数量评估，分析在数量上满足或不满足需求的原因，有利于找出各招聘环节的薄弱之处，改进招聘工作；同时，通过录用员工数量与招聘计划数量的比较，还可为人力资源规划的修订提供依据。判断招聘数量的一种简单方法就是看职位空缺是否得到满足，雇用率是否真正符合招聘计划。录用人员的数量可用以下几个数据来表示。

（1）录用比公式：

录用比＝（录用人数/应聘人数）×100％

录用比越小，相对来说，录用者的素质就越高；反之，则可能录用者的素质较低。

（2）招聘完成比公式：

招聘完成比=(录用人数/计划招聘人数)×100%

招聘完成比等于或大于100%，则说明在数量上全面或超额完成招聘计划。

（3）应聘比公式：

应聘比=(应聘人数/计划招聘人数)×100%

应聘比越大，说明发布招聘信息的效果越好，同时说明录用人员可能素质较高。

2. 质量的评估

录用员工质量的评估是对员工的工作绩效行为、实际能力、工作潜力的评估，它是对招聘工作成果与方法有效性检验的另一个重要方面。质量评估既有利于招聘方法的改进，又为员工培训、绩效评估提供了必要的信息。录用员工的质量评估实际上是在员工选拔过程中对录用员工在能力、潜力、素质等方面进行的各种测试与考核的延续，也可根据招聘的要求或职位分析中得出的结论，对录用员工进行等级排列来确定其质量，方法与绩效考核方法相似。当然，录用比和应聘比这两个数据也在一定程度上反映了录用员工的质量。

三、招聘方法评估

人员招聘方法可以从效度和信度两个方面来评估。

1. 效度评估

效度是指招聘真正测评到的品质与想要测评的品质的符合程度。在甄选过程中，有效的招聘测评其结果应该能够正确地预测应聘者将来的工作成绩，即甄选结果与以后的工作绩效考评得分是密切相关的。这两者之间的相关系数称为效度系数，它的数值越大，说明招聘测评越有效。效度可分为三种：预测效度、同测效度、内容效度。

（1）预测效度。预测效度指对所有应聘者都进行某种测评，但并不依其结果决定录用与否，而以其他甄选手段，如申请表、面试等来录用人员。待这些被录用人员工作一段时间以后，对其工作绩效加以考核，然后再将绩效考核的得分与当初的测验结果加以比较，求出两者的相关系数。相关系数越大，说明此测评效度越高，可以依其来预测应聘者的潜力；相关系数越小，或不相关，则说明此测评无法预测应聘者的工作潜力。

（2）同测效度。同测效度是指对现有的员工实施某种测评，然后将其结果与这些员工的工作表现或工作考核得分加以比较。若两者相关系数很大，则此测评的效度就很高，说明此测评与某项工作密切相关。这种效度的特点是省时，可以尽快检验某种测评的效度，但在将其应用于员工甄选测评时，难免会受到其他因素的干扰，从而无法准确预测应聘者未来的工作潜力。例如，这种效度是根据现有员工的测评得出的，而现有员工所具备的经验、对企业的了解等正是应聘者所缺乏的，因此应聘者有可能因缺乏经验而在测评中得不到高分，从而被错误地判断为没有潜力或能力。其实他们经过实践锻炼与培训，是可能成为称职的员工的。

（3）内容效度。内容效度是指测评是否代表工作绩效的某些重要因素，例如，招聘打字员时，对应聘者的打字速度及准确性进行测评，这种实际操作测评的内容效度是最高的。与前面两种效度不同的是，内容效度不用测评结果与工作绩效考核得分的相关系数来表示，而是凭借招聘人员或测评编制人员的经验来判断。内容效度多应用于知识测评与实际操作测验，而不适用于对能力或潜力的预测。

2. 信度评估

信度是指系列测评所得的结果稳定性与一致性的高低。当应聘者多次接受同一测评或有关测评时，其得分应该是相同或相近的，因为人的个性、兴趣、技能、能力等在一定时间内是相对稳定的。如果通过某项测评没有得到相对稳定、一致的结果，就说明测评本身的信度不高。测评信度以对同一人所进行的几次测评结果之间的相关系数来表示。可信的测评，其信度系数大多在 0.85 以上。由于测评的信度受到多种因素的影响，如测评内容的组织与安排，测试者个人的因素（如语音、语调、语速等），被测者情绪、注意力、疲倦程度、健康水平的变化等，都会影响到测评结果的稳定性，因此不可能要求测评的信度系数达到 1，即几次测评结果完全相同。

测评的信度分为三类：重测信度、对等信度、分半信度。

（1）重测信度。重测信度指用同一种测试方法对一组应聘者在两个不同时间点进行测试的结果的一致性。如对一组应聘者进行某项测评后，过几天再对他们进行同一测评，两次测评结果之间的相关程度即为重测信度。重测信度高低既与测试方法本身有关，也与测试因素有关。但该方法不适合受熟练程度影响较大的测评，因为被测者在第一次测评中可能记住某些测试题目的答案，从而提高了第二次测评的分数。

（2）对等信度。对等信度是指对同一应聘者使用两种对等的、内容相当的测试的结果之间的一致性。如对应聘者先后使用甲个性测评量表与乙个性测评量表，然后测出这两次测评结果之间的相关程度，用来确定测评的信度。这一方法减少了重测信度中前一次测评对后一次测评的影响，但两次测评间的相互作用在一定程度上依然存在。

（3）分半信度。将对同一组应聘者进行的同一测评分为两部分加以考查，这两部分结果之间的相关性即为分半信度。这种方法既省时，又避免了前后两次测评间的相互影响。在对应聘者进行招聘测评时，应努力做到既可信又有效。但应注意的是，可信的测评未必有效，而有效的测评必定是可信的。

8.3.4 招聘总结

评估工作完成之后，最后一个环节就是对招聘工作进行总结，对招聘的实施、招聘工作中的优缺点等进行回顾分析，撰写招聘总结，并把招聘总结作为一项重要的资料存档，为以后的招聘工作提供信息。撰写招聘总结应遵循以下原则：由招聘主要负责人撰写；真实地反映招聘的全过程；明确指出成功之处和失败之处，并提出改进意见。招聘总结的主要内容有招聘目标与计划、招聘进程、招聘结果、招聘经费、招聘评定、改进建议等。

拓展阅读

社会关系网为什么能提升农民工的工资

农民工是我国经济社会转型时期出现的一个典型群体，其就业行为及收入水平引起社会各界的关注。农民工在城市获得就业的渠道通常可以分为两个方面：一方面，作为城市外来人口，他们往往缺乏城市的就业信息，在搜寻工作过程中可能依赖于一些中介渠道获取就业信息，例如政府或者街道办的劳动力市场、私人中介公司、报纸招聘信息等，这些就业渠道在文献中通常称为正式渠道；另一方面，农民工可能依赖亲戚、朋友、熟人等社会关系网寻找就业机会，这称为非正式渠道。

在实地调查中，我们发现大部分农民工依靠非正式渠道寻找工作。在社会关系网与农民工收入的关系方面，有研究认为，前者对农民工收入具有显著的正向作用（Knight and Yueh，2008）；也有研究认为，社会关系网对农民工收入并不具有显著影响（章元，陆铭，2009；刘林平，张春泥，2007）。已有研究有助于我们理解社会关系网对农民工收入的影响，但在社会关系网影响农民工收入的决定机制方面还缺乏较细致的研究。

社会关系网常被看作一种资本，经济主体根据社会关系网常常可以获得一定的好处或报酬，故社会关系网和社会资本在一定程度上被混用。然而，Lin（2005）对社会关系网和社会资本两个概念做了明确区分，认为“社会资本被定义为嵌入在社会关系网中的资源，这些资源可以通过关系网的联系获取或者流动”，不能利用的资源就不是社会资本，而某些没有用处的关系网也不是社会资本。一般来说，由于数据的可得性以及调研的难度，很难评价数据中的某些关系网是否有用、是否可以流动，因此关于人际关系网的调研数据事实上只是社会关系网，而不是社会资本的合理度量。

社会关系网和社会资本对工人的就业行为以及收入的影响历来都是劳动经济学和社会学的一项重要研究内容，研究成果较为丰富。Rees（1966）很早就阐述，雇主倾向于使用非正式渠道招聘员工的原因是雇员质量参差不齐，正式渠道中的私有中介公司介绍的员工不一定符合雇主的要求，而政府中介的办事效率则有待提高。Granovetter（1985，1995）和Loury（2006）也阐述了非正式渠道对劳动者就业的重要性。Holzer（1988）则分析了年轻失业者对不同成本和聘约收到率的多种搜寻方法的选择问题，其经验结果表明非正式渠道是年轻人找工作的最常用途径，也是最有效率的途径。沿着这一思路，Caliendo et al.（2010）认为，朋友的数目和同事的接触率对求职者的保留工资和非正式渠道选择都有显著的正面影响，而对被动正式搜寻的选择有负面影响。对德国和荷兰劳动力市场的分析也给出了社会关系网对工资具有积极作用的证据。Neto and Mullet（1997）对40名葡萄牙青少年做了心理学实验，结果表明社会关系网能够提高劳动力迁移的意愿，并且增大工资差异及就业机会差异。然而，也有一些经验证据不支持社会关系网的正面作用，如 Bridges and Villemez（1986），Mouw（2003）等。

可以构建一个两期招聘理论模型，研究社会关系网对我国农民工工资的作用机制。理论研究发现，厂商通过推荐方式招聘员工能减少信息缺失，使厂商和劳动者都获得额外收益；随着劳动者社会关系网的扩大，第二期劳动者的聘约工资增加，但影响呈边际效应递减。此外，农民工社会关系网质量的提高有助于提升其工资。这在一定程度上反映了我国经济社会转型和城市化过程中的劳动力市场化情形：农民工在劳动力市场上的经济绩效强烈依靠社会关系网络资源，但这种影响效应将可能趋于弱化。为了持续提高农民工的经济地位，真正促进农民工市民化，构建农民工与企业的和谐劳资关系，“企业-农民工”双向就业信息互动平台的建设显得尤其重要。

资料来源：王春超，张玲，周先波．社会关系网为什么能提升农民工工资．统计研究，2017，34（2）：79-91.

小　结

录用决策主要是根据企业在招聘中对于应聘者的各种选拔评价结果，通过综合分析和筛选，对照预先设定的岗位录用要求，选择最合适的人员予以录用的过程。录用决策受企业自身、应聘者信息、录用决策者和劳动力市场等多方面因素的影响。通常是在确定录用决策小组成员和分析候选人名单后，列出最后的拟录用人员名单交给企业人力资源管理部门。企业在进行录用决策时，应注意原则一致、目标明确和能岗匹配等。

在确定录用人员后，人力资源管理部门应当向被录用者和未被录用者分别发出录用通知书和辞谢通知书，对于拒聘的优秀人员也应该尽力争取。待录用人员到企业报到后，签订正式的劳动合同，确定企业与劳动者双方的劳动关系。

科学、合理的新员工培训可以有效提升新员工对企业的认同感，降低员工的离职率。新员工培训中一般要做好前期准备工作、中期督导工作和后期评估工作，培训内容包括认知培训、态度培训、职业培训和技能培训等。

在一次招聘任务完成后，对招聘工作成果和方法做出科学客观的评估，是进一步提高今后招聘工作效率必不可少的一项工作。招聘评估内容包括招聘成本评估、录用人员评估和招聘方法评估三个方面。

思考题

1. 简述录用决策的影响因素及注意事项。
2. 简述新员工培训的一般流程、步骤和方法。
3. 终于在忙碌了很长一段时间后，人力资源部完成了公司大部分的招聘工作。总经理在办公会议上，要求人力资源部对本次招聘工作进行一次总结，并做出简单的评估。会后，人力资源部经理把这项任务交给了你，你将如何着手完成这项工作任务？

参考文献

1. 廖泉文．招聘与录用．北京：中国人民大学出版社，2002.

2. 王丽娟．员工招聘与配置．上海：复旦大学出版社，2006.

3. 徐芳．培训与开发理论及技术．上海：复旦大学出版社，2005.

4. 苏进，刘建华．人员选拔与聘用管理．北京：中国人民大学出版社，2007.

5. 程延园．中华人民共和国劳动合同法实施条例适用指南．北京：中国人事出版社，2008.

6. 孙卫敏．招聘与选拔．山东：山东人民出版社，2004.

7. 石先广．录用条件，你真弄明白了吗？．HR经理人，2011（4）：74-77.

8. 赵曼，陈全明．公共部门人力资源管理．北京：清华大学出版社，2005.

9. 颜东岳．"五险一金"法律常识你知道多少．劳动保障世界，2010（23）：49.

10. 石先广．不要轻易拿试用期说事儿．HR经理人，2011（3）：71-77.

11. 张同全．基于当期收益的人力资本产权价值计量模型研究．中国行政管理，2007（3）：95-98.

12. 历菲．"试用期"案评（三篇）．人力资源，2017（5）：55-57.

13. 王春超，张玲，周先波．社会关系网为什么能提升农民工工资．统计研究，2017，34（2）：79-91.

14. 蒋石梅，等．知识型员工管理模式——华为案例研究．技术经济，2017，36（5）：43-50.

图书在版编目（CIP）数据

招聘与录用/王丽娟主编．—2版．—北京：中国人民大学出版社，2018.11
教育部经济管理类主干课程教材．人力资源管理系列
ISBN 978-7-300-26203-1

Ⅰ.①招… Ⅱ.①王… Ⅲ.①人才-招聘-高等学校-教材 Ⅳ.①C913.2

中国版本图书馆CIP数据核字（2018）第209101号

教育部经济管理类主干课程教材·人力资源管理系列
招聘与录用（第2版）
主　编　王丽娟
副主编　惠　艳
Zhaopin yu Luyong

出版发行	中国人民大学出版社		
社　　址	北京中关村大街31号	**邮政编码**	100080
电　　话	010－62511242（总编室）		010－62511770（质管部）
	010－82501766（邮购部）		010－62514148（门市部）
	010－62515195（发行公司）		010－62515275（盗版举报）
网　　址	http://www.crup.com.cn		
经　　销	新华书店		
印　　刷	北京宏伟双华印刷有限公司	**版　　次**	2012年11月第1版
规　　格	185 mm×260 mm　16开本		2018年11月第2版
印　　张	22 插页1	**印　　次**	2021年11月第5次印刷
字　　数	460 000	**定　　价**	39.00元

教师教学服务说明

中国人民大学出版社管理分社以出版经典、高品质的工商管理、统计、市场营销、人力资源管理、运营管理、物流管理、旅游管理等领域的各层次教材为宗旨。

为了更好地为一线教师服务，近年来管理分社着力建设了一批数字化、立体化的网络教学资源。教师可以通过以下方式获得免费下载教学资源的权限：

在中国人民大学出版社网站 www. crup. com. cn 进行注册，注册后进入“会员中心”，在左侧点击“我的教师认证”，填写相关信息，提交后等待审核。我们将在一个工作日内为您开通相关资源的下载权限。

如您急需教学资源或需要其他帮助，请在工作时间与我们联络：

中国人民大学出版社　管理分社

联系电话：010－82501048，62515782，62515735

电子邮箱：glcbfs@crup. com. cn

通讯地址：北京市海淀区中关村大街甲 59 号文化大厦 1501 室（100872）